# 都鄙大乱

# 都鄙大乱《とひたいらん》

## 「源平合戦」の真実

髙橋昌明

岩波書店

# はじめに

本書は、治承《じしょう》四年(一一八〇)五月の以仁王《もちひとおう》の乱から元暦《げんりゃく》二年(一一八五)三月の壇ノ《だんの》浦《うら》合戦後まで、足かけ六年に亙《わた》って続いた戦乱の時代を扱い、日本の中世史学の達成を踏まえながら、できるだけ広い視野で描くのを目標とする。広い視野とは、社会の上下各層に目配りし、とくにあまり有名でない人びとの活動に注目、それを取りあげる、ということである。これには、そのような活動を伝える史料の乏しさから大きな限界があるが、文学作品や宗教関連の史料などにも積極的にあたり、また事件の背景を探り時代の課題を洞察することで、その真の姿に迫ろうとした。都や東国ばかりでなく、全国各地のさまざまな戦乱とそれに関係する動きを紹介する努力も、その内に含まれる。

この戦乱は普通源平内乱または源平合戦と呼ばれ、源平両氏の覇権争いのように考えられている。しかし内乱の最中には、能登国に宛てたある官宣旨《かんせんじ》(太政官《だいじょうかん》が発給する下文《くだしぶみ》形式の公文書《こうもんじょ》)に、「去《さ》んぬる治承四年以後、都鄙《とひ》大乱」と書かれ(『平安遺文』五〇八三号)、源平両氏の戦いに解消されない全国的な内乱という、事実に即した妥当な認識が示されていた。

この戦乱の時期については、第二次世界大戦勃発以前から画期的な研究業績を次々発表し、戦後の歴史学の発展に顕著な足跡を残した古代・中世史家の石母《いしも》田《だ》正《しょう》が、一九五〇年に「いわゆる源平争乱とは直接関係のないもっとも僻遠の地方においても、この内乱時代に、国衙を襲撃して、土地台帳を破棄するような叛乱がひろまった」ことに注目しつつ、「この内乱を源平の争覇とかんがえる伝統的な思考がいかに浅薄なものであるかはこれだけでも明瞭であろう。すくなくとも内乱と規定する以上は、主要な階級がそれぞれの利害と本質にもとづいて、全国的にしかも公然と行動するものでなければならぬ。ただかかる内乱が源平の争覇と交替という現象形態をとらざるを得なかったところに、この変革期の歴史的性格が集約されているのである」と指摘している(石母田、一九八九a)。

ここでかれが「源平争乱とは直接関係のないもっとも僻遠《へきえん》の地方」といっているのは、南九州の薩摩や日向のことで、「土地台帳」うんぬんは、それぞれの国の建久《けんきゅう》八年(一一九七)の「図田帳《ずでんちょう》」のなかに、前者は「くだんの図田《ずでん》の注文《ちゅうもん》、去《さ》んぬる文治《ぶんち》年中(一一八五―九〇年)の比《ころおい》、豊後冠者《ぶんごのかじゃ》の謀叛によりて、かの乱逆の間、引き失はれ畢《おわ》んぬ」(『鎌倉遺文』九二三号)、後者は「去んぬる元暦年中(一一八四―八五年)の比、武士乱逆の間、譜代国の文書《もんじょ》に於いては、散々に取り失ひ畢んぬ」(『鎌倉遺文』九二二号)などの記事があるのをさしている。図田帳とは大田《おおた》文《ぶみ》とも呼ばれ、一国ごとに国内の荘園《しょうえん》・国衙領《こくがりょう》(国衙は諸国の国府内に置かれた政庁や官衙の所在地、またはそれらの政庁や官衙によって構成された地方統治機構の総称、国衙領は国司の統治下にある土地=公領のこと)の田地の面積および領主などを記録した土地台帳のことで、平安時代より国衙によって作成されるようになった。土地所有者の状態を記し、租税を賦課する根拠となる帳簿である。国衙を襲ってこれらを破棄するとは、既成の権利・義務関係をご破算にし、国衙より課せられる租税賦課を拒否するという、現状を改変し新たな社会関係の構築をめざす暴動もしくは激烈な直接行動の意味がある。元暦年中、文治年中には、いわゆる源平内乱の最終段階、もしくはすでに平家が壇ノ浦で滅亡して数年を経た時期が含まれる。

以上は石母田のこの内乱全体についての大局的な見通しであるが、一方、かれは「源平の争覇と交替という現象形態をとらざるを得なかった」という指摘とかかわって、のちに治承四年八月の頼朝《よりとも》挙兵から寿永二年十月宣旨の獲得(本書第六章1節参照)にいたる三つの段階、およびそれ以後という、鎌倉政権の成立史に即した内乱史の視点を提示しており(石母田、一九八九b)、両者の総合として内乱史を考えようとしていた。内乱の六年間には、治承(一一七七―八一年)・養和《ようわ》(一一八一―八二年)・寿永《じゅえい》(一一八二―八四年)・元暦の四つの年号が次々交替していった。その年号の治承と寿永をとって「治承・寿永の内乱」と、初めて呼んだのは、石母田の盟友で、中世史研究者の松本新八郎《まつもとしんぱちろう》であった。

松本は、戦後すぐの一九四九年、「玉葉にみる治承四年」という論文で、「この時の内乱がたんなる源平合戦といったようなものではなく、革命的な性格をもっていた」として、「この国の封建革命のうちもっとも決定的な意味をもった治承・寿永の乱」と述べている(松本、一九四九)。かれは、治承・寿永内乱や一四世紀の南北朝内乱を、古代奴隷制社会から中世封建制社会への歴史の進歩を画する画期的な事件として意義づけていたのである(松本、一九五六)。そして治承・寿永の内乱という新しい名称も、まもなく学問上の市民権を得て学界に定着してゆく。

松本はその後、文化史・思想史に研究の重点を移す。石母田も一九六〇年を最後に中世史研究から手を引き、古代史研究に邁進するようになった。その一九六〇年の数年前から日本中世史の研究は新しい段階に入り、理論・実証ともに大きな前進をとげ、大局・細部ともに、石母田・松本らが唱えたものを乗り越える研究成果が続々と生まれていった。治承・寿永内乱についても、松本や石母田が古代から中世(封建制)への全社会的な変革にともなう陣痛(激動)ととらえていたのに対し、それ以前の院政期《いんせいき》(平安後期）からすでに中世社会に入ったとみる学説が登場し、大勢を占めていった。そのため、同内乱の歴史的な意味や性格づけは、石母田・松本的な理解を許さなくなってゆく。

それでも松本が唱えた治承・寿永の内乱という名称がその後も継承されたのは、この戦乱がたんなる源平の戦いに解消されない激動と創造の時代であったことが、共通認識になっていたからである。そして、それを治承と寿永の二つの年号で代表させる提案に賛同があったのは、石母田・松本に対する畏敬の念と、治承四―五年と寿永二―三年に大きな合戦が連続し、内乱の二つの山場を形成しているからだと思われる。前者には内乱初期の重要な大小いくつもの合戦があり、後者は平家の北陸道攻めと大敗、平家都落ち、義仲《よしなか》の敗死、一の谷の合戦があり、平家軍事力の中核が消尽してしまった時期である。

さらに時代が進んだ一九七〇年代後半以降、ソ連型「社会主義国」の腐朽と倒壊、新自由主義経済（グローバリズム）の全盛、日本政治の右傾化と経済の「失われた三〇年」など、世界と日本社会が逢着した根底的な変貌と、それにともなう思想や学問的環境・関心の変化によって、研究は大きな見通しを立てる方向ではなく、どんどん個別分散化してゆき、理論研究の不振と実証研究全盛の時代を迎えた。このため、現在の実証水準に見合った治承・寿永内乱の基本性格や発生の原因はいかなるもので、それがなぜ「源平の争覇と交替という現象形態」をとったのかという問いは、いよいよ答えが出にくい状況になった。もちろん川合康氏の「地域社会における領主間競合・矛盾が噴出して内乱が展開した」のような傾聴すべき重要な提言も出されているが（川合、二〇〇四aなど）、地域の「領主間競合・矛盾」の背後にあり、その誘因でもある中央―地方社会間の矛盾対立が、どのようにして都鄙双方をまきこむ長期かつ全国的な内乱へと展開してゆくのかという点については、誰もが納得する答えが出たとまではいえず、重い宿題として今日に持ち越されている。
筆者はこの内乱に関心を持って、一九六〇年代末に中世史研究者として幼い一歩を踏み出し、右の研究状況の中で、石母田の提起の現代的継承と業績の内側からの克服をずっと夢想してきた。それからまたたく内に半世紀の時間が過ぎ去った。新型コロナウイルスが全国的流行に突入した二〇二〇年三月末、なお準備の足らざるを承知しながら、今こそ書かねばと心に決め、パソコンのキーボードを叩きはじめた結果が本書である。

筆者は現在、内乱に先だつ鳥羽《とば》院政期(一一二九―五六年)以来の、院の度重なる御願寺《ごがんじ》建立とそれを運営するための財源として、大量の荘園が必要となり、その爆発的な増加が地方社会に重過ぎる負担を及ぼし不満が累積していったこと、また、平家が治承三年(一一七九)のクーデタによる政権掌握と敵対者の知行国《ちぎょうこく》・荘園を大量に集積することにより、当時深刻化しつつあった中央―地方間の矛盾対立を、支配層内部で孤立したまま、一手に引き受けざるを得なかったという歴史展開のなかに、この宿題を解くための重要な鍵があると考えている。詳しくは主に第二章1―3節で述べるので、ご検討いただきたい。

さてこの内乱が源平合戦とイメージされるにあたり、大きな影響を及ぼしたのは『吾妻鏡《あずまかがみ》』と『平家物語』である。

前者は一三世紀末―一四世紀初頭に鎌倉幕府が編纂した幕府についての五二巻(四五巻欠)からなる大部な歴史書で、治承四年(一一八〇)源頼政《みなもとのよりまさ》が以仁王に反平家のための決起をうながした動きに始まり、文永《ぶんえい》三年(一二六六)前将軍宗尊親王《むねたかしんのう》が謀反《むほん》の疑いで京都へ追放された時点で終わる。そのうち第一巻から第四巻までが幕府成立史の立場から平家の打倒を、第九巻で奥州藤原氏の滅亡を描く。同書は多くの日記・古文書《こもんじょ》・文学作品などを編纂材料にしており、鎌倉時代研究の重要な史料だが、とくに頼朝の時代は編纂時点から百年も昔の話であるため、確たる史料が少なく、幕府草創期の政治・法制・合戦などの記事のなかには、編纂時の知識によって、遡及させて書いた場合がある。そのためところどころに引用された原史料と、編纂者自身の文章（地の文）の間には、内容的に齟齬《そご》があったりする。その時は原史料の語るところを優先させなければならない。偽文書《ぎもんじょ》や史料的価値の低い記事を採用している場合もある。記事の掲載日時が間違っている事例も大変多い。北条《ほうじょう》氏の役割を中心に意図的・政治的な曲筆もみられる。このため利用にあたっては慎重な史料批判が必要とされる。本書では、『吾妻鏡』によって作られた内乱史、幕府成立史がいかに史実と異なっているかを、数多く照射する結果になった。

それに対し、本書が依拠したのは貴族の日々の記録である日記（古記録）や古文書のような同時代史料、もしくはそれに準ずる信頼できる価値の高い史料である。とくに『玉葉《ぎょくよう》』は多用した。同書は摂関家《せっかんけ》の九条《くじょう》（藤原《ふじわらの》）兼実《かねざね》の内乱期を挟んだ約四〇年に亙る克明な日記である。兼実は内乱期には右大臣《うだいじん》という朝廷枢要の地位にあったが、非主流の立場であった。そのため当時の政治状況に通じているとともに、後《ご》白河《しらかわ》院やほかの貴族たちの言動への鋭い批判が随所にみられ、内乱期の政局や公武関係をリアルに把握できる。ちなみに、兼実の実弟で延暦寺《えんりゃくじ》の高僧慈円《じえん》の著した史論書『愚管抄《ぐかんしょう》』も、比較的史実に忠実だとされている。

その他の貴族の日記『山槐記《さんかいき》』や『吉記《きつき》』なども、同様の価値があり利用した。『山槐記』は内乱中、権中納言《ごんちゅうなごん》（権は正官《せいかん》・正任《せいにん》に対する語で、定員外に権〈かり〉に置いた地位を表す語。経歴や経験不足の者を任じ、のち正官にする場合や、繁忙の官を補い正員と同じく執務させる場合などがある）・権大納言《ごんだいなごん》であった中山（藤原）忠親《ただちか》の日記。最初親平家、平家滅亡後親頼朝派の公卿《くぎょう》（参議《さんぎ》および従三位《じゅさんみ》以上の上流貴族）である。欠失した巻も多いが、記事は詳細である。『吉記』は蔵人頭《くろうどのとう》・参議などを経、権大納言に達した吉田（藤原）経房《つねふさ》という実務に堪能で、高倉《たかくら》天皇の側近、鎌倉幕府成立後は公武間をとりもち、朝廷側の交渉窓口となった上流貴族の日記である。これも欠巻が多いが、『平家物語』とも関連する記事は貴重である。

歴史学がもっとも重んじる古文書は、主に竹内理三《りぞう》氏編になる『平安遺文《へいあんいぶん》』『鎌倉遺文《かまくらいぶん》』に拠った。前者は平安時代の古文書を網羅し（一部原則を設けて割愛したものがあるが）、編年で編集した史料集で、正編一一巻と補遺巻併せて五五三〇通を収める。このうち六割強が一一〇〇―八五年までのものであるから、内乱発生以前からの社会経済の状態を理解する上で非常に有益である。後者は『平安遺文』完成後、さらに竹内氏の超人的な奮闘で、古文書編正編四二巻、補遺四巻に、鎌倉時代の古文書約三万五〇〇〇通を収録したもので、とくに鎌倉前期の諸巻には、内乱期の諸相とその後遺症、後始末や復興にかんする多くの情報が盛られている。

『吾妻鏡』以上に、源平両氏の戦いのイメージを創っているのは『平家物語』であろう。同書は、鎌倉中期以前に原形が成立し、その後の成長の過程で、史実と虚構・誇張が複雑に混じりあうようになった。『平家物語』が語った歴史の見方、枠組みも、この時代の真の姿とはかなりかけ離れており、そのフィクショナルな歴史像が、また後世の歴史に大きな影響を及ぼしてきた。それは『平家物語』の文学としてのすばらしさを損なうものではないが、歴史としての内乱の時代を考える時には、やはり一線は画さなければならない。とはいえ、『平家物語』と『吾妻鏡』は、記事によっては同源の材料をもとにした兄弟関係、と大雑把にはいえるから（五味《ごみ》、二〇〇〇）、両者の価値は同程度、『平家物語』の方が高い事例さえある。学問的に利用できると考えた部分については、積極的に利用した。

なおこんにち『平家物語』は、軍記物語というジャンルに分類されている。学問の世界で、中世以来の戦争を主材とした文学を、戦記文・戦記文学、少し後れて軍記・軍記物語という呼び名でいいあらわすようになるのは、日露戦争以降であるらしい（山下宏、一九九七）。それは日本が欧米強国への対抗を強く意識しながら、朝鮮半島や中国に軍事的な進出を開始する時期と一致している。

そのことと内的に関連するが、従来の『平家物語』の解釈や鑑賞、ひいては源平の合戦像についての理解には、戦前の軍国日本の歴史観・戦争観や軍隊・軍人観、武勇や死生についての価値観が色濃くまとわりついている（髙橋昌、二〇一八）。貴族化し腰ぬけ武士になったため負け続ける平家と、質実剛健で死をも恐れぬ東国の武士という紋切り型の対比、一の谷・屋島《やしま》など少数による果敢な奇襲攻撃ゆえに「軍事的天才」ぶりをたたえられる源義経《よしつね》、などのことをいっているのである。

もちろんそれ自体は『平家物語』の責任ではないが、内容に、そうした解釈を許す、ある種の歪みや誇張がはらまれているのは否定できない。それらを歴史的にきちんと分析し、どこまでが事実で、どこからが文学的仮構であり誇張であるか、『平家物語』は何を語り何を語らなかったのかを明らかにする努力は、今後も続けていかなければならない。

出典の性格を理解するために、『平家物語』の成長や普及の過程で生まれた、八〇種とも一二〇種ともいわれるあまたのバージョン（諸本、伝本）の系統分類について、簡単に説明しておきたい。『平家物語』はテキストによって微妙に、あるいは大きく本文が異なっているからである（その全体像は、大津ほか編、二〇一〇参照）。

琵琶法師が平家琵琶興行のために寺社を拠点として結成した当道座《とうどうざ》の、語りの台本ないしはそれに近い形態の本を語《かた》り本《ぼん》系という。当道系ともいう。語り本系は一二巻形態であるのを共通の特徴とするが、平維盛《たいらのこれもり》の子六代《ろくだい》処刑をもって平家一門の断絶を述べ全巻を閉じる「断絶平家型」と、別巻として壇ノ浦戦後の建礼門院《けんれいもんいん》の後日譚をまとめる灌頂巻《かんじょうのまき》を置く形の「灌頂巻型」に分かれる。

これに対し読《よ》み本《ほん》はそれ以外の諸本をいう。大部分は語り本系に比べ記事量が豊富、言い換えると断片的な伝承や記録類が未整理のまま詰めこまれているのを特色とする。以前は語り本から読み本へ展開したというシェーマが有力だった。それで読み本系に対し増補本という呼称が宛てられていた。いったん成立したもの(語り本)をさらに増補したという成立についての予断が含まれているので、現在は使われない術語になっている。

現在『平家物語』の諸本研究は、読み本系諸本に『平家物語』の古態《こたい》を探る論が一般的である。代表がボリュームの多い延慶本《えんぎょうぼん》・長門本《ながとぼん》・『源平盛衰記《げんぺいじょうすいき》』の三本である。それらのなかで祖本《そほん》(現存しないが出発点となった元の本)の要素を多く残しているとされたのが延慶本で、その代表である大東急記念文庫本には、延慶二・三年(一三〇九・一〇)に書写《しょしゃ》されたものを、応永《おうえい》二六・二七年(一四一九・二〇)再度書写したとする奥書がある。しかし応永の延慶本は、延慶期のテキストを忠実に書写したものではなく、応永書写にいたるまで、さまざまな増補・改編がなされていることが明らかになった(櫻井、二〇一三a)。また従来『源平盛衰記』は成立が遅れ、三本のなかでは祖本からいちばん遠いと考えられてきた。しかし、近年盛衰記的な本文を延慶書写本が利用して現存延慶本にいたった可能性も指摘されている(櫻井、二〇一三b)。長門本にも部分的な古態性があることが明らかになった。現存延慶本全体が、古態を示しているという理解はもはや成り立ち得ない（古態論の現状については、佐伯真一、二〇二〇を参照）。

一方、語り本系諸本は、延慶本的なものを刈りこみ、文学的に洗練させる過程でできた祖本を出発点とする。そして各テキスト間の異同は、琵琶法師の「語り」によって変化・流動したのではなく、おもに机上で「書かれたもの」で、それぞれの本の本文は、現存本にいたるまでの過程で、別テキストの本文が混じり本文に組みこまれる、「混態《こんたい》」と呼ばれる複雑な過程をたどった。そして、それらを作者が琵琶法師に与えたと考えられるようになった。南北朝期に明石覚一《かくいち》が登場して、応安《おうあん》四年（一三七一）語り本の精華というべき覚一本（灌頂巻型）、つまりわれわれが高等学校の古文の授業などで教わってきた文学性高い文字テキストを完成させるに及んで、物語は流動期から固定の時期に入った。

本書が前提にしているのは、こうした諸本の流れについての理解で、以下『平家物語』全体をいう場合には『平家物語』または『平家物語』諸本といい、それ以外の『平家物語』諸本は覚一本・延慶本・盛衰記といったテキスト名で、あるいは語り本系諸本、読み本系諸本などの分類で表記する。

なお、本書では学問的厳密さと時代の雰囲気を感じていただくため、比較的多く史料を引用した。ただし、読者の読みやすさを考え、漢文は旧かな混じりの読み下し文に改め、文中の割注部は〈 〉、文意を理解する助けとなる内容注は（ ）で表わした。和文はかたかな文をひらがな文に変更するなど、適宜手を加えている。諒とされたい。

本書が、読者諸氏のこれまでの「源平合戦」像を解体し、平安末・鎌倉初期の激しく揺れ動く時代や社会の真の像にせまるよすがになれば、執筆目的の大半は果たされたことになる。はたしてその目標に達しているか否か、厳しく内容をご吟味いただきたい。

# 目次

## 古代・中世の行政区画と治承・寿永内乱期の主要な合戦

（合戦の日付は西暦年＋和暦月日）

| 国名 | 現都府県名 |
|---|---|
| 陸奥 むつ | 青森 |
| | 岩手 |
| | 宮城 |
| | 福島 |
| 出羽 でわ | 秋田 |
| | 山形 |
| 安房 あわ | 千葉 |
| 上総 かずさ | |
| 下総 しもうさ | |
| 常陸 ひたち | 茨城 |
| 下野 しもつけ | 栃木 |
| 上野 こうずけ | 群馬 |
| 武蔵 むさし | 埼玉 |
| | 東京 |
| 相模 さがみ | 神奈川 |
| 伊豆 いず | 静岡 |
| 駿河 するが | |
| 遠江 とおとうみ | |
| 三河 みかわ | 愛知 |
| 尾張 おわり | |
| 美濃 みの | 岐阜 |
| 飛騨 ひだ | |
| 信濃 しなの | 長野 |
| 甲斐 かい | 山梨 |
| 越後 えちご | 新潟 |
| 佐渡 さど | |
| 越中 えっちゅう | 富山 |
| 能登 のと | 石川 |
| 加賀 かが | |
| 越前 えちぜん | 福井 |
| 若狭 わかさ | |

| 国名 | 現都府県名 | 国名 | 現都府県名 |
|---|---|---|---|
| 対馬 つしま | 長崎 | 美作 みまさか | 岡山 |
| 壱岐 いき | | 備前 びぜん | |
| 肥前 ひぜん | 佐賀 | 讃岐 さぬき | 香川 |
| 肥後 ひご | 熊本 | 伊予 いよ | 愛媛 |
| 薩摩 さつま | 鹿児島 | 土佐 とさ | 高知 |
| 大隅 おおすみ | | 阿波 あわ | 徳島 |
| 日向 ひゅうが | 宮崎 | 淡路 あわじ | 兵庫 |
| 豊後 ぶんご | 大分 | 志摩 しま | 三重 |
| 豊前 ぶぜん | | 伊賀 いが | |
| 筑後 ちくご | 福岡 | 伊勢 いせ | |
| 筑前 ちくぜん | | 紀伊 きい | 和歌山 |
| 因幡 いなば | 鳥取 | 大和 やまと | 奈良 |
| 伯耆 ほうき | | 河内 かわち | 大阪 |
| 隠岐 おき | 島根 | 和泉 いずみ | |
| 出雲 いずも | | 摂津 せっつ | |
| 石見 いわみ | | 播磨 はりま | 兵庫 |
| 長門 ながと | 山口 | 但馬 たじま | |
| 周防 すおう | | 丹波 たんば | |
| 安芸 あき | 広島 | 丹後 たんご | 京都 |
| 備後 びんご | | 山城 やましろ | |
| 備中 びっちゅう | 岡山 | 近江 おうみ | 滋賀 |

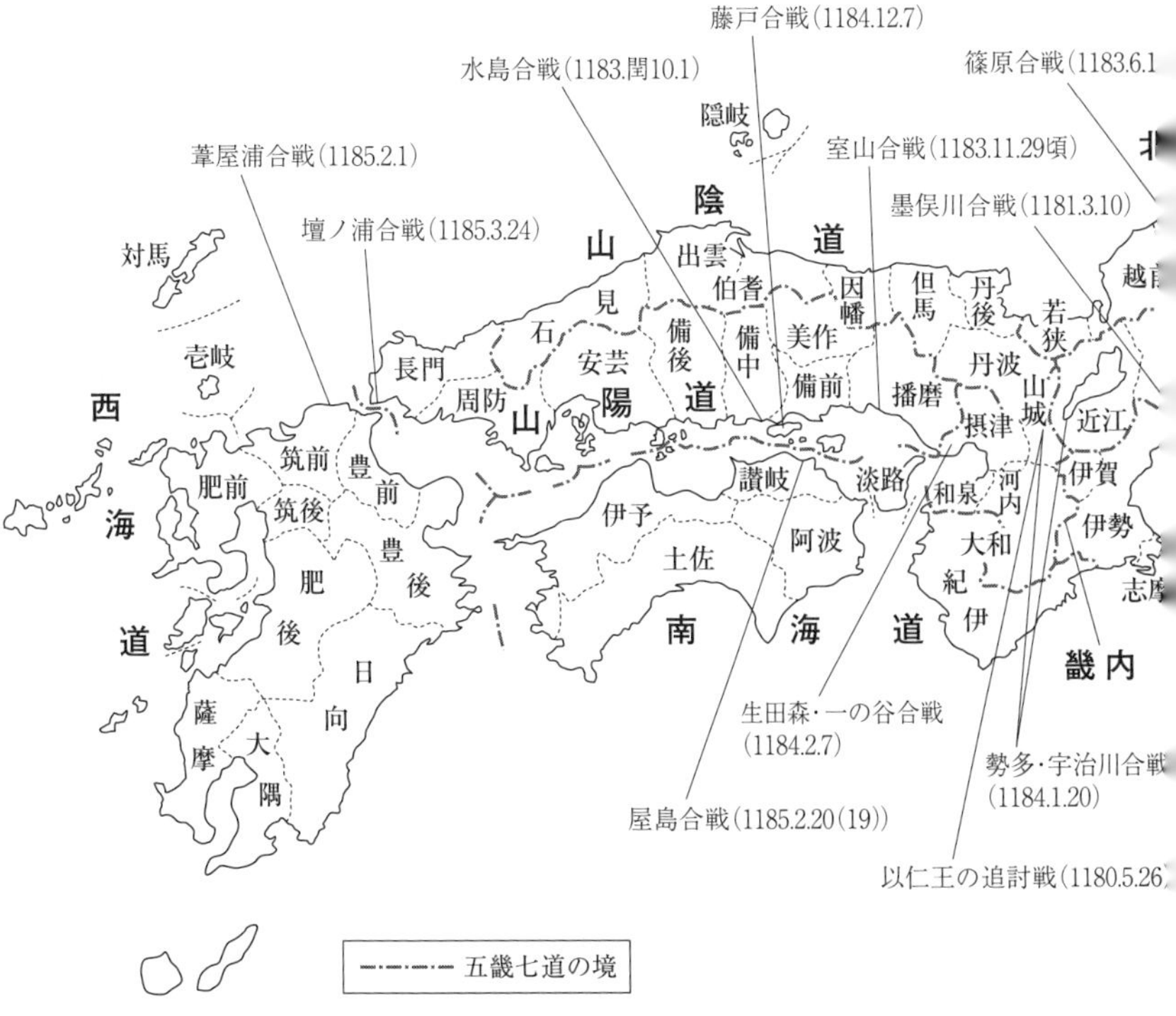

# 第一章　以仁王令旨と諸国・諸氏の挙兵

## 1　以仁王の反乱

治承四年(一一八〇)四月、以仁王は摂津源氏の源頼政と謀り、諸国の源氏宛に平家討伐を呼びかける令旨《りょうじ》(本章2節参照)を発した。五月一五日企てが露見、かれらは園城寺《おんじょうじ》(三井寺《みいでら》)に逃げこんだ。しかるに寺内に親平家派がおり、頼みとした延暦寺の協力も得ることができず、興福寺《こうふくじ》をはじめとする南都勢力を頼ろうとした。五月二六日奈良に向かったが、途中宇治の平等院《びょうどういん》で、平家の軍勢に追いつかれる。王は頼政が防戦している間に奈良をめざしたが、山城国の光明山寺《こうみょうさんじ》(現、京都府木津川市山城町綺田《かばた》)の鳥居前で戦死する。以仁王側五〇騎程度、平家方数百騎程度の小規模な戦闘であったが、これが足かけ六年に亙る大乱の幕開けになった。

周知のように、天皇の地位を退いた上皇《じょうこう》(太上天皇《だいじょうてんのう》の略称)が引き続いて政治に積極的に関与し、その実際を動かすような政治のあり方を院政という。上皇が出家した場合は法皇《ほうおう》と呼ばれる。平安後期の応《おう》徳《とく》三年(一〇八六)の白河《しらかわ》天皇の退位をかわきりに、白河・鳥羽・後白河の三院政が続いた。以仁王(三《さん》条宮《じょうのみや》、高倉宮《たかくらのみや》とも)は後白河院の第三皇子である。母(権大納言藤原季成《すえなり》の娘成子《せいし》)を同じくする兄弟姉妹に、歌人として知られる式子内親王《しきしないしんのう》、国家仏教(顕密体制《けんみつたいせい》)を基調とする父の宗教政策を推進した守覚法親王《しゅかくほっしんのう》などがいる(図1)。王は、天台座主《てんだいざす》最雲《さいうん》法親王(鳥羽院の弟)の弟子になったが、師の死去により出家に至らず、一五歳で元服《げんぷく》した。親王宣下《せんげ》も受けられない状態のまま過ごしたが、皇位に望みをかけている、と噂されていた。

かれの庇護者は八条院暲子《はちじょういんしょうし》。暲子の父は鳥羽法皇、母はその后美福門院得子《きさきびふくもんいんとくし》である。暲子は終生独身で子がなく、多くの猶子《ゆうし》(兄弟・親戚、または他人の子を養って自分の子としたもの。名義だけのものと世継とするものがある)を受け入れていた。以仁王もその一人である。かの女との関係ができたのは、女院《にょういん》の寵臣三位局《さんみのつぼね》(高階盛章《たかしなのもりあきら》の娘)を妻とし、子女を儲けていたからである。

八条院は当時一〇四カ所以上を有する巨大な荘園領主で、両親それぞれから多くの荘園を伝領し、自らも集積している(石井進、二〇〇五b)。近衛《このえ》天皇の死後次期天皇の候補に挙げられたこともあり(『愚管抄』巻四、『今鏡』すべらぎの下第三、虫の音)、鳥羽院政後半以降の王家《おうけ》(天皇家)主流を体現する存在で、平家も容易に手出しできない存在感を放っていた。かの女自身は鷹揚な性格で、強い権力志向があったとは思えないが、政争によって不利になった人びとにとって、その御所はアジール(避難所、聖域)の観を呈し、財力と荘園群の支配にかかわる人脈は、利用を企てる人びとにとって、大きな魅力であった(五味、一九八七/高松、二〇一四)。後白河院にとって八条院は異母妹にあたるが、互いの仲は極めて良好とされており、八条院の奉仕者には後白河院側近も多くいた(石井進、二〇〇五c)。

ここで反平家の乱が起こる政治的な前史を、駆け足で紹介しておきたい。平清盛《きよもり》の祖父正盛《まさもり》・父忠盛《ただもり》は、白河・鳥羽院政期（一〇八六―一一五六年）に、院の親衛軍（下北面《かほくめん》）の中核であった。また富裕な受領《ずりょう》（以下国守《くにのかみ》《こくしゅ》の語と併用する）として両院に経済的に奉仕し、着実に立身を続けていた（髙橋昌、二〇一一b）。一二世紀五〇年代になって保元《ほうげん》の乱（一一五六年七月）、平治《へいじ》の乱（一一五九年一二月）が相継いで起こる。前者は、鳥羽院の死後、ともに権力から排除された崇徳《すとく》上皇と摂関家の藤原頼長《よりなが》らの連係を、後白河天皇方が積極的に挑発し、双方に源平の武士が動員された結果の戦乱である。後者は後白河院の近臣で政

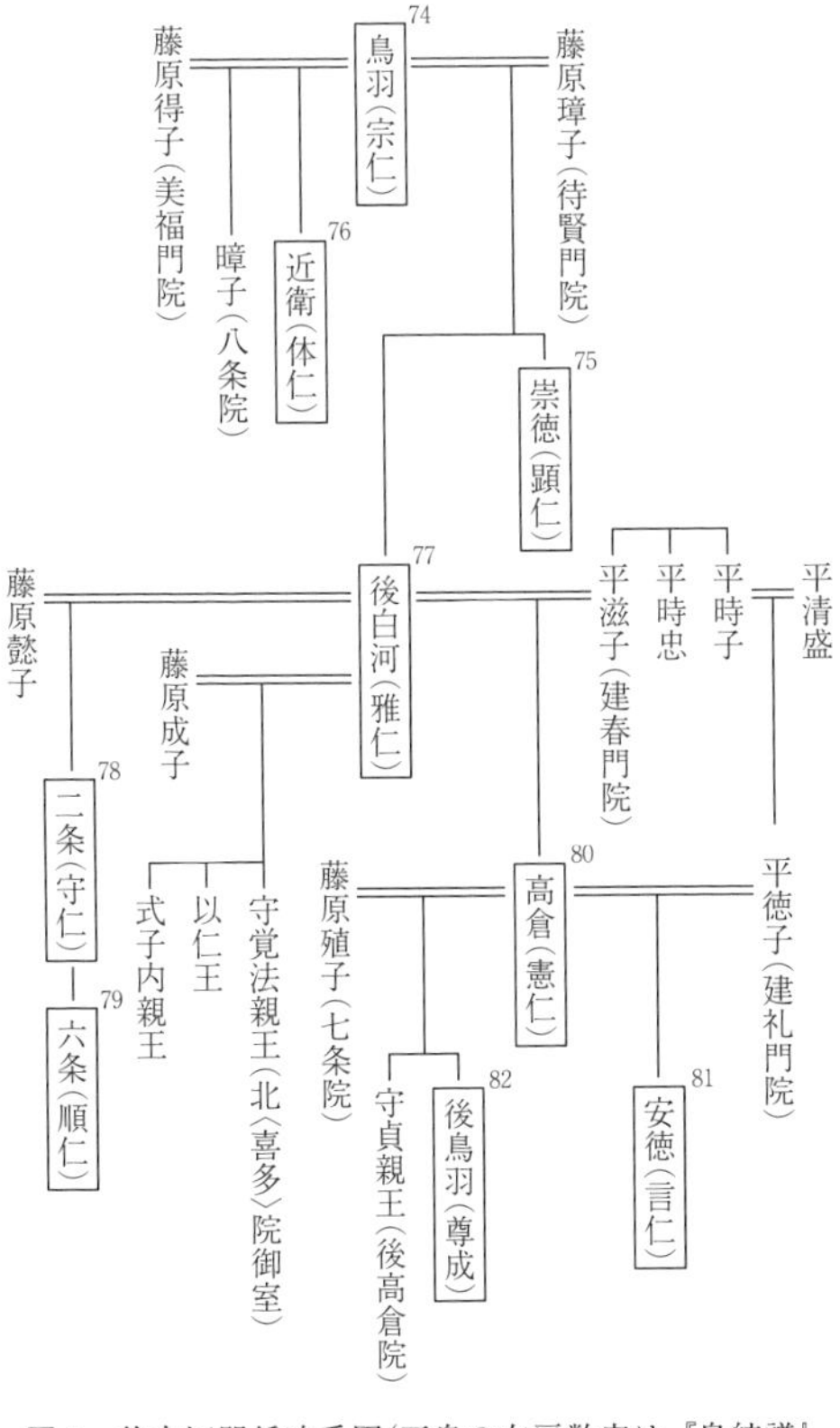

図1　後白河関係略系図（天皇の右肩数字は『皇統譜』による代数）

界の実力者信西《しんぜい》への反発から、同じ近臣の藤原信頼《のぶより》らが源義朝《よしとも》を語らって起こしたクーデタを、清盛が鎮圧した事件である。平清盛が両乱の勝利者であった結果、伊勢平氏は他から抜きん出た武力集団となり、乱後の中央政界の動向を左右する地位を確立する。

平治の乱後、後白河上皇とその子二条《にじょう》天皇親政派の対立が激化する。王家の家長を治天《ちてん》(天下を統治する君主)と呼ぶが、後白河上皇は奔放なふるまいや天子教育をうけていないなど、治天としての権威に欠けていた。一方、二条天皇は早くに母を喪って美福門院に養育され、王家正統の位置にあった。清盛は二条天皇側であったが、巧みな政界遊泳によって後白河院からも引き立てられ、急速な官位の昇進を果たす。永万《えいまん》元年(一一六五)二条天皇が病で退位し、二歳の順仁《のぶひと》親王が即位(六条《ろくじょう》天皇)、ほどなく二条上皇が没する。翌年二条天皇派仲間であった摂政《せっしょう》藤原基実《もとざね》が若死すると、清盛は一転、後白河との連携に舵を切った。以後国家権力は後白河院勢力とそれを支える平家が掌握するようになる。

清盛は仁安《にんあん》二年(一一六七)二月に太政大臣《だいじょうだいじん》に就任するが、それ自体は当時摂関家以外の高位の貴族が最後に就く名誉職的な官職になっていた。だから辞任ののち、前太政大臣《さきのだいじょうだいじん》とか前大相国《さきのだいしょうこく》の肩書きで、政界に隠然たる力をふるうことが、むしろ重要だった。清盛も三カ月後には辞任するが、いよいよ政界に重きをなそうとした翌仁安三年二月、重病にかかり覚悟の出家をする(法名静海《ほうみょうじょうかい》、以後静海が正しいが便宜上清盛名を使い続ける)。

後白河は、寵愛する平滋子《しげこ》(のちの建春門院《けんしゅんもんいん》)との間に生まれた憲仁《のりひと》親王の即位を望んでいた。滋子は清盛の妻時子《ときこ》の腹違いの妹である。一方、二条―六条と続く皇統(王家主流)を支持する勢力は、以仁王を憲仁親王に対抗する皇位継承候補者としていた(五味、一九八七/佐伯智、二〇一五)。清盛という後ろ盾を失えば、王家主流側の巻き返しもあり得る。後白河は、急ぎ六条天皇を退位させ、憲仁を即位させた。高倉天皇である。

ところが清盛は奇跡的に一命をとりとめる。その後法体《ほったい》で政界ににらみをきかせていたが、翌年春頃「遁世《とんぜ》退老《たいろう》（出家し官をやめて隠居する）」と称して、摂津福原《ふくはら》（現、神戸市兵庫区平野《ひらの》）の山荘に住まいするようになり（『山槐記』治承四年三月五日条所収二月二〇日太政官符《だいじょうかんぷ》）、以後一〇年以上、めったなことでは上洛しなくなった。平家の代表権は、一門中最高の位階・官職にある嫡男の重盛《しげもり》に移り、公式にはかれが平家全体を差配する形になった。が、実質の最高権力者は清盛で、福原からの遠隔操縦で政局に影響を与えてゆく（六波羅《ろくはら》幕府）。

承安《じょうあん》元年（一一七一）、清盛は娘徳子《とくこ》《のりこ》（のちの建礼門院《けんれいもんいん》）を高倉天皇の后に入れた。しかし徳子は六年の間懐妊がなく、その間後白河は、わが孫を皇位に就けたいという清盛の強い意志に押され、子女はあまたいるにもかかわらず、皇太子を選定することができなかった。治天たる後白河にとって、皇統の連綿を実現するのは絶対至上の命令であるのに、皇位継承者指名権が発動できない。王者最大の権能が侵された。それが後白河の平家への不満となり、両者の関係は蜜月から同床異夢、さらに対立へと推移していった。また朝廷の新興勢力たる平家と院の近臣たちの間にも、対立が生まれていた。これら対立の暴発抑止の力となったのは、後白河最愛の后建春門院であったが、かの女は安元《あんげん》二年（一一七六）七月に没した。

治承年間（一一七七―八一年）に入ると、平家と後白河院の暗闘が表面化する。院の近臣化して院と清盛の間の緩衝役となっていた重盛も、治承三年七月に亡くなった。ついに同三年一一月、平清盛は院の度重なる挑発に怒り、軍事クーデタを敢行、後白河院政を停止、院は幽閉された。関白《かんぱく》以下反平家の貴族を大量に処分、軍事独裁政治を開始する。クーデタ後、平家の知行国（特定の皇族・公卿・寺社などに特定国の国務《こくむ》（国衙の事務）執行権を与え、その国の収益を得させる制度）および一門、有力家人《けにん》らが国守《こくしゅ》となった国々が飛躍的に増加し、約三〇カ国に達したことも重要である。学界の通説は、平家の政権は、厳密にはこのクーデタ以後成立、と説く（以上詳しくは、髙橋昌、二〇〇七を参照）。

以仁王もこの変で、師最雲より贈与された城興寺《じょうこうじ》とその荘園群を没収された。加えて翌年二月、弟高倉天皇が徳子腹でまだ二歳の長子言仁《ときひと》（清盛孫、安徳《あんとく》天皇）に譲位する。即位の可能性を断たれた以仁王は、平家を憎み、四月九日、諸国の武士たちに反平家の挙兵をうながす令旨を発した。『吾妻鏡』や『平家物語』では、頼政が以仁王に挙兵を迫ったとあるが、頼政には清盛に従三位に引き上げてもらった恩義こそあれ、謀反しなければならない積極的な理由はない。反平家というより、二条天皇や八条院と関係があった頼政としては（五味、一九八七／中村、二〇一六）、以仁王に加担する途を選択するなりゆきになってしまったのであろう。

平家討伐を命じた令旨を東国の源氏に伝える使者となったのは、義朝の末弟（為義《ためよし》十男）で頼朝の叔父にあたる義盛《よしもり》である。義盛は保元・平治の乱後、熊野新宮に隠れ住み新宮十郎と称した。四月九日、頼政の勧めで以仁王に謁し、八条院の蔵人《くろうど》（側近にあって事務・行事万般に与る役）に補され名を行家《ゆきいえ》と改めた（『吾妻鏡』文治二年五月二五日条）。

## 2　以仁王「令旨」の語るもの

令旨の文面については、『吾妻鏡』治承四年四月二七日条掲載のものがよく知られているが、『源平盛衰記』巻十三高倉宮廻宣《かいせん》にも載っている(以下『源平盛衰記』については盛衰記と略記する)。両者若干の異同があり、盛衰記で『吾妻鏡』の脱字句を補うこともできる。同令旨は延慶本『平家物語』巻四・八や長門本『平家物語』巻七頼朝令旨施行事《せぎょうのこと》(以下両本は延慶本・長門本と略記する)にも見える。ともに盛衰記のそれと同系統のものであるが、文中に省略などが多く、盛衰記のそれよりかなり杜撰といわねばならない。

令旨の主張はおよそつぎの通り。平家の罪状を国家への反逆と仏法破滅の二点に求め、後者から王自身を物部守屋《もののべのもりや》を滅ぼした上宮《じょうぐう》(聖徳)太子になぞらえ、護国の経典である『金光明最勝王経《こんこうみょうさいしょうおうきょう》』に因んで、自ら最勝(親)王と名乗る。前者からは「王位を推し取」った安徳天皇を否定、自らを壬申《じんしん》の乱(六七二年)時の大海人皇子《おおあまのみこ》(天武《てんむ》天皇)に擬して即位予定者と規定、その命を「勅《ちょく》」、下達文書《かたつもんじょ》を「宣《せん》」と称した(羽下《はが》、一九八〇/佐藤、二〇二〇)。

すなわち、これは自らの即位によって、父後白河の院政を復活し、王法と仏法が連携していた当時常態の(正常な)国家権力秩序の回復をめざす、という王朝再建構想を表明したもの、とみなされている(田中文、一九九四)。この文書は、「前伊豆守《さきの》正五位下《しょうごいのげ》源朝臣《あそん》(源頼政の息男仲綱《なかつな》)」が奉者《ほうじゃ》(主人の意を奉じて侍臣《じしん》の名で下す文書類を奉書《ほうしょ》と総称し、その場合の侍臣を奉者という)となって発給された。

古文書学では、令旨は、皇太子、三后《さんごう》(太皇太后《たいこうたいごう》・皇太后《こうたいごう》・皇后〈または中宮《ちゅうぐう》〉の総称)、それ以外では、親王・内親王・女院などが発する、私文書《しもんじょ》系統に属する奉書形式の文書をさす。それからいえば、以仁王はたんなる王だから、令旨を発給することはできないし、その様式はむしろ公文書の官宣旨に近く、極めて異例なものとなっている（以下この令旨を「令旨」と記載する）。そのため、以前は偽文書だという意見も強かった。

それに対し、石井進氏は、早くから『吾妻鏡』所載の「令旨」が、「以仁王自身によって発せられたものかどうかは別として、ともかくも当時の東国にひろく流通し、効果を発揮したものの収録」と判断している（石井進、二〇〇四a）。また羽下徳彦《のりひこ》氏は、「違式異例ではあるが、官宣旨に親縁性を有する、「宣」の系統の様式」の文書として、実際に発給された文書と考えても不思議はない、と説く（羽下、一九八〇）。事実内乱初年度には、関東では「よろしく清盛法師を誅伐すべし、東海・東山《とうさん》・北陸道等の武士与力すべきの由」を命じる、前伊豆守仲綱が奉ずる「一院第三親王〈伐たれたる宮なり〉の宣」と称するものが、それらの「国々」に交付され、園城寺の衆徒《しゅと》にも給されている、という伝聞が京都に伝えられている（『玉葉』治承四年一一月二二日条、以下引用記事の年紀が本文の記述と同じ場合は年を略す）。『愚管抄』にも「宮の宣」（巻五）と見えている。こうしてその後は、部分への疑問（とくに仏法破滅を強調する箇所など）はあっても内容の大筋には妥当性が認められる、とされるようになった。また令旨の形式にかなっていないという点についても、発給された令旨の実例では、古文書学でいうそれより発給主体が幅広く、形式も異なっていた事実が指摘されている（五味、一九八三）。

つぎに検討すべきは、『吾妻鏡』がいうように（四月九日条）、この呼びかけが、頼朝を第一の対象とし、反乱自体もかれによって領導されるべきもの、として発せられたか否かである。『吾妻鏡』は、叔父の源行家が北条屋敷（現、静岡県伊豆の国市寺家）の頼朝に「令旨」を届けたのち、甲斐・信濃の源氏に披露するため、その方面に向かったとする（四月二七日条）。

しかし、「令旨」の事書《ことがき》(書き出しの内容の要約部分)では

下す　東海・東山・北陸三道諸国源氏ならびに群(軍)兵等の所
　まさに早く清盛法師ならびに従類叛逆の輩《ともがら》《やから》を追討すべき事

とだけあり、本文中にも頼朝という名指しはない。むろんほかの誰かを反乱の軍事指導者として指名することもない。以仁王は、先述のように八条院を後ろ盾としており、挙兵時には、源頼政を筆頭に八条院に祗候する武士や八条院領荘園の関係者の参加を見込んでいた。伝達者の行家に八条院蔵人の肩書を帯びさせたのは、呼びかけの対象者たちに、この反乱は八条院の後押し、少なくとも同意を得ていると理解させることを狙っていたのだろう。頼朝はそれらの武士のなかの、もっとも有名ではあるが、ワン・オブ・ゼムに過ぎなかった。

その頼朝は、八幡太郎で有名な源義家《よしいえ》の子孫、為義の孫、義朝の子であり、普通為義―義朝―頼朝が河内源氏(源満仲《みつなか》の三男頼信《よりのぶ》が河内守となり、頼義《よりよし》―義家と三代にわたり河内国石川郡〈現、大阪府の東南〉に居住したので、そう呼ばれる)の嫡流と信じられている(図2)。しかし近年、為義の後継者は長男の義朝ではなく二男義賢《よしかた》で、義賢は都で東宮《とうぐう》(皇太子)体仁《なりひと》親王(のちの近衛天皇)の帯刀先生《たてわきのせんじょう》、すなわち皇太子を護衛する春宮坊帯刀舎人《たちはきのとねり》の筆頭者という重職に任じられた過去があり、権勢をふるった摂関家の左大臣頼長の腹心(男色の相手)でもあった、それに比べ義朝は、長きに亙って無官のまま、南関東で活動し、関東下向の時点で為義に廃嫡されていた、とまで主張されるようになった(上横手、一九八一)。

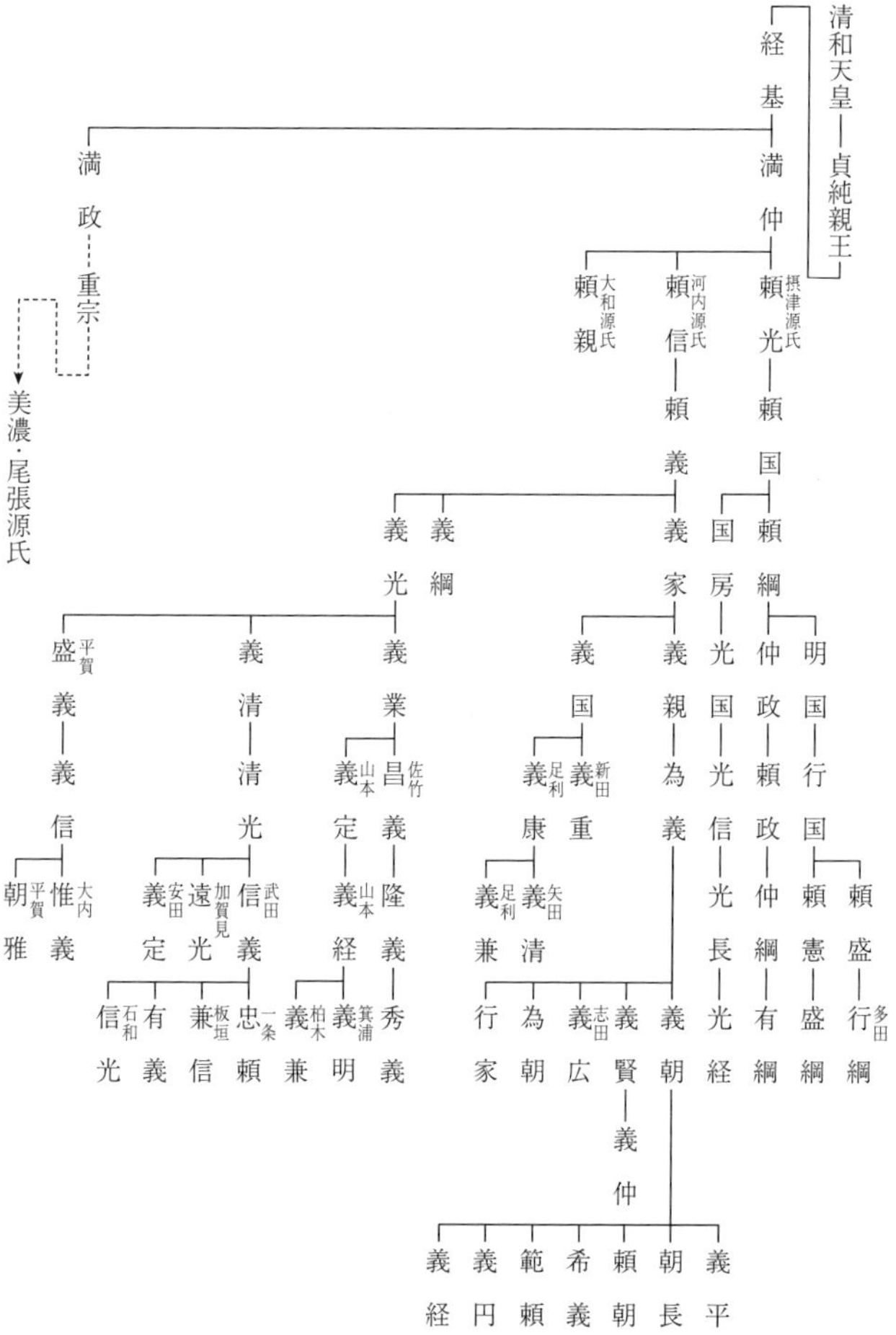

清和天皇
貞純親王
経基
満仲
満政
重宗
美濃・尾張源氏
頼光 摂津源氏
頼信 河内源氏
頼親 大和源氏
頼国
頼綱
国房
頼義
義家
義綱
義光
明国
仲政
光国
行国
頼政
光信
頼盛
頼憲
仲綱
光長
行綱 多田
盛綱
有綱
光経
義親
為義
義国
義重 新田
義康 足利
義清 矢田
義兼 足利
義朝
義賢
義広 志田
為朝
行家
義仲
義平
朝長
頼朝
希義
範頼
義円
義経
義業
昌義 佐竹
義定 山本
隆義
義経 山本
秀義
義明 箕浦
義兼 柏木
義清
清光
信義 武田
遠光 加賀見
義定 安田
忠頼 一条
兼信 板垣
有義
信光 石和
盛義 平賀
義信
惟義 大内
朝雅 平賀


図２　清和源氏略系図

義賢は上野国多胡荘《たこのしょう》（現、群馬県高崎市）に居住、秩父《ちちぶ》重隆《しげたか》（良文《よしぶみ》流平氏、河越《かわごえ》氏の祖）の養君《やしないぎみ》（かしずき育てる主君）となった。ところが、さらに南下し北武蔵へ進出しようとして、久寿《きゅうじゅ》二年（一一五五）、義朝の一男義平《よしひら》に武蔵国大蔵（現、埼玉県比企《ひき》郡嵐山町）で討たれた。その後、保元の乱（一一五六年）の敗戦で為義が処刑され、義朝が戦功によって左馬頭《さまのかみ》になると、かれが河内源氏の嫡流に確定した。

また義朝の嫡男の地位は、平治の乱（一一五九年）の前年までは、二男朝長《ともなが》と三男頼朝の間で、まだ流動的だったようだ。平治の乱中の除目《じもく》（中央官庁や諸国の四等官《しとうかん》以上の官を任じる儀式）で、頼朝は右兵衛《うひょうえの》権佐《ごんのすけ》という院近臣の名家《めいか》の子息なみの地位を得る。これで、すでに従五位下《じゅごいのげ》に昇進し中宮少進《しょうじょう》に補されていた朝長と立場が逆転し、嫡男の地位を確実なものにした（元木、二〇〇四）。朝長は乱に敗れて父とともに東国に落ちる途中負傷し父の手で命を絶たれ、義平も乱後に殺され、対抗馬がいなくなった。とはいえ、頼朝も伊豆に流されて、政治的には無力な存在と化し、二〇年の流人生活で、貴族社会からは忘れられた存在になっていた。

一方、義家の弟義光《よしみつ》の流れを汲む義光流は、常陸を主たる活動の場とし、孫昌義《まさよし》が佐竹氏の祖となった。そして一部が甲斐に移り、義光の孫清光《きよみつ》の頃から、それぞれ武田・加賀見《かがみ》・安田の諸家が活動をはじめた。信濃では義光の子盛義《もりよし》が平賀氏の祖となった。そもそも当時全国の源氏諸氏のなかで、義家流が抜きん出て優勢であったとはいい難い。そのことは、頼政が以仁王の挙兵に応じる者たちとして名をあげた諸氏五〇人中二二人が義光流源氏で、とくに東国では二三人中一九人を占める点からもあきらかである（覚一本『平家物語』巻四源氏揃、以下覚一本『平家物語』は覚一本と略称する）（木村、二〇一八）。以仁王や頼政にとって、頼朝を積極的に特別扱いせねばならない理由はない。

## 3 「令旨」はどのように伝えられたか

『吾妻鏡』、とくにその頼朝時代が、史料価値の高いものでないことは、「はじめに」で述べた通りである。『平家物語』と『吾妻鏡』は、記事によっては同価値程度、『平家物語』の方が高い事例さえある。『平家物語』では、行家が東国源氏に「令旨」を伝えたやり方は、諸本によって異なる。盛衰記では、京を出てのち、近江国では、山本・柏木・錦織《にしごり》に斯《か》く斯《か》くと知らせて、「令旨の案《あん》」を書き与え、美濃・尾張に向かった。山田・河辺・泉・浦野・葦敷《あじき》・関田・八島に触れ廻り、また「案書」を与え、信濃に向かった。岡田・平賀・木曾《きそ》次郎（義仲）に触れ、また「案書」を与え、甲斐に向かい、武田・小笠原・逸見《へんみ》・一条・板垣・安田・伊沢に触れて、「案書」を与えた。そして、伊豆国北条に「打越て（先に向かい）」、右兵衛佐殿（頼朝）に斯く斯くと言った。その後行家は伊豆より常陸に向かい、兄であるので信太《しだ》（志田、本名義憲《よしのり》、改名して義広《よしひろ》、以下志田義広に統一）に知らせ、佐竹に告げて、「案書」を与え、（義経が）甥なので告げようとして、とくに奥州に下った、とある（巻十三行家使節）。覚一本でもずっと簡略な記述であるが同様である。

盛衰記や覚一本は、行家は京に近い西から順に東の諸氏へと廻ったという。確かにその方が順序としては自然である。だとすれば、木曾義仲・信濃源氏・甲斐源氏などは、『吾妻鏡』の記すところとは違って、頼朝に先だって「令旨の案」を与えられたと考えてよい。

そうだとしても、盛衰記は、佐殿《すけどの》（頼朝）は「廻宣」を披見したあと、現在は勅勘《ちょっかん》の身だから「身に当て(我が身宛ての)令旨を賜らずば、軍兵引卒(率)その憚《はばかり》あり」といわれたので、あらかじめ準備してあった「別したる(特別な)令旨」を取りだして渡した、と記す。いくつか疑問があるが、まずここでいう「廻宣」とは、いったい何であろうか。とくに「宣」である。それは『玉葉』が伝える「一院第三親王の宣」の「宣」にも通じるだろう。

ここ数十年の間に、古文書学にも新たな研究動向が生まれ、宣旨についても斬新な理解が生まれている。それらを代表する意欲的な主張として、早川庄八氏の『宣旨試論』がある(早川、一九九〇)。宣旨は従来、太政官(国政を総括する最高機関。政務は大臣・大中納言・参議の上流貴族が審議し、事務局と行政・執行機関を従える)が発給する天皇の命を伝える公文書と理解されてきた。しかし、氏によれば、本来宣旨は上級者(天皇に限らない)の口頭による命令を、受命者が書き記した書類、官庁内部の受命記録であり、それ以上のものではない。つまり口頭で伝達された上位者の意志が「宣」で、宣旨はその心覚えとして伝達内容が記録化されたもの(宣の旨《むね》)である。氏は、その受命記録が一一世紀後半以降、当事者もしくは関係者に対して交付されるようになると、施行文書《せぎょうもんじょ》、下達文書《かたつもんじょ》化するようになる、しかしそれは後出の便法に過ぎない、と主張する。氏の論の前提には、律令公文書制度以前から存在した、政務の場における音声による口頭伝達の伝統、という認識がある。

氏の指摘を踏まえれば、以仁王「令旨」=「一院第三親王の宣」とは、一義的には以仁王の口頭命令そのものであった(ちなみに義仲も「親王の宣を奉《うけたま》はりて」〈延慶本巻七・十八、盛衰記巻三十木曾山門牒状〉と述べている)。『明月記』が「最勝親王の命と称して郡県に徇《とな》ふ(広く知らせる)」(治承四年九月条)という場合の「命」も同じである。そしてその口頭命令を、諸国の源氏を「廻」って伝達したのが「廻宣」の意味ではないか。

源行家は以仁王の命令を、王に代わって口頭で伝えた。しかし、それだけでは正確厳密を期し難いし、謀反であるからには、相手も軽々に話に乗るわけにはゆかない。盛衰記は、「宣」の被伝達者には「案」すなわち「令旨の案」が与えられたという。ここでいう「案」とは、古文書学でいう写しとしての案文《あんもん》の意味である。正文《しょうもん》が文書の原文であるのに対し、後日に作られる写しには、文書の本質的効力にもとづいて作られる写しと、そうでないたんなる写しがある。前者が案文で、法令のようなものを、多くの人に知らせる必要上、多数の写しを作る場合などがあり、正文に準ずる史料的価値がある。後者をたんに「写《うつし》」という。

本来なら、仲綱作成の受命記録(宣の旨＝「令旨」)は、いわば覚書であり便宜的なものであろうが、行家の音声と一体になって伝達の真実性を保証した。というより、行家は以仁王の臨時のメッセンジャーに過ぎないから、中心であるべき口頭伝達(音声)より、実際には文書である「令旨」が現実的な効果を発揮したに違いない。その際、その正文は諸源氏間の回覧用だから、行家がずっと捧げ持っていなければならず、各人には写しを交付したのである。「案」はその場で書き与えたような書き方だが、実際には事前に多数が用意されていたのだろう。

頼朝の「身に当て令旨を賜らずば」という要請に応えて与えられた「別したる令旨」は、盛衰記では「東国源氏ならびに官兵等《かんぺい》の所」宛て、廻宣の状の命じるところに従って、清盛を討つため「前右兵衛《さきの》佐源頼朝をもつて大将軍《たいしょうぐん》として参洛《さんらく》せしむべき事」を命じている。令旨というが、これも官宣旨風でしかも官宣旨の形式に適っていない。しかもそれらしきものが、実際に諸国源氏の間に出回っていた徴証も見当たらない。以仁王「令旨」と違ってこんなものが実在したとは思えない。事実『吾妻鏡』にも『平家物語』のほかの諸本にも、「別したる令旨」は登場しない。

　もし「別したる令旨」に該当するものがあったとすれば、以仁王の「宣」の受命記録と同価値のものであろう。つまり、仲綱の花押《かおう》が書かれた「正文として通用する」令旨が二通作られた。だが両方とも正文とするわけにはいかないので、頼朝のために用意されたそれは「別したる令旨」と称した（花押のある同一の文書が二通作られる例があるのは、髙橋昌、二〇一一b・二〇一三e、および本郷、一九九八を参照）。もう一通はまさしき正文として「東海・東山・北陸三道諸国源氏ならびに群兵等の所」に廻宣され、かれらにはその写しとしての案文が、それぞれ手交されたと解してはどうだろうか。義朝は保元の乱前に下野守になっており、諸国源氏のなかではずば抜けて官位が高く、頼朝は河内源氏の正嫡《せいちゃく》になった。それゆえ、かれの家系と立場にいちおうの敬意を表し、「正文として通用する」令旨を与えるという、身分にともなう差異化がはかられた、と考えるわけである。その限りでは、頼朝は特別扱いを受けた、といえるだろう。ただし「別したる令旨」にかんする以上の解釈は、憶測の域を出ない。しっかりした批判があれば、撤回するにやぶさかではない。ひとまずそう考えておくに留める。

　さて、『吾妻鏡』では、「令旨」は四月九日の日付で、同月二七日に北条屋敷に到着している。延慶本では、「令旨」発給の日付は「治承四年四月　日」、都を発ったのが四月二八日、北条に下着《げちゃく》したのが五月八日とある。これに対し長門本は発給の日付が五月九日、『愚管抄』では、以仁王が謀反発覚後園城寺に逃げこんでから、「諸国七道へ宮の宣とて武士を催さるる文どもを、書ちらかされたりけるをもてつぎ（持て継ぎカ）たりけるに」とあり（巻五）、発給は五月一五日以降（仲綱が奉者だから、実際的にはかれが園城寺入りした五月二二日以降、南都へ向かった前日の二五日までの間）だとする。河内祥輔氏は『愚管抄』記事を重視し、四月九日発給を否定する（河内、二〇〇七）。

しかしすでに五月一七日には「諸国に散在の源氏の末胤《まついん》等、多くもつて高倉宮の方人《かたうど》（味方）たり、また近江国武勇の輩、同じくもつてこれに与《くみ》すと云々《しかじか》」といわれているので（『玉葉』）、『愚管抄』の記事には疑問があるし、長門本の日付も同様である。挙兵の準備は、以仁王と頼政の間で、早くから慎重に進められていたであろうから、発給の日はやはり『吾妻鏡』や盛衰記の四月九日で、長門本の五月九日は、なんらかの事情で月を書き誤ったものと解しておく。

『吾妻鏡』では、京〜北条屋敷間に一九日間を要している。当時京から鎌倉まで東海道を下り、バイパスの箱根越のルートを採ると、通常で一三日間、一日三二―四〇キロの距離を進んだ（榎原、二〇〇八）。それより八〇キロ程短い京〜北条屋敷間は、余裕を見込んでも一二日あればいける。行家の使命は謀反の組織化だから急を要する。真っ先に頼朝の居所をめざしたとすれば、一九日間というのは、かかり過ぎの感がある。それに対し盛衰記は、四月一〇日に京を発ち四月二七日到着だから、各地の源氏を回っていれば逆に日程としては窮屈だろう。延慶本の五月八日着でもかなり苦しい。

ともあれ、以仁王「令旨」は、最初頼朝に、それから諸国源氏に伝えられたというのは、内乱の過程で確立していった頼朝の指導的・優越的な地位を、当初からのもの、と印象づけたい政治的意図が働いた結果と考えるべきだろう。

それにもかかわらず、頼朝にとって、以仁王「令旨」は、内乱の前半期、唯一の錦の御旗であった。石橋山合戦の際、「御旗の横上《よこがみ》（旗の幅を張るための上部の棒）」には「件《くだん》の令旨」が付けられていたというし（『吾妻鏡』八月二三日条）、山木《やまき》（平）兼隆《かねたか》を討った直後に、伊豆国目代《もくだい》の親戚中原知親《なかはらのともちか》の蒲屋御厨《がまやのみくりや》（現、静岡県下田市、御厨は神社の荘園）への非法を停止した「関東の事施行始め」とされる下文《くだしぶみ》には、「東国に至りては、諸国一同に庄公みな（頼朝の）御沙汰たるべきの旨、親王宣旨の状明鏡《めいきょう》（明らかな証拠）なり」という文言が書き入れられており、「令旨」の権威を借りて自己の正当化をはかっていることも注目される（『吾妻鏡』八月一九日条）。そして寿永二年（一一八三）頃まで、頼朝は、すでにこの世にない以仁王が、宇治の合戦後に逃れて東国に下り、「新皇《しんのう》」として自陣に奉戴されているかのようによそおいさえした（石井進、二〇〇四a）。筆者の先の推測通り、頼朝には「正文として通用する」「別したる令旨」、ほかは案文というはっきりした区別があったとすれば、それを政治的に有効活用しない手はない。義仲を除く他氏がこの方法をとらなかったのは、多数が手にする案文では、自己を顕示する宣伝材料としては弱いからである。

## 4　挙兵までの百日間

頼朝は、先の推測に従って五月八日以後に以仁王の「令旨」に接したとして、実際に挙兵したのは八月一七日だった。この顕著なタイムラグを、どう説明すべきであろうか。以下『吾妻鏡』のその間の推移を年表風にまとめると、

五月一〇日、頼政郎従《ろうじゅう》の下河辺行平《しもこうべゆきひら》、使者を頼朝に送り、頼政が挙兵の準備をしていることを告げ知らせた。

五月一五日、以仁王の謀反が明らかになり、土佐に配流《はいる》する旨の宣旨が出る。

五月二六日、以仁王・頼政ら南都に逃げ去る途中で敗死。

五月二七日、国々の源氏ならびに興福・園城両寺の衆徒中で、以仁王の「令旨」に応じた輩、ことごとくに、攻撃を加えるべきことが高倉院の御所で決定。

六月一九日、京にあった三善康信《みよしのやすのぶ》(母の姉が頼朝の乳母)の使者が北条に参着し、以仁王謀反の結末と「令旨」を迎え入れた源氏が追討される危険を頼朝に告げ知らせ、奥州方面に逃れよと勧める。

六月二四日、康信の連絡は根拠があるので、逆に平家追討の計画をめぐらそうと、累代《るいだい》の家人らを招く使を出す。

六月二七日、在京して平家の大番役《おおばんやく》を務めていた下総の千葉胤頼《たねより》と相模の三浦義澄《よしずみ》が、帰国途中頼朝のもとに立ち寄って、何事か密談した。

八月九日、子息が頼朝の門下に祗候していた近江源氏の佐々木秀義《ひでよし》が、大庭景親《おおばかげちか》から「在京時に平家の侍大将《さむらいだいしょう》上総介《かずさのすけ》(伊藤《いとう》)忠清《ただきよ》に対面したら、「諸国源氏の動きを取り締まるよう命令がでている最中に、北条時政《ときまさ》・比企《ひき》氏らが頼朝を大将軍として叛逆を企てているという長田入道《おさだにゅうどう》の書状がきた、清盛様にお見せする」と言っていた」と教えられる。

八月一一日、佐々木秀義、息子の定綱《さだつな》を使者として大庭景親から得た情報を頼朝に伝える。

八月一二日、挙兵決行を一七日と決めた。

これによれば、頼朝は四〇日以上の間形勢を観望していたが、六月の三善康信の警報によって、はじめて具体的な動きをはじめ、八月の佐々木秀義からの情報によって、尻に火がついたように、慌ただしく決起が決まったことになる。

以上の経過は『吾妻鏡』の伝えるところだから、信頼性についてはもちろん慎重を要する。とくに五月二七日の以仁王の「令旨」に応じた輩ことごとくに攻撃を加える、と決定したという件が史実かどうかが、判断の分かれ目である。『玉葉』『山槐記』には、当日の高倉院の御所における議定《ぎじょう》内容が詳しく記されているが、衆徒が乱に加担した興福寺に武力攻撃を加えるかどうかをめぐって激論が交わされ、結局慎重論に落ち着いたというのが、記事のほとんどを占め、「令旨」に与同した諸国源氏の扱いについては言及がない。

ただ当時五位蔵人で、議定の結果を知り得る立場にあった藤原親経《ちかつね》の日記に、「賊乱余党の事沙汰《さた》有り、所々《しょしょ》を追捕《ついぶ》せらると云々」(『親経卿記』五月二七日条)とある点が注目される。「賊乱余党」、すなわち以仁王の「令旨」に応じた者たちは、追捕(相手を追いかけて捕らえること、没収や奪い取ることも含む)するという決定がなされたわけで、六月一九日の『吾妻鏡』の記事は、日付の正確さはともかく、内容的には史実を伝えている可能性が高い。そしてこの決定が頼朝にとって脅威となるのは、以仁王の敗死以前、どんなに遅れても三善康信からの警報以前に、「令旨」に同意したと受け取られるだろう具体的な事実があったからに違いない。

六月一九日以後の記事も、頼朝側内部の動きであり、これまた客観的に裏づけられない。しかし康信のもたらした警報は、五月二七日の院御所議定を具体化する措置として、当然あり得る事態である。そうであれば、まさに頼朝たちにとって状況は極めて厳しい。しかも累代の家人らを招く使を出したが、波多野《はたの》右馬允義常《うまのじょうよしつね》・山内首藤滝口三郎経俊《やまのうちすどうたきぐちつねとし》などは与力に応じないばかりか、頼朝の企てを嘲笑するあり

図3　東国有力武士の分布(内乱前)

さまである(『吾妻鏡』七月一〇日条)。頼朝の挙兵は窮地に立たされた側の成算を度外視した決起の印象が強い。

伊豆の目代山木兼隆を誅して旗揚げした時の参加者は、西相模を地盤とする中村《なかむら》氏一族(土《ど》肥《ひ》実平《さねひら》・土屋《つちや》宗遠《むねとお》・岡崎義実《おかざきよしざね》・中村景平《かげひら》ら)と伊豆の北条一族・狩《か》野《の》(工藤)茂光《もちみつ》父子・宇佐美《うさみ》助茂《すけもち》ら、それに加えて佐々木兄弟らで、総勢三〇―四〇人という微々たる勢力だった。『吾妻鏡』は、頼朝が挙兵前、これら「身命を軽んずる勇士」一人一人を、人気のない部屋に順に呼びこみ、今まで口外しなかったけれども、「ひとへに汝を恃《たの》むに依りて」挙兵の相談をしているのだ、と丁寧な言葉をかけたので、みな自分だけが頼朝に期待されていると喜んだ、と記している(八月六日条)。事実なら、小賢しい振る舞いというべきであるが、それだけ切羽つまった思いだったのだろう。

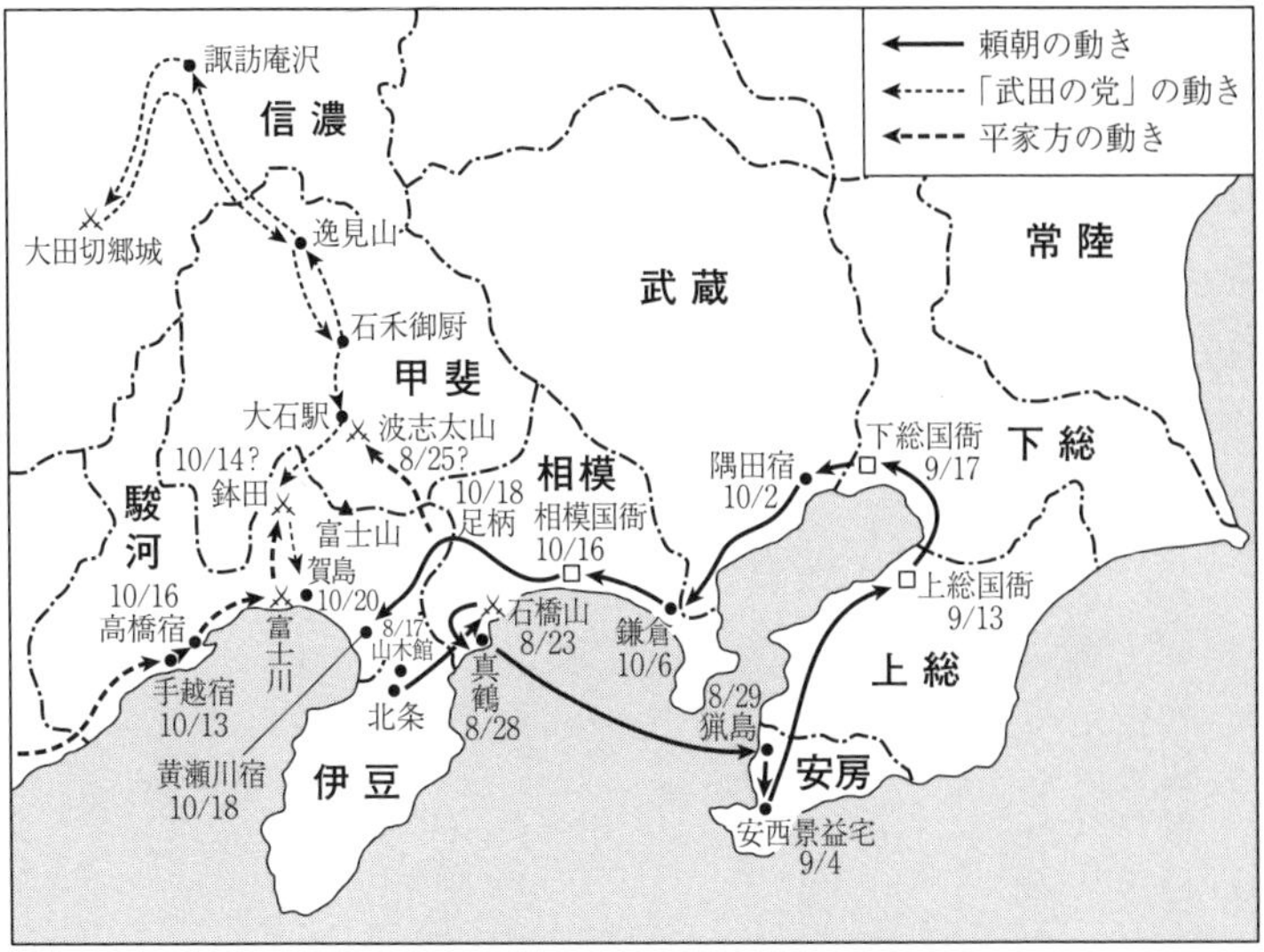


図4　頼朝挙兵以後の頼朝・「武田の党」・平家方の動き

挙兵後三浦半島を拠点とする相模の三浦氏に合流するため東に向かい、石橋山で大庭景親の率いる平家方と戦った。以下は図3、および図4を参照しながら読み進められたい。

大庭氏は、後三年合戦《ごさんねんかっせん》で源義家に従った鎌倉権五郎《ごんごろう》(平)景正《かげまさ》の子孫で、相模の国の中央部に大きな勢力を有していた。景正は相模国衙に申請して高座《こうざ》郡大庭郷(現、神奈川県藤沢市)を中心に開発を進め、永久《えいきゅう》五年(一一一七)一〇月に伊勢神宮領大庭御厨として寄進し、その子孫が下司《げし》(荘園の現地の事務を掌った上級の荘官。在京の上司に対していう)として現地を支配していた。しかるに、天養《てんよう》元年(一一四四)国司の代替りの空白をねらった源義朝が、国衙の田所《たどころ》目代および在庁官人《ざいちょうかんにん》(第二章1節参照)、三浦氏や中村氏らの軍兵とともに、荘内に乱入し御厨の停止を宣言した。御厨側の抗議の訴えに対し、朝廷は言い分を認め、義朝等の濫行《らんぎょう》を停止し、犯人を逮捕するように宣旨を発した。時の下司は平景宗《かげむね》である。

この結末ははっきりしないが、保元の乱(一一五六年)にあたり、景宗の子の大庭景能《かげよし》(義)・景親兄弟が義朝配下の勇士として奮戦した、と『保元物語』に見えている。義朝は大庭一族を服属させるのに成功したもようである。

兄の景能は保元の乱で源為朝《ためとも》と戦い重傷を負ったが、平治の乱後も伊豆の頼朝のもとに祗候し、一方弟の景親は平治の乱後助命され、平家の家人となった。佐々木秀義が、大庭景親から頼朝に危機が迫っているという報を得たのは、景親が在京中上総介忠清からそれを知らされたからである。

上総介忠清は平家の侍大将として著名な人物であり、「(坂東)八ケ国の侍の別当《べっとう》」あるいは「八箇国の侍の奉行《ぶぎょう》」と呼ばれており(延慶本巻五・十八、盛衰記巻二十二佐殿漕会三浦)、東国の平家家人を管理する立場にあった。一方、景親は「東国の御後見《おんうしろみ》」として(盛衰記巻二十佐殿大場勢汰)、忠清の補佐役であった。景親が頼朝を討つ平家方の総大将格であったのは、当然であろう。

石橋山の戦いは頼朝方の惨敗に終わり、かれは生き残った手勢《てぜい》とともに、命からがら相模西端の土肥の椙山《すぎやま》(現、湯河原付近)に逃げこんだ。湯河原から真鶴《まなづる》半島を含んだ土肥郷の領主は土肥実平、最後まで頼朝の伴をしたのは、実平・遠平《とおひら》親子をはじめ、土屋宗遠、岡崎義実ら中村氏の武士であったと伝える。その結果頼朝はからくも命助かり、真鶴岬から渡海し安房西部の猟島《りょうしま》(現、千葉県安房郡鋸南町竜島)に上陸、三浦一族と落ち合った。

その後頼朝は、平家の与党長狭常伴《ながさつねとも》の襲撃を退け、上総で千葉氏・上総氏の合流を得、下総目代や平家方の千田庄領家判官代親政《ちだりょうけほうがんだいちかまさ》(下総藤原氏)を敗走させ、一気に大勢力に成長した(野口実、一九九四b)。

鎌倉に向かおうとして、武蔵制圧のため秩父氏一族の江戸重長《しげなが》に参加を呼びかけたが、容易に応じなかった。そこで一族の庶流葛西清重《かさいきよしげ》に、大井の要害で会いたいと偽って重長を誘い出し、討ち取るよう命じるなどの一幕もあった(『吾妻鏡』九月二九日条)(図4)。

## 5　挙兵相継ぐ

以仁王の「令旨」は、頼朝だけに下されたものではなかった。だから、この頃になると諸国に反応が現れはじめる。『玉葉』九月三日条には、伝聞であるが、紀伊の湛増《たんぞう》が「去んぬる月(治承四年八月)中旬の比」に「謀叛」を起こし、「その弟湛覚《たんかく》の城を焼き払ひ、所領の人家数千宇《う》に及ぶ、鹿瀬《ししのせ》以南をしかしながら(すべて)掠領《りゃくりょう》し了《おわ》んぬ。行明《ぎょうめい》(行命)同意すと云々」とある。

掠領とは奪い取って占領すること、鹿瀬は現、和歌山県有田郡広川町と日高郡日高町の境にある峠で、当時もその後も、紀伊国を地域的に南北に分かつ自然・人文の境界である。湛増は鹿瀬以南の広大な地域を支配下に置いた。その後、第二〇代熊野別当範智《はんち》が湛増に与力するなど、「悪逆」はますます激しくなった(『玉葉』九月一一日条)。また熊野の反逆は日を追って盛んだが、いまだそれへの対処ができていないといわれ(『玉葉』九月一九日条)、九月末日の頃、弟湛覚が逆に湛増の屋敷を攻撃し、互いに多数の死者が出た(『玉葉』一〇月二日条)。

熊野本宮・新宮・那智社を熊野三山《さんざん》という。その全体を統轄・管理する役職が熊野別当、その別当職に就くのが別当家で、嫡流が新宮に本拠を置く新宮家である。湛増の祖父である第一五代熊野別当長《ちょう》快《かい》は、寛治《かんじ》四年（一〇九〇）一月、白河上皇の熊野御幸《くまのごこう》に功があり、以後僧の最高位である法印《ほういん》の地位を得て、貴族社会における人脈も形作られてゆく。

寛治の白河上皇の参詣によって、熊野詣は伊勢側から南下するそれまでの伊勢路に替わり、和歌山から海岸沿いに南下するルートが、往復ともに主流になった。京都の貴顕は田辺の浜辺で潮垢離《しおごり》（海水を浴びて身体のケガレを去る儀礼）をしたのち、内陸部の深い山地に踏みこみ熊野本宮に向かう。中辺路《なかへじ》であり、起点となる田辺の重要性は増した。その田辺を拠点としたのが長快の四男湛快《たんかい》で、かれは嫡子でなかったので、熊野別当家の分家として、田辺家を開いた。湛増は田辺別当家の継承者である。そして湛増に与力した行命や範智は新宮別当家の出身だった。

「令旨」を諸国に伝えた行家は、治承三年頃から熊野地方で暮らしていた。姉の「鳥居禅尼《とりいのぜんに》」が、第一九代熊野別当行範の妻として新宮にいたので、新宮別当家の保護下に置かれていたとされている。その行家が、治承四年四月には在京し、以仁王から「令旨」の伝達役に起用された。

『平家物語』諸本の語るところでは、以仁王の「令旨」への対応をめぐって、熊野三山が二つに分裂している。以仁王の「令旨」は、行家のラインからいち早く熊野新宮家にもたらされた。田辺別当家の湛増は、この時点では親平家方である。かれは「令旨」が出されたという情報を漏れ聞くと、本宮・田辺の勢を率い、親源氏方の新宮・那智方と新宮湊で戦ったが敗れ、本宮に引き退く。以仁王謀反の知らせは、五月一三日前後、湛増経由で清盛の後継者である京都の平宗盛《むねもり》に伝えられ、ただちに摂津福原の清盛のもとに伝達された。

じつは『平家物語』諸本の伝える情報は錯綜しており、以上はそれを整理した結果である。が、もともと新宮家と田辺家の間には別当職継承をめぐって対立があり、田辺家の中でも兄弟対立があった。当初は利権をめぐる生臭い一族内対立であったものを、『平家物語』は「令旨」への対応をめぐる政治路線の対立、と装っているだけかもしれない。湛増が五月時点で、親平家派であったとしたら、八月中旬の湛増の「謀叛」や行命・範智ら新宮別当家有力者の与力は理解しにくいからである。湛増が親平家であったという確かな証拠はない。

九月一九日になると、筑紫《つくし》に叛逆の者があり、清盛が「私《わたくし》に」追討使《ついとうし》を派遣したという報が流れた(『玉葉』)。南関東の頼朝の反乱に対しては、九月五日、清盛孫の平維盛・清盛の末弟忠度《ただのり》、清盛の七男知度《とものり》らを将とする東国追討使派遣の宣旨が下されているのに、九州のそれは本腰の対応とは言い難い(『山槐記』)。というより、九州は平家の以前からの地盤であるから、主人の従者への制裁権の発動の感覚だったかもしれない。

一〇月、近江でも反乱に呼応する者が現れ、それを禦ぐために平家方と度々合戦があった。大の平家嫌いである右大臣九条兼実は「およそ近日在々所々乖背《かいはい》せざるはなし、武をもつて天下を治むる世は、(中略)誠に乱代の至りなり」と感想を漏らした(『玉葉』一〇月二日条)。

その一方、源頼朝は勢力を南関東各地に拡大した。治承四年一〇月には、大庭景親・波多野義常、伊《い》東祐親《とうすけちか》ら相模・伊豆の平家方残党もあるいは投降、あるいは自死した。

甲斐源氏も早々と蜂起している。九月七日に、当時在京していた新田義重《にったよししげ》が、主筋の前太政大臣藤原忠雅《ただまさ》に、平家に背く「坂東国の家人」の追討を平宗盛から命じられたので、これから現地に下向すると、書状を届けた。そこには「義朝の子(頼朝)、伊豆国を領す。武田太郎(信義《のぶよし》)、甲斐国を領す」とあった

（『山槐記』九月七日条）。武田信義らの反乱は、遅くとも八月下旬に始まっていたのだろう。頼朝とほとんど同時期である。

この新田義重は清和源氏でも、義家の三男義国《よしくに》の子である。義国は足利氏《あしかが》の婿《むこ》になった。足利氏は下野の豪族で「数千町を領掌」する大勢力である（『吾妻鏡』養和元年九月七日条）。かれらは一〇世紀中葉に、平将門《まさかど》を討った藤原秀郷《ひでさと》の末裔である。源義国はこの藤原姓足利氏から所領の一部、梁田《やなだ》郡の地を譲り受けた。同地はすでに鳥羽院の安楽寿院《あんらくじゅいん》（第二章2節参照）領足利荘（現、栃木県足利市）の内として立荘《りっしょう》されていたので、藤原姓足利氏は足利荘でも渡良瀬川《わたらせがわ》北岸の足利郡域を、義国は南岸の梁田郡域を、それぞれ勢力圏とするようになった（峰岸、一九七三）。こうした経緯で義国の子義康《よしやす》が源姓足利氏の祖になる。義康は保元の乱の時、清盛や義朝とともに崇徳上皇方の籠もる白河北殿を先制攻撃している（『兵範記《へいはんき》』保元元年七月一一日条）。

義康の兄が義重で、かれは足利荘の西方、上野国東南部の新田郡を開発し新田荘（現、群馬県太田市）を成立させた（峰岸、一九七三）。すなわち新田一族の祖である。義重はさらに上野国中央南部の八幡荘《やわたのしょう》（現、群馬県高崎市・安中市）を自領とした。

一方、藤原姓の足利俊綱《としつな》は、上野西部にも食指を動かし、新田荘の領主職《しき》（職とは中世において職務と収益権が一体化したものをいう）を新田義重と争い、清盛の嫡男重盛の裁定で勝訴した。俊綱はその恩に酬いるため近年平家に属したという（『吾妻鏡』養和元年九月七日条）。内乱が始まると、俊綱は源氏方の居住を口実に、上野国衙（前橋市元総社町付近）の地を制圧した。一方新田義重は八幡荘内の寺尾城に籠もり、源平双方に距離を置く独自の立場をとった（『吾妻鏡』治承四年九月三〇日条）。そののち子や孫は頼朝に参陣したが、義重本人は再三の参陣要請にもかかわらず動かなかった。

話を甲斐の源氏に戻すと、甲斐の義光流は、信義が祖父義清《よしきよ》以来の武田を名字《みょうじ》とし、甲斐の西北部、北巨摩《きたこま》から中郡《なかごおり》にかけてを本拠とした。信義の子一条忠頼《いちじょうただより》・板垣兼信《いたがきかねのぶ》・石和信光《いさわのぶみつ》は、それぞれ甲府盆地中央部の中郡、石和方面に勢力圏を広げていた。信義の弟安田義定《よしさだ》(義清の子で清光の養子)は八幡荘内安田郷(現、山梨市八幡地区)を名字の地(本姓と区別される、家の名の起こりである居住の地のこと)とし、東郡《ひがしごおり》と呼ばれる甲府盆地東部を、信義の別の弟加賀見遠光《とおみつ》とその子小笠原長清《ながきよ》は、摂関家領加賀見荘《かがみのしょう》(現、南アルプス市加賀美周辺)を名字の地とし、釜無川《かまなしがわ》右岸の西郡《にしごおり》から富士川両岸地域を本拠とした。

武田信義・一条忠頼ら・安田義定の三グループは、惣領《そうりょう》武田家のもとで緩やかに連合しており、反平家で動いても、武田と安田は多く別行動であった。信義の子石和信光は富士川戦後には頼朝に従い、加賀見氏は内乱後半期になると頼朝軍に属しているのがわかる。一族の一人とみられる「甲斐国平井冠《か》者《じゃ》」にいたっては、石橋山合戦で大庭景親率いる軍勢に参じ、討死している(『山槐記』九月七日条)。

ここまで甲斐源氏という語を使用してきたが、じつは鎌倉時代に入っての一族の総称であり、内乱当時は「武田の党《とう》」という用語が使われていた(平山、二〇〇五)。「党」とは平安後期に出現した武士勢力の血縁的な連合組織をさす言葉である。以下なるべく「武田の党」の語を使用する。

さて、『吾妻鏡』は頼朝中心の挙兵を強調する立場であるから、「武田の党」の行動も頼朝からの働きかけの結果になっている。同書には、石橋山の敗軍の途中、北条時政が八月二四日、二五日、九月八日それぞれに甲斐に向かおうとした、あるいは向かったという記事がある。さらに九月一五日には、甲斐国の西北端逸見《へみ》山《やま》(現、山梨県北杜《ほくと》市)で、信濃に出征し帰還途上の武田信義らと出逢い、頼朝の命を伝えたという。

ところが、同じ『吾妻鏡』の八月二四日条には、時政は甲斐に発つ前に、頼朝が命からがら逃げこんだ土肥の「椙山」で大庭景親と戦ったとあるし、二五日に甲斐に向かったが途中で土肥に引き返し、八月二七日には頼朝に先だって安房に渡海し、二九日には安房猟島で頼朝を出迎えている。神速というか右往左往というか、まことに人間離れした瞬間移動である。

『吾妻鏡』では、安房・上総・下総三カ国を制した頼朝が、土肥実平の弟の土屋宗遠を甲斐に派遣し、九月二〇日、武田信義以下に北条の案内で駿河黄瀬《きせ》川《がわ》（現、静岡県沼津市大岡）に来るようにと出兵をうながしている。武田らは後述のように黄瀬川には来なかったが、この時期になれば出兵要請もあり得ただろう。いずれにしても時政が、「武田の党」に働きかける目的で、八月二四日、二五日に甲斐に向かおうとしたというのは信じられない。『吾妻鏡』は書物の性質上、北条氏を特別扱いすることが多く、この場合は、時政に頼朝の危急を救うという活躍の場面を創作したのだろう。

また不可思議なのは、八月二五日、武田・一条らを討つため甲斐に向かった平家方の俣野《またの》景久《かげひさ》・駿河目代 橘《たちばなの》遠茂《とおもち》らの軍を、安田義定・工藤景光《くどうかげみつ》父子・市川行房《ゆきふさ》らが、「波志太山《はしだやま》」という場所で破った、という記事である。「波志太山」は富士北麓の足和田山（現、山梨県南都留郡富士河口湖町）だと考えられている（杉橋、一九八八）。

安田らは、石橋山で合戦が行われたことを聞き、頼朝と合流するため甲斐を発したという（『吾妻鏡』八月二五日条）。石橋山の戦いは八月二三日夕刻だから、その報を得て出陣して、二五日の富士北麓の戦に間に合うとは思えない。さらに俣野景久は、大庭景親の弟であるが、読み本系諸本では、八月二三日の黄昏時《たそがれどき》に、石橋山で岡崎義実の嫡男佐奈多義忠《さなだよしただ》と死闘を繰り広げ、首を負傷しているので、その日の内に出陣するなど無茶である。さらに俣野らは、駿河の橘遠茂らと合流し、富士東麓を北上したのだろうから、二五日に北麓というのも、時間的には不可能であろう。言い落としたが、駿河は平宗盛の知行国で、駿河目代は、反乱軍の鎮圧という宗盛の意向を忖度しながら、行動していたに違いない。

双方の行動開始が石橋山以前なら、俣野は石橋山合戦に参加できない。佐奈多義忠の石橋山での討死は、のちに頼朝によって政治的に利用されることになるので(第八章6節参照)、俣野が石橋山合戦に参加していないというのは、考えにくい。そうすると「波志太山」での合戦は八月二五日以降である。結局、「波志太山」合戦は、日付を実際より前倒ししているのであろう。それが仮に意図されたものでないとすれば、『吾妻鏡』は、編纂時に元の史料を適当な形に切り、継ぎはぎをしているが、その際のぬかり、手落ちに起因する年次・日付の誤りが多々あるので、これもその伝であろう。

関連して『吾妻鏡』には、一〇月一四日、甲斐の武田・安田連合軍が、富士北麓の若彦路《わかひこ》を通って本《もと》栖《す》湖《こ》南の「鉢田《はちだ》」の辺り(現、山梨県南巨摩郡身延町端足《はした》峠周辺)で(海老沼、二〇一五)、駿河目代橘遠茂・長田入道子息らと戦い、遠茂を捕らえ、長田入道の子息二人を討ち取ったという記事がある。これは『玉葉』(一一月五日条)と『吉記』(一一月二日条)に、富士川の戦いの前哨戦として、駿河目代と有勢武勇の輩三〇〇〇騎が甲斐武田の城を攻めたところ、みな悉く伐ち取られ、目代以下八十余人が路頭に首をかけられたなどとあるので、日付はともかく出来事は裏が取れる。

武田は、これ以前信濃に出陣し、菅冠者《すがのかじゃ》という平家の方人を伊那谷の大田《おおた》切郷《ぎりごう》(現、長野県上伊那郡宮田村)で自殺に追いこみ、諏訪上・下社に所領を寄進している(『吾妻鏡』九月一〇日条)。武田が挙兵直後という一刻を争う大事な時に、なぜ悠長にはるばる伊那谷まで遠征せねばならないのだろうか。これも頼朝の歓心を買うとか、平家の味方を討つとかいった理由ではなく、信濃に進出するという武田氏自身の利害がからんだ出兵ではないだろうか。それはともかくとして、勝利して信濃から甲斐にとって返す途中、九月一五日、逸見山で北条時政に会い、その後「波志太山」で勝利した安田らと合流したのであろう。

これに対し「波志太山」で安田らに敗れて南下した駿河目代らは、態勢を立て直して北上し、一〇月中旬、富士西麓の「鉢田」で武田・安田連合軍の待ち伏せに遭って殲滅《せんめつ》され、武田・安田軍は勝った勢いに乗って南下する、という筋書きが描けるだろう。

## 6　富士川戦の実相

房総半島を攻略した頼朝は、武蔵国で秩父一族の江戸・畠山《はたけやま》・河越等の諸氏も従え、一〇月六日、鎌倉に入った。一方、関東の反乱勢力を討つべく、平維盛に率いられた軍が、九月二九日六波羅を発ち、一〇月一三日に駿河手越《たごしの》駅《うまや》(現、静岡市)に到着する。頼朝は一〇月一六日、大軍を率いて鎌倉を発ち、足柄越(現、JR東海御殿場線のコース)を使って三島に出て駿河に入り、一八日夜に黄瀬川に着いた(『吾妻鏡』一〇月一六・一八日条)。

富士川の戦いのあった日時は、正確にはわからない。多分一〇月一九日の真夜中、二〇日未明といってもよい頃だろう(福田豊、二〇〇六)。維盛軍もその少し前富士川西岸に陣を布いている。富士川戦は、実際には武田・安田氏ら「武田の党」の戦いであった。『吾妻鏡』も「武田太郎信義、兵略を廻らして、潜《ひそ》かに件(維盛ら)の陣の後面を襲」ったと、その事実を認めている(一〇月二〇日条)。

「武田の党」は富士山の西麓を南下しているので、頼朝がいる黄瀬川まで行っているはずはない。平家軍を北方から直撃したのだろう。この時平家が、富士沼(浮島ヶ原)に集まる水鳥らが驚き群がり立った羽音に驚き、戦わず敗走したという『平家物語』の話はよく知られている。水鳥の羽音に驚いて引き退いたというのは『山槐記』にも見えるので(一一月六日条)、史実性があると考えてよい。が、どうやらそれは平忠度らの部隊が京都にもたらした情報で、小兵力である自隊の敗走を弁解するため、維盛の本隊がふがいなく潰走したことを強調する必要があったからと考えられており(松島、二〇〇三a)、寄合所帯ゆえの、誇張された内情暴露と考えるべきである。

一件は平家の武士の弱さを語る格好の例とされるが、それはどうだろう。先述のように、俣野や駿河目代など、現地の平家方勢力は富士川戦前に壊滅させられており、遠征軍は長途の遠征に疲れ、事前に当てにしていた兵力も消尽し、戦闘意欲を失っていた。対陣中に味方がいきなり数百の単位で敵に投降するという事態も発生した。

『吾妻鏡』は、この戦いで頼朝軍は富士川河口の賀島《かしま》に進出していたという(一〇月二〇日条)。静岡県の歴史の道調査によれば(静岡県教育委員会、一九八〇)、駿河湾に注ぐ富士川の川筋は今よりずっと東にあった。それでも黄瀬川から富士川まで、大軍の移動にまる一日はかかり、間に合いそうもない。その上、頼朝がもし賀島にいたのなら、富士沼の水鳥を騒がせた武田勢はその東方に布陣したことになるし、頼朝軍を間に挟んで、賀島の西に平家軍(富士川右岸)がいることになる。互いの位置関係は理屈に合わ

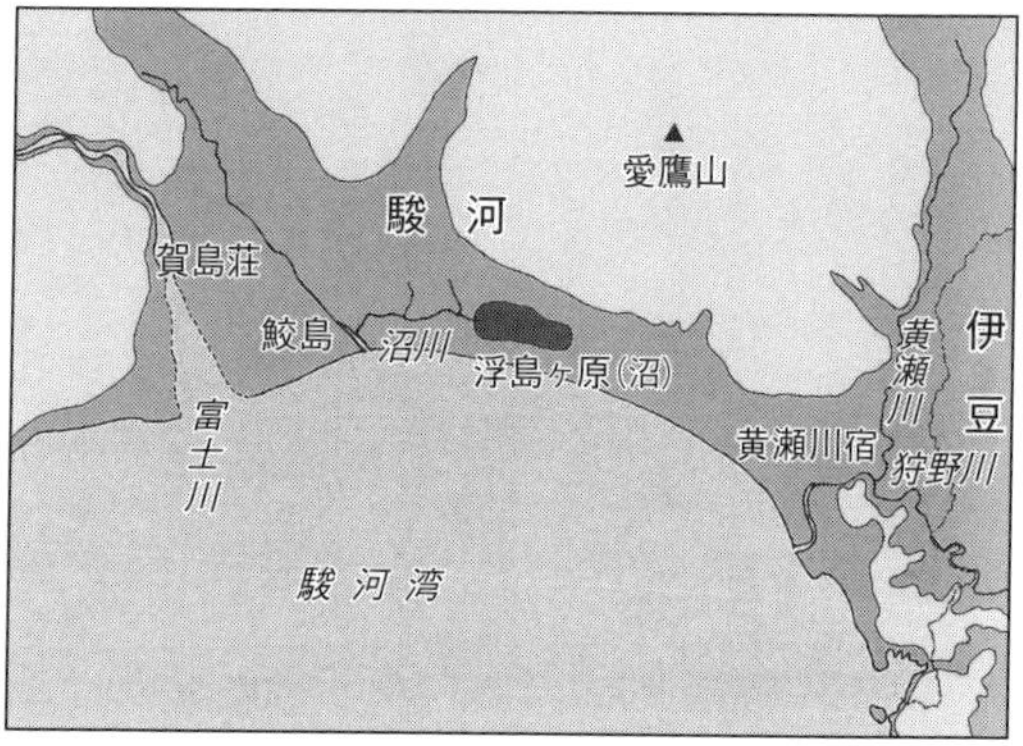

図5　富士川の合戦概念図

ない(図5)。結局、『吾妻鏡』は、頼朝軍も戦場にあった、勝利に貢献したと主張したいのであろう。

一〇月二一日、頼朝は、維盛軍を追撃しようとするが、千葉常胤《つねたね》・三浦義澄・上総広常《ひろつね》ら有力家人たちに、常陸には、いまだ頼朝に帰伏しない佐竹隆義《たかよし》、嫡子秀義《ひでよし》らがいる、隆義は現在平家に仕えて在京している、まず東夷を平定してから関西に到るべきだと諫言され、思いとどまって黄瀬川に引き上げたという。これについては従来、所領をめぐる佐竹氏対千葉・上総氏の紛争が長期間継続しており、かれら東国の豪族的領主が、頼朝の矛先を佐竹氏に向けさせたと評価されてきた。その要素も否定できないが、頼朝が渋々従ったわけではなさそうである。木村茂光氏は、「富士川の合戦で甲斐源氏に遅れをとった頼朝が源氏の棟梁としての地位を確定すべく、積極的に展開した合戦であった」とする(木村、二〇一四)。佐竹氏に一撃を加えることで、平家追討戦の主導権は譲らないと、「武田の党」を威圧しようとした頼朝の心理を、鋭く捉えた見解であろう。確かに、黄瀬川から鎌倉に凱旋せず、そのまま一〇月二七日から一一月一七日にかけて、佐竹攻めが決行されている。

佐竹は強大なので、常胤や広常らが計略を練り、かれらの意向を確かめる、と偽って佐竹を招く。警戒した秀義は参上せず金砂城《かなさじょう》(現、茨城県常陸太田市金砂郷地区)に籠もった。一方参上した佐竹太郎義政《よしまさ》(昌義の子忠義カ)は謀殺され、その後金砂城攻めが行われ、秀義は常陸北部の花園城(現、北茨城市華川町)に逃れた(『吾妻鏡』一一月四―六日条)。

敗走の平家軍追撃を思いとどまった頼朝は、同日、遠江に安田義定、駿河に武田信義を「守護《しゅご》」として置いたという(『吾妻鏡』一〇月二一日条)。ここでいう守護は、第八章1節で述べるように、鎌倉幕府職制としての守護ではなく、その前身といえばいえるがいちおう別物である。『吾妻鏡』では、まるで他日に備え「武田の党」に都への前途を確保させたかのような書きぶりである。実際にはかれらが自力で占領地域に支配権をうち立てたのを、そう表現したまでのことである。なおこの一〇月二一日という日は、源義経が腹違いの兄頼朝の挙兵を聞き、奥州平泉より黄瀬川の頼朝の陣にかけつけた日とされている(『吾妻鏡』)。

その後「甲斐の武田」は、同じ義光流の近江の甲賀入道《こうかにゅうどう》(柏木義兼《かしわぎよしかね》)に使者を送って、当方がそちらに行くまで待って行動するようにと連絡している(『玉葉』一一月三〇日条)。また一二月一二日条には「武田の党」が遠江に進出、三河を切取り、美濃・尾張の軍勢がそれに与力しているとの記述がある。すでに『玉葉』一一月一二日条に「関東の逆党すでに来たり美乃国に及ぶ」とあるが、これも安田義定の影響が及んでいたのであり、むろん頼朝とは関係のない独立した行動であったはずである。

## 7　木曾義仲の挙兵

ついで木曾義仲である。かれについては、貴族の日記など確実な史料に登場するのが、治承五年（一一八一）五月以降であり、それ以前の行動を記す『平家物語』や『吾妻鏡』の記事には慎重な扱いが要求される。したがって挙兵した当座のことは不明というほかないが、治承四年一〇月以降の時期になると、上野・信濃で、軍事行動を起こしている。

かれは父義賢が源義平に討たれた時は幼児であった。それを母が抱えて信濃へ越え、木曾（現、長野県木曽郡木曽町上田）の中原兼遠《かねとお》に預けたという。この中原兼遠は、『官史補任《かんしぶにん》』に見える元永《げんえい》元年（一一一八）右少史《うしょうし》・正六位に叙任された中原兼遠と同一人物かもしれないという。しかし、活動年代と官職の性格から考えて同一人物はちょっと難しい。むしろ、永暦《えいりゃく》二年（一一六一）四月一日の除目で、大学少允《じょう》となった中原兼遠なら、世代的に無理がない（『山槐記』）。しかも、かれの場合「功《こう》（財物を納付して官位を得ること）、院より申さしめ給ふ」と注記があるので、年官《ねんかん》制度（上皇をはじめ皇族・公卿などに、毎年、一定の官職〈下級の国司や京都に在住・勤務する京官《きょうかん》〉を給与し、給与を受けた者は任官希望者を募り、希望者から対価を収め、その官職に任じる制度。一種の売官制度）によって大学寮の三等官の地位に就いた。こういう売官は肩書きが欲しい地方の富裕者が応募する。

兼遠の子には、義仲四天王のうちと称される樋口兼光《ひぐちかねみつ》・今井兼平《いまいかねひら》の二人と落合兼行《おちあいかねゆき》がいる（覚一本巻九生ズキノ沙汰）。このうち今井兼平は義仲の乳母子《めのとご》で、二人は同じ乳母に育てられた間柄である。義仲は兼遠のもとで立派な武将に成長したとされるが、身の飾りとはいえ、わざわざ大学寮の三等官の肩書きを望んだ人物の薫陶を受けたとすれば、後年都を制圧した義仲が、粗野な振る舞いで、貴族社会の反発を食らったと『平家物語』が語るのは、極端な誇張であり、話題を盛り上げるための潤色といわねばならないだろう。

義仲には兄に仲家《なかいえ》がいた。かれは義賢が殺されたのち、源頼政に猶子として養育された。比較的信頼できる系図集『尊卑分脈《そんぴぶんみゃく》』では、仲家の母は「周防守宗季《むねすえ》の女《むすめ》」、義仲の母は「遊女《ゆうじょ》」とある。当時母の実家は生んだ子の政治的・経済的な後ろ盾になるので、母方が重んぜられた。だから、孤独な遊女の生んだ子が嫡子になることはない。どうみても仲家の方が嫡子で、それゆえに頼政が猶子としたのであろう。仲家も八条院の蔵人で(『山槐記』五月二六日条)、以仁王の挙兵に従い、頼政やその子仲綱ともども宇治で戦死した。

以仁王の余党が追討の対象となった事実は先述したが、頼朝の挙兵以前に、関東在住の源仲綱の子息(有綱《ありつな》カ)を追討するため、清盛が大庭景親を「私」に遣わしたところ、かれは奥州方面に逃走したという(『玉葉』九月一一日条)。大庭の関東下向が、頼朝に危機迫るを知らせた八月の佐々木秀義との面会につながるのかもしれないが、こういう情勢下では仲家の弟の義仲は、以仁王残党の係累として、真っ先に目をつけられる。義仲が、平家を討つ意向を示した時には、兼遠はまさに本望であると喜び賛同したというが、これも窮地に追いこまれての挙兵ではなかったか。

盛衰記や延慶本には、平家の追及を恐れ、中原兼遠は東信濃地方の滋野幸《しげののゆき》(行)親《ちか》に義仲を預け、挙兵のことを託したとある(盛衰記巻二十六兼遠起請)。幸親は兼遠の期待通り義仲を大切にし、義仲親衛の兵を集めるため、「累計《るいけい》(すぐれた計略)を当国隣国に回《めぐら》」すなど尽力し、軍兵を参集させたという。

長野県地方史研究の先達一志茂樹《いちししげき》氏は早く、義仲の挙兵は木曾を地盤とするものではなく、「佐久《さく》・小県《ちいさがた》地方、いわゆる東信地方と西上州《にしじょうしゅう》」が基地であると喝破した(一志、一九七四)。翌年木曾義仲は千《ち》曲川《くまがわ》の氾濫原横田河原《よこたがわら》(現、長野市篠ノ井)で越後の城《じょう》氏と戦うが、その時の義仲軍は「キソ党一手、サコ(佐久)党一手、甲斐武田の党一手」からなっていた(『玉葉』治承五年七月一日条)。佐久地方はまさに義仲の重要拠点であった。

東信地方を中心に分布した氏族が滋野氏である。根井《ねのい》・楯《たて》・八島《やしま》(矢島)・海野《うんの》・望月《もちづき》、禰《ね》(根)津《づ》の諸氏はいずれも滋野という氏を称した。滋野幸親は通称を根井小弥太《こやた》といい、今井兼平らと並んで義仲四天王のうちと称される。かれの子楯親忠《ちかただ》も四天王の一人である。

根井氏は佐久郡根々井郷(現、佐久市)を名字の地とする。根々井の正法寺は同氏の屋敷跡と伝えられている。楯親忠の楯は佐久郡海瀬《かいせ》(現、南佐久郡佐久穂町海瀬)の楯《たて》(防御施設)を本拠としたことによる。海野氏は小県郡海野荘(現、東御《とうみ》市)を名字の地とした。東御市本海野字《あざ》太平寺が海野氏の屋敷とされる。同地は千曲川河岸段丘上、古東山道を見下ろす要衝の地であり、付近に土井殿屋敷・北屋敷・大手・馬場坂などの地名がある。禰津氏は小県郡禰津(現、東御市)を名字の地とした。その本拠は『延喜式《えんぎしき》』の左右馬寮《さゆうまりょう》の信濃国一六牧の一つ新張牧《みはりまき》とされる。望月氏は佐久郡望月牧を名字の地とした(図6)(宮下、二〇一一)。

『吾妻鏡』は九月七日、北信濃の市原で平家方を撃破し、善光寺平を制圧したという。事実なら義仲は八月下旬には挙兵していなければならないが、義仲の九月の行動については、検討が必要である。ま

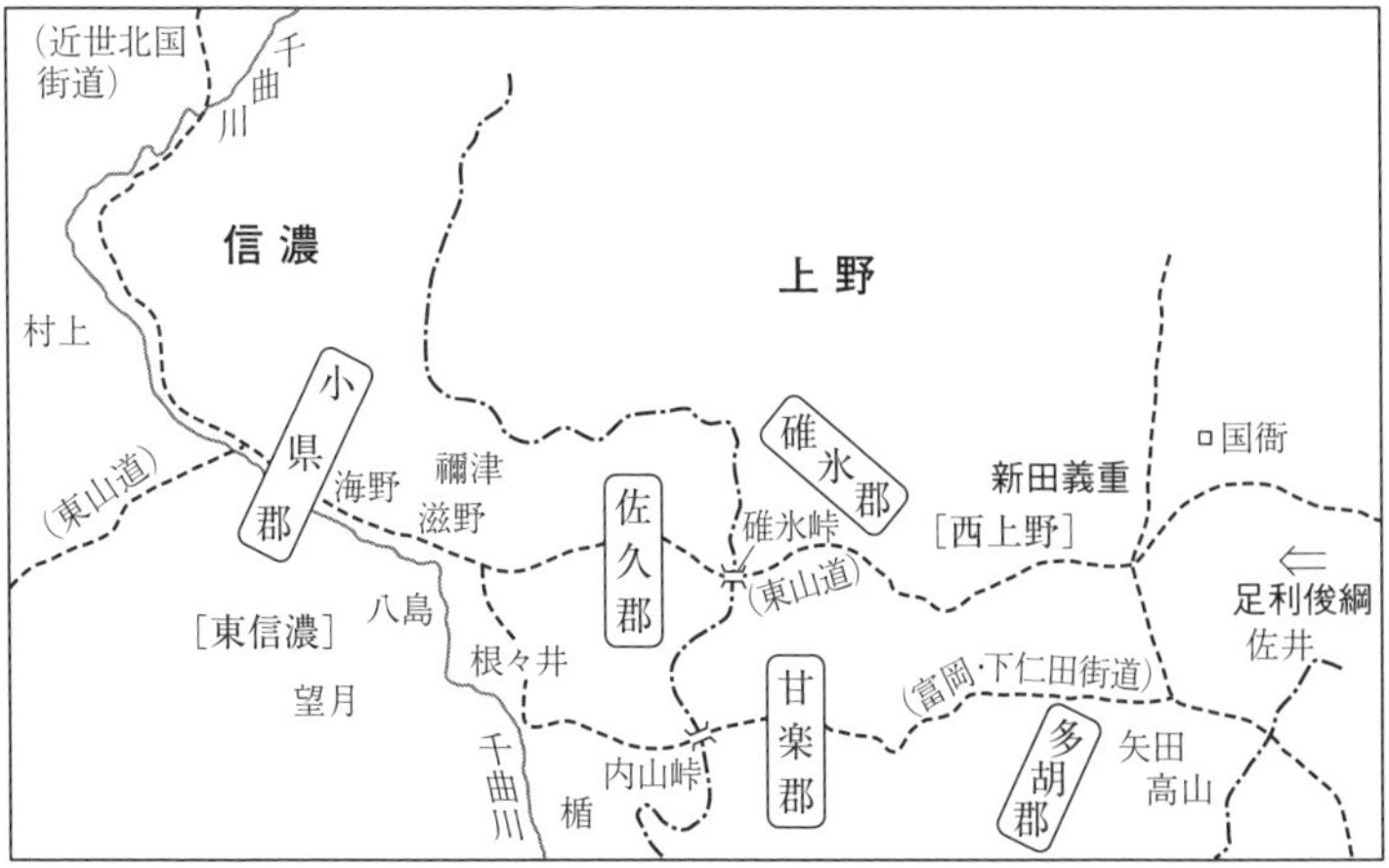


図6　木曾義仲，信濃・上野関係地図

とめて第三章2節で述べたい。『吾妻鏡』は、義仲が一〇月一三日、「亡父義賢主《ぬし》の芳躅《ほうちょく》（前人の善い行跡）を尋ね」上野に入ったという。日付はともかく実際にありそうな行動である。佐久と国境をはさんだ上野国多胡郡周辺には、義賢を支持した勢力が残っていたのだろう。加えて「住人ら漸《よう》く《や》（だんだん）和順するの間、俊綱なすところ民間を煩《わずら》はすと雖《いえど》も、恐怖の思ひをなすべから」ずとあるので、東から迫る俊綱（藤原姓足利氏）からの圧迫を排除し、住民たちの生業を保護することでかれらの支持を得ることができた、という面も大きかったのだろう。義仲は住人たちの助力も期待して上野に入ったと考えられる。

さらに根井氏とのかかわりも考慮に入れるべきである。根井氏の一族の八島氏はもと北関東系の氏族で、東山道を経由し佐久地方に移住していたという（村石、二〇一〇）。義仲四天王の一人樋口兼光も「児玉党の聟《むこ》」と見え（延慶本巻九・十）、義仲勢力は北武蔵とも交流があった。延慶本・盛衰記などには、挙兵の際のメンバーには足利氏の名も見える。この足利は源姓足利氏で、上野国矢田郷《やたごう》（現、群馬県高崎市吉井町）を本拠とする義清だという（菱沼、二〇一一a）。本章5節で紹介した足利義康の一男である。かれも上西門《じょうさいもん》院統子《いんとうし》（後白河の実の姉で准母《じゅんぼ》〈天皇の生母に準ずる女性〉）や八条院庁に仕えて判官代となり、矢田判官代または足利判官代と号した（『尊卑分脈』）。以仁王の乱の時、いったんは宇治で戦死し首を挙げられたと報告されたが、のちに人違いとわかった（『山槐記』治承四年五月二六日条）。だが人違いされるほど反乱グループや八条院に近い、とみなされていたわけである。

　こうして、上野では木曾の入部によって、藤原姓足利・源姓足利、合わせて三勢力の連合や対立がみられたわけだが、同年冬になって、木曾は兵を信濃に返している。一二月になって新田義重は重い腰をあげて鎌倉に参陣したが、遅延を理由に頼朝に冷たくあしらわれた（『吾妻鏡』一二月二二日条）。以後、鎌倉幕府のなかで新田氏の位置は、足利氏に遠く及ばない。

　一〇月以降になると近江・美濃・尾張でも反乱が起こり、一一月には遠江以東の一五カ国が頼朝に与力するといわれている（『玉葉』一一月八日条）。また関東から以仁王の「宣」と称し、「清盛法師を誅伐すべし、東海・東山・北陸道等の武士与力すべ」しという命が、それらの国々および園城寺の衆徒らに伝えられた、という報があった。兼実はこれらは「詐偽の事か」と疑っている（『玉葉』一一月二二日条）。しかし北陸道の「反気《はんき》」はすこぶる盛んという（『玉葉』一一月二五日条）。

　近江の反乱も収まらず、若狭国の「有勢《うせい》の在庁」が、近江に与力するありさまとなった（『玉葉』一一月二八日条）。「在庁」や「在庁官人」「在国司《ざいこくし》」などについては、都合により次章1節で説明するが、要するに国衙の実務・実権を握る人びとである。この「有勢の在庁」は、若狭の遠敷《おにゅう》・三方《みかた》両郡に広く根を張る中原氏一門だった可能性がある。かれらの代表格が、若狭の荘園史研究で有名な稲葉権守時定《いなばごんのかみときさだ》である。かれは国衙の税所《さいしょ》(平安中期以降の国衙の分課の一つ。一国の官物《かんもつ》〈諸国から国家に納める租税や上納物〉の収納などの事務を掌った)を握り、遠敷郡の志万《しま》・富田・西・東の四つの郷、三方郡の三方郷などの郷《ごう》司《じ》を務め、太良保《たらのほ》、恒枝保《つねえだのほ》など多くの荘保の成立に関与し、下司となっていた(網野、一九九二)。

『吉記』承安四年(一一七四)八月から九月にかけて、「久永御厨《くえのみくりや》訴へ申す、若狭三河浦住人時定濫行《らんぎょう》の事」「久永御厨訴へ申す若狭在庁時永《ときなが》の事」という記事が見える(八月一六日・九月一七日条)。この三河浦は、三方郡常神《つねがみ》半島の先端近い御賀尾《みかお》浦であり、新日吉社《いまひえしゃ》領倉見荘(現、三方上中郡若狭町)の飛地である。そして「三河浦住人時定」「在庁時永」はおそらく同一人物、ないしは近親の関係で、若狭国の在庁官人の頂点にいた稲葉権守時定本人もしくは若狭中原氏の一族であろう。時定は有勢在庁の筆頭者、在国司であると同時に、若狭の浦を活動の拠点としていたのである。

時定の乱行を訴えている久永御厨は、後白河法皇の后建春門院領で、伯耆国久米《くめ》郡久永(現、鳥取県倉吉市)にあった。保立道久氏は、この事件を山陰道から若狭を経由して京に運ばれる公納物(鉄のインゴットか)に対し、時定が津料《つりょう》(港などに関を設け、そこを通過する人や貨物から徴収した税)をかけたことを発端とする紛争とみている。結果は、御厨側の訴え通り処理せよとの後白河院の裁定が下った。その時院司として久永御厨の訴訟を管掌したのは中宮権大夫、すなわち清盛の義弟平時忠《ときただ》である。だが、九月になって時永の反論が若狭国守平敦盛《あつもり》を介して送られてきているので、対決は継続していたようだ(保立、一九七八)。以上の事実を背景にすると、若狭「有勢の在庁」の反乱は、院権力や平家に対する在地側の不満が蓄積していた結果ではないかと考えられる。

話変わって、この年の冬、土佐に配流中の源希義《まれよし》が平家方に討たれた。希義は義朝の五男で、頼朝唯一の同母弟である。平治の乱後の処理で、永暦元年（一一六〇）三月一一日、頼朝は伊豆に、希義も土佐に流された（『清獬眼抄《せいかいがんしょう》』）。希義が討たれたのを、『吾妻鏡』は寿永元年（一一八二）九月二五日とするが、治承四年の一一月頃が正しい。

『平治物語』の最古態本によれば、希義は流される前、駿河国の香貫《かぬき》（現、静岡県沼津市上香貫・下香貫の地）に住んでいた。義朝と行動を共にして殺された腹心の郎等《ろうどう》鎌田正清《かまたまさきよ》の娘が、のち頼朝のそばに仕え香貫三条局《さんじょうのつぼね》と呼ばれているから（「山内首藤系図」）、かの地は正清の地盤の一つで、かれの妻が希義の乳母、当人は乳父《めのと》（育ての父）、したがって希義と正清の娘は乳兄弟の可能性がある。

かれは土佐に配流当時まだ九歳で元服していなかった。未成年者は配流されない習わしだったので、急遽元服させ希義と名付けられたという。希義を鎌田冠者もしくは土佐冠者と呼ぶが（『尊卑分脈』）、土佐は流された先で、鎌田はかれを育てた乳父の名字を取ったのだろう。

配流中のかれは介良荘《けらのしょう》（現、高知市介良）に居住していた。北東約五キロには土佐の国衙（現、南国市国《こく》分《ぶ》）があった。ところが、頼朝が関東で挙兵、富士川で平家の追討軍が敗れる。その報が土佐に伝わると、希義も呼応しているのではと、平家方で平重盛の家人であった蓮池《はすいけ》権守家綱《いえつな》や平田太郎俊遠《としとお》が襲ってきた。家綱は高岡郡高岡郷（現、土佐市蓮池）を本拠とし、俊遠は幡多郡平田郷（現、宿毛市平田町）を本拠とする有勢の者である。ことに前者は土佐国衙の実権を掌握する在庁官人の筆頭だった。

一方希義は、土佐湾に臨む海辺の夜須荘《やすのしょう》（現、香南市夜須町）の有力者である夜須七郎行宗《ゆきむね》と盟約を交わしていた。そこで介良から夜須に逃げたが、途中年越山《としごえやま》（現、南国市野中）で追いつかれ殺されてしまう。救援に赴いた行宗は、すでに希義が誅されたと聞きやむなく本拠に帰る。やがて、家綱らが行宗を討とうとしたので、追いすがる追っ手を振り切って、仏崎《ほとけざき》（現、香南市夜須町手結《てい》）から出帆、反平家方の別当湛増らが気勢をあげる紀伊に逃走した（『吾妻鏡』）。『保暦間記《ほうりゃくかんき》』によれば、一一月二八日、誅された希義の首が都で渡されている。

もし頼朝が石橋山で敗死していたら、そのあと義朝の子では誰が反平家の旗印になっただろう。義朝の子どもは数多いるから、有資格者は多い。しかし希義が首尾よく紀伊に逃れたとしたら、反平家勢力にとって、正妻の残された唯一の男子という毛並みの良さは魅力である。

頼朝も虎口を逃れて対岸の房総半島に渡り、捲土重来、鎌倉に入って南関東に軍事政権を樹立した。海を渡った紀伊で勢力を巻き返した希義が、紀伊から東土佐を拠点に地方反乱政権を打ち立てたとしたら……。たわごとに聞こえるかもしれないが、四国では一二月、伊予国の在庁河野通清《こうのみちきよ》が、謀反を起こし国中を我がものとし、国衙の正税《しょうぜい》（国郡の倉庫に蓄積し、行政の諸経費にあてた田租）・官物を抑留している（延慶本巻五・卅八、『吾妻鏡』治承五年閏二月一二日条）。河野の反乱は翌年まで続いているので、希義が討たれなければ、両者連携の可能性だってあり得たであろう。

なお河野通清の子通信《みちのぶ》は「後白河院北面歴名《りゃくみょう》」という史料によれば、後白河院の下北面（院側近の北面には上下のクラスがあり、北面の武士のほとんどは下北面に属する）に祗候していた。それで河野氏の反乱には後白河の働きかけがあった可能性が指摘されている。ただし同史料の成立は、後白河の最晩年、内乱終了後の文治五年（一一九〇）七月以降であり（小松、一九八九）、その時点の北面メンバーの氏名を書き並べたものなので、内乱以前から通信が下北面であったとは断言できない。

かくして治承四年も暮れゆきて、一二月一二日、頼朝は鎌倉大倉郷の新御所に引っ越して、実質的に武家政権をスタートさせた。出仕した三一一人の家人もみな同じく宿館《しゅくかん》を構えた。『吾妻鏡』は「しかりしより以降、東国みなその(頼朝の)有道《うどう》を見、推して鎌倉の主となす」と記している。

# 第二章　反乱はなぜ全国化したのか

## 1　頼朝挙兵成功の背景

頼朝は、石橋山で九死に一生を得たあと、房総半島に渡って一気に勢力を拡大し、南関東に軍事政権を樹立することができた。なぜ短期間で大きな成功を収めることができたのだろうか。これについては、少し前まで、関東と河内源氏(義家流)の伝統的な結びつきの強さから説明されてきた。すなわち、源頼信が、長元《ちょうげん》元年(一〇二八)に乱を起こし、三年間房総地方を支配した前上総介平忠常《ただつね》を戦わずして降伏させ、一一世紀後半には前九年《ぜんくねん》・後三年《ごさんねん》合戦で、頼義・義家の父子が関東の武士を率いて奥州で勝利し、これらによって東国では、義家流が棟梁として威をふるうようになった、というのである。

しかし、近年こうした理解は訂正されつつある。実際は奥州の両兵乱で、関東の武士の参加は鎌倉・三浦氏など一部であり、二つの合戦を勝利に導いた真の力は、出羽を本拠とする清原《きよはら》氏以下奥羽の豪族や在庁官人、そして朝廷の命で動員された諸国の兵士であった(元木、一九九四)。関東は義家流の拠点で、その武士たちは累代の家人云々は、のちになって創られ広められた一種の神話である。事実頼朝は、治承四年(一一八〇)六月二四日、挙兵のため累代の家人らを招く使を出したが、相模国住人の波多野右馬允義常・山内首藤滝口三郎経俊などは、応じないばかりか、あれこれ悪口《あっこう》を吐いて、挙兵の無謀をあざ笑った(『吾妻鏡』七月一〇日条)。

波多野氏は、相模国大住《おおすみ》郡波多《はた》野荘《ののしょう》(現、神奈川県秦野市)を本拠とする。波多野氏の祖とされる佐伯《さえきの》経範《つねのり》は、前九年合戦に従軍して戦死し(『陸奥話記《むつわき》』)、義常の父義通《よしみち》の妹が義朝に嫁して生まれたのが、頼朝の兄の朝長という深い関係である。作家の永井《ながい》路子《みちこ》氏は波多野氏は朝長の乳父ではないか、とする(永井、一九七八)。義通は、保元の乱で義朝に属したが、その後義朝と「不和の儀」があったという(『吾妻鏡』一〇月一七日条)。その子義常は平治の乱後中央に出仕し、右馬允の官をえた。源頼朝の挙兵に応じず、同年一〇月房総半島を制した頼朝が討手を差し向けると、到着以前に所領の松田郷(現、神奈川県足柄《あしがら》上郡松田町)で自殺した(『吾妻鏡』同右)。

山内首藤氏は、祖先の資通《すけみち》が源義家の「ことに身親しき郎等」として後三年合戦に従った(『奥州後三年記』)。河内源氏譜代の郎等として、鎌倉の北の入口にあたる山内荘《やまのうちのしょう》(現、鎌倉市・横浜市)に居住。義朝が鎌倉にいた天養元年(一一四四)頃には、すでに同地に居を構えていたようだ。資通のひ孫俊通は義朝の郎等として、保元・平治の乱に参戦。平治の乱では敗走する義朝を助け、子息俊綱《としつな》とともに鴨河原《かものかわら》で討死した。俊通の三男が経俊で、母は源頼朝の乳母の一人摩《ま》々局《まのつぼね》(中村氏)である。石橋山合戦では平家方に属し、頼朝の鎧《よろい》の袖《そで》に矢を射当てている。富士川戦後、大庭景親らとともに頼朝に降伏したが、山内荘を没収され、斬罪に処せられるべきところを、母の嘆願によって助けられ、母方一族の土肥実平に預けられた。

このように、頼朝は決して多いとはいえない源氏累代の家人にも、背を向けられたのである。なお波多野義常が自殺した松田郷であるが、治承三年（一一七九）一月、平清盛が富士や鹿島《かしま》の参詣を思い立った時（これは実現しなかった）、大庭景親が仕切ってこの地に御所を「造り儲《もう》け」ている（延慶本巻七・七、長門本巻十三頼朝義仲中悪事、盛衰記巻二十八頼朝義仲中悪）。松田郷は東海道の足柄越ルートと太平洋に注ぐ酒匂川《さかわがわ》が交叉する水陸交通の要衝に位置しており、古くから足柄上郡の中心を占めていた場所で、平治の乱の以前には、義朝の次男朝長の屋敷が設けられていた（『吾妻鏡』治承四年一〇月一八日条）。

富士川戦後、頼朝はこれを中村宗平《むねひら》に修理させて宿泊したが、主屋に付属して柱間《はしらま》二五間《けん》という巨大な茅葺きの侍所《さむらいどころ》が存在した（『吾妻鏡』一〇月二五日条）。野口実氏は、それは朝長時代のものではなく、二〇年後の景親の「造り儲け」の時点で新たに付加されたもので、清盛は東国訪問の時、ここに東海道筋の武士たちを一同に集めようとしたのだろう、と説く（野口実、二〇一二）。

頼朝が南関東を制圧して、鎌倉に本拠を置いた際に造営した御所の侍所の規模は一八間で、そこに三一一人の武士が二行《にぎょう》に対座する形で集まったというから（『吾妻鏡』一二月一二日条）、清盛はそれ以上の数の武士たちを集結させようと目論んでいたことになるだろう。

右が示すように、平治の乱後は関東にも平家の影響力が及び、平家の家人になるものが続出していた。その典型は武蔵国である。この国は平治の乱後、ほぼ一貫して平家の支配下にあった。まず仁安二年（一一六七）までは、清盛が知行国主《ちぎょうこくしゅ》で国守が四男の知盛《とももり》、その後清盛弟の頼盛《よりもり》が知行国主、国守はかれの四男の知重《ともしげ》で、ついで内乱勃発時は知盛が知行国主、国守はかれの嫡男知章《ともあきら》が就任していた。ある国が知行国の場合、国守はその子弟・親近者などが就く。国務の実権は知行国主が持つので、国守は名ばかり、それで鎌倉時代には名国司《みょうこくし》などという。

この二〇年の歴史があるため、武蔵で最有力の武士であった秩父平氏一族は、家督河越重頼《しげより》、一族の畠山重能《しげよし》・重忠《しげただ》父子、重能の弟小山田有重《おやまだありしげ》、江戸重継《しげつぐ》の子太郎重長らは平家に属し、その他長井斎藤別《さいとうべっ》当実盛《とうさねもり》・熊谷直実《くまがいなおざね》なども平家家人であった。かれらの多くは頼朝挙兵直後には平家方として戦っている。

このように頼朝挙兵の成功を、関東と河内源氏の伝統的な結びつきから説明することはできない。もっとも緊密な結びつきがあるはずの波多野や山内首藤でさえ離反した。それでは、なにゆえに頼朝の挙兵を支持する勢力が次々現れ、挙兵は石橋山のつまずきを乗り越えて、怒濤のような進撃が可能になったのであろうか。各国別に考えてみよう。

最初は伊豆である。頼朝を後押しした筆頭は、むろん北条時政である。時政は伊豆国田方《たがた》郡北条の領主で、北条家の中では庶流だったとの説もある。流人頼朝と娘政子《まさこ》の結婚に最初は反対したが、やがて婿として北条屋敷に迎えた。頼朝が平家打倒の兵を挙げた際、最初の攻撃目標となったのは、伊豆の目代山木兼隆である。かれの父信兼《のぶかね》は広くは伊勢平氏一族だが、主流とは別行動をとる存在で、しかも兼隆は治承三年(一一七九)一月、父の訴えで流罪となり伊豆に流された。流人兼隆は山木郷に住居を構え、その近隣の領主堤《つつみ》権守信遠《のぶとお》に庇護されていた。

北条時政は、伊豆の在庁である。ここで当時の国衙機構を構成する人びとについて、説明しておきたい。鳥羽院政期になって、国守が任国に赴任しない遥任《ようにん》制が一般化した。国衙の事務執務組織たる留守《るす》所《どころ》は、郡司《ぐんじ》級の現地豪族が結集した「官人《かんにん》」と、前出の税所や田所《たどころ》など「〇〇所《しょ》《ところ》」と呼称される国衙の行政諸機構を分掌する専門家集団の「在庁」によって、運営されるようになってゆく。併せて広義の在庁官人であるが、前者は「在庁」を統轄しながら、国内大社の神事への関与をはじめ、国司の機能を在地で体現する役割を果たしていた。

国司の次官である介《すけ》以下を任用国司《にんようこくし》というが、九世紀末には守が国務にかんする権限をすべて掌握し、任用国司は国務から疎外され有名無実化していく。そこで現地豪族たちは任用国司になぞらえ、介・権守・権介《ごんのすけ》などの肩書きを称するようになる。これを在国司《ざいこくし》というが、かれらは代々の相伝と受領《ずりょう》による補任によるもので、朝廷の正規の除目《じもく》（地方官の除目を県召除目《あがためしのじもく》という）とは関係がない（関、一九八四／峰岸、二〇一〇）。

一方、目代は眼代《がんだい》ともいい、文字通り京都にいる受領の眼の代わりとして、留守所にあって、在庁や官人を支配・監督する存在である。目代は国の守が私に置いたもので、守と密接な関係がある人物が宛てられたように思われているが、高い実務能力が要求されるので、そうとは限らない。院政期には、外《げ》記《き》（太政官の事務局）や史《し》（太政官の行政執行・命令部門である弁官《べんかん》のもとで公文書の授受や作成を担当）などの太政官の事務方職員たちは、叙爵《じょしゃく》（初めて五位に叙せられること）の後、受領に任命される順番を待つ間に、実務能力を買われて受領の配下となり、遠国《おんごく》に赴くのが通例になっていた。目代層で外記大夫《げきのだいぶ》・史大夫《しのだいぶ》の肩書きを持っているのは、こうした人びとである。つまり目代の供給源の一つは、受領の空きが生じるのを待つ太政官の事務吏僚層にある。受領が次々交替するにもかかわらず、目代が数代に亙って留任する事例もあり（数任《すうにん》の目代）、そうなると国務の遂行はかれに丸投げされ、在庁官人はすべて目代の命令に従うべきものとされた。目代は一人とは限らなかったから、衛府《えふ》の官人の中にも、武勇の目代として地方の任にあたる者もいた（高橋昌、二〇一一a）。

治承四年六月二九日、平時兼《ときかね》が伊豆守に補任された。かれは平時忠の猶子で（『公卿補任《くぎょうぶにん》』天福元年条）、その頃時忠が伊豆の知行国主であったことで実現した人事だろう（『玉葉』同年九月三日条）。それで新たに、兼隆が当国の目代に起用された。こうして権守を名乗る国衙の有力官人（信遠）と目代（兼隆）の強力コンビが出現した。それは北条時政のような一介の在庁に過ぎず、堤信遠と同じ田方郡の在地勢力として競合関係にあった人間にとっては、地域社会における自らの存亡にかかわる一大事だった。挙兵にあたり兼隆と同時に信遠を誅戮《ちゅうりく》することを強く主張したのが時政であったのは、たんに信遠が「勝《すぐ》れたる勇士」で、放置すれば挙兵自体の成否を左右するというだけではなかったのだろう（『吾妻鏡』八月一七日条）（川合、二〇〇九）。

続いて相模をはじめとする南関東諸国であるが、以下の叙述は野口実氏の研究に多くを負っている。相模の中村氏一族は頼朝挙兵時にこぞって参加した。中村庄司宗平の長子の子景平・盛平《もりひら》、次男土肥実平とその長男遠平、三男土屋宗遠、その養子の義清《よしきよ》、宗遠一族の忠光《ただみつ》、実平の妹婿の岡崎義実とその子佐奈多与一《よいち》義忠らである。中村氏は相模国餘綾《よろき》郡中村荘《なかむらのしょう》（現、神奈川県足柄上郡中井町）を本領とし、国衙に有力な地位を占めていたらしい。中村氏一族の勢力圏は、相模国の海岸線沿いの西半分一帯に及び、規模において国内有数の武士勢力を構成していた。平治の乱後、平家と結んで急速に台頭した大庭三郎景親と対立したらしく、頼朝の挙兵にあたっては、同様な立場にあった三浦一族らとともに、一族あげて積極的に加担した（野口実、一九八三）。

安房ではどうだろう。同地に渡った頼朝は、九月一日、幼時に馴れ親しんだ安房の住人安西景益《あんざいかげます》に書を送り、「令旨厳密の上は、在庁等をあひ催《もよお》して参上せしむべし、また当国中、京下《きょうくだ》りの輩に於いては、悉くもつて搦《から》め進《まいら》すべし」との命を与えた。そして三日、安房の平家に志を通じる長狭常伴を破り、四日には安西景益が「在庁両三輩《りょうさんぱい》」を伴って頼朝の旅亭に参上している（『吾妻鏡』九月一・三・四日条）。

上総では、上総広常が国衙の最有力官人として上総権介に任じ、上西門院領玉崎荘《たまさきのしょう》（現、千葉県長生郡一宮町・睦沢町）を本拠にしていた。かれは上総全域と下総の一部に割拠する両総平氏の族長であり、周辺諸国にも及ぶ勢力を誇っている。保元・平治の乱では源義朝に属したが、義朝滅亡後は平家に従った。治承三年（一一七九）一一月、平家クーデタの結果、平家の有力家人伊藤（藤原）忠清が、前任を退けて上総介（上総は親王が守に任じられるきまりの国で介が実質の国守）に就任した。そして高倉院武者所《むしゃどころ》に仕えた経歴を持つ平重国《しげくに》（京都の高山寺を開いた明恵上人《みょうえしょうにん》の父）を現地に派遣し（おそらく武勇の目代として）、広常を抑圧した形跡がある。

加えて、当時両総平氏の族長としての統制力は、千葉氏の独立などで翳りをみせていた。このため広常は、相当な危機感をもって頼朝の挙兵に参加したものと思われる。重国は頼朝軍が安房から北上して上総に入った際、討ち取られた。頼朝が率いる軍によるものか、広常の軍によるものかは明らかでない。広常はさらに両総で軍勢の動員を続け大軍となった。『吾妻鏡』では、頼朝が広常の遅参に厳しい叱責を加え、これによって、広常は「二図《にと》の存念（二心《ふたごころ》）」や「害心」を捨てて和順したとするが（九月一九日条）、野口氏はのちの広常誅殺の伏線として、誇張・曲筆されたものとみている（野口実、一九九四b・一九九四c）。頼朝の大器ぶりの強調もあるのだろう。

下総では千葉常胤の存在が大きい。常胤も下総国衙の官人で八条院領千葉荘《ちばのしょう》（現、千葉市）を本拠にしていた。義朝に従い保元の乱に参加。頼朝が房総に逃れると、常胤はこれに参加、まず攻撃したのは平家方人の下総目代の館だった。同目代の素性・姓名など不明だが「元《もと》より有勢の者」であったという（『吾妻鏡』九月一三日条）。これに対し千田庄領家判官代藤原親政（雅）が、目代の仇を討つため、一千余騎を率いて千葉荘を襲ったが、常胤は反撃して生虜《せいりょ》とした。

藤原親政は平忠盛の婿で、しかもかれの姉妹と平重盛の間に資盛《すけもり》が生まれた。平家と深い結びつきがあり、常陸の佐竹家とも結んでいた。親政の祖父藤原親通《ちかみち》は下総守で、伯父の親方《ちかかた》も下総守に就任、親政自身も国守に匹敵するほどの実力を発揮し、ついに武力まで組織していた。野口氏はかれらを下総藤原氏と呼んでいる。千葉常胤は、父生存中の長承《ちょうしょう》四年（一一三五）に相馬御厨《そうまのみくりや》（現、千葉県我孫子市）を譲られたが、官物未進（未納）により当時国守であった親通に、相馬・立花両郷譲与の証拠文書を押し取られる事件が起こり、未進官物を納めて相馬郡司に補任されており、平家の威光を借りた下総藤原氏は怨みの対象であった（野口実、一九九四a）。

武蔵では、前に見たように平家の家人への組織化が進んでいた。このため当国で最有力の武士であった秩父平氏一族は、頼朝挙兵の時点では、畠山重能・小山田有重の兄弟が、平家が組織した京都大番役を務めるため在京中だった。重能の子重忠は在国していたが石橋山合戦には間に合わず、頼朝軍との合流を果たせず撤退中の三浦一族と交戦し敗北、八月二六日、家督の河越重頼・江戸重長らとともに、三浦氏の居城衣笠城《きぬがさじょう》（現、神奈川県横須賀市衣笠町）を攻め落としている。

同年九月、房総を平定した頼朝は、武蔵進出にあたり、その速やかな平定を考え、平家に与同した武士たちの罪を厳しく問わない方針をとったようで、かれらは次々に帰順した。武蔵の目代は武藤頼平《むとうよりひら》だったらしく、かれも頼朝が武蔵国衙に入った時、先祖が源義家から給わった「寄懸文《よせかけのふみ》」を図柄にした旗をかかげて馳せ参じたという(「武藤系図」)(野口実、二〇一六)。武蔵では平家の武蔵支配を担った目代も含め、丸ごとの帰降を許したのであろう。

一〇月五日、頼朝は帰降者の一人江戸重長に、武蔵国衙のさまざまな実務を処理させるため、在庁官人や郡司らに命令を発することが可能な権限を与えている(『吾妻鏡』)。河越氏が代々握っていた「武蔵国留守所惣検校職《そうけんぎょうしき》」と呼ばれる権限については、留守所の税所などの各分課を監督するものとされている(岡田、一九七四)。江戸重長に与えられた権限は、それにあたるものではないかと思われる。頼朝は武蔵入国以前から江戸重長に帰降をうながしていたので、秩父一族を赦すとともに、家督である河越氏にダメージを与え、秩父氏一族のまとまりにくさびを打ちこむため、かれを利用しようとしたのだろう。しかし当座の措置であったらしく、ほどなくこの権限は河越太郎重頼のもとに回帰している。

以上、近年の研究に学びながら、頼朝挙兵が短期間の内に南関東に権力を樹立していった過程を簡単に追ってみた。成功の条件は、在地における対立・抗争の一方の側を味方に引き入れたからで、具体的には、平家の力を背景に勢力を伸張させた側に対し、既存の権益が失われる事態に危機感を感じたもう一方の側を、味方につける方法をとった。それは武蔵を除き、目代と現地の在庁・官人の対立に介入し、抑圧者としての目代とその威を借りる輩を伐って、在庁ら領主層の立場や利害を安堵し保証することであった。それはまた頼朝がかれらを家人として掌握し、各国衙を自らの権力の基盤、支配機構として位置づけ直してゆくことを意味していた。

それとともに、目代たちはその経歴や能力の如何を問わず、いずれも院政期国家が要求する多大な負担を、それぞれの国から徴収する過酷な徴税吏か、それを武力で支える存在であった。かれらを討ち追放することは、かれらに代わって当該国を支配し、その産する富を反乱政権、南関東諸国の側に留め置くことを意味した。

日本中世史学では、院政期に成立した中世社会の骨組みになっている土地制度、社会体制を、荘園公《しょうえんこう》領制《りょうせい》と名づけている。国内は似通った内部構造を持つ荘園と公領（国衙領）からなり、土地を客体とする所当《しょとう》（年貢のこと）・官物と、人を客体とする公事《くじ》（勅事《ちょくじ》〈勅役〉・院事《いんじ》〈院役〉、大小国役《だいしょうこくやく》・寺役《じやく》・神事《しんじ》〈神役〉・本家役《けやく》・領家役《りょうけやく》など）は、「沙汰人《さたにん》」と呼ばれる徴収―搬送の実務を請け負った人びとや国衙機構によって収取され、荘園では都の王家や貴族・寺社からなる本家・領家が取得し、公領の場合には、国ごとに目代を通じて朝廷・中央官衙や上流貴族の知行国主宛に送られた。

伊豆の山木兼隆を討滅した直後、頼朝が蒲屋御厨住人らに宛て、目代の親戚「史大夫」中原知親の非法を停止した下文には、「東国に至りては、諸国一同に庄公みな（頼朝の）御沙汰たるべきの旨、親王宣旨の状明鏡《めいきょう》（明らかな証拠）なり」の一節がある（『吾妻鏡』八月一九日条）。『吾妻鏡』の地の文が「これ関東の事施行始めなり」というように、同趣旨の下文は、各国衙を占拠した直後大量に発給され、東国の荘園・公領の支配は頼朝に委ねられた、と宣言していったものと考えられる。

こうして頼朝が安房で放った「当国中、京下りの輩に於いては、悉くもつて搦め進すべし」という命令は、源頼政が以仁王に謀反を勧めた時語ったとされている、当時諸国の源氏がおかれていた「国には目代に随ひ、庄には預所《あずかりどころ》（荘園領主のうち支配の実務にあたるもの）に仕へ、公事雑役《ぞうえき》に駈り立られて、夜も昼も安き事無し」（延慶本巻四・八）という状況を、一気に打破する決起をうながした、強烈なスローガンであった。謀反の扇動として、これほど時宜にかなった行動提起はないといえよう。石母田が、六五年も前に、このくだりに着目した慧眼は、まだ古びていない(石母田、一九八九b)。

とはいえ、以上は、南関東諸国の国衙と国衙領で起こっていた「国には目代に随ひ」という事態に注目したにとどまる。頼朝の挙兵以来、他の地域でも次々と反乱が起こっていたわけであるから、同様の事態が背後にあったはずである。そのなかには、四国伊予の河野氏の反乱のように、平安後期から姿を見せはじめる高市流新居《にい》氏が、平家と結んで国衙在庁を支配していたのに対し、新興勢力の河野氏が反旗を翻したような事例も含まれる(山内、一九八四)。根本は同じでも具体的なあり方は、地域の事情もあってそれぞれ異なるが、それらについては順を追って触れてゆきたい。

国衙領の問題については、ひとまずこのくらいにして、もう一つの「庄には預所に仕へ」という状況、つまり院政期における荘園の急激な拡大、その原因ともたらした結果については、次節で論じたい。

## 2　御願寺造営と院政期荘園の激増

なぜ荘園が激増したかを説明するには、回り道のようだが、院政期における仏教のあり方から説き起こさねばならない。平雅行氏の概括によると、院政期において古代仏教は以下の変貌をとげた。除病《じょびょう》・得富《とくふ》・延命・安産・怨霊降伏《おんりょうこうぶく》といった、貴族の個人的要求に応える密教修法《みっきょうしゅほう》が急速に発展し、最盛期を迎える。浄土教も同様の過程をたどり、個人の現世・来世観が急速に仏教化していった。一〇世紀以前の浄土教が死者の追善儀礼を主としたのに対し、いまや自己の浄土往生を祈るものが中心を占めるようになった。寺社勢力が、永承《えいしょう》七年（一〇五二）から末法《まっぽう》の時代に入ったと恐怖を煽ったことで、貴族の信仰がかき立てられ、末法の克服を、顕密仏教（密教を基調に、仏教諸宗や神祇信仰を統合した仏教のあり方）の興隆に求めようとする動きが生じる。

末法思想の普及と密接にかかわりながら提起されてきたのが、王法仏法相依《おうぼうぶっぽうそうい》論《ろん》である。高野《こうや》山金剛峯寺《さんこんごうぶじ》の「仏法は王法によりて弘まり、王法は仏法によりて保たる」の主張に示されるように（『平安遺文』三二三五号）、仏法の盛衰が王法（国王の施す法令や政治）の興亡に直結するという思想が生まれ、両者は運命共同体化し、国政に占める仏法の比重は大いに高まった。末法思想は寺社中心のイデオロギーから、転換期の時代思潮にまで昇華され、王家の人びとや貴族たちの顕密仏教への没入をもたらした。

個人的な仏教信仰の隆盛と仏法による護国の機能の重要性の増大は、相反するものではなく、両者は一体となって進行した。仏教的国家観は、仏教的王権観をも生み出し普及させる。白河法皇が「王法は如来の付属によりて国王興隆す」と述べたように（『平安遺文』一九九三号）、王権仏授説とでもいうべき思潮が登場し、王権のイデオロギー的な根拠が釈尊《しゃくそん》からの授与に求められてゆく。王権の担い手自身がそれを口にしたし、即位灌頂《そくいかんじょう》のような天皇の即位儀礼のなかにまで、仏教的要素が取り入れられ、「金《こん》輪聖王《りんじょうおう》（須弥《しゅみ》山《せん》四方の四洲を統領するとされる聖王。理想の帝王）」「十善《じゅうぜん》の君（天子は前世に十善を守った功徳によって生まれるとする考え）」は天皇の別称になってゆく（平、一九九二a）。

重要な点は、仏教的世界観の高まりによって、神聖であるべき天皇も、輪廻転生《りんねてんじょう》（迷いの世界で何度も生まれ変わること）の枠内でとらえられるようになったことである。たとえ天皇・上皇といえども、罪《ざい》障《しょう》（成仏のさわりとなる罪過）の有無や往生の可否の例外ではなくなった。『古今著聞集《ここんちょもんじゅう》』や『三外往生《さんげおうじょう》伝《でん》』などによれば、白河法皇は、死後浄土往生を果たさず中有《ちゅうう》(中陰すなわち四十九日。前世での死の瞬間から次の生存を得るまでの期間)を彷徨っていたという。こうして上皇(天皇は在位中に亡くなっても、新天皇が践祚《せんそ》した時点で上皇として葬られる)は、ますます善根を積む必要に迫られるようになった(西口、二〇〇四)。

このようななかで行われる王家による仏事・造寺は、上皇・法皇の個人的な嗜好であるだけでなく、当時の都鄙・上下あげての信仰となり、時代の風潮となっていた。それはすでに国家的な行事であった(黒田、一九八〇)。また顕密仏教には、「この塔を造るは、すなはち十方の仏身《ぶっしん》を造るなり」(『鎌倉遺文』五〇〇六七号)といわれるように、塔婆《とうば》という肉眼でみえるものに仏身(ブッダ入滅後、不滅の真理そのものと、衆生済度《しゅじょうさいど》のための人格身と、行によって完全な功徳を備えた仏身の三身《さんじん》説が唱えられた)をみる思想があるため、必然的に造像起塔という可視的行為を、ともなわざるを得ないものになった(平、一九九二b)。

王家による仏事・造寺を代表するのが、御願寺である。御願寺とは天皇・上皇・皇后・女院などの発《ほっ》願《がん》によって建てられた寺院で、願主《がんしゅ》の墓所寺院として、あるいは王家の人びとの追善供養を目的に造営された。白河院政後半から、鳥羽院政期、後白河院政前半にかけて多数が建てられた。それら寺院の完成を祝う供養願文《がんもん》には、王家の極楽往生や、護国のための祈願が行われることがうたわれている。国家の隆昌を祈る修正会《しゅしょうえ》・修二会《しゅにえ》、不断念仏・御八講などの恒例仏事のほか、天下泰平・玉体安穏を目的とする千僧御読経《みどきょう》など臨時の仏事も盛んであった。だから御願寺は王家のたんなる私寺ではない。

院政期の御願寺については、まず白河天皇の法勝寺《ほっしょうじ》、鳥羽天皇の最勝寺《さいしょうじ》があり、これは六勝寺《りくしょうじ》(白河〈現、京都市左京区岡崎〉に建てられた王家の御願寺の総称)の内である。そして白河院政期には証金剛院《しょうこんごういん》・蓮《れん》華蔵院《げぞういん》・白河新御堂《しんみどう》など、鳥羽院政期には得長寿院《とくちょうじゅいん》・宝荘厳院《ほうしょうごんいん》・安楽寿院・勝光明院《しょうこうみょういん》などが知られている。鳥羽院政期には、ほかに鳥羽天皇の中宮待賢門院《たいけんもんいん》の法金剛院《ほうこんごういん》、同じく皇后美福門院の歓喜光院《かんきこういん》・金《こん》剛勝院《ごうしょういん》、近衛天皇の金剛心院《こんごうしんいん》がある。法金剛院が現在の京都市右京区花園の地にあった以外、残りは洛東白河か洛南鳥羽の地に建てられた。これらは白河上皇の白河南《しらかわみなみ》（泉）殿《いずみどの》と蓮華蔵院、鳥羽上皇の白河《しらかわ》北殿《きたどの》と宝荘厳院のように、御所と御願寺がワンセットになっていた。これに対し後白河期には、八条院の現、右京区常盤にあった蓮華心院《れんげしんいん》や院自身の六条殿《ろくじょうどの》御所内の持仏堂である長講堂《ちょうこうどう》を除いた大部分の御願寺が、鴨東《おうとう》の東山七条《ひがしやましちじょう》付近に所在した。

御願寺の造営は、これまで国守の造営請負である成功《じょうごう》（任官・叙位を目的に、資財を朝廷に献じて造営・大礼などの費用を助けること）で行われる、と考えられてきた。しかし、丸山仁氏は、鳥羽院の御願寺勝光明院の造営事業のていねいな復元研究を通して、成功だけで可能になるものではない現実を、具体的に明らかにした。

勝光明院は保延《ほうえん》二年（一一三六）に完成する。宇治の平等院鳳凰堂《びょうどういんほうおうどう》を模した鳥羽離宮内の阿弥陀堂（瓦〈木瓦《きがわら》＝木製の柿板《こけら》〉葺二階一間四面堂《いっけんしめんどう》）と経蔵《きょうぞう》（宝蔵）、池からなる施設である（図7）。「華麗を究め荘厳《しょうごん》を尽す」さまは白河の証金剛院と並んで御願寺の双璧で（『玉葉』建久三年一〇月二日条）、奥州藤原氏三代秀衡《ひでひら》が建立した平泉《ひらいずみ》の無量光院《むりょうこういん》にも大きな影響を与えた。

その造営は、①堂舎は「造国《ぞうこく》（一つの堂舎の造進を一国に命じる）」の国司伊予守藤原忠隆《ただたか》の成功による造進だが、かれが実際に負担するのは、a工匠の食料《じきりょう》（人件費）と、b柱・長押《なげし》・天井に用いる材木にとどまる。

対するに、c美しく飾られた瑠璃柱《るりばしら》や細かい細工を要する仏具・調度品などに用いる材木は納物所《のうもつどころ》（鳥羽離宮内の院関係施設）が負担。d建物内部の仕上げなどは、院の下級官人としての技術者たちの仕事である。またe御堂造営にかかる人夫は、鳥羽院の荘園に賦課、f仏像の制作や彩色は、鳥羽離宮内の専門工房が担当、g仏像や法要の場を飾る宝幢《ほうどう》（旗）は、院の宝物を利用。以上c・d・e・f・gは願主である鳥羽院自身が負担した。

図7　鳥羽勝光明院阿弥陀堂，復元模型（展示＝京都アスニー，所蔵＝京都市歴史資料館，写真提供＝（公財）京都市埋蔵文化財研究所）

h堂舎の基壇や翼廊《よくろう》の礎石は、讃岐国への賦課の割り当て（国宛《くにあて》といい、資財・費用などを特定の国に負担させること）、②池掘人夫役や花幔《けまん》（仏前を荘厳するために、仏堂内陣の欄間などにかける装飾、多くは金銅製）・広莚《ひろむしろ》（幅の広い敷物）・舞装束の調達は、それぞれの国に国宛した。③鳥羽殿遣水《やりみず》の費用や三丈船の造進は、検非違使庁《けびいしのちょう》の協力、④池に浮かべる龍頭船《りゅうとうせん》は、法勝寺にあるものを修理して用いる、⑤池に植える蓮《はちす》は、僧侶の寄進、⑥その他である。

造営はこれら各種負担方式を総動員して、はじめて実現した。国宛にしろ荘園への賦課にせよ、免除の希望が認められて、他国・他荘に振り替えられる場合もあったが、ほかに国家的・公的な賦課を負っていることが条件で、それだけそれぞれの負担の重さが想像できる。

特筆すべきは、願主である鳥羽上皇が経費負担や人員の提供をしただけでなく、工事現場にも直接視察に訪れ、作業状態を確かめるとともに、重要な箇所は自ら指示を与えていることである。御願寺造営は、かれ自身の善根《ぜんこん》を積む行為であり、王家の人びとの安泰をはじめ、天下泰平、豊作、一切《いっさい》衆生を浄土に導くためのものであった。それゆえ、願主鳥羽上皇は、直接・積極的に御願寺造営事業を遂行したのである（丸山、二〇〇六a）。

これらに要した経費の細部が分かる史料はほとんどない。わずかに、応徳二年（一〇八五）の白河天皇御願寺法勝寺の新堂（常行堂《じょうぎょうどう》）などの造営についての「用途《ようと》勘文《かんもん》（経費の見積もり）」が残されていて貴重である（『平安遺文』一二二八号）。それによれば、建築資財調達にかかる経費も、たとえば材木は絹の値に換算して一万七七四八疋《ひき》余（米なら同額の石《こく》に相当）、鉄で七五三四疋などと膨大だが、「道々の工《たくみ》（匠）ならびに人夫らの食料」つまり各種職人や人夫に要する人件費も、一万九六四三石余と額でひけをとらない。そのうち常行堂の作料自体（大工《おおだくみ》〈大工の長〉・瓦葺き職人の長の支度金と手間賃）が三〇五〇石であるのに対し、金属を鍛造して器物を造る職人は六二二〇石、螺鈿《らでん》のような加飾に必要な職人には三五四六石五斗と、相対的に高度な技術を有する職人の人件費はかなり割高である。さらに、材木・瓦、基壇用の土や礎石などを運ぶ車力《しゃりき》と呼ばれる運搬業者への経費はこれとは別で、総計一万四〇八八疋（石）と見積もられている（丸山、二〇〇六a）。これは法勝寺内の一堂に要した額に過ぎない。有名な八角九重塔も含めた法勝寺の七堂伽藍全体の経費総額は、天文学的な数字になるだろう（図8）。

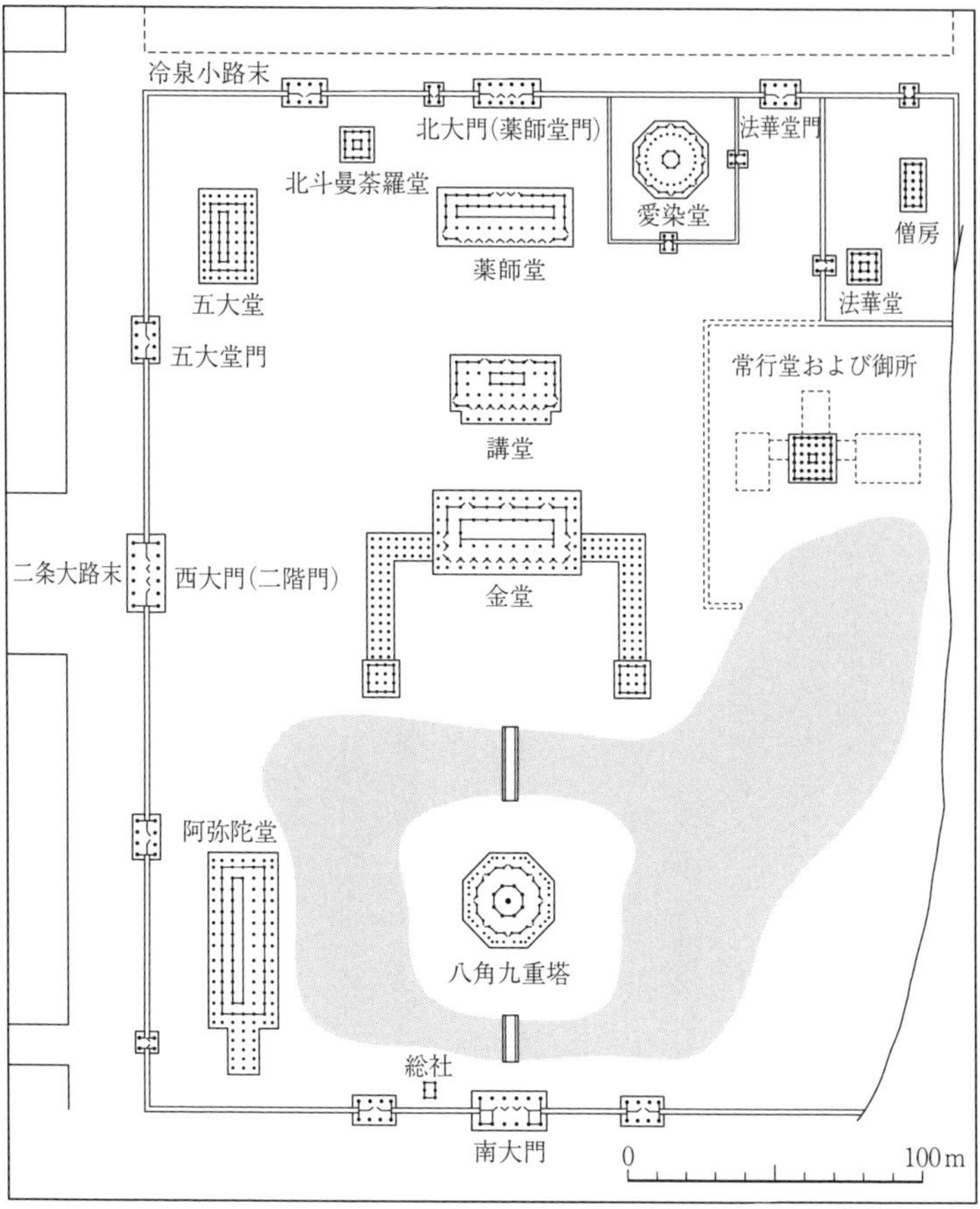
冷泉小路末
北大門(薬師堂門)
法華堂門
北斗曼荼羅堂
愛染堂
僧房
五大堂
薬師堂
法華堂
五大堂門
常行堂および御所
講堂
二条大路末
西大門(二階門)
金堂
阿弥陀堂
八角九重塔
総社
南大門
0
100m

図８　法勝寺伽藍配置図

王家領の過半を占める御願寺領の詳細は、なお明らかでない。ここでは約六〇年前に、全体を展望した渡辺澄夫氏の研究成果に依拠したい。

白河院政期は、法勝寺・尊勝寺《そんしょうじ》(堀河天皇御願寺)に封戸《ふこ》(寺院造営料として租税を負担する百姓《ひゃくせい》《ひゃくしょう》の戸を与える制度)一五〇〇戸が寄せられたといわれ、荘園は証金剛院領の二カ所が判明するだけである。ところが、鳥羽院政期に入ると一変して以下のものが成立した。(1)得長寿院領四カ所。久寿二年(一一五五)美福門院に譲られる。(2)宝荘厳院領、平治元年(一一五九)で一二カ所。(3)安楽寿院領、皇女八条院に伝えられた。承久《じょうきゅう》の乱没収時に四八カ所。(4)法金剛院領、待賢門院が亡くなったあと鳥羽天皇の皇女上西門院に譲られた。『御料地史稿《ごりょうちしこう》』に三四カ所と見える(帝室林野局編、一九三七)。(5)歓喜光院領、美福門院が亡くなったあと八条院に譲られ、承久の乱没収時に二六カ所。(6)金剛勝院領、美福門院から後白河院に譲られた。『御料地史稿』に二一カ所。(7)蓮華心院領、八条院に伝えられ、承久の乱没収時に一一カ所。(8)金剛心院、一カ所のみ判明。

さらに後白河院の御願寺は、(9)蓮華王院《れんげおういん》(その本堂が三十三間堂《さんじゅうさんげんどう》)領、三二カ所以上、(10)長講堂領、建久二年(一一九一)時で九〇カ所、(11)最勝光院《さいしょうこういん》領、皇太后建春門院没後は夫の後白河が伝領。鎌倉末期で三二カ所、その他御願寺に準ずる(12)新熊野社《いまくまののしゃ》、養和元年(一一八一)で二八カ所、(13)新日吉社領、『御料地史稿』に八カ所、などがあるとする(渡辺、一九六二)。なお六勝寺の各御願寺領は後白河上皇の時六勝寺領としてまとめられた。今日判明するものは八三カ所にのぼる。

以上からわかるように、御願寺領荘園は鳥羽院政期に爆発的に増加し、後白河院政期はそれの延長である。早く石井進氏は、荘園激増の画期は鳥羽院政期と喝破した(石井進、二〇〇四c)。荘園の大増加と御願寺領の形成には深い関係がある。というより、御願寺が荘園の激増を招いたとさえいえるのである。そもそも御願寺は建立してそれで終わりではない。御願寺の維持補修費やそこで頻繁に行われる鳥羽院関連の安穏・延命、浄土往生を求める個人的な仏事祈禱、恒例臨時の国家的な法会《ほうえ》、あるいは僧侶の請用《しょうよう》(加持・祈禱などのために僧侶・修験者などを招くこと)や布施の被物《かずけもの》(功や労をねぎらうために賜う物)など出費には際限がない。財源は幾らあっても足りないのである。この経常・臨時の出費をまかなう費用は、どこからか捻出せねばならない。その役割を果たしたのが各御願寺に付属する荘園である(丸山、二〇〇六b)。

近年、院政期の荘園研究は、根本的な様変わりを見せている。従来は、在地領主《ざいちりょうしゅ》(農村を中心に自分の所領たる領域を支配する領主)が、自己の開発私領《かいほつしりょう》の政治的な保護を求めて貴族や有力寺社などに形式的な寄進をし、さらにそれが王家や摂関家など有力な本家へ再寄進される、といういわば下からの寄進の連鎖による成立が説かれてきた(寄進地系荘園《きしんちけいしょうえん》)。しかし、寄進とみえたものは実際には、王家や摂関家が荘園を立てようとした時、かれらのもとに内々寄進されていた小規模な私領(免税地ではなかったが、官物を納入するかぎりで売買・譲渡・寄進など自由な処分が可能な土地。規模も大小、私領の主も在京・在地、僧・俗を問わず、多様な階層にまたがる)の券契《けんけい》(土地に対する権利を示す証拠文書)のなかから適当な候補地を選び、それを核にして周辺に広がる国衙領を大規模に囲いこんでゆく作業であった。田畠のみならず村落に山野・沼湖・河海など広く周囲の自然環境も囲いこむので、このタイプの荘園を領域型荘園《りょういきがたしょうえん》と呼ぶ。

以上が院・女院・摂関の近臣たちの連携による立荘《りっしょう》行為で、その際当該国の国守(知行国主)の協力が不可欠であった。つまりこれら荘園の成立過程にとって、下からの「寄進」より、上からの「立荘」がより重要だったとする理解である（川端、二〇〇〇／高橋一、二〇〇四）。「立荘」の仲介者は、王家や摂関家から荘園の日常的な管理を任され、一部の権益を与えられ預所（公卿である場合は領家）と呼ばれる。また出発点である私領の券契を寄進した者や、その国の在庁官人・郡司らが多く下司職《げししき》に起用される。かつての私領主《しりょうしゅ》は、自己の私領をはるかに超える規模の荘園の支配を任される新事態を迎えたし、在庁官人・郡司は荘園の下司の職務に就くことで同様の支配権と収益を獲得した。在地領主が寄進地系荘園を成立させたのではなく、領域型荘園が在地領主制の形成をうながしたのである。預所は本家が補任するものだから、本家たる王家・摂関家は、預所職を持つ領家に対し圧倒的な優位に立つ。下司に対しては、さらにいうまでもない。

御願寺の造営に鳥羽上皇が積極的に関与していたとすれば、その日常的な運営費用を捻出する御願寺領荘園の獲得にも意欲的であったのは、自然のなりゆきである。院・女院・摂関の近臣たちの連携、当該国の国主の協力による立荘行為、というこれまでの評価は誤りではないが、その推進の真の主体を問えば、もちろん院であり、院の意志あってこそ、院・女院・摂関の近臣たちが縦横に動き回れるのである（丸山、二〇〇六b）。御願寺領の設定にあたっては、まずその御願寺の年間用途が算出されたのちに、荘園寄進希望者と年貢等の交渉がなされ、その所領が決定されるのが一般的である。

院政期荘園の実体が国衙領という国家の土地の割き取りである以上、王家や事実上の国王たる上皇の意志なくしてはあり得ない。石井進氏の研究段階では、院はまだ下からの「寄進」を受ける側という位置づけだった。しかし御願寺造営の実態と、造営にのめりこんでいった宗教的背景を考えると、院こそ「立荘」をすすめる、上からの力の源泉である。

これら御願寺領は、願主が亡くなると女院領として継承されてゆく。その代表的なものが八条院領と七条院領《しちじょういんりょう》である。前者は安元二年(一一七六)の八条院領目録では、庁分《ちょうぶん》(女院の日常生活を支える女院庁の直轄領)四三カ所と、安楽寿院三一カ所、歓喜光院一九カ所・智恵光院《ちえこういん》一カ所、八条院御所内の持仏堂《じぶつどう》であった弘誓院《ぐせいいん》六カ所、仁和寺《にんなじ》の子院《しいん》である蓮華心院四カ所の各寺領を合わせ計一〇四カ所である(石井進、二〇〇五b)。この目録には脱漏している荘園があり、実際にはそれ以上になる(野口華、二〇〇〇)。すなわち第一章冒頭部分で言及した一〇四カ所以上の八条院領がこれである。一方、七条院領は鎌倉期に入っての形成であるが、後鳥羽《ごとば》天皇の母七条院(藤原殖子《しょくし》)の持仏堂として建保《けんぽう》二年(一二一四)に建立された歓喜寿院に寄せられた七カ荘と成立過程未詳の三八カ所からなっていた。

八条院領の半分以上は、各御願寺領のブロックごとの集まりからなり、なかでも安楽寿院領が最大、歓喜光院領がそれに次ぐ。八条院がこれらを伝領できた理由を、野口華世氏は、かの女が両親(鳥羽院・美福門院)の菩提を弔う追善仏事を執行する権限を持つ存在だった点に求め、女院がこれらを伝領したことは、家族の菩提を弔う役割の相伝だったと論じた(野口華、二〇〇六)。核心をついた指摘である。

摂関家でも王家の御願寺に相当するものとして氏院《うじいん》(氏寺)がある。法成寺《ほうじょうじ》(東北院)・平等院・法性寺《ほっしょうじ》(最勝金剛院《さいしょうこんごういん》)などがそれで、それぞれ数十カ所の荘園を領有した。これらの荘園は王家領荘園と同様私領の本主《ほんしゅ》による寄進を契機とし、それを核にして公領を囲いこむ領域型荘園で、平等院領などはむしろ王家領より時期的に先行する(上島、二〇一〇)。荘園の最高領主である本家になれるのは、王家と近衛家で、同じ摂関家でも格落ちの九条家は、約半数が本家ではなく領家である(川端、二〇〇〇)。

## 3　個別例としての蓮華乗院

御願寺と同様の性格を持った寺院は、規模を問わなければ京の内外、畿内近国にも存在している。たとえば高野山金剛峯寺の寺域内にあった蓮華乗院《れんげじょういん》が、それである。蓮華乗院は、前斎院《ぜんさいいん》五辻宮《いつつじのみや》頌子《しょうし》内親王によって、承安五年(一一七五)に建立された。かの女は、六カ国七カ所の荘園の領主であった。このうち紀伊国日高郡南部荘《みなべのしょう》(相楽荘《そうらくのしょう》を含む、現、和歌山県日高郡みなべ町)が、承安五年と安元三年(一一七七)、二回に分けて蓮華乗院に寄進されている。頌子内親王は、鳥羽法皇と美福門院の女房であった春日殿《かすがどの》との間に生まれた。承元《じょうげん》二年(一二〇八)には、南部荘からあがる年貢のうち一六四石四斗が、「花園左府《さふ》(源有仁《ありひと》)忌日」「伏見斎宮《さいぐう》(守子《しゅし》女王《じょおう》)御忌日」「御母儀(春日殿)御忌日」「鳥羽院御忌日」「御万歳の後《のち》御遠忌《おんき》の事」など七つの仏事と長日護摩料《ちょうじつごまりょう》の費用に支弁すべし、と定められている(『鎌倉遺文』一七五九号)。「御万歳の後御遠忌の事」は、まだ存命中の頌子が没したのちの遠忌(遠く歳月を経過したのちに行われる忌日の法要)に宛てられるという意味である。

守子女王は王家の一員であり、守子と同母の兄が源有仁である。兄妹の父輔仁《すけひと》親王は皇位に就くはずであったが実現しなかった。有仁も皇嗣《こうし》に擬せられた時期がある。かれは源姓を賜り臣籍降下《しんせきこうか》したが、准王族というべき存在である。それでも、頌子内親王とは直接血のつながりのない遠い親族である。

頌子以前の南部荘の領主は守子であり(『鎌倉遺文』二九七七号)、守子はそれを白河院から直に賜与された可能性がある。先に述べた八条院領と八条院の関係を念頭におけば、南部荘が輔仁親王系でもない

図９　南部本荘景観（2014 年 1 月 2 日，筆者撮影）

頌子に伝領された理由は、かの女が父鳥羽院・母春日殿だけでなく、有仁・守子らへの追善仏事・供養の権限を獲得したが故に、伝領することができたと推察できる。

　頌子にこれら追善仏事を主催する権限を与えたのは誰だろう。守子に南部荘を賜与しても、実際には白河院がこの荘園への最終的な処分権を握っており、その権能は鳥羽院に受け継がれた。鳥羽院は我が子頌子に、自分と妻の菩提を弔うことを依嘱するとともに、王家の正統からはずれ、周縁に追いやられた王族の追善仏事を委ねるのを条件に、かの女にこの荘園を与えたに違いない（高橋昌、二〇一六d）。

　南部荘が元来白河院領で、その後も白河・鳥羽院の強力な支配権が及んでいたのは、この荘園が白河院とかれを取り巻く人びとによって成立せしめられたからだろう。南部荘は、鎌倉時代前期の建永《けんえい》の頃（一二〇六―〇七年）で、二〇〇町の規模の領域型荘園である（うち相楽荘は三〇町）。その二〇〇町すべてが、在地領主などによる開発所領だったとは、とても考えられない。ここでも白河院のもとに寄せられた小規模な私領を足がかりにして、その周辺に広がる国衙領の大規模な割き取りによって成立した、と考えるのが無理がない（図９）。

　じつは頌子時代の南部荘下司は、紀伊国田辺を本拠とする湛増で、その補任を指示し実現させたのが鳥羽院だった。第一章で触れたように、湛増の父湛快は熊野別当家の分家として田辺家を開いた。湛快は田辺の西北に隣接する南部荘の下司の地位を手に入れ、その権利は子の湛増に継承された(『鎌倉遺文』一二九七七号)。そのようにことが運んだのは、湛増が父が下司だった事実を強調して鳥羽院に訴えたからである。

荘園成立のいわばパン種となった寄進私領の本主や、立荘に貢献した人物には、御恩として下司職や預所職などの地位が与えられる。それらの補任が本家の王家によって行われるようになれば、罷免改替《ひめんかいたい》も本家の権能となる。南部荘は一二世紀初頭にはすでに成立していたので、湛快以前にも下司がいたはずであるが、それについては現在何の史料も残されていない。湛快も父である熊野別当長快以来の白河・鳥羽院への働きかけにより下司の地位に就いたと思われるが、かれ以前の寄進私領の本主であった下司を押しのけた結果だったかもしれない。

湛快が下司職の地位に就いたのは、守子女王が領主であった時で、南部荘を年貢三〇〇石で請負っている。同荘は、豊凶にかかわらず定額年貢の納入を請負うのとひきかえに、収益の対象になる土地の支配を委任される、請所《うけしょ》という室町期に盛んになる型の荘園の早い事例である。それが湛増が下司になった頌子内親王の時代になると、二〇〇石上積みされて五〇〇石の年貢請負いになっている(二〇〇石は米の代わりにほかの物で代替)。鳥羽院政末期頃に湛増・湛政の兄弟が下司職を望んで争い、五〇〇石進上した者に下司職を給するという荘園領主側の術策や誘導が、功を奏した結果である(『鎌倉遺文』一二九七七号)。

田辺別当家の下司職補任が、鳥羽院のお声掛かりという性格が強ければ強いほど、その地位は鳥羽院の死によって不安定になるだろう。安元三年（一一七七）、頌子内親王の母で南部荘の実質上の預所職であった春日殿は、南部荘が蓮華乗院領になった以上、下司を誰にしようと寺の判断次第である、湛増はなるべき故があってなったのではない、と湛増の下司職の改替を積極的に内親王に進言している。さらにかの女は、湛増がのちのち、自分には下司職を相伝する道理があり、それを鳥羽院に申して補任されたのだといって、券契めいた文書を捜し出し、その地位を維持すべく訴訟に訴える事態もあるだろうから、気をつけるようにと注意をうながしている（髙橋昌、二〇一六d）。当然ながら湛増は、兄弟対立を煽り、負担増をもたらし、あげくは下司からの追放を企図した春日殿ら荘園領主に、内心良い感情を持っていなかったであろう。

以上は、ひとり南部荘の特殊な状況ではない。遠江国榛原《はいばら》郡質侶牧《しとろのまき》（現、静岡県島田市牧之原）は、大井川南岸に展開した細長い牧場であり、当時荘園化が進んでいた。一一世紀には歌人大江公資《おおえのきみすけ》の私領で、その後嫡子広経《ひろつね》―外孫文章博士《もんじょうはかせ》藤原永実《ながざね》―その子永範《ながのり》と伝領された。本家職も御堂関白藤原道長《みちなが》の六男民部卿長家《ながいえ》から始まり、道長の三男教通《のりみち》の三男太政大臣藤原信長《のぶなが》に、次いで道長の子頼宗の嫡男民部卿藤原俊家《としいえ》に伝えられ、さらにその子を経て孫の宗忠《むねただ》に相承《そうしょう》されたが、天永《てんえい》三年（一一一二）頃宗忠は、一《いっ》切経《さいきょう》書写の費用捻出のために荘の権利を永実に売却した。これで本家職・領家職ともに永範に伝えられるにいたった（『平安遺文』四六九二号）（堀池、一九五九）。

質侶牧は、大治《だいじ》三年（一一二八）三月、待賢門院の御願寺円勝寺《えんしょうじ》が完成すると、その五カ月後永範から同寺へ寄進され、年貢として米三〇〇石を毎年進上する義務が定められた。それ以外の地利《ちり》（土地から上がる収益得分）や雑事《ぞうじ》は永範の子孫が永く領掌することになった（『平安遺文』三八二六・四六九二号）。翌年荘園として立券《りっけん》（荘園認可のため公文書を作成する手続き）され（『平安遺文』二二三四号）、永範が預所になる。立券にあたって牧の四至《しいし》（四方の境界）内検注《けんちゅう》（土地調査）が行われた。この時作成の検注目録によると、田二〇九町余、畠一二六町余のほか原二一〇町、山五四七町、野二九一町、河原三六〇町などの山林原野を含み、在家《ざいけ》（百姓の住居と付属耕地を一体として把握したもの。在家役賦課の対象）二一八宇という広大なものだった（『平安遺文』二一二九号）。

そのためか年貢負担はいつの間にか、米四〇〇石と長さ四丈の麻の白布《はくふ》一〇〇段に増し、また待賢門院忌日（八月二二日）用の所課、僧への饗膳、一月の修正会料・松明木《たいまつぎ》・菓子（果物）などが納入されていた。これに対し永範は、米四〇〇石と白布一〇〇段は質侶荘を構成する三郷全体が負担する年貢であるのに、田数の過半を占め年貢の半分を負担していた大楊郷《おおやなぎごう》は停廃され国衙領に還った。にもかかわらず、残り二郷で規定通りの年貢を進済《しんさい》せよと催促があった、「停廃の郷分をもって何ぞ（年貢を）進済すべきや」と、「はなはだ無理の由」訴え申した。その結果、治承二年（一一七八）以前に、年貢は半額の二〇〇石と五〇段に減じられたという（『平安遺文』三八二七号）（堀池、一九五九）。

一、二の事例紹介のみであるが、右のように平安末期荘園では、領主家交替などさまざまな機会をとらえ、年貢を増額したり、下司などを解任したり、柔順な人物、側近の人物に補任替えしたりする事例があり、さらには複数の就職希望者を競わせる術策によって、年貢の請負額を釣り上げ、かくして不断の流動、利害対立、敗者の側の恨みが増幅する状況が生じていた。これらは院政期荘園制における、下司（本主）らのおかれていた地位の不安定さを物語っている。在地領主制は院政期の領域型荘園の激増とともに、それを在地で支える受け皿として成立したが、その立場や支配力はいまだ脆弱なままで、本格的な発展の機会を待ち望んでいた。

院政期は、御願寺の造営が連続し、国衙領が割き取られ、莫大な富と労働力が乱費された時期である。保延元年（一一三五）、崇徳天皇が天下の飢饉疾疫について諸道の博士に対策を諮問した時、当代きっての学者藤原敦光《あつみつ》は、院政期民衆を苦しめる元凶として、「中古より以来《このかた》、高堂大廈《こうどうたいか》、造営まことに繁《しげ》し、山を築き池を鑿《うが》ちて、課役絶えず」「民の農を奪ふ」と、院関係の御所の造営、造寺・造塔など、度重なる大建築工事が農繁期に民を労役に駆り立てている状況をあげた。さらに「田数の増減を検《けみ》することなく、農民の貧富を尋ねず、利田《りでん》と推《お》し称《い》ひて、租税を徴《め》し納めつ」「田数を検すと雖も、率法差《りっぽうしな》に過ぎたり」、租税増徴を目的とする架空田数の維持、法外な税率などをあげ、「賦斂《ふれん》を重くする」、民衆から税や年貢を取り立てるその重さのほどを指摘している（『本朝続文粋《ほんちょうぞくもんずい》』）。

架空田数の維持や重い税率も、御願寺の建設やくり返される壮麗な儀式・法会などの費用調達と無関係ではあり得ない。国衙領の一方的な割き取りは、国衙を運営する在庁や官人たちにとっては、課税対象の減少を意味する。にもかかわらず、知行国主（国守）やその代官たる目代は誅求《ちゅうきゅう》の手を緩めない。目代への反発は強まり、現地では在庁と国内荘園との暴力をともなう抗争が頻発する。過大な賦課は荘園・公領と現地を管理する荘官（下司・公文《くもん》〈下司の下で荘園の年貢収納や訴訟などを掌る下級荘官〉）・在庁官人ら在地領主層を疲弊させ、中央と地方の矛盾、対立の関係を生み出す。

いま一度の引用になるが、源頼政が以仁王に謀反を勧めた時、諸国の源氏は「国には目代に随ひ、庄には預所に仕へ、公事雑役に駈り立られて、夜も昼も安き事無し」と語ったと伝えられている（延慶本巻四・八）。それは在地領主層の反発を招き、支配層側からいえば「下、上を軽んじ、上、下を恐る（中略）、諸国の大名、国役に応ぜず、諸庄の下司、領家に順はず」という事態をまねく(『顕広王記《あきひろおうき》』安元三年四月二八日条)。

治承四年二月、高倉天皇が位を降り、言仁親王が践祚(安徳天皇)、清盛は天皇の外祖父になった。クーデタによって平家が知行する国および平家一門が国守に就いた国が飛躍的に増加し約三〇カ国、日本列島に所在する国々の半数近くに及んだ。また平家は近衛家領を事実上「押領」したものを含め、全国五百余カ所に及ぶ荘園(近衛家領以外は預所職)を所持したという。

しかしクーデタで権力を独占した結果、支配層内部での平家の孤立は深刻なものになった。また知行国・荘園を大量に集積し、自らの政治的・経済的基盤としたことは、全国の公領・荘園が生みだし、当時深刻化しつつあった中央―地方間の社会的・政治的な対立を、支配層内部でまったく孤立したまま、一手に引っかぶることを意味していた。本来王家や摂関家などに向けられるべき当然の怨みが、相手を変えて平家に向けられる皮肉な結果になった。これまでの支配者の伝統的な権威に金縛りになっていた在地領主たちも、当面の相手が、まだ数代前には背伸びすれば自分たちの手の届く位置にいた成り上がり者集団なら、蜂起を決断する際の心理的な負担はずっと軽くてすむ。平家と地方社会の対立は深刻化していった。

だからこそ、以仁王が「宣旨」を発して、偽王安徳を戴く平家打倒を呼びかけた時、反乱は燎原の火のごとく全国に広がったのである。内乱は源氏平家の争覇という次元にとどまらず、広く社会矛盾の激発という本質を持っていた。

## 4　治承四年年末までの戦局

以仁王の乱の衝撃は思わぬ形で現れた。治承四年六月初め、平清盛の強権発動で、摂津国八部《やたべ》郡福原の地に、安徳天皇・高倉上皇・後白河法皇以下貴族・官人が大挙して訪れた。福原は平家一門の別荘が多く存在し、清盛自身が仁安四年(一一六九)春以来、一〇年以上住み続けた地である。福原到着後、福原の南、和田(輪田、現在の兵庫区南部・長田区《ながたく》一帯)の地に都造りが計画されるが、すぐにペーパープランに終わった。清盛たちは、根強い遷都反対の声をかわすため、七月から福原で都市域を整備、内裏を新造などして、遷都を既成事実化しようと目論んだ。しかし、八月以降反平家勢力の挙兵が相継ぐ。遷都反対派をなだめ、反乱鎮圧に邁進するため、完成した内裏に安徳天皇が行幸したことを花道に、都造りは放棄され、一一月下旬京都に帰還する。この約一七〇日間を普通福原遷都と呼んでいる。

四〇〇年に亙って続いた平安京からの遷都が試みられたのは、同年二月に高倉天皇の子言仁の即位(安徳天皇)が実現したことと関係がある。上皇になった高倉は、後白河法皇と清盛妻時子の異母妹平滋子(建春門院)の間の子、言仁はその高倉と清盛の娘徳子の間に生まれた。父子二代が平氏系の天皇であり、高倉上皇—安徳天皇の政権は、平氏系新王朝とでも呼ぶべき新しい王朝の発足を意味していた。

新王朝には新都がふさわしい。福原遷都は、まさにその新都を造営する試みだった。中世史学者の間では、これを新都造営とは認めない意見が多く、離宮や副都にとどまるとする見解もある。しかし三種の神器の内でも神鏡《しんきょう》(八咫鏡《やたのかがみ》)が福原に行っている点を見落としてはいけない(『玉葉』治承四年六月二日条、

『吉記』同年一一月三〇日条)。いうまでもなく、三種の神器は皇位の標識として、歴代の天皇が受け継いできた宝器である。ほかの二器、剣《けん》(天叢雲剣《あまのむらくものつるぎ》)と璽《じ》(八尺瓊曲玉《やさかにのまがたま》)は、つねに天皇とともにあり、行幸には剣璽役が捧持してゆく。しかし神鏡は、平安中期以降宮中温明殿《うんめいでん》(内侍所《ないしどころ》)の唐櫃《からびつ》に蔵されて、平安京を離れた例はない。神鏡が福原に渡ったということは、そこを天皇の正規の居所とするという意志の現れである。どんなに控えめにいっても、清盛に福原を正規の都とする強い意欲があったことは疑いない。

遷都というアイデアは、言仁親王が誕生した治承二年(一一七八)頃から、清盛の脳裏に浮上していたと推測されるが、以仁王の乱の衝撃で、準備不十分のまま急遽実行に移された。福原は内陸部の平安京と違い、国際貿易港経島《きょうのしま》を有する、海に向かって開かれた開放的な都となるはずだった。期間中の遷都反対派との具体的な政治的角逐と福原に残る平家関係の遺構については、別に述べた論があるので、そちらを参照いただきたい(髙橋昌、二〇〇七・二〇一三a・二〇一三b)。この試みは偉としなければならないが、結果として自らを孤立に追いこみ、反平家の気運をさらに高めたことは否定できない。

東海道一帯が急速に諸国源氏の勢力圏に入ってゆく事態の展開の中で、高倉上皇や建春門院の異母兄平時忠、そしておそらく宗盛も支持した柔軟路線が現れる。畿内防衛のフロントである美濃の源氏らを、頼朝らから切り離し味方につける、という案である(『吉記』一一月六・八日条)。しかし、美濃源氏も追討することにこだわる清盛は、「私の郎従等」を派遣して、これを敵に回してしまう(『玉葉』一一月一二日・一二月四日条)(松島、二〇〇三b)。

都還りが人びとの話題に上りはじめた頃、近江・美濃で反平家勢力の活動が活発になった。一一月一九日には「東乱近江国に及ぶ」の報が流れた(『玉葉』)。その張本は甲賀入道(柏木義兼)とその父山本義経《やまもとよしつね》

(頼朝弟の義経とは別人)ら、義光流近江源氏の面々である。近江は琵琶湖水運を利用した北陸道からの年貢租税の上納ルートにあたっており、東国への関門であった。この地は政権の死命を制する。

還都後の一一月三〇日、高倉院殿上で早速「東国凶党の逆乱すでに近江国に及び、同心の聞え有り」の件が議された(『山槐記』)。追討使の派遣に慎重な意見もあったが、近江の賊徒を降せば美濃以下も帰伏するだろうとの発言もあり、大がかりな追討軍が派遣されることになった。一二月の近江征討から翌年三月の墨俣川《すのまたがわ》合戦とその後まで続く戦役の始まりである。

一二月一日、平家の有力郎等平家貞《いえさだ》の子平田入道家継《いえつぐ》が、伊賀から甲賀の柏木義兼らを攻めて戦果をあげた。翌日清盛の三男知盛が東国追討使として「一族の輩数輩」を率いて東山道を進み、さらに伊勢平氏の傍流平信兼と有力郎等平盛澄《もりずみ》(盛国《もりくに》の孫)の軍も続いた。伊賀道からは重盛二男の資盛が、平田家継の弟貞能《さだよし》を率いて向かい、伊勢道からは伊勢守藤原清綱《きよつな》が進んだ(『玉葉』一二月一・二日条)。湖東・湖南に布陣する敵を、三方から挟撃する大作戦である。

近江の反平家勢力は、美濃・尾張の武士たちに支援されて強力だった。加えて知盛本隊は延暦寺・園城寺の大衆《だいしゅ》(いわゆる僧兵《そうへい》)に後方を攪乱されるなど、苦戦を続ける。それでも、一一日には園城寺に焼討をかけ、大衆を追い落としたらしい(『百錬抄《ひゃくれんしょう》』)。以仁王を匿った前歴のある園城寺に懲罰を加えるのは、自然のなりゆきである。続いて一三日には伊賀道経由の資盛軍を合流させ、馬淵城《まぶちじょう》(現、滋賀県近江八幡市)を落とし、二百余人を斬首した。さらに敵の主将山本義経の本拠山下城《やまもとじょう》(山本城とも、現、東近江市五個荘町)に迫るが、攻略に手こずり、二三日維盛が副将軍として近江に投入された(『玉葉』一二月一五・一六・二三日条、『山槐記』同一三日条、『山丞記《さんじょうき》』同一六日条)。

維盛援軍のかいあってか、平家は年内に近江をほぼ制圧したようで、翌治承五年一月九日には、美濃国境付近で反徒の首三一七を獲、中旬には美濃に攻め入り(『山槐記逸文《いつぶん》』正月八日条、『玉葉』正月一八日条)、二〇日には美濃源氏光長《みつなが》の蒲倉城《かまくらじょう》を攻め落としている。城に籠もった者はことごとく誅殺した、との知らせが都に届いた(『百錬抄』、『玉葉』正月二五日条)。これで美濃国もほぼ平家に制圧された。

右の光長は、同じ清和源氏でも頼光《よりみつ》の孫国房《くにふさ》を祖とし、八条院の猶子二条天皇に一族をあげて近侍していた(須藤、一九九四)。光長の子光経も、養和元年(一一八一)一一月中旬には、八条院の御所で侍たちの統制に精励しており(『平安遺文』補四〇四号)、八条院への近侍は内乱期まで継続した。また重宗《しげむね》(源満仲の弟満政《みつまさ》のひ孫)流の諸氏は近江・美濃・尾張に広がり、その拠点というべき、尾張国中央部の山田荘(現、名古屋市付近)は、平安末にはすでに八条院領であった可能性が大である。いずれも、以仁王が頼みとした八条院ないし八条院領の関係者であった。この一連の戦いで義光流の箕浦義明《みのうらよしあき》(山本義経の子)・伊庭《いば》家忠《いえただ》などの近江源氏をはじめ、重宗流の小《お》河《がわ》重清《しげきよ》・葦《あ》敷《じき》重義《しげよし》(能)らが敗死した(『吾妻鏡』二月一二日条)(網野、二〇〇九a・二〇〇九b)。

ここで場面を転ずる。平家が福原から帰ってくれば、興福寺との対決が再燃する。覚一本巻五奈良炎上では、清盛が南都の狼藉を鎮めるため、郎等妹尾《せのお》(瀬尾)兼康《かねやす》を大和国の検非違所《けびいしょ》(諸国で検非違使の事務を扱う役所)に任じ、兼康以下五〇〇騎を派遣したが、武力行使を手控えたため、却って六十余人が捕らえられ斬首された、そこで清盛五男重衡《しげひら》を大将軍とする追討軍が派遣されたとする。

大量斬首が史実かどうか不明だが、興福寺・南都勢力は以仁王と連携した過去があり、関東の軍勢の近江進攻に呼応して上洛準備をしているとの情報もある。打撃を加えるのは平家にとっては必要不可欠の措置といえよう。

重衡は数千騎を率いて勇躍進発し、一二月二七日には上狛《かみこま》（現、京都府木津川市山城町）に本営を進めた。先陣の阿波民部《あわのみんぶ》（粟田《あわたの》）成良《しげよし》（重良・重能）は泉木津《いずみきづ》（現、木津川市木津町）に向かい、一番乗りで日没前衆徒と矢合《やあわ》せをしている（『山槐記』）。翌二八日重衡軍は木津川を攻め渡り、奈良坂・般若寺《はんにゃじ》坂の両道を通って南都に侵入した。この攻撃で興福・東大両寺の主要な堂舎が炎上、建物内に避難していた多くの僧俗が焼死した。覚一本は、夜陰の明かりとして放った火が、強風にあおられて延焼したとする。

じつは福原遷都中に高倉上皇の病勢が進み、還都後も体調は悪化する一方で、回復の望みは絶たれた。高倉が没すれば、平氏系新王朝は上皇という王冠を喪う。院政が常態の時代に、平家には上皇の代わりになる人物はおらず、三歳の幼帝に親政はあり得ない。清盛といえども、この多難な時期に、国政・軍事のすべてを切り回す精神的・肉体的な負担には耐えられない。この際後白河に応分の役割を果たしてもらう。それが後白河院政復活の提案であり、一二月一八日、本人が受け入れた。正式復活は翌年一月一七日である。

清盛としては、政敵である後白河の再出馬を要請したことで、弱り目と侮られたくない、この際敵対勢力は容赦なく叩くと、はじめから決めていたのだろう。さいわい近江方面の戦況は好転しはじめた。この際一気に前途の暗雲を払いのけようと、疲労困憊の心身に鞭が入る。南都攻撃は、清盛にとって、そうした躍起ともいえる心理状態で、敢行されたのではないだろうか。南都は園城寺以上に懲罰を加えられるべき存在だった。

とはいえ、半月前の園城寺焼討の際も「堂舎をのぞきて房々（僧房）はおほくやきはらはせ」（『愚管抄』

巻五)とあり、堂舎は対象外で、金堂は延焼したのを消し止めている(『玉葉』『山槐記』一二月一二日条)。南都でも事前に「悪徒を捕へ搦め、房舎(僧房)を焼き払ふ」と予定されており(『玉葉』一二月二二日条)、堂塔と僧房(僧尼の起居する寺院付属の家屋)を区別し、反抗的な大衆を厳しく懲らしめることが目的だったのが、案に相違して被害を大きく拡大させてしまったのである。

年が明けて、治承五年(一一八一)一月六日には、南都の衆徒に与力しようとした河内源氏の石川義基《よしもと》が、従者の離反によって討たれ、清盛のもとに首がもたらされた(『山槐記逸文』)。

# 第三章　内乱の深化と信越の動向

## 1　平家、美濃・尾張で勝利する

内乱初年度が終わろうとする頃、平知盛・重衡らの奮闘により、近江・大和など京都周辺では軍事面での小康状態が得られた。ところが翌治承五年（一一八一）一月四日、熊野あたりの悪僧《あくそう》らが五〇艘ばかりで志摩国に打ち入り、伊雑宮《いさわのみや》（現、三重県志摩市磯部町）近辺を焼き、浦七カ所の民家を襲った。ついで二月には伊勢に進出し、二見浦《ふたみうら》（現、伊勢市二見町）の人家を焼き払い、勢田川まで侵入している。かれらは「湛増の従類《じゅうるい》と号して」いた（『吾妻鏡』三月六日条）。これに対し、伊勢国中部の一志郡を本拠とする平信兼が駆けつけ、外宮《げくう》近くの船江（現、伊勢市）で悪僧らを破った。海上に逃れたかれらは、その後も沿岸にとどまり、志摩の伊勢神宮の御厨（荘園）二カ所を襲っている（『吾妻鏡』正月二一日条、『平安遺文』三九五七号）。さらに海を渡って阿波国を焼き払い「在家・雑物《ぞうもつ》・資材・米穀らの類を追捕し、一物も遺さず捜し取り了んぬ」といわれている（『玉葉』二月一七日条）。このように悪僧らの遠征が機動的であったのは、水軍勢力と一体であったからで、湛増は熊野水軍の統括者でもあった。

湛増については、治承四年(一一八〇)九月頃までの行動は第一章5節で紹介した。一〇月に入ると、湛増は、「鳳銜《ほうがん》(詔勅)を恐れず、いよいよ狼戻《ろうれい》(狼藉)を致す。あるいは権門勢家《けんもんせいか》の領を焼き払ひ、あるいは諸国往反の船を掠め取」る(『北院御室御日次記《きたいんおむろおんひなみき》』一〇月一二日条)と、たいそうな勢いである。そこで熊野山の別当らに命じて、追討すべきの由宣旨が発せられた。宣旨の効果が現れたのか、一一月には、「また聞く、熊野権別当湛増その息の僧を進《まいら》しむ。よりて宥免《ゆうめん》有りと云々」とあって、湛増は降伏し我が子を人質に差し出す恭順で罪を許されている(『玉葉』一一月一七日条)。

ところが、翌年九月になるとふたたび反逆の中心になった。『玉葉』治承五年九月六日条には「熊野権別当湛増坂東に赴き了んぬ」とある。同九日条には、後白河院に書状を送り、「これ関東に向かふと雖も、全く謀反の儀に非ず、公《おおやけ》の奉為《おんため》に僻事《ひがごと》(不都合なこと)有るべからず」、頼朝のもとに参るが謀反の意志はなく、これまで通り後白河に奉公すると弁明したとある。そして一〇月になると、次期別当候補の行命が、「熊野の輩の中、ただ一人 志《こころざし》を官軍に有する者なり」といわれるような孤立状態になった。湛増は熊野三山をほぼ統制下に置くようになり、上洛せんとした行命は途中で襲われ、散々に伐ち落とされ、身一つでようやく逃れたが、安否不明になった(『玉葉』一〇月一一日条)。

治承五年一月一四日、高倉上皇が没する。一六日畿内惣官職《きないそうかんしき》を設置し、平宗盛を宛てるとの案が示され、一九日正式に宣旨として発せられた(『玉葉』)。惣官職設置は高倉の遺志である。この職ははるか遡って奈良時代に、諸道の鎮撫使《ちんぶし》と併せて設置された経緯がある(『続日本紀』天平三年一一月二二日条)。それは畿内の兵馬を徴発して、治安の維持を行い、同時に国郡司の治績の巡察を任とした。それを今この時点で改めて設置したのだから、反乱軍追討のための高次の軍事指揮権を中心内容にしていた、と解して間違いない。臨時の軍政官ではあるが、五畿内・近江・伊賀・伊勢・丹波の九カ国を巡察し、強力をもって謀反の輩や盗賊を取り締まり、併せて諸国の兵馬の動員にあたったようだ。

二月七日、丹波国諸荘園総下司《そうげし》として、平家の有力郎等平盛俊《もりとし》(盛国の子)が補任された。同じ日左右《さゆう》京職《きょうしき》(京の市中行政・司法などを掌る役所)の官人および太政官の使者・検非違使らが、京中の在家数を把握しようとした。軍隊を養うための兵粮米(兵糧米)を課すための準備である。また太政官の使や検非違使を美濃に派遣して、渡船などを徴発し官軍に引き渡せとの宣旨が出た(『玉葉』二月八日条)。九日には、源行家を大将軍とする関東の反乱軍の尾張来攻を前にして、東国追討使平知盛が病で京都に帰還を余儀なくされ、重衡と交代するとの報が伝わった(『玉葉』)。

当時の軍隊は、体質的に長期の遠征に堪えられない。この間相当数の平家軍が京都に引き上げたと思われ、二月中旬頃、在美濃の官兵は「僅か七八千騎」といわれている(『玉葉』二月一七日条)。二月末には尾張の源氏方が美濃に越し来たり、阿波民部成良の徒党を攻撃している(『玉葉』二月二九日条)。成良は、前年末南都攻略戦に従軍していたが、引き続き美濃方面に転戦したのである。

平家はこの年の一月下旬頃から、「九条の末《すえ》」に軍事拠点を構築しはじめていた。九条の末とは、平安京の九条大路を東に延ばし京外となる鴨川両岸周辺である。この軍事拠点を構築するにあたり、「武士の宿館」に宛てるという理由で、一帯を接収している(『玉葉』正月二七日条)。具体例では、宗盛が右大臣九条兼実とその姉皇嘉《こうか》門院《もんいん》(崇徳天皇中宮聖子《せいし》)に、「郎従に宛て賜ふ」ためといって、「御領の中、河原辺り」の割譲を迫り、むりやり取り上げている。

その近隣の八条高倉には以前から平宗盛の邸宅、九条末の鴨川東岸には宗盛の堂が建っていた。八条高倉といえば、京内の市街地のように聞こえるが、鴨川はこの辺りでは西にカーブして京域内を流れているから、東はすぐ河原である。九条の末はもちろん、鴨川の右岸にひろがる広大な河原の範囲であり、「八条河原」と別のものではなかった。

富士川戦の惨敗、美濃・尾張・近江の源氏蜂起など、軍事情勢の悪化が続くなか、平家は自らが召集可能な兵員の大動員に迫られた。その結果、京都には各地から多数の軍兵が集結してくる。となれば、六波羅以外にもかれらの宿営地が必要になってくる。それが九条の末だったのだろう(髙橋昌、二〇一三c)。

二月二六日、関東方面の賊徒が騒がしいので、宗盛が自ら追討使として出馬し、一族の武士の大半が下向する予定だった(『玉葉』)。しかし、清盛の病によって中止になる。『玉葉』によれば、二七日より「頭風《ずふう》」を病んでいるという情報が流れ、月が改まって閏二月に入ると、絶望的な状態になった。その時かれが伏せっていたのは八条河原の平盛国の家である。盛国は平家の大番頭というべき存在で、その家は権門としての平家の家政を統轄する管制塔の役割を担い(髙橋昌、二〇一三e)、二〇年前には憲仁親王(高倉天皇)が誕生したためでたい場所でもあった。つまり八条河原は六波羅・西八条と並ぶ平家の京都における三大拠点の一つだった。高倉の誕生という、まさに平家の跳躍台となった八条河原で、閏二月四日、清盛が死んだ(『愚昧記《ぐまいき》』)。一門をみわたしても、清盛ほど雄大斬新な構想力を持ち、闘争心旺盛な人物はいない。平家にとってこの上ない痛手だった。

そののち、平家と後白河院の意を体した公卿たちの間で、謀反人と和平するのか、追討路線をつづけるのか折衝があり、九日までに頼朝追討を趣旨とする「院庁下文《いんのちょうくだしぶみ》」の草案が作成された。後白河院は反対したが、宗盛は、この状を征討軍に先だって諸方面に示し、その上で軍を派遣したいと申請、結局一五日に重衡が一万三〇〇〇の兵を率いて美濃・尾張方面に出動した(『玉葉』)。

一連の経過は、院政の再開といっても、軍事面での政治の実権はいぜん平家が握っていたことを示している。宗盛も当初は和平も選択肢の内であるかのような発言をしていたが、平家内では反乱を実力で鎮圧するという主戦論が大勢を占めており、押し切られたのだろう。主戦は、死後の孝養などいらぬ、頼朝の首を我が墓前に懸けることこそ孝養と思え、と遺言した清盛の本意で(覚一本巻六入道死去)、一族の結束力を高めるためにも、宗盛は当面遺言に従う以外、途はあり得なかったのである。

尾張方面では、頼朝と袂を分かった源行家が、三河から尾張まで勢力を広げていた。尾張国愛智《あいち》郡司である慶範《けいはん》禅師の娘を妻としていた義円《ぎえん》(義経の同母兄、幼名乙若《おとわか》)も行家の軍に合流し、尾張源氏も行家に協力していた。

重衡の出動によって陣容を強化した平家軍は、翌三月一〇日、美濃・尾張の境川である墨俣川(現、長良川、岐阜県大垣市墨俣町)を渡って攻撃してきた行家や義円らの源氏軍を迎え撃ち、大勝を博する。取った首三九〇(捕虜若干名を含む)、負傷者や川に逃げこんで溺死した者も三百余人だという。大将首は、重宗流源氏の泉(山田)重満《しげみつ》とその弟高田太郎、行家の子行頼《ゆきより》、義円の四つであった(『吉記』三月一三日条)。もともと兵力に差があったとはいえ、快勝といえる。

敗れた行家は、その後三河の矢作川《やはぎがわ》東岸まで退却した(延慶本巻六・廿三)。矢作川は現、愛知県西尾市と碧南《へきなん》市の境界を流れ知多湾に注ぐ。現在よりも東に流れていたらしい。平家軍は行家を追撃したが、

『玉葉』三月二八日条に「坂東の勇士等すでに参河国に超え来たる、実説と云々。官兵等しかしながら帰洛す、また兵粮無し」の記事があり、重衡軍は矢作川を前にして兵を退き、都に帰還している。

ここでいう「坂東の勇士」について、延慶本などには、行家が頼朝の大軍が到着したとの偽情報を平家軍に流したとあるが、駿河を支配し三河に進出している勢力は安田義定であり、義定は頼朝とは独立的に行動しているので、義定の軍勢ではあっても頼朝のそれではあり得ない。

平家軍と行家率いる尾張の軍勢が戦った墨俣川は、いわば東西の軍事境界線であり、尾張・三河は日本中世の東国・西国をわける境界領域であった(佐藤、一九四三)。平家軍が三河まで達しながら引き上げたのは、兵粮もなしに敵地に長居することを嫌ったからである。

これ以前から日本は西日本を中心に大旱魃《かんばつ》に襲われており、それはさらに深刻の度を増していった。平家はいよいよ兵粮米の調達に苦しみ、大軍を動かすことができなくなった。頼朝も南関東の地盤固めに忙しく、戦線は膠着状態になった。以後大規模な戦闘は北信濃、九州、北陸へと舞台を移す。

## 2 越後城氏と横田河原の合戦

東信濃佐久地方で挙兵した義仲が、治承四年一〇月とされる時期、亡父義賢の由緒を頼って西上野の多胡郡をめざしたことは、すでに述べた。『吾妻鏡』は、義仲挙兵を、平家を討って家を興そうと考えていたので、石橋山合戦を知って頼朝の挙兵に加わった、とする(九月七日条)。しかし、かれの家が亡んだのは平家のせいではない。むしろ義朝は義家流の家督争いで父義賢を抜き去り、頼朝の兄義平は父殺害の直接の下手人である。義仲に頼朝への敵意があって少しもおかしくない。かれを動かしていたのは頼朝ではなく、以仁王の令旨だったはずである。

『吾妻鏡』九月七日条は、義仲の軍事活動の第一歩を、次のように説明する。この頃、平家に味方する笠原平五《かさはらへいご》頼直《よりなお》という者が、武士を引き連れ木曾を襲おうとした。木曾に味方する村山《むらやま》七郎義直《よしなお》や栗田寺別当大法師範覚《はんかく》らがこれを聞きつけ、信濃の市原で笠原と遭遇し合戦になる。合戦の途中で、すでに日は暮れた。敗色濃厚になった村山義直は、義仲の陣に救援を乞う飛脚を遣わす。義仲が大軍を率いて出陣すると、笠原頼直は威勢を怖れ、越後の城四郎長茂《ながもち》の勢力に加わるため、越後に向かったという。

村山義直は、信濃の高井郡村山(現、長野県須坂市)を名字の地とする清和源氏頼信流である。大法師範覚も頼信流で、水内《みのち》郡栗田(現、長野市)を名字の地とし、両者は更級《さらしな》郡村上御厨(現、埴科《はにしな》郡坂城《さかき》町)を名字の地とする村上氏の一族だった。一方笠原(平)頼直(系譜不詳)は現、中野市に所在した笠原牧を本拠にしている。ともに現、長野市付近を拠点としていた。合戦は長野市から中野市にかけてを舞台にしていたはずだが、その地域に『吾妻鏡』のいう「市原」という地名はない。それで論者はみな、犀川《さいがわ》・千曲川・裾花川《すそはながわ》の合流点で、大法師範覚の所領栗田に近い市村郷がそれに該当するという。すなわち善光寺平の一部、のちの横田河原の合戦、さらには戦国時代の川中島合戦の舞台である(図10)。

「市原」の合戦は、菱沼一憲氏が指摘するように(菱沼、二〇一一a)、源平の戦いというより、もともと善光寺平の一部に限定された、笠原氏と村上一族の地域社会における勢力争いの性格がつよい。一方、義仲の挙兵が佐久郡を中心とする東信濃であるならば、支持勢力もあり亡父の影響力の残る西上野への進出が、第一に優先されるだろう。その進出が一〇月一三日の出来事なら、九月七日の『吾妻鏡』の北

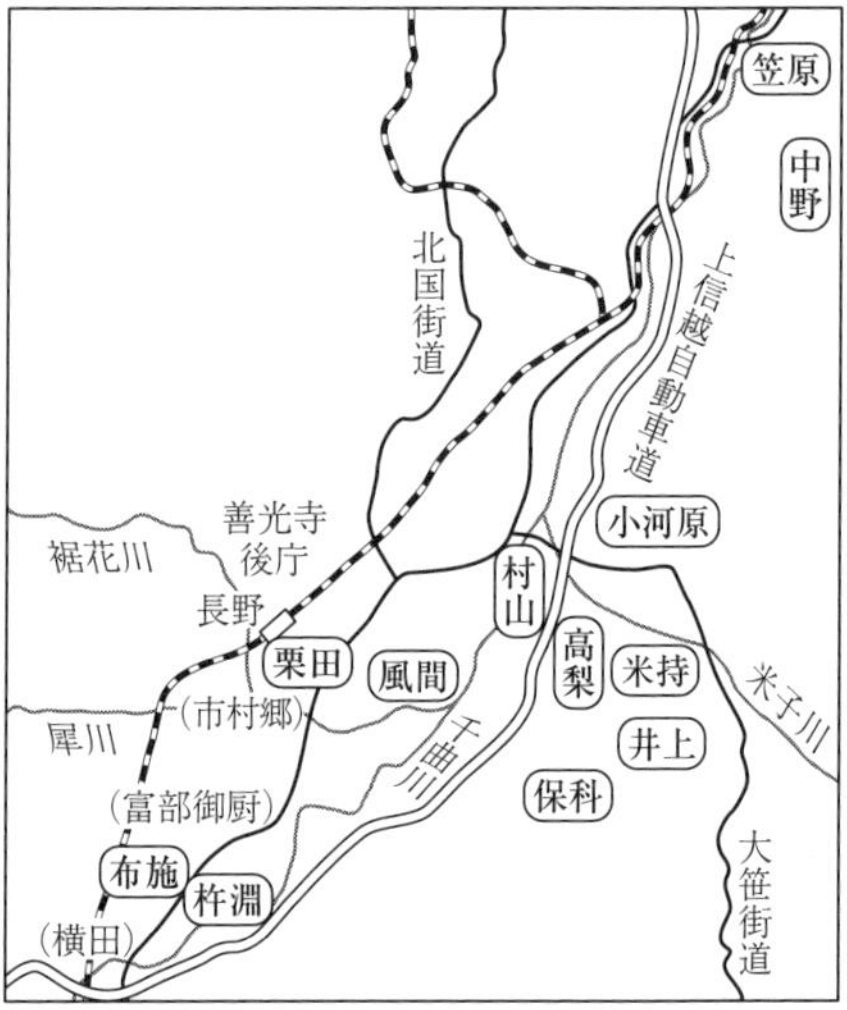

図10　善光寺平付近，「市原」の合戦関係図

信濃の「市原」合戦への援軍は、日付の面でも出陣先の面でも不自然であり、全体の流れから浮き上がっている印象がある。

義仲は、治承四年一一月一三日、信濃東北端の高井郡を本拠とする藤原資弘《すけひろ》（助弘）に所領を安堵しており（『平安遺文』三九三七号）、これはほぼ正文《しょうもん》と考えられている（長村、二〇一三）。『吾妻鏡』は、義仲は一二月二四日に上野を去って信濃に赴いたとしているので、研究者は同文書を上野在国中の発給として処理しているが、安堵状を発給しているということは、その地域に政治的な影響力を行使できる、受給者の側からいえば、頼りになる勢力ということである。義仲勢力は一一月一三日には、すでに北信濃方面に進出していた、と考えるのが自然である。

そうなれば「市原」合戦も挙兵早々の九月七日ではなく、西上野への進出以後で、一一月一三日の前と考えた方が無理がない。だから、義仲は上野に出張っていた時でも、東信濃の地盤をしっかり確保し、やがて善光寺平方面へも影響力を及ぼすようになっていた、と考えたい。

もう一つ、「市原」の合戦があった時期を後日にずらした方がよいと判断する理由がある。同合戦で義仲が大軍を率いて駆けつけると、怖れた笠原頼直が城四郎長茂（助職《すけもと》・助茂《すけもち》、のち永茂・永用《ながもち》とも書く、以下この時期は助職に統一)を頼り、越後に向かったという。ところが『玉葉』一二月三日条には、助職の兄城助永《すけなが》(助長・資長・資永とも、『兵範記』や『吉記』に資成・助成とあるのも同一人物。以下助永に統一)が、朝廷に「甲斐(武田信義)・信濃(義仲)両国に於いては、他人を交へず、一身に攻め落とすべきの由、(宣旨の発給を)申請」してきたとある。城氏が笠原頼直から九月初旬頃助勢を頼まれたとすれば、この対応は、あまりに間延びしている。越後・信濃の冬は雪が深い、この季節なら遠征の実行は翌年の晩春以降になるだろう。事実『玉葉』一二月一二日条には、「城太郎助永すでに信乃に越ゆの由風聞す。謬説《びゅうせつ》と云々。雪深くして人馬の往還に及ぶべからずと云々」との記事が見える。笠原氏の城氏への応援要請(すなわち「市原」合戦のあった日)を、九月初旬からもっと後ろにずらさねば、つじつまが合わないのである。

　ここに登場する城氏とは何者だろうか。平安後期、越後の豪族城助国《すけくに》の一男に助永がいた。一〇世紀後半から一一世紀の前半にかけて活躍した余五《よご》将軍平維茂《これもち》の後裔と称する。母は後三年合戦中金沢柵で捕らえられて斬られた清原武衡《たけひら》の娘という(『吾妻鏡』養和元年九月三日条)。維茂は南奥の豪族沢股《さわまた》(藤原)諸任《もろとう》と死闘をくり返し、ついにこれを討った話で有名である(『今昔物語集』巻二十五第五)。維茂の嫡男は繁貞《しげさだ》で、その流れを帯刀流《たてわきりゅう》という。繁貞の弟繁成《しげなり》が秋田城介《あきたじょうのすけ》の官にあったことから、繁成の子の貞成の代以降城氏を称するようになる。秋田城介とは、古代に出羽北部のエミシに備えるため、秋田城(現、秋田市)に常駐した出羽介のことをいう。

　城氏の越後での活動が確認されるのは、一二世紀初め、貞成の子永基《ながもと》の世代からである。奥山荘(現、新潟県胎内市周辺)、小泉荘(村上市)・加地荘(新発田市)・豊田荘(新発田市)・白河荘(阿賀野市)・小河荘《おがわのしょう》

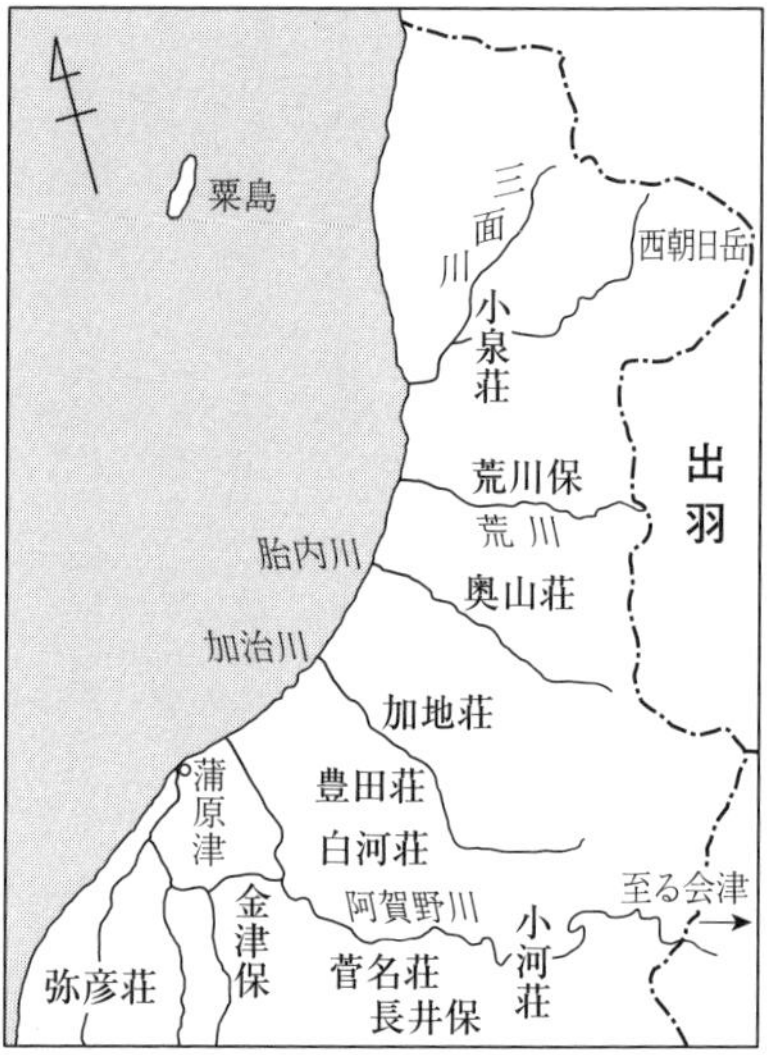


図11　阿賀北の荘園の分布

（東蒲原郡阿賀町津川）など、越後北部阿賀野川より北の地域（阿賀北《あがきた》地方）に成立した大荘園群に、次々勢力を扶植するようになり、その力は小河荘の東方で、阿賀野川上流にあたる陸奥国会津地方にも広がっていた（図11）（田村裕、一九八六・二〇〇四／高橋一、二〇〇七）。会津盆地西端の丘陵上には、巨大な二重堀で囲繞された陣《じん》が峯城《みねじょう》（現、福島県河沼郡会津坂下《ばんげ》町《まち》）の遺構がある。出土遺物などから一二世紀前半を最盛期とする城氏関係の遺構と考えられている（会津坂下町教育委員会、二〇〇五）。

従来、鳥羽院政期に都で上流貴族の閑院流徳大寺家《かんいんりゅうとくだいじけ》に仕えるとともに、院の北面の武士、また検非違使に補任された平助永という人物が、越後城氏の助永と同一人と理解されてきた。が、最近金玄耿《キムヒョンキュング》氏によって、両者は同姓同名の別人であることが明らかにされた。金氏は、城氏には一族の帯刀流のような衛府の官人や検非違使などの在京活動は認められず、北越を拠点とする在地での活動に終始していたという（金、二〇一九）。確かに城助永は、長寛《ちょうかん》三年（一一六五）一月には、岩船郡小泉荘の現地を管理する立場にあり、国衙領たる瀬波河《せばがわ》（現、村上市東部の門前川）とそこで取れる名産の鮭をめぐり、国衙在庁官人と争いを起こしている（『平安遺文』三三二八号）。しかし、もし城氏を在地にへばりついた存在とだけ考えてしまうと、阿賀北地方に王家や摂関家などの大荘園が次々に成立していった背後の事情を、うまく説明できないようにも思われる。

助永は保元・平治の乱後、平家と密接な関係を結び、安元二年（一一七六）には在京の徴証がみられる。治承四年、諸国に反平家の火の手が次々に上がると、平家から大きな期待が寄せられ、甲斐・信濃の賊徒平定を約束して、かれらを追討せよとの宣旨を受けた。翌治承五年春、雪解けを待って信濃に進攻せんとしたが、その矢先頓死した。それで弟助職が棟梁の地位を引き継ぎ、木曾討伐にあたるようになった。かれは「国人、白川の御館《みたち》と号す」と言われるように（『玉葉』治承五年七月一日条）、白河荘を本拠とした。

同年六月になって、城氏軍は「勢万余騎」の大軍で信濃に進攻し、千曲川西岸の横田河原に陣を取り、義仲軍と交戦した。この日時にも諸説あるが、六月一三・一四両日が正しい（『玉葉』七月一日条）。延慶本巻六・廿六では、全軍は三手に分かれて敵に向かった。信越国境の深坂峠《みさかとうげ》を越え、千曲川沿いに善光寺平へ南下する「千隈《ちくま》（千曲）越（大将浜の小平太）」の集団、現、上越市直江津付近にあった越後国衙から、信濃の熊坂（現、長野県上水内郡信濃町）を通って南下した、近世北国街道ルートの「大手（大将城助職）」の本隊、越後から三国峠を経て「殖田（越後の南魚沼一帯）越（大将津張庄司宗親《つばりのしょうじむねちか》）」する集団である（図12）。最後の殖田越を金澤正大氏は、南下して甲斐源氏らの撃滅、その第一段階として上野国に入り背後から信濃の義仲軍を包囲する部隊と解している。包囲まではともかく、上野をめざしたというのは従うべきであろう（金澤、一九七四）。

合戦の様子については、『玉葉』七月一日条が、城氏軍の緒戦の優勢を述べた上で、「よりておのおの

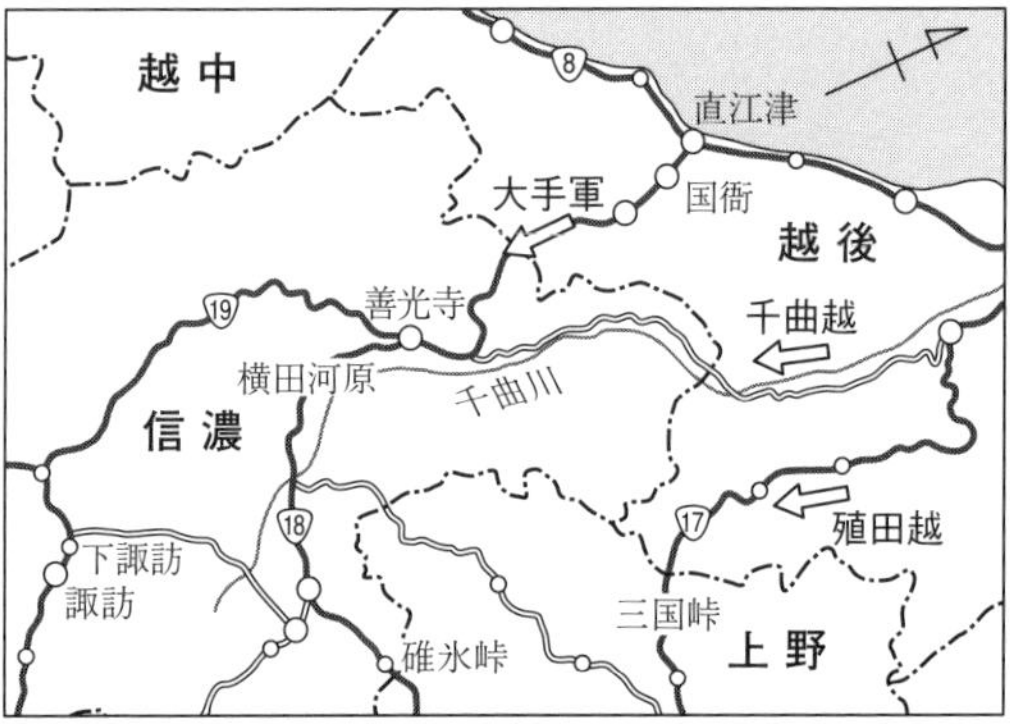


図12　城氏勢力進軍図

勝ちに乗ずるの思ひを成《な》し、なほ、散在の城等を襲ひ攻めんと欲するの間、信乃源氏等三手に分れ〈キソ党一手、サコ党一手、甲斐武田の党一手〉、俄かに時を作り攻め襲ふの間、嶮岨《けんそ》に疲るるの旅軍等は、一矢も射るに及ばず、散々に敗乱し了んぬ」と記す。これは、右中弁《うちゅうべん》藤原兼光《かねみつ》が、越後知行国主藤原光隆《みつたか》より確かな説として聞き、右大臣九条兼実に語った内容だという。

義仲軍の「キソ党」「サコ党」「甲斐武田の党」に、誰々を充てるかについても諸説あるが、村石正行氏は、木曾党は「「現在の木曾地方」に所在する武士集団ではなく、中原姓に通じる一族で、なおかつ義仲の近衛集団であったものたちであり、第二に、中央下級官僚に出自を求められる氏族であった」とする。サコ党は「佐久党」に比定され「佐久郡のみならず上田・小県を含む東信地域の武士全般を指すのだろう」という。当然この集団に上野の武士たちも加えるべきだろう。「甲斐武田の党」について村石氏は断定していないが、武田信義の子、一条忠頼に率いられた手塚《てづか》・藤沢《ふじさわ》・千野《ちの》などの信州諏訪の武士ら、と考えているようだ（村石、二〇一〇）。

『玉葉』の記事は、貴族の日記にしては合戦に詳しい方だが、それでも戦闘経過の記述としては、素っ気ない。これに対し『平家物語』の読み本系諸本では、まず木曾が精強な騎馬集団を繰り出して城氏軍を挑発し、笠原頼直と木曾側の高山党(現、群馬県藤岡市を本拠とする)が衝突、笠原方の富部《とべ》(平)家俊《いえとし》と高山党の佐井《さい》弘資《ひろすけ》の詞《ことば》戦いと一騎打ち、富部が討たれ、さらに勝者の佐井を討った富部の郎等杵淵《きねぶち》重《しげ》光《みつ》の壮絶な最期、などが詳しく語られる。盛衰記巻二十七信濃横田原軍《よこたがはらのいくさ》でも、富部家俊と西広助《さいひろすけ》の詞戦いと氏文読《うじぶみ》みの場面がある。詞戦いとは、言葉で相手をやりこめようと互いに言い合うこと、氏文読みは、戦闘の開始にあたり、我が氏の由緒や祖先の功績などを大音声で読み上げることである。ともに戦闘開始のための儀礼で、読み上げられた富部の家系は、盛衰記の場合、正弘《まさひろ》—家弘《いえひろ》—維俊《これとし》—家俊《いえとし》と続く。

じつは戦場になった横田河原は、富部家俊の本拠である富部御厨《とべのみくりや》の領域内であり(菱沼、二〇一一a)、近所には布施御厨《ふせのみくりや》もあり、ともに伊勢神宮領、伊勢平氏の平正弘の子孫が、在地の武士を従えて開発したとされる。正弘・家弘父子は、保元の乱では崇徳上皇方に与して敗れ、父は陸奥に流罪、子は斬首された。今回勇戦した家俊の郎等杵淵重光は、富部御厨内杵淵郷の武士である。現地で行われた荘園遺構調査で、杵淵地区の灌漑用水は、御厨の中心を流れる戸部堰《とべぜき》に依存していた事実が明らかになっている。調査にあたった井原今朝男氏は、富部氏—杵淵氏の主従関係が、用水体系への後者の依存と関係していることを指摘し、研究者の注意を喚起している(井原、二〇〇二)。

また『平家物語』諸本では、義仲方の井上光盛《みつもり》が、平家の赤旗を立て相手を油断させ、近づいたところで源氏の白旗を掲げ、越後の軍勢を慌てふためかせ、それで多くの者を討ったとする。井上も源頼信の三男頼季《よりすえ》を祖とする信濃源氏、高井郡井上郷を本拠とし保科党《ほしなとう》などの在地領主層の棟梁で、現、須坂市井ノ上町に城跡伝承地がある。こうしたトリッキーな戦い方は、中世の戦争では珍しくないが、この場合本当にあった話かどうか、遺憾ながら確かめようがない。

なお『玉葉』七月一日条は、さらに続けて大将軍助職は二、三カ所負傷し、甲冑を脱ぎ弓箭を棄て、わずか三百余人を率いて本国に逃げ帰った。残りの九千余人は、あるいは討ち取られ、あるいは嶮岨より落ちて命を落とし、あるいは山林に交わって跡をくらまし、再び戦う力をなくしたという。

城氏のぶざまな敗北に、越後の在庁官人以下が、かねてからの怨みをはらそうと、助職を侵し踏みにじろうとした。城氏が越後国衙から遠く離れた阿賀北地方において、大荘園の支配（形成にもか）に関与し国衙領の大減少を招いていたことが、在庁らの反感を買っていたのであるが、城氏が強勢の時には、それを表沙汰にできなかった。その遺恨の思いの噴出に脅威を感じた城氏は、藍津（会津）の城に引き籠もろうとした。この城を前出の陣が峯城に宛てる意見もある。ところが、奥州藤原氏の秀衡が、どさくさに紛れて、郎従を派遣して会津を押領せんとした。それでやむなく佐渡国に逃げ去った、その時従う者、わずかに四、五十人だったという（本書で『玉葉』は、『図書寮叢刊』の『九条家本玉葉』を使用したが、一九〇六年刊の国書刊行会本では、同じ七月一日条に続けて「後に聞く、佐渡国に逃脱は謬説なり、本城に引籠ると云々」とある。「本城」とは沼垂《ぬたり》郡白河荘内か）。その惨敗ぶりは目を覆うばかりだった。

助職が会津に逃げこもうとしたという点は、延慶本ほかに、城氏軍の大手の先陣を争った人びとのなかに、「会津ノ乗湛房《じょうたんぼう》、その子平新太夫《へいしんだゆう》」がいたことと併せ考えてみたい。延慶本が出陣の際「出羽まで催して」といっているのは、こうした広範囲の動員をさしている。乗湛房（乗丹坊）は、『異《い》本塔寺長《ほんとうでらなが》帳《ちょう》』では、城助永の叔父で、恵《え》日寺《にちでら》（現、福島県耶麻郡磐梯町）の僧と伝え、助永は同寺に越後「蒲原郡小河荘七十五村」を寄進している。これも真偽は定かでない。

七月下旬になると、兼実は人づてに「越後助職いまだ死せず、勢またあながちに減ぜず、信乃源氏等掠領《りゃくりょう》するに似たりと雖も、いまだ(越後に)入部《にゅうぶ》せず」との情報を得ている(『玉葉』七月二二日条)。読み本系諸本は、城氏軍を破った義仲らは越後国衙に入り「国の者共皆源氏に順」った、それで助職は会津に逃れたとするが(延慶本巻六・廿六)、国衙在庁らが城氏に背いたのは事実だとしても、『玉葉』は木曾が越後に入部していないといい、このあと助職が越後国守に任じられている点からも、まだこの時点では義仲の国衙占拠の事実はなかったと思われる。『玉葉』七月一日条の敗残ぶりも多少誇張されていたようで、それならば越後城氏は平家にとり、まだ利用価値がある。

八月六日には、兼実の所に蔵人頭・左中弁《さちゅうべん》の吉田経房が、後白河院の使としてやってきて、諮問事項を伝えた。それは奥州の藤原秀衡を陸奥守に、越後の城助職を越後守に任じ、かれらをして関東の逆徒、信濃・上野の木曾らにあたらせるという計略で、平宗盛の申請によるものであった。

後白河はつぎのように言ったという。陸奥は秀衡が実際にほとんど支配している、認めても問題は無いだろう。城氏の方は、宗盛が「越後国住人平助職、宣旨によりて信濃国に向かふ、勢少なきにより軍《いくさ》敗るるは全く過怠に非ず、志の及ぶところ、すでに不惜身命《ふしゃくしんみょう》、忠節の至り、頗る恩賞あるべきか、かつがつ傍輩《ほうばい》を励まさしむるためなり」と強弁しているが、敵のために撃退されたのに、熟国《じゅくこく》(五穀豊熟の国)を恩賞として与えるのは理屈が立たない。もし何か与えるとすれば京官がよいのではないか。判断がつきかねるので、宜しく計らって奏請せよ。

兼実は経房に、秀衡の陸奥守は問題が無いけれど、助職の越後の件は宗盛と相談していただきたい。京官に任じるのであれば、左右衛門府《えもんふ》の尉《じょう》(三等官)はいかがだろう、と答えた。経房は、助職については「良家《りょうけ》の子の由自称す、維繁等の党と云々、凡卑《ぼんひ》(身分が低い)の由存ずるか」との評価だった。かれは、助職はその程度の家柄、「良家の子」だから「凡卑」だと見下している。

ここで引合いに出されている維繁《これしげ》は、越後平氏の嫡流帯刀流、維茂の子繁貞の玄孫で、従五位下・右衛門尉を位階・官職の最終到達点とする。また仁平《にんぺい》三年(一一五三)一一月の左大臣藤原頼長の春日社詣の行列中に顔を見せ、かれを含めた一〇人の武士が一括して「良家の子」と表現されている(『兵範記』一一月二六日条)。その顔ぶれは衛門・兵衛両府の三等官を肩書きとしているので、「良家」とは、上限従五位下から侍《さむらい》(原則正六位上《しょうろくいのじょう》クラスで、貴人にさぶらう身分、武士とは限らない)までの家格をさす語といえるだろう。

九条兼実は、「源氏・平氏の習《なら》ひ、諸大夫《しょだいぶ》(中下級貴族)と雖もみな衛府に任ず、助元(助職)に至りては嫌ふべからざるか」と経房に説き、経房が左大臣藤原経宗《つねむね》は助職を郡司に任じたらよいといっているというと、兼実は、秀衡が国司で助職が郡司では、助職が納得しないだろうと述べ、経宗も得心した様子だったという。

翌七日、経房は、助職の件はもう一度宗盛と相談されるよう院に奏上した。すると院は佐渡守でどうだと対案を出したが、助職の諾否ははっきりせず、結局宗盛のごり押しが通って、八月一五日、秀衡を陸奥守に、助職を越後守に任じる決定が下っている。兼実は天下の恥と憤慨した(以上『玉葉』八月六・七・一五日)。秩序意識に凝り固まった兼実には、助職ふぜいが越後守とは、と怒ったのである。窮余の一策とでもいうべき特例人事だったが、平家の期待も空しく、ほどなく越後国の大半は義仲の軍勢の制圧下に入り、助職は本拠のある阿賀川以北で逼塞せざるを得なかったようである。

横田河原の合戦は、義仲にとって初めての本格的な合戦で、富部や井上がそうであったように、両軍を支持する勢力のテリトリー内で戦われたという点では、前年の「市原」の合戦の延長であるが、もはや地域社会間抗争という域をはるかに越えた全国的意義を持つ合戦になった。義仲はこの勝利により北国の雄としての地歩を確立し、平家に味方した城氏は没落の一途をたどった。

この間の八月一二日、兼実の耳に、下野の藤原姓足利俊綱が頼朝に背いた、また奥州藤原氏の秀衡が官軍に与力の心あり、との伝聞が届いた。同じ報を聞いた京中の平家方武士の意気は揚がった。また安田義定が異心をいだいているとの噂があり、頼朝が伐ったとの報も伝わった(『玉葉』)。足利俊綱の件はともかく、秀衡の件は希望的観測のように思われるが、後者の安田義定が「異心の聞《きこえ》有るの故」頼朝に伐たれた、という報は重要である。あくまで頼朝サイドに立った言い方だが、両者の間に波風が立っている、との認識が広がっていた状況を示しているからである。

## 3　頼朝の密奏と平家の対応

目を関東に転ずる。頼朝は前年治承四年(一一八〇)一一月、佐竹攻めを行った。この時、佐竹家家督の隆義は在京中で、嫡子秀義が金砂城に拠って抵抗したが、敗れて常陸北部に逃れた。翌年二月二日、九条兼実のもとに、常陸国の勇士らが頼朝に背いた、それで伐とうと思ったら、却って散々に射散らされた由の飛脚が到来した(『玉葉』)。佐竹が勢力を回復して再び頼朝に抵抗したのだろうか。しかし兼実は、翌日には早くも、頼朝が常陸に攻め寄せると、一、二度は追い返されたが、ついに伐ち平らげることができた、という報を聞いている(『玉葉』)。

これに対し、延慶本では、四月二〇日になって、平家が口を利いて佐竹隆義を常陸介(常陸も親王任国なので介が事実上の国守)に任じ、かれのもとに頼朝追討の院庁下文が下ったとある(巻六・廿五)。秀衡・助職を国守に任じて頼朝や義仲を討たせようとする策のさきがけといえるが、常陸に下向した隆義は、頼朝の軍と合戦を遂げたが、惨敗を喫して奥州に逃れたという。この手の策は名案のように見えて、いずれも成功していない。なお、佐竹氏が窮地に陥ると奥州方面に逃れるのは、隆義の母が奥州藤原氏初代清衡《きよひら》の娘であるという縁からであろう(『系図纂要』)。

ところが『玉葉』四月二一日条には、「或る人」が兼実に、昨日常陸国より北陸道廻りで上洛した「下人《げにん》(身分の低い者)」が、三月上旬頃の関東情報として、およそ関東諸国では一人として頼朝に背く者がいないが、佐竹の一党は三千余騎を擁して常陸に引きこもっている。武名にかけて一矢を報いたい、その一念とのことだ、と語ったとある。これによると佐竹は三月上旬頃は、まだ常陸に踏みとどまっているらしい。

またその「或る人」は、清盛が死んだことは八日目に風聞が伝わった、かれに同心の助永も夭亡した、それで頼朝は「我(頼朝)、君《きみ》に反逆の心無し。君の御敵《おんかたき》を伐ち奉るをもつて望みとなす、しかるに遮《さえぎ》つて(先だって)(清盛らは)天罰を蒙り了んぬ、仏神の加被(加護)は、ひとへに我が身に在り。士卒の心、いよいよあひ励むべきものなり」と力強く語ったようだ、これによって清盛の死後、坂東諸国はいよいよもって一統した、との情報や判断を伝えている。兼実はさまざま風評あるなかで、「この説すこぶる指南(導き)に備ふべきか」と感想を述べている。

ところが、兼実は翌日には、風聞によれば、坂東の武士の心はまちまちだ、武蔵国の有力武士らは、多く頼朝に乖いたようだと書いて、「近日の風聞、朝暮に変あり、つひにその動静やいかん」と歎いている(『玉葉』)。依然として、さまざまな説が飛び交っている状態であることがわかる。

さて、『玉葉』四月二一日条の「或る人」が兼実に伝えた情報の後半部分、すなわち頼朝が清盛の死に触れて、「我、君に反逆の心無し。君の御敵を伐ち奉るをもつて望みとなす」と語ったと伝える箇所は、頼朝が伊豆で挙兵して以来の政治路線を修正しはじめている状態を示しており、注目に値する。もちろんそれは、頼朝の独白ではなく、後述するように、後白河に伝わるよう、意図的に京都に伝えられた第一級の政治声明なのである。「或る人」とは、第五章4節で述べるように、頼朝側近に確かな情報源を有する前権中納言源雅頼《まさより》ではないかと思うが、いかがであろうか。

我こそ真の天皇たるべし、と述べた以仁王(最勝親王)の「宣」を、軍事行動正当化の根拠とした頼朝の政治的立場は、清盛のみならず現在の高倉上皇—安徳天皇の平氏系王朝と、全面的に対決するものであった。加えてかれの動きには、これと微妙に区別される、東国に京都朝廷の支配から独立した別の国家を樹立せんとする志向が含まれていた。その結果、すでに明治期の星野恒《ひさし》が明らかにしたように、かれは安徳天皇の制定した元号の存在を認めず、改元によって養和・寿永と年号が改まっても、なお治承年号を使い続け(星野、一九〇九)、中央の年号を奉じたのは、ようやく寿永二年(一一八三)になってからであった(石井進、二〇〇四a)。元号は、空間を支配する天子は時間をも支配する、という政治思想の具体的表現である。

現王統を真っ向から否定する、もしくは王朝とは別個の国家樹立をめざす。いずれの政治路線も、以仁王とその「令旨」によって政治的正統性を担保されていた。しかし、以仁王の「令旨」は、諸国の「源家の人、藤氏の人」らに下されたもので、頼朝の専有物ではない。また王が生きている、との薄氷を踏むようなフィクションが永続できるわけもない。政治家としての頼朝は早くから、生存しない以仁王を頭首に戴く無理、東国独立国家が永続できるであろうかとの不安を、痛切に感じていたに違いない。しかも以仁王は公式には謀反人であるから、頼朝の主張は、王朝の人間にとって表向き賛同しにくい。

この難題を解決するための論理を示すのが、前掲の「我、君に反逆の心無し。君の御敵を伐ち奉るをもつて望みとなす」であろう。つまり、挙兵は国家への反逆ではなく平家支配への反抗であり、しかも平家は父義朝の敵《かたき》という私怨の対象としてのそれではなく、皇位を掠め取った国家の謀反人である、という従来の主張を維持しつつ、それを正当化し得る根拠を、以仁王以外の「君」に求めるという、微妙だが重大な軌道修正である。

この「君」が、一般的・抽象的な天皇や上皇をさしているのではなく、生ける政治的人格としての後白河法皇その人をさすことは、いうまでもない。後白河はなんといっても治天の君であり、治承五年一月高倉上皇の死によって院政を再開しているから、以仁王に数等まさる国家的政治的正統性を具備している。しかも現に平家に敵愾心を燃やし、自らを助勢する強力な軍事力を必要としているという点で、頼朝の求めにうってつけである。

頼朝は密かな宮廷工作をはじめたに相違なく、しばらく後の『玉葉』養和元年八月一日条には、「去んぬる比」に密々院に奏上してきたと見えている(治承五年は七月一四日に養和元年に改元)。「去んぬる比」は六・七月の頃であろうか。その密奏には頼朝は「全く謀反の心無し。ひとへに君の御敵《おんかたき》を伐たんがためなり」と自らの立場を重ねて強調したうえで、清盛がすでに死亡しているという状況を踏まえ、平家は皇位を掠め取った国家の謀反人なり、という主張をトーンダウンし、「しかるにもしなほ平家を滅亡せらるべからずんば、古昔《こせき》の如く源氏・平氏あひ並びて召仕はるべきなり。関東は源氏の進止となし、海西は平氏の任意となす。ともに国宰《こくさい》に於いては上《かみ》より補せらるべし。ただ東西の乱を鎮めんがため、両氏に仰せ付けられて暫くお試《こころ》みあるべきなり。かつがつ両氏孰《いず》れか王化を守り誰《いず》れか君命を恐《はばか》るや、もっとも両人の翔《ふるまい》を御覧ずべきなり」(『玉葉』)と述べた。

これは平家と和平してもよいという提案であると同時に、謀反人である自らの政治的な位置を国家の守護者へと真反対に急転させ、古に返って源平の併用と、平家は西海、頼朝は関東と、まるで歴史にもとづくように見せながら、実際には過去に一度も存在しなかった武家による広域軍事支配を、「お試み」あれと抵抗感の少ない形で提案し、併せて源氏平家の優劣を判定させる、しかも各国の行政権(国司の任命権)は「上《かみ》(王家や朝廷)」の側に確保されるという権益保証までつけた、考え抜かれた巧妙な提案である。この頼朝の政治宣伝により、反乱は源平の競い合いであるかのように粉飾されはじめた。

後白河は、この密奏の状を内々宗盛に示したところ、故清盛の最後の一人まで頼朝と戦えとの遺言があるので、勅命であっても受けられないと返答した。頼朝にとって平家のこの反応は想定の範囲内だったであろうが、いずれにしても、これで後白河院の歓心を買い京都政界に登場の橋頭堡は築かれたので、無駄玉を撃ったわけではない。

九月三〇日、大外記《だいげき》清原頼業《よりなり》が兼実のもとにやってきて次のように語った。一昨日平家の宗盛の許より使者が来た、そればかりか宗盛本人にも会った。そうすると「天下の事今に於いては武力叶ふべからず、何《いず》れの謀略を廻らすべきや」として、伊勢神宮の臨時祭の実施や「阿育王《あいくおう》の例に任せ、八万四千基《はちまんよんせんき》塔《とう》を造らるるはいかに」、その外行うべきものがあれば、計らい示すべし、と問われたという。謀略は経略ほどの意味であろう。宗盛は頼朝提案を拒否したが、これは政治的な駆け引きというもので、戦線が膠着しているこの期間、実際は「天下の事今に於いては武力叶ふべからず」との判断から、和平をも選択肢とする姿勢に傾いていたのであろう。

一〇月一四日になると、法皇は、来月一八日に宝篋印陀羅尼《ほうきょういんだらに》の経文を内に納める八万四千基塔を供養せんとし、右大臣兼実には、分担分として寸法五寸(約一五センチメートル)の塔五〇〇基を造進すべしと命じている(『玉葉』)。この宝篋印塔供養は、その二週間前に宗盛が示した提案を、後白河が受け入れた結果である。八万四千基塔とはインドのアショーカ王(漢訳で阿育王)が八万四千人の后を殺した罪を償うために、八万四千の塔を造ったという伝説にもとづくもので、七世紀には中国でかなり広まり、平安末には日本にも信仰が伝わっていた(追塩《おいしお》、一九八一)。当時、八万四千基塔信仰の中心は怨霊調伏《ちょうぶく》、罪障消滅にあったから、その造進と供養は国内に平穏を取り戻すこと、戦乱で亡くなった人びとの供養が目的である。

この議が平家側から発せられた点に注目すべきで、宗盛自身の意図は、平家方のみならず敵対する勢力の亡魂も慰める態度で、天下に和平の意志があることを示し、その道を開くところにあったのだろう。当時平家は北陸道方面で、兵力不足のため後退を続けていた(第四章2節参照)。頼朝提案に対する返球という意味も含めて、苦境打開の方策と理解すべきである。治承・寿永内乱は戦闘一辺倒ではなく、こうした幾度かの和平の模索がありながら、結局実現をみずカタストロフ、悲劇的な結末をみるにいたったのである。

## 4　九州の反乱

治承四年(一一八〇)一二月、伊予国の在庁河野通清が、謀反を起こし、国衙の正税官物を抑留した事件は第一章末尾で触れた。この反乱は、翌年平家方の阿波民部成良と備後国の住人奴可《ぬか》入道高信《たかのぶ》法師(西寂《さいじゃく》)によって追討される。成良の身辺については第六章2節で述べたい。奴可入道の「奴可」は、現、鳥取・岡山両県と堺を接する広島県庄原市東城町辺りで、かれはそこを本拠とする有力者である。西寂は中国山地を南下し、港町として知られる鞆《とも》の浦《うら》(現、福山市)から兵船で四国に渡り、河野氏を攻めた。その時期については、『吉記』養和元年八月二三日条に「伝へ聞く、伊予国の在庁川名(河野)大夫通清誅伐せらると云々」とあるので、実際は八月の出来事らしい。

通清は高縄城《たかなわじょう》(現、愛媛県松山市立岩米之野)で討たれ、その子通信は沼田《ぬた》氏を頼って安芸の沼田(現、広島県三原市)に逃れた(延慶本巻六・十二)。沼田氏の先祖は、天慶《てんぎょう》年間(九三八—九四七年)に藤原純友《すみとも》を討った功で、左《さ》馬允《まのじょう》に任じられ沼田七郷を賜ったという。平安末には、沼田ほぼ一郡全体が蓮華王院領となり、沼田荘が成立、郡内きっての名族の沼田次郎が下司になって勢威を誇った(石井進、一九七四)。沼田次郎は伊予の河野通信の「母方の伯父」である(覚一本巻六飛脚到来)。そののち奴可入道西寂は、通信によって討たれた(延慶本巻六・十二)。時期は養和二年以降と考えられるが、はっきりしない(佐伯真、一九九六b)。

また治承四年の九月一九日、筑紫の叛逆の者に対し、清盛が「私に」追討使を派遣した(『玉葉』)。その後『玉葉』一一月一七日条には、「鎮西の賊〈菊地権守と云々〉指したる故無く恩免と云々。関東これらの子細を聞かば、いよいよ武勇の柔弱を察するか」とある。これといった理由もなしに反乱に恩赦があったのは、反乱が終息したからではなく、関東の挙兵が活発で、平家側に対応の余裕がなかったからだ。兼実は、その事情が関東に知られれば、平家の武力が意外に弱体であるのがわかってしまう、とうがった感想を漏らしている。

「鎮西の賊」と呼ばれている「菊地権守」は菊池《きくち》隆直《たかなお》のことで、菊池氏は肥後国北部の菊池郡を本拠とする中世肥後を代表する武士の家系である。先祖は一一世紀前半に、京から大宰府《だざいふ》に下ってきた官人藤原政則《まさのり》(蔵規《まさのり》)で、大宰権帥《だざいのごんのそち》藤原隆家《たかいえ》の郎等だった。その子則隆《のりたか》、孫政隆《まさたか》は府官《ふかん》(大宰府職員の三等官の監《げん》、四等官の典《てん》を府官という)であるとともに「肥後の国人」となり、菊池家を称した(志方、一九五九)。政則の主である藤原隆家は、叔父の藤原道長と対立して大宰府に左遷され、寛仁《かんにん》三年(一〇一九)筑前・壱岐・対馬などに来襲した女真人《じょしんじん》(トゥングース系の狩猟・農耕民)を撃退し、上流貴族ながら武名をあげた人物として知られる。

菊池氏は隆直の時代になると、肥後の阿蘇氏や木原氏など、有力な武士集団を糾合する存在で、かれの「姓プラス権守」の肩書きは、正式補任の官職ではないが、国衙官人の有力者(権介を称した)の、さらに上に立つ一国規模の棟梁を表現する呼称である。九月の筑紫の反乱も、かれが中心となったものだろう。

いったんは収まったかに思われた菊池の反乱だが、年末から翌一月にかけて、筑紫で反平家の兵をあげる。「余勢数万に及ぶ」という大規模なもので、九州各国に討伐の宣旨が発せられた（『玉葉』治承五年正月二二日条）。治承五年二月一五日、鎮西の謀反は日を追って盛んで、大宰府が焼き払われた、という報が都に届いた。一七日には「鎮西謀叛の者、張本の徒党十六人同意すと云々」という情報が届き、反乱の広がりは容易ならぬ状況であるのが明らかになった（『玉葉』）。

閏二月四日、清盛が没し、宗盛が平家の棟梁に就く。宗盛の強い推挙によって四月一〇日、府官の原《はら》田《だ》種直《たねなお》が、大宰府の権少弐《ごんのしょうに》（次官の一員）に任じられた。種直はすでに府官筆頭の大宰大監《だいげん》として、平家九州支配の支柱的存在であった。その祖は一〇世紀の藤原純友の乱で追討使として大宰府に下向してきた大蔵春実《はるざね》で、子孫が代々大監・少監《しょうげん》を歴任して栄え、また一族が大宰府管内諸国に土着してきた。

しかし、少弐は中央の下級貴族が任じられるのが不文律で、権官とはいえ現地勢力からの起用は想定外、一五年前の豊前宇佐宮の大宮司宇佐公通《きんみち》以外例がない。公通の場合は、九州大半の地方に影響力を持ち、大宰府とも不可分の関係にあった宇佐宮の勢力を、平家が鎮西支配のために利用しようとしたのであり、種直の場合も同じ政治的文脈からの起用である。一四日には隆直追討の宣旨が出され、宗盛に命じて大宰府管内諸国の軍兵を動員し、隆直とかれに同意し与力する輩を追討することが決まった。

宣旨はかれらの謀反ぶりを伝える。文面のお役所風の文飾はともかく、要は「庄公を論ぜず、乃貢《のうぐ》（租税・年貢）を奪ひ取り、蠹《と》害《がい》（害毒）を庶民に致す」、武力をもって国家に抵抗し、租税・年貢を奪取し、庶民の生活財産を損ない害している。九州を蚕食せんと企て大宰府の庁舎に及ばんとするので、府官と国々の軍兵らに防御させた。そうすると、度々戦闘がある由、頻りに大宰府が言上してきた。そんなわけで追討使を派遣して征伐するつもりだ、と述べる（『吉記』）。

しかし、追討使の派遣決定は七月までずれこみ、ようやく平家の有力郎等平貞能を派遣する運びになり、かれは八月三日都を発った。貞能がいつ九州に入ったかは不明だが、一一月には、八条院が支配する歓喜光院領の筑前国野《の》介荘《げのしょう》（現、福岡市城南区・早良区）で、兵粮米の徴収にあたっていたことがわかる。同荘の支配の実務を掌っている紀俊守《きのとしもり》の一一月二三日付荘園領主に向けた訴えによると、この荘園では、国衙から年貢外の臨時の役として三〇〇石の兵粮米が賦課されたが、百姓らは他所では年貢分のうちから兵粮米を弁進するのが通例なのに、どうして当荘一所だけ「非分の役」を課せられるのか、「臨時役の儀は一切承伏仕《つかまつ》らず候《そうろう》」と抵抗し、その準備をしていなかった。そこへ追討使が下向してきて、国衙から三五〇石の兵粮米が切り懸けられ、さらに荘内住人に公私の人夫や伝馬《てんま》の役が課された。それで住民の多くは逃散《ちょうさん》してしまった。おかげで当荘年貢七〇九石のうち二百余石は納入が渋滞し、ひどく責め立てると住民はいよいよ逃散するし、無理に取り立てなければ年貢は納入できない、窮地に陥っている、と訴えている（『平安遺文』補四〇五号）。

読み本系は、兵粮米の徴収にあたった集団を「庁官《ちょうかん》一人、宰府使《さいふのつかい》一人、貞能が使一人、両三人が従類八十余人」とする（盛衰記巻三十貞能自西国上洛）。庁官は現地に派遣されてきた院庁の下級官人、宰府使は大宰府の役人である。野介荘の住人が公私の人夫や伝馬の役に使役されたというのは、追討使貞能の部隊の移動に必要な人夫と、徴収された兵粮米を運ぶための要員であろう。

翌養和二年二月二五日、隆直が「すでに落ち了んぬ」「城中大いに焼死」したとの噂が流れるが、後に誤報とわかる（『吉記』）。三月二一日、菊池はまだ降伏していないが、追討軍は「すでに国を管し、公私物を点定《てんじょう》（財産・物品などを調べて没収または徴発すること）するのほか他の営み無し」と、肥後の国衙を占拠し、国内の収奪に余念がない体たらくである。三月一日の飛脚も「追討使貞能すでに国務を押取り、目代を逐出し了んぬ」と、報じた(『吉記』三月三〇日条)。

菊池の動勢についての詳細な情報が、もっぱら『吉記』に見えているのは、肥後を知行国としていたのが『吉記』の記主である吉田経房だったからである。肥後は貞能が追討使として派遣されて以後、宗盛の知行国とされた。経房は自分の大切な知行国が、隆直の反乱によって荒廃し、収益源として価値を減じ、さらには追討を口実に知行国主の地位そのものが平家に召し上げられてしまったので、憤懣やるかたなかったのであろう。

九条兼実は、五月一一日に、菊池隆直が貞能に投降したという情報を得た(『玉葉』)。『吾妻鏡』はこの件にかんし、四月一一日条で、貞能が京から派遣の官使に自分の家人数人を副え、国郡を巡回、兵粮米と称して「水火の責め(水責め火責め)を成す、庶民悉くもつてこれがために費《つい》ゆ」と記す。それで隆直は「当時(現在)の難」を避けるため貞能に降伏したと記す。月の違いは『吾妻鏡』によくある切り継ぎの間違いかもしれないが、いずれにせよ、その頃九州の反乱はいちおう沈静化したらしい。「当時の難」を避けるとは、隆直が城に立てこもり追討使に抵抗したが、兵糧攻めで降伏した(盛衰記巻三十貞能自西国上洛)、とあることをさすようだ。

吉田経房にとって、知行国を失ったのは、大きな痛手だとは思うが、もっと肝心な点は、追討使の兵粮米徴収は水責め火責めと言われるような仮借なきもので、「その積り(累計)十万余石に及」(盛衰記同前)ぶとされている。現地の住民たちにとって、実態は隆直の掠奪となんら変わるものではなかった。軍隊は庶民の生命財産を守らない。

図13　緒方荘内の上自在地区から南南西方向に緒方盆地の水田を見る．写真奥の山あいを縫って緒方川が流下し，遠景に祖母山・傾山のつくる山並みが見える．（2019年11月18日，筆者撮影）

治承五年の菊池の反乱については、これまで江戸期の佐賀藩で編纂された『歴代鎮西要略』という書物が、一般的なイメージを創ってきた。だが同書は『吾妻鏡』や盛衰記などをもとに書かれており、実際の乱の展開とは異なる点が多い。

工藤敬一氏はまず、隆直の挙兵は頼朝とは無関係であって、それ以前からの平家の鎮西支配への反乱だ、というこれまでの研究者の見解を追認する。第二は、反乱軍の構成で、菊池と緒方惟栄《おがたこれよし》（惟義・惟能）が共同歩調をとったと理解されているが、反乱の中心はあくまで菊池隆直で、緒方ら豊後勢は豊後で反乱を起こしたかもしれないが、この時は大宰府攻撃に参加していない。緒方氏が大宰府を襲ったのは寿永二年（一一八三）の時で、両者が混同されていて誤りである。第三に、盛衰記は治承五年二月の大宰府攻撃に原田種直が参加していたと記すが、種直は大宰権少弐にまで登用されており、一貫して平家方であってあり得ない、と述べている。いずれも支持できる意見である（工藤、一九九八）。

豊後の緒方惟栄については、第五章で改めて触れるが、あらかじめ一言しておくと、かれは、宇佐神宮領大野郡緒方荘《おがたのしょう》（現、大分県豊後大野市付近）の荘司《しょうじ》である。豊後南西部の山がちの地域である大野・直入《なおいり》両郡には、「騎猟《きりょう》の児」と呼ばれる広大な原野に馬を走らせて狩猟を業とする特殊な山民集団が存在し、九世紀の前期には、大宰府警固の精兵（弓馬の士）の供給源となっていた。戸田芳実《よしみ》氏は、かれらがやがて登場する武士の特殊な源流をなすと主張した（戸田、一九九一）。惟栄は、一二世紀末、豊後・肥後・日向三国の国境である祖母山《そぼさん》・傾山《かたむきやま》から発する緒方川（大野川の支流）から取水する下井路《したいろ》という幹線水路を開鑿することで、緒方盆地の開発を進め（条里状水田）、大野郡最大の穀倉地帯にしていった（飯沼、二〇〇五）（図13）。

かれは平治の乱後平重盛の家人であったが、治承五年（一一八一）二月二九日、謀反を起こし国守の目代を追い出している（『玉葉』）。出自は諸説あるが、一一世紀後半の豊後大神《おおみわ》氏の惟基《これもと》に始まり、その子は阿南・稙田《わさだ》・大野・緒方・臼杵《うすき》氏らに分かれたらしい。惟栄は惟基の五代の孫。覚一本巻八緒環《おだまき》には、大和三輪山《みわやま》を神体として祀る大神氏の伝承（蛇神婚姻譚）を下敷きにした祖先伝承を載せる。現、豊後大野市緒方町上自在に屋敷跡伝承地があり、近くの宮迫摩《みやさこま》崖仏《がいぶつ》は惟栄と同時代の造立とみられている（渡辺、一九九〇／飯沼、二〇〇五）。

蛇足だが東国の反乱の頭首は、それぞれ諸国の源氏であるが、九州では菊池氏にしろ緒方氏にしろ、源姓ではない。そもそも源氏・平氏という氏《うじ》（系譜）の違いは、この内乱の敵味方を分ける原因にはなっていない。それは頼朝のもとに結集した関東の家人たちのほとんどが桓武《かんむ》平氏の末流で、坂東八平氏といわれるように、氏の名としては平姓を称している点からも明白である。

すでに確認したように、治承・寿永の内乱は源平の内乱という形をとりながら、そのじつ、体制の矛盾によって引き起こされた全社会をまきこんだ内乱として理解されなければならない。

## 5　養和飢饉の本格化

この内乱で見逃してならない点は、治承四年から養和二年にかけて深刻な飢饉に見舞われていた事実である。平家にとって不運だったのは、内乱が開始された治承四年の夏以降、地盤と頼む西日本諸国が史上まれにみる大旱魃《かんばつ》に襲われたことである。京都では五月三〇日―八月二日（現グレゴリオ暦の七・八月）に通り雨が四日あっただけで、六月一三日には、近日の炎旱《えんかん》で淀川の河水が乾上がり、淵は変じて瀬となり、船や筏も動けなくなった（『玉葉』）。七月一八日にも、近日旱魃によって河に水がなくなり、土民たちが河口を堰き止め、田に水を入れるので、船の往反が困難になっている（『山槐記』）。

七月二五日には祈雨のため大和国吉野郡の丹生《にう》川上や山城国の貴船《きふね》など一三社に対し幣帛《へいはく》が捧げられた。その効果だろうか、翌々二七日には昼に雨が降ったが、すぐ止んだ（『山槐記』）。『山槐記』八月六日条には、「雨下る、去んぬる六月より天、旱す、今日、初めて下る。但し、天下みな損亡《そんもう》し了んぬと云々」とある。秋口になってようやく雨らしい雨が降ったのである。

雨水や小規模な溜池を主な水源とする灌漑施設の貧弱な時代、稲がもっとも水を必要とする幼穂前から開花の時期に水が枯渇したのは致命的で、旱魃は飢饉に直結していた。大軍を養い戦闘を継続するためには、大量の兵粮米を準備しなくてはならない。兵粮の不足は平家軍の戦力を低下させ、富士川で戦わずして敗走の醜態をさらした。

そして翌年に入ると、飢饉はいよいよ本格化した。『吉記』四月五日条には平安京内のこととして

「一条烏丸を過《こえ》んと欲するの処、餓死者八人首を並ぶと云々。よりてこれを過ず、近日死骸ほとんど道路に満つると云ふべきか」とあり、『百練抄』の六月条も「近日、天下飢饉、餓死者その数を知らず。僧綱《そうごう》有官《かん》の輩にその聞えあり」とする。僧綱は高僧、有官は官職を有する人である。

治承五年七月一四日、養和年号に改元した。すなわち安徳即位による代始《だいはじめ》改元であるが、実質は「近日衆《おお》く災《わざわい》競《きそ》ひ起こるによ」る災異改元であった（『玉葉』七月一三日条）。近くは嘉応《かおう》元年（一一六九）にも「天下一同の大旱魃」があった。それで大和国では、官物納入は半分以下でよいという「一国の習ひ」が成立したという（『平安遺文』三五四六号）。戦争を遂行するには、兵粮米を確保することが絶対の前提である。所当・官物の内から兵粮米を割くか、別途徴収するかを問わず、兵粮米を免除することはできない。だが、河内国のある八条院領荘園（田井荘《たいのしょう》か）では「旱損《かんそん》（ひでりのために生じた田畠の損害）候《そうろ》ふ上、かくのごとき兵乱米は堪へがたき事に候」（『平安遺文』補三九九号）と訴えた。

また同じ八条院領和泉国長泉荘《ながいずみのしょう》（現在地不明）の下司の訴えによると、「去年は天下一同の旱魃の上、今年の旱魃は去年に一倍（二倍の意味）せしむの間、国中みなもつて損亡せしめ畢《おわ》んぬ、しかるに国衙より諸郷を検注せらるの処、太略は損亡せしめ、一切得田《とくでん》（収穫があり年貢を取得できる田地）無し」という次第で、「国と云ひ庄と云ひ旱損の至り、その隠れ無き事なり」という有様。兵粮米どころか年貢自体が徴収不能である。去年は三分の一の年貢米を弁済したが、今年は米の納入は不可能であるから半分を軽物色代《けいもつしきだい》、つまり絹製品で代替したい、と訴えている（『平安遺文』補四〇三号）。

丹後は八条院が知行国主の国だが、養和年中の一一月上旬、国衙領の管理・収取などの業務に携わる人物が、損田《そんでん》の裁許（自然災害のため収穫が減少した田地だと認定すること）を受けるまでは、定田《じょうでん》（年貢・課役を徴収する対象の田地）の所当《しょとう》（年貢）は出さない、との在地側の強い態度におされて、いまだに収納作業が始まっていない、その上、目代が上洛してしまうと、在庁・百姓らが一切納入を拒否している、と現地の状況を八条院の院庁に報告している。

かれは「有り限《きり》の米はみな春食ひ候ひなんすれば」、この「月迫り《つきせま》（一二月か）」になって催促されても、とても年貢は取れそうもない、と実情をぶちまけている（「武田祐吉博士旧蔵高山寺文書」）。目代不在を幸いに、在庁が百姓側につき年貢を出そうとしていないと報告されていることが興味深い。

さらに翌年になると被害は一層深刻になった。

# 第四章　養和の大飢饉

## 1　東大寺・興福寺の再建

治承四年(一一八〇)末の南都焼討によって、東大寺は大仏殿(金堂《こんどう》)・講堂・三面僧房《さんめんそうぼう》(東室《ひがしむろ》・北室《きたむろ》・西室《にしむろ》が講堂をコの字状にとり囲んでいた)・東塔《とうとう》・戒壇院《かいだんいん》・真言院《しんごんいん》・東南院《とうなんいん》など、寺内の主な建物のほとんどを失った(図14)。盧舎那《るしゃな》大仏は首部が背後に転げ落ち、手も折れて前に横たわり、大仏殿のもえがらは積もって大山のようになっていた(『東大寺造立供養記《とうだいじぞうりゅうくようき》』)。

東大寺では、まだ周辺部の建物(法華堂《ほっけどう》・二月堂・正倉院など)が焼け残ったのに対し、興福寺の方は、広大な現、奈良公園の西端部を占める寺域にあった堂院・僧房が文字通り全滅し、離れた春日社《かすがしゃ》(興福寺と一体化したその鎮守神)だけが火災を免れた。炎上した諸堂院に安置されていた創建以来の諸仏は、「官兵(平家の兵)を恐れ」て、一体も運び出すことができなかったという(『玉葉』治承五年正月六日条)。

この事件が当時の上下の人びとに与えた精神的なショックは極めて大きかった。日本仏教を代表する

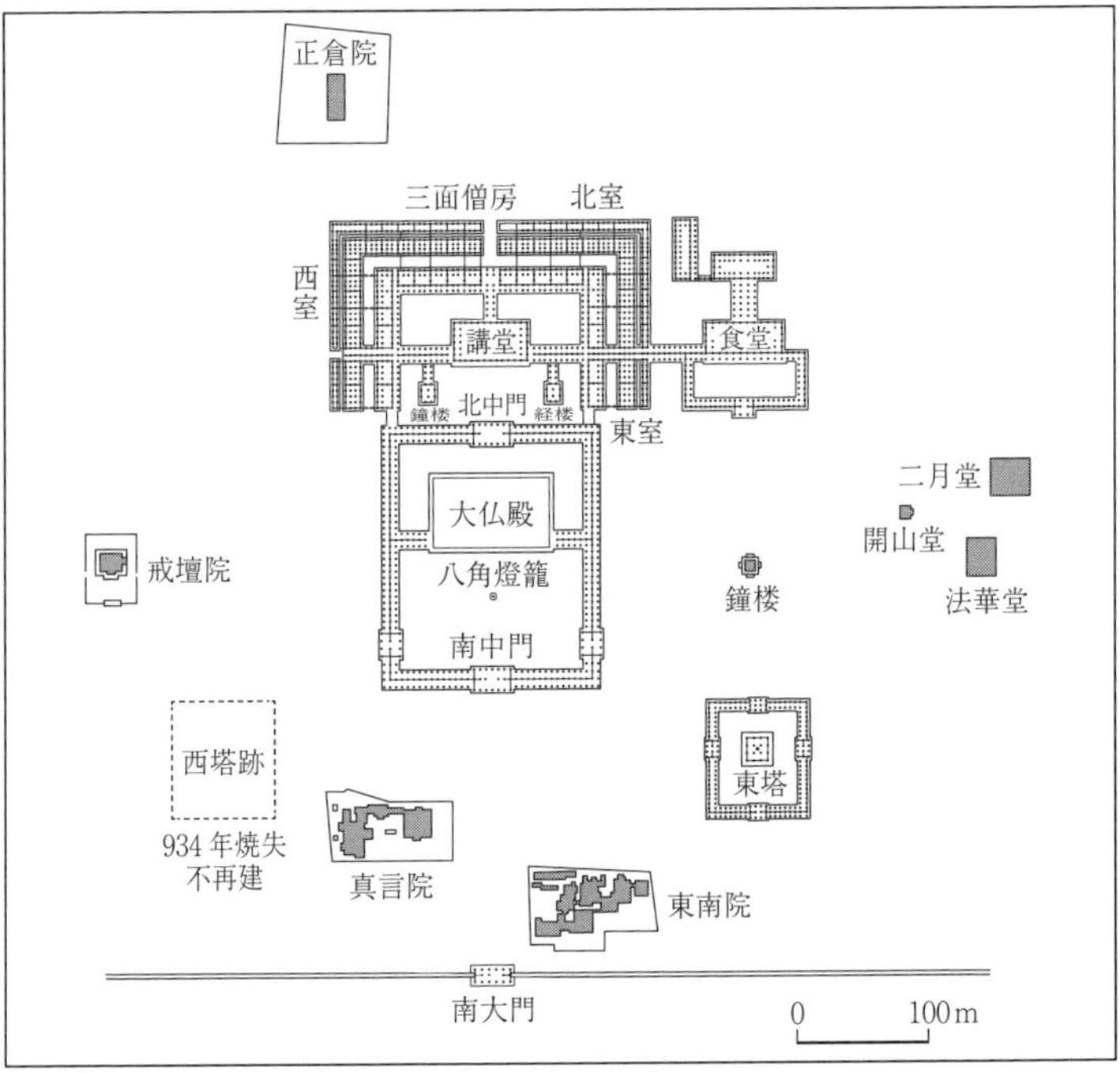


図14　東大寺中心部伽藍復原図

東大寺・興福寺・延暦寺・園城寺の四カ大寺のうち、天台の二寺と興福寺はたびたび炎上している。が、東大寺は、平安中期に講堂や三面僧房が焼失し、南《なん》大門《だいもん》が倒壊したがともに再建、しかしほかは天平《てんぴょう》以来の建物が存したので、その炎上は未曾有の大事件であった。九条兼実は「世のため氏のため仏法王法滅《めつ》尽《じん》し了んぬか」と歎き、「なほなほ（もと通り）大仏再造立、いづれの世いづれの時かな、会昌《かいしょう》天子《てんし》の跡（唐の武宗《ぶそう》による仏教弾圧）に異ならざるものか」との感想を残している（治承四年一二月二九日条）。

このため南都焼討から幾らも

日が経たない、翌治承五年閏二月四日に、清盛が熱病で死んだ時、世間では「東大・興福を焼くの現報《げんぽう》（現世に業因《ごういん》を作って現世にその報いを受けること）たり」（『百錬抄』）の声が上がった。重衡の命で在家に火をかけたのが延焼し、南都炎上の結果を招いた播磨国福井荘《ふくいのしょう》（現、兵庫県姫路市）の下司次郎大夫俊方《としかた》は、都へ帰って三日後に「ほむら身に責むる病」を発症して死んだと伝える（延慶本巻六・十三）。

同年一月四日、東大・興福両寺の門徒僧綱ら以下を、朝廷主催の経典の講義・論義などに召すことを停止、僧侶としての現在の地位や職務を解任、かれらの所領を没収する命が宣下された（『百練抄』、『玉葉』正月八日条）。大和は平家の軍政下に入り、一月七日から、宣旨を持った平家の郎従が、荘園停廃に従事していた（『玉葉』）。

東大寺の叡俊《えいしゅん》という僧は、「興福寺大衆と官兵合戦の間、官兵処処に放火、猛火次第に東大・興福両寺に飛び移り、寺中寺外みな悉く焼失」、自分の「住房（僧房内を仕切った居住用の小部屋）」も延焼し、一反一二〇歩の田の所有権を証明する文書が紛失してしまった。そこで文書紛失の事由を記述した新文書を作成して、旧文書とおなじ法的効力を付与させようとした。これを紛失状《ふんしつじょう》を立てるといい、実効ある権力に保証を請願する形をとる。叡俊は、東大寺の五師《ごし》と呼ばれる寺務を管掌する僧職（定員五人）らに、それを依頼した。そこで正月一八日付の紛失状末尾に、叡俊の相伝と紛失が真実である旨を記し、五人の大法師《だいほっし》と大法師理真《りしん》という僧が順にそれぞれの花押を書いている（『平安遺文』三九四八号）。右はたまたま残った文書で知り得たごく小さな事例だが、同様のことは無数にあったのだろう。

二月五日になると、大外記中原師尚《もろひさ》が、東大寺復興の勘文《かんもん》（朝廷の諮問に対して前例故実・吉凶などを踏まえて上申した意見書）を提出する。それには、(1)弁官や史など太政官の実務担当者を東大寺に派遣して実地に調査し、仮の仏殿を作り雨露を防ぐこと、⑵焼け損じた金銀銅鉄類を通りがかりの人が持ち去るのを防ぐため、東大寺に命じて四壁を堅固にし、一カ所に集めて復旧工事に充てること、⑶造寺官に命じて土木を行い、造仏人を定めて仏像を修繕し、また本願主《ほんがんしゅ》(造寺・造仏など功徳となる事業の発起人)聖武《しょうむ》天皇の御心に従い、衆庶の知識を勧《すす》めることなど、五カ条が提言されている(『東大寺続要録《とうだいじぞくようろく》』〈以下続要録と略す〉造仏編)。⑶がいう知識とは、造寺・造仏・写経・架橋などに際して、財物・労働力を寄進し、助力する人の意で、その寄進行為、財物自体についてもいう。

⑶は、その後の復興事業を方向づける重要な指針になった。これにもとづき、中世東大寺の再建は、聖武天皇の発願——大仏造立や大仏殿の建設事業を、諸国の知識(百姓《ひゃくせい》)の自発的な参加によって進めるという趣旨(多分に建前であったが)——にならって行うという方向が打ち出され、実際に復興の原動力になったからである。それは諸国の反乱と未曾有の大飢饉によって、危機に瀕した国家財政の現状や東大寺の経済力(後述)からいっても、現実的な選択であった。

東大寺大仏再建事業は、たんなる東大寺の復興に止まらない広がりを持つものだった。東大寺を再建する試みは天下を復興させることであり、ひいては王法・仏法からなる秩序を回復し、ともに繁盛することを意味する。久野《ひさの》修義《のぶよし》氏は、内乱が続く厳しい状況下で再建事業が進められた、否むしろそのような厳しい状況だからこそ、この事業は進められたというべきであるとし、その原動力になったのは、人びとの平和を願い安穏に生きのびようとする切実な思いである、としている(久野、二〇一一)。つまり諸国の知識の自発的な参加を組織することは、財源の次元に止まらず、人びとに生きてゆく目標を示し、そのエネルギーを結集することで、悲惨な内乱の時代に耐え、それを乗り越える社会運動論的な意義を有していたのである。

閏二月四日、平清盛が死ぬと、軍事面を除いて後白河院政は復活し、南都復興も後白河法皇のリーダーシップで動きはじめた。後白河は、閏二月二〇日、左大臣藤原経宗・右大臣九条兼実両人に、清盛が没収した東大・興福両寺の寺領や寺僧領(寺僧の私領)を返還すべきや否やを諮問した。

院政期以降、大和国は興福寺が事実上の国司として支配していた。国内は興福寺・春日社の荘園で満ち満ちており、そのほか寺僧の所領が散在し、一歩《いちぶ》(三・三平方メートル)の公田《こうでん》もないといわれるような状況だった。三月二日には、早速東大寺領没収の措置が撤回され、荘園と僧徒の所領は返還された(『平安遺文』三九五八号)。興福寺にも同様の措置がとられたのであろう。

没収からわずか二カ月しか経っていないので、この措置が「軽忽《けいこつ》」と言われるのを気にしてか、兼実の進言で「悪僧の田地」など一部は、返還の対象から除かれた。悪僧とは、武装し、一山の僧徒たちの支持を得ながら、寺の別当など最高幹部の制止を顧みず、反権威・反体制的(この場合反平家的)な動きをした活動的な僧侶たちをいう。下級の僧とは限らない。いわゆる「僧兵」であるが、中世にはこの語はなく、おそらく近世中期、一八世紀初頭頃から使用され、武装は武士だけの特権であるのに、僧侶が武装するのは不届きで僭越だとする、仏教への排斥・蔑視の意味が含まれていた(黒田、一九八〇)。

三月一八日、蔵人左少弁藤原行隆《ゆきたか》が勅使として奈良に遣わされ、東大・興福両寺焼失跡を実地検分する。その日の内に公卿会議を開いて造寺の担当官を任じる予定であったが、結局六月一五日に延期されたた(『玉葉』三月一八・二〇・二一・六月一五日条)。立ち上げ前に、なにかと解決すべき課題があったのだろう。この間、九条兼実は、南都復興について法皇や摂政などの諮問に答えているが、そのなかには、興福寺の僧たちが、再建を分担するかわりに大和国の支配権を元のように興福寺に付与して欲しい、という申し入れをしているが、これをどうするかという件があった。兼実は反対だった（三月二一日条）。その他、前年の福原遷都の最中、実質は内裏として造営された「福原の都入道相国《しょうこく》（清盛）新造の亭」を解体し、その材で興福寺の別院を建立する案はどうだろう、という件もあった（『玉葉』六月一二日条）。

六月一五日、東大寺より一足先に興福寺造営の行事所《ぎょうじしょ》（各種の行事や大掛かりな造営に際し、その事を掌るために置かれた臨時の役所）の人事および造営費分担方式が発表された。行事官は右中弁藤原兼光がなり、中金堂《ちゅうこんどう》・回廊・中門・経蔵・鐘楼《しょうろう》・中僧房《ちゅうそうぼう》（中室《なかむろ》、もとの東僧房）・西僧房《にしそうぼう》の主要堂舎は公家沙汰《くげさた》（朝廷が費用を出すという意味）で、それぞれの負担国を指定する国宛《くにあて》の方式で行う。

興福寺の復興に朝廷が乗り出すのは、同寺が藤原氏の氏寺であるとともに、官寺《かんじ》、つまり国家の管理や監督を受け、造営や維持の費用を支給された国家の寺としての性格があったからである。そのほか講堂・南円堂《なんえんどう》・南大門は氏長者沙汰《うじのちょうじゃさた》（藤原氏一門の氏長者が、氏族を代表して造営費を負担する）、食堂《じきどう》・上階僧《じょうかいそう》房《ぼう》は寺家沙汰《じけさた》（興福寺主導の造営）で、東僧房（東室）は氏知識《うじちしき》（藤原氏一門の人びとが費用を出し合うこと）で建設する運びになった（『吉記』『玉葉』）（図15）。

六月二〇日、興福寺の手斧始《ちょうなはじめ》（造営開始の儀式）が各建物一斉に行われた。造営にあたる工匠は、公家沙汰分については、中金堂を大夫大工《たいふのだいく》清原貞時《さだとき》（大工はその工事に従事した工匠の指導者のこと。大夫だから五位の位を持つ）が担当し、そのほかは官行事所工《かんぎょうじしょこう》と寺工《じこう》のグループが分担している。官行事所工は、行事所に所属してその管轄下の工事に従う大和地方で活躍していた工匠で、寺工はこれまで興福寺の工事に従事していた専属の工匠であろう。氏長者沙汰の建物は、もう一人の大夫大工常弘《つねひろ》（姓不詳）が、寺家

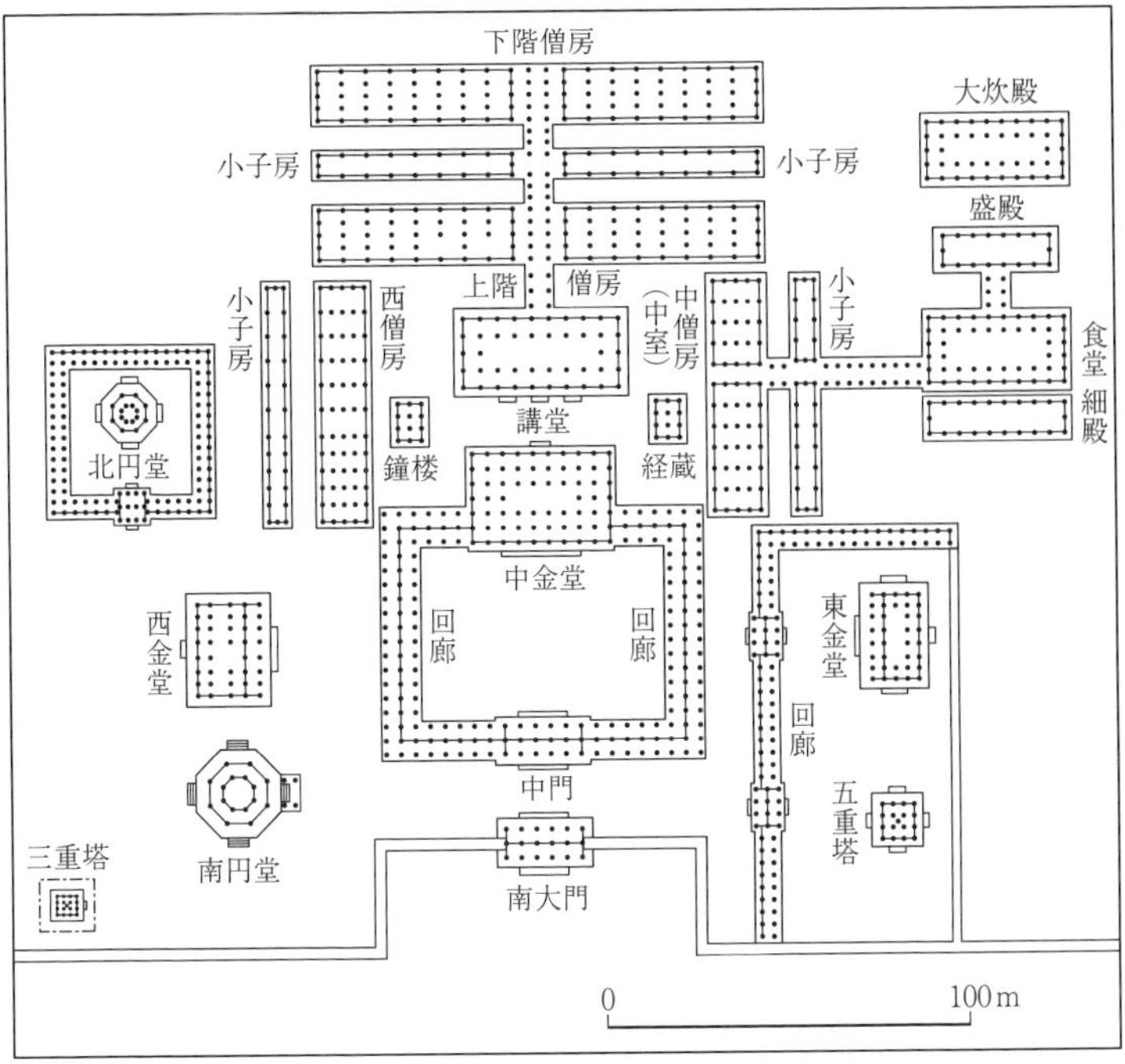


図15　興福寺伽藍配置図

沙汰は寺工が担当した。

　工事に参加した工匠たちは、中世という時代らしく、この造営に関与したそれぞれの政治的権威と関係を持ち、その庇護によって工事に参加することができた。たとえば清原貞時は、木工寮《もくりょう》(国家常設の造営担当官庁)に所属する工匠筆頭の資格で、朝廷が担当する建物の代表たる中金堂の大工になった。常弘は、藤原氏の庇護を受けていた工匠と考えられる(大河、一九七一)。

　続いて六月二六日、造東大寺行事官の人事が発令され、造寺長官と大仏修理の長官は藤原行隆が兼任し、東大寺の造営に必要な工匠・材木・人夫は諸国に割り当てること、東大寺の封戸・荘園の年貢も造営に用いるべきことが命じられた。造仏司の次官には小槻隆職《おづきのたかもと》が任じられている(続要録造仏編)。隆職は、太政官の事務を総轄する壬生官務家《みぶかんむけ》の祖で実務にたけた有能な官僚である。次官であるのは、公卿に昇れる家柄の行隆とは異なり、五位止まりの家格だからだった。これを定めた会議に参加したのは左大臣経宗と参議藤原定能《さだよし》だけ、ほかの群卿《ぐんけい》は参上せず、合議もなかったという(『吉記』)。上横手雅敬氏は法皇が独断で進めたのだろうという(上横手、一九九九)。

東大寺の造営は、工事の進め方や工匠の参加の仕方が、興福寺とかなり違っている。というのは、藤原氏一門のように巨大貴族集団の支援があるわけでもなく、荘園も諸国に散在し、有する経済力は興福寺に比べかなり見劣りした。そのうえ大仏殿をはじめとする東大寺の堂舎は、興福寺よりさらに大規模で、ほかに類例のない大工事であった。

そこで期待されたのが、二月の勘文で提案されていた知識を集める勧進《かんじん》方式で、それを推進するため、安徳天皇知識の詔書が起草された。すでに三月二一日、行隆は法皇の使者として兼実に面会し、「御仏《みほとけ》を鋳《い》らるるの間の事、知識の詔《みことのり》を下さるべし」と語っている(『玉葉』)。大仏鋳造にあたり知識の詔を下し、勧進を行うのは、後白河院の当初からの方針で、行隆はそれを推進するため駆使されていた。

八月二〇日、造東大寺知識詔書が覆奏《ふくそう》された。詔書は天皇の意志発言の様式であり、「臨時の大事」にあたり発せられるものだから、厳重煩瑣な手続きを重ねる。覆奏とは草案作成後、太政官の大臣らが署名した上で、詔書を施行する旨を天皇に奏上することをいう。天皇はこれに対し「可《か》」の一字を自筆で記入して奏状を認可する。これを「御画可《ぎょかっか》」という。幼帝に代わって摂政近衛(藤原)基通《もとみち》が御画可を行った(『吉記』)。安徳天皇はこの時数え年四歳、満年齢でいえば二歳と九カ月だった。

詔書は後白河法皇が大仏の修造を志したことを喜ぶとともに、朕《ちん》、すなわち安徳天皇が有《たも》つ天下の富と勢をもって、法皇の念願を助けたいとし、文面も天平一五年(七四三)一〇月の聖武天皇の詔《みことのり》を踏まえて作成されており、知識の力を借りて大仏を造るという趣旨である。民の結縁《けちえん》を求める勧進の主体は、形式的には幼帝であって、後白河法皇ではない(上横手、一九九九)。

こうして東大寺復興の第一歩が踏み出された。八月一〇日、大仏殿の木造始《こづくりはじめ》(手斧始に同じ)の儀式があった(続要録造仏編)。八月には、俊乗坊重源《しゅんじょうぼうちょうげん》が「勧進上人《かんじんしょうにん》」の肩書きで、天皇の命のままにすべての人びとが「同心合力」し、「必ず勧進の詞に答へ、おのおの奉加の志を抽《ぬき》」んずるよう訴え、応えた「与《よ》善《ぜん》の輩《ともがら》、結縁の人」には、「その福無量」を約束し、それによって全事業が無事終了するよう祈願している(続要録造仏編)。

重源は、武士の出身で、醍醐寺《だいごじ》で出家、青壮年期は諸国の霊山・名跡をめぐって山林修行をし、時に人に喜捨を勧めて如法経《にょほうきょう》書写(一定の規則に従って写経すること、とくに法華経を書写供養し、埋経すること)や不断念仏《ふだんねんぶつ》を行い、勧進上人の途を歩んだ。安元二年(一一七六)までに入宋三度、高野山に新別所《しんべっしょ》(専修往生院)を開いている。六一歳という当時としてはかなりの高齢であったが、建築に明るく、経営の才にめぐまれていた。重源の二度目と思われる中国入りは、後白河院の、明州《めいしゅう》(のちの寧波《ニンポー》)の名刹阿育王寺《めいさつあいくおうじ》に舎利《しゃり》殿《でん》を寄進したいという希望をかなえるため、平頼盛など平家の支援を受けて行われたという背景の事情が、明らかになっている(高橋昌、二〇一九)。

のちの史料では、この時かれは大勧進職《しき》に補任されたとされる。一二世紀の大勧進は勧進聖《ひじり》(勧進をして歩く僧)集団の頭目的存在であるが、鎌倉期以降の大勧進職は、たんに資金調達のみならず、造営工事に必要な事業一切をも請け負うようになり、利権化し相続の対象になった。上横手雅敬氏は、この時重源が大勧進職として正式に補任されたことについては懐疑的である（上横手、一九九九）。ともあれ、重源は諸国勧進のため六台の一輪車を作り、同朋五十余人とともに費用を集めはじめた。『玉葉』養和元年一〇月九日条には、「東大寺奉加の聖人（重源）」が、法皇をはじめ洛中諸家を廻り奉加を請うた、皇嘉門院は銅一〇斤《きん》、他所からは銭一〇〇〇貫文、黄金六両の奉加があった、という記事が見える。

事業は手ひどく損傷した大仏の鋳造から始まった。一〇月六日、大仏の螺髪《らほつ》（仏像の頭部の髪の様式で、螺《さざえ》状をした多くの髪が並ぶ）を鋳はじめる儀式が行われ、戒師が鋳工に戒をさずけ、蹈鞴《たたら》を踏んで螺髪三個を鋳た。しかし、螺髪程度ならともかく、本体の修造は高度な技術が求められる。日本の鋳物師《いもじ》は早くから「この事人力の及ぶ所に非ず」と尻込みし、「巧手《こうしゅ》（巧者）に仁《ひと》無く、歎きて日を送」っていた時に、現れたのが陳和卿《ちんなけい》である。平安末期に来日した南宋《なんそう》の商人であり、工人でもある。重源に見出され、寿永元年（一一八二）七月二三日（養和二年五月二七日に寿永年号に改元）、大仏の前で重源と陳和卿が鋳造作業について相談をしている（『玉葉』七月二四日条、『東大寺造立供養記』、続要録造仏編）。

以下陳和卿とその弟ら七人の中国人が、一四人の日本人とともに修理にあたり、右手から順に鋳造が進んでゆき、寿永二年（一一八三）四月から五月にかけて面・頭が鋳造された。重源はその費用は大部分知識物によると述べている（『玉葉』養和二年二月二〇日条）。首の鋳造には熟銅《じゅくどう》（よく精錬した上質の銅）八万三九五〇斤、仏身に塗る黄金一〇〇〇両、仏身に押す金箔《きんぱく》一〇万枚、水銀一万両が施入されており、頼朝や藤原秀衡も金・米・絹などを奉加している。五月一八日には鋳造を完了。三九日間、一四度の工程を要する作業だった。陳和卿はその功により、駿馬一頭、美絹一〇疋を賜っている（続要録造仏編）。

大仏の補修がこれで終了したわけではなく、左手の補修、大仏後方の築山(『東大寺要録』によれば、高さ約一八メートル、幅は三〇メートル以上)の撤去と背面の破損修理が行われた。奈良期に鋳造された大仏には、随所に鋳造面での欠陥があり、時を経るにしたがって、その弱点箇所に亀裂損傷が現れはじめた。左手が抜け落ちたり、斉衡《さいこう》二年(八五五)の大地震で大仏の首が落ちたりもした。これらを補修する便宜のため大仏の後ろに小山を築いたので、背面の補修をするには、小山を撤去しなければならない。土山の撤去と補修が始まったのが文治六年(一一九〇)三月で、これらが完了するのに三カ月を要した(前田ほか、一九七二)。

一方興福寺である。治承五年六月一五日に造営費の分担が決まったが、国宛の対象とされた諸国は、永承二年(一〇四七)の先例(その前年北円堂を除いてほぼ丸焼けになった堂舎を再興するため、造興福寺司を定めた時の例)を踏襲したもので、そのためたとえば回廊五〇間については、甲斐・信濃・上野・越後など、僧房については、筑前・肥後などに費用が課せられることになった。しかし、これらの国々は現に木曾義仲や菊池隆直らの支配下にある。すなおに納入に応じるという確かな見通しがあったとは思えない。とりあえず再建体制の体裁を整えただけだろう。

案の定、国宛方式はうまく機能せず、担当国を差し替えたりしているが、実際に工事が進んだのは、興福寺寺家沙汰や氏長者による再建で、同年中には食堂と講堂が上棟《じょうとう》にこぎ着けた。八月一一日には、興福寺講堂の再建に、安元三年(一一七七)の大火で焼失した大極殿の再建のため用意されていた材木を充てようという動きがあり、兼実が「講堂は(氏)長者が私に営造するところなり、あに大廟の材をもつて、氏寺の要に宛つるかな」と慨嘆している(『玉葉』)。

翌年には東金堂《とうこんどう》・西金堂《さいこんどう》が寺家沙汰に加えられて、同年上棟した。これらは文治二年(一一八六)までにほぼ完成している(鈴木嘉、二〇〇四)。じつは寺家沙汰といっても、食堂は寺僧領からの段米《たんまい》(段別一斗《いっと》)の徴収(「寺僧沙汰」)によって行われた。しかも寺僧領を主な対象としながら、それに止まらず大和国の一国平均役《いっこくへいきんやく》としての賦課であったらしい。荘園・公領を問わず、一国一律に賦課される臨時の課役を一国平均役という。食堂再建を口実に、大和国の支配権を興福寺へ取り戻す動きが始まった。

やがて時代が下ると勧進も一国平均役化してゆく。勧進というと、任意の拠出と考えがちだが、課役の一種、権力を背景とした事実上の強制寄付、という面があった実態を見逃してはならない。安田次郎氏は、興福寺の堂舎の造営・修理にあたり、次第に勧進方式が大きな比重を占めるようになったとする。それを推進する中心になったのは、九条家出身の信円《しんえん》だという。兼実の腹違いの弟、治承五年一月、二九歳で興福寺第四四世の別当となった人物である(安田、二〇〇一)。

## 2　平家、北陸で敗退を続ける

城氏の動向について、養和元年(一一八一)八月(治承五年は七月一四日に養和に改元)に越後国守に起用されて以後の動きは、史料に恵まれずよくわからない。わずかに『吾妻鏡』寿永元年(一一八二)九月二八日条に、「越後国の城四郎永用(助職)、越後国小河庄赤谷(現、新発田市南端)に於て城郭を構へ、あまつさへ妙見菩薩《みょうけんぼさつ》を崇め奉り、源家を呪詛《じゅそ》し奉るの由、その聞えあり」とある。妙見菩薩は北極星を信仰化したもので、対象には北斗七星も含まれる。インドの菩薩信仰が中国に入って道教の北極星・北斗七星

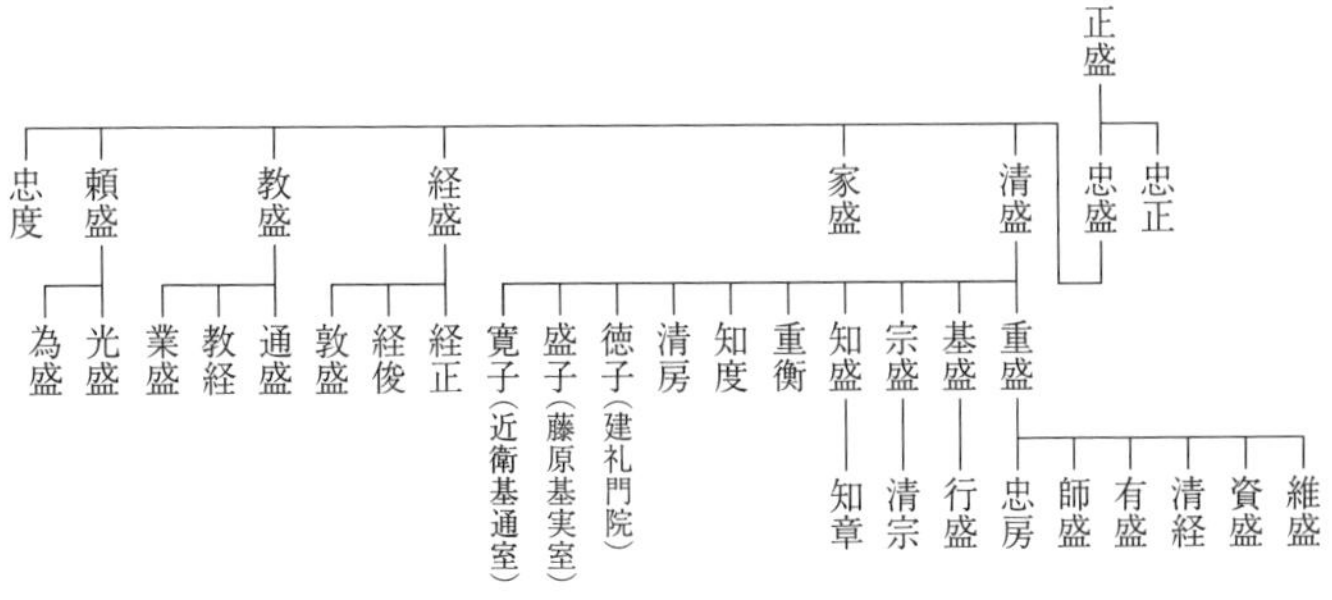


図16　平家略系図

信仰と習合し、仏教の天部《てんぶ》（天竜八部衆《てんりゅうはちぶしゅう》・十二天《じゅうにてん》・天文神《てんもんしん》の総称）の一つとして、日本に伝来したもの。北斗七星の柄の先端にあたる星を破軍星《はぐんせい》（おおぐま座の$\eta$星のことで、この星を背にすると必ず戦に勝つと信じられた）とするため、妙見菩薩は、千葉氏・相馬《そうま》氏など武士の間で、弓矢の神として崇敬されるようになっていた。

また『吾妻鏡』同年一〇月九日条に、「越後の住人城四郎永用（助職）、兄資元《すけもと》（助永）〈当国の守〉の跡をあひ継ぎて、源家を射奉らんと欲す。よりて今日、木曾冠者義仲、北陸道の軍士等を引率して、信濃国筑磨河辺に於いて合戦を遂ぐ。晩に及んで永用敗走すと云々」という記事もある。しかしこれは、横田河原合戦の記事が、日付を間違えて掲げられたものに違いない。しかもその前の九月二八日条と一〇月九日条は、間にほかの記事を挟まない一続きのものだから、前者も寿永元年の史実かどうか疑わしい。

しかし、城氏の惨敗以後、北陸の形勢が大きく変わったことは間違いない。北陸道諸国は平家一門が長らく知行国支配を行っていたが、在地勢力が城氏の敗北を機に、反平家の行動に起ち上がった。養和元年七月中旬になると、越中・加賀らの「国人《こくじん》」が「東国」に同意、影響が越前に現れはじめた（『玉葉』七月一七日条）。この「東国」は頼朝ではなく、義仲勢力をさしている。さらに同月下旬には、能登・加賀などで、「みな東国に与力し了んぬ、能登目代逃げ上ると云々」と、反乱が起こった報が伝えられる（『玉葉』七月二四日条）。後日の伝聞では、能登では「国司郎従が首を斧《き》られ」たらしい（『玉葉』八月八日条）。当時加賀は平頼盛（忠盛五男）が知行国主でその次男為盛《ためもり》が国守、能登は平業盛《なりもり》（教盛《のりもり》三男）が国守だから、その父教盛（忠盛四男）が知行国主だろう（図16）。両国では平家の国務知行が実力で否定された。ちなみに、同じ頃、平家のお膝元と言ってよい播磨国でも、国司に背く者が現れた。九条兼実は「およそ外畿《がいき》（畿内の外）の諸国みなもってかくのごとし」と慨嘆した（『玉葉』七月二一日条）。

　同年の八月になると、義仲の勢力がすでに越中まで伸びていた。というのは、越中礪波《となみ》郡石黒荘《いしぐろのしょう》広瀬郷（現、富山県南砺市）の地頭職をめぐる鎌倉中期の地頭藤原氏と領家方預所の相論文書（『鎌倉遺文』八七七五号）のなかに、地頭の祖父貞直《さだなお》を広瀬村下司職に安堵した治承五年八月の越中国留守所と治承六年二月の木曾左馬頭（義仲）の下文が存在したことがわかるからである。

　大山喬平《きょうへい》氏は、越中国留守所の安堵下文は、義仲が越中国衙を掌握した事実を示すと述べ、両文書併せてこの地において本所・領家支配が解体していると判断する。さらに治承年号はすでに五年七月に養和に改元しているから、義仲も頼朝と同じく養和年号を無視している、かれもまた安徳天皇を戴く平家が牛耳る国家体制を合法政権とは認めていない、と論じた（大山、一九七九a）。

　こうした事態に対処するため、八月一五日に若狭へ但馬守平経正《つねまさ》（経盛《つねもり》一男）が、翌一六日には越前に平通盛《みちもり》（教盛一男）が、それぞれ追討使として向かうことになった（『吉記』）。しかるに八月二三日には、賊徒が越前に乱入し、大野（現、福井県大野市）・坂北（同坂井市丸岡町）両郷を焼き払った。加賀国住人のしわざという(『吉記』九月一日条)。通盛率いる平家軍は、九月一日以前に越前国衙(現、越前市)に入ったが、「伝へ聞く、北陸道の賊徒熾盛《しせい》(はげしく盛ん)、通盛朝臣征伐能《あた》はず、加賀以北・越前国中、なほ命に従はざるの族《やから》有りと云々」で(『玉葉』九月二日条)、通盛は決戦を前に増援部隊の派遣を求める。

兵衛尉平清家《きよいえ》を大将軍とする官軍を派遣したところ、九月六日、加賀との堺で合戦が始まった。官軍は越前の住人新介実澄《しんすけさねずみ》や白山平泉寺《へいせんじ》長吏斎明《さいみょう》(最明・斎命とも)らの寝返りで敗北、通盛の主だった郎従八十余人が討ち取られてしまう(『吉記』九月一〇日条)。新介実澄は越前斎藤氏の一族で、同氏は越前平野に散開し、疋田《ひきた》系と河合《かわい》系に分かれて発展した。在地により強い基盤を築いたのは河合系で、新介実澄は河合系に属する。白山平泉寺長吏は平泉寺(白山信仰の拠点の一つ、神仏習合の寺)の責任者をいう。長吏の地位は斎藤一族が世襲していた。斎明も河合系である(髙橋昌、二〇一六a)。両人は読み本系諸本では、横田河原の合戦後に義仲側に従った北陸七カ国の兵として、その名があがっているが(延慶本巻六・廿六など)、浅香年木《としき》氏はこの時期にかれらが義仲に従っていたとは考えられないとする(浅香、一九八一a)。この敗北の結果、無勢の通盛軍は越前国衙を支えきれず、敦賀に敗走する(『玉葉』『吉記』九月一〇日条)。

『吾妻鏡』養和元年九月四日条は、木曾義仲上洛の先陣として信濃の滋野幸親が、敦賀湾に面した水津《すいつ》(現、福井県敦賀市杉津)まで進出し、通盛配下の軍と戦いはじめたと伝える。敦賀近辺の反乱勢力に、義仲の影響が及びはじめるのはもう少し後で、幸親の行動は事実とは認め難い。

九月一一日以降、通盛への援軍を派遣するという噂が何度も流れるが、いずれも実現にいたらない。わずかに九月二七日、北陸道追討使として左馬頭行盛《ゆきもり》(早世した清盛二男基盛《もともり》の一男)が進発したぐらいで

(『玉葉』)、このため平家は、敦賀郡を確保するのがやっとで、若狭と越前を隔てる木ノ芽峠《このめとうげ》を越えて反転北上する力を失っていた。それでも一〇月四日には、兼実の許に平家諸将の配置や攻勢方面についての情報が伝わってきた。曰く、来たる一一日には知盛・清経《きよつね》(重盛三男)らが越前に向かう、重衡は東海道・東山道方面に赴く、維盛は昨日近江に下向した、これはさらに北陸道の敵を襲うようだ、頼盛は紀伊に下向する、等々である(『玉葉』)。

それが一〇日になると、翌日に予定された官軍の進発は一三日に延期、先日決定していた軍の手配りも変更したという。知盛の北陸道下向を取りやめ、知度・清房《きよふさ》(清盛八男)を向かわせる。さらに重衡・資盛らを「野宇美越《のうみ》(能美越、琵琶湖東岸を北上し栃《とち》ノ木峠《きとうげ》を越える近世の北国路)」で北陸に向かわせる。維盛・清経らが東海道・東山道を兼ね、頼盛の息二人が熊野を襲う。宗盛と教盛・頼盛・経盛三人の平家長老たちは、京都にとどまり洛中を警固する。しかし、以上全部併せても五、六千騎を過ぎずというありさまで、兵力を諸方に派遣するので、京中の武士はわずか四、五百人だという。兼実も「すこぶる(少々)恐るる所無きに非ず」と不安を隠せない(『玉葉』一〇月一〇日条)。

追討使の進発は、一三日になると一六日、さらに二四日とどんどん先送りされ、二四日もまた「無勢によってまた延引」した(『玉葉』一〇月二七日条)。第三章3節で述べたように、平家が八万四千基塔の造立を提案したのは、まさにこの兵力の工面に悩んでいる時期だった。一〇月二七日、ある人が、頼朝がきっとすでに上洛を企てているだろう、二一日には尾張保野宿(現在地不明)に着くということだが、二、三日は延引するようだ、どうみても入洛は疑いない、以仁王は相模に留め置き、有力家人の上総介広常が守護しているらしい、行家もすでに尾張国内に入ったということだ、と語った(『玉葉』)。事実なら衝撃的な情報だが、不安心理が招いた虚説、頼朝が意図的に流した攪乱情報のいずれかであろう。遠江から三河にかけては「武田の党」安田義定の勢力圏で、かれの同意なしに頼朝の上洛はあり得ないし、この時点で義定がそのような同意を与えるとは考えられない。

この日、北陸道方面では「年内は合戦に及ぶべからず」という情報も流れた。一一月下旬になると、北陸道方面の責任者である通盛や左馬頭行盛らも、京都に逃げ帰った。あとは若狭に経正がとどまるばかりである(『吾妻鏡』一一月二一日条)。

続けて翌養和二年(一一八二)の状況もみておくと、二月下旬頃、平知盛を追討使とする再度の出兵が検討されたけれど(『吉記』二月二五日条)、深刻な飢饉や疫病流行のため、追討軍の編成は実現しない。三月には、敦賀に踏みとどまっていた前筑後守源重貞《しげさだ》が、「謀反の源氏等」すなわち義仲与党が越前に入った、と京都に飛脚で報告してきた(『吉記』三月二一日条)。重貞は、美濃を本拠とする清和源氏満政流で、平家方についていたのは、保元の乱(一一五六)後、源為朝を捕らえた功によって右衛門尉に任じられ(『兵範記』八月二六日条)、このため源氏一族から疎外されたからだという。越前国内ではすでに、反乱を起こした中小武士と、白山の越前馬場《ばば》(白山の参詣登山路の表玄関)といわれる平泉寺や豊原寺《とよはらでら》の堂《どう》衆《しゅ》・神人《じんにん》集団による「兵僧《へいそう》」連合が進み、大きな軍事集団が形成されつつあった。これが、義仲を盟主に戴く方向にむかった(浅香、一九八一a)。

寿永元年(一一八二)七月末から前讃岐守藤原重季《しげすえ》が、北陸道に向かったという噂が流れた。八月一一日になると、噂は事実で、重季は奈良にいた以仁王の若宮を奉じて、越前に入った事実が判明する(『玉葉』)。この若宮は王の第一王子で、母は八条院の女房、奉じた重季は「高倉宮(以仁王)の御乳母の夫」

である(延慶本巻四・廿四など)。北陸への移動は、木曾義仲の庇護を受けるためで、越中国宮崎(現、富山県下新川郡朝日町)に宮を定めた。北陸宮または木曾宮ともいい、翌年八月、都落ち後の安徳に代わる新帝選びの際、候補として義仲が推薦した少年である。これで義仲も、自らの政治勢力に必要な王冠を戴くようになった。北陸宮は、平家打倒の声を上げた以仁王の志を継ぐべき第一の人物である。義仲には、死せる以仁王を担ぐ頼朝の主張を、一瞬にして色褪せたものにできる輝ける王冠に思えたのだろう。

八月二二日、この日朝廷で、大嘗会《だいじょうえ》(祭)を延期するや否やの議あるべし、という声が上がった。北陸道追討使を派遣せねばならないので、そういう凶事の遂行と、天皇即位行事の仕上げとしての「大祀《たいし》」は両立できないという主張である(『吉記』)。安徳天皇即位の大嘗会は、本来前々年の治承四年一一月に実施されていなければならなかった。そうであるのに、福原遷都の最中、七月下旬から八月中旬まで、大嘗会を福原でやるのか、京都に帰ってやるのかが激しく議論された。大嘗会は都以外でやった前例がないから、福原でやればそこを貴族社会として正規の都と認定するに等しいわけで、遷都反対派は翌年延期を主張し、結局時間切れで実施が翌年に持ち越されたのである(髙橋昌、二〇一三a)。ところが、翌治承五年早々に高倉上皇が亡くなって、この年は諒闇《りょうあん》(天子が父母の喪に服する期間。その期間は一年と定められた)となり、さらに一年延期されていたのである。

しかし八月二五日には、大嘗会延引すべからず、また追討使は必ず発向すべしと決まった(『吉記』)。大嘗会の準備も滞りがちであったが、さすがにこれ以上先送りできないという判断であろう。しかし兼実は、北陸道追討使派遣がまた猶予されたという情報を聞きこんで、毎度だが準備の命令がなされていないからだ、とあきれている(『玉葉』)。

九月一五日になると、ついに北陸の平家軍は京都に引き上げた。すでに寒気が迫り、在国の難儀を口実にしているが、本音は義仲の武略を怖れてのこと、と『吾妻鏡』は述べている。『吾妻鏡』らしい書きぶりであるが、筆誅の匂いは否定できない。かくして、敦賀郡もほぼ完全に木曾義仲に味方する軍勢によって占められ、寿永元年が暮れた。

大嘗会の方はどうかというと、寿永元年一〇月二一日に安徳天皇の大嘗会御禊《ごけい》（大嘗会に臨むため、天皇がその前月下旬に鴨川の三条河原で行う禊《みそぎ》の儀式）行幸があった。行幸の日は節下《せちげ》の大臣以下の文武百官が従い、女御《にょうご》以下女官《にょかん》も車を連ねて供奉《ぐぶ》する。節下の大臣は儀式に立てる旗の下でことを執り行う大臣をいい、この日は内大臣《ないだいじん》宗盛があたった。いろいろ違例の多い行幸だったが、宗盛が待賢門前と三条京極それぞれで落馬したのも、人びとを驚かせた（『玉葉』）。こういう場合、馬には左右に口取りがついて牽くのであるから、落馬など起こりにくい。武家の棟梁ともあろう者が二度も落馬したのでは、面目丸つぶれである。

## 3　『方丈記』と養和二年の飢饉

鴨長明《かものちょうめい》の『方丈記《ほうじょうき》』は、鎌倉前期の建暦《けんりゃく》二年（一二一二）に成立した作品である。『徒然草《つれづれぐさ》』『枕草子《まくらのそうし》』と並ぶ古典文学の三大随筆に数えられる。内容は序の部分で、無常の世における人と栖《すみか》のはかなさを述べ、前半で若い頃に体験した五大災厄《ごだいさいやく》について集中的に書いている。五大災厄とは、安元三年（一一七七）の京都の大火、治承四年（一一八〇）の京都を襲った辻風《つじかぜ》（竜巻）、同年の福原遷都、養和年間（一一八一一八二年)の飢饉、元暦二年(一一八五)の京都大地震である。四〇〇字詰原稿用紙にして一三枚程度の小品だが、前半は迫力ある災害文学というべき作品である。

五つの災害はいずれも大きなものであるが、福原遷都だけは他と趣の異なるもので、普通なら人災と呼ぶべきもの。しかし、『方丈記』の叙述は淡淡としており、遷都を強行した清盛に対する政治批判の色はない。清盛という名前すら出てこない。まして、それ以外の四大災厄は、長明の意識の内では、人力を超越した自然災害として把握されている。

長明は、これらの天災を四大《しだい》(種)の働きとみなしている。四大とは、インド思想における宇宙や自然の構成原理として想定された四つの粗大な実在の意味で、物質界・生物界を構成する共通の要素たる地・水・火・風の四元素のこと。かれが「大地にいたりては殊なる変をなさず」といっているのは、地の本質が「堅《けん》の性」、作用が「能《よ》く持す」だからで(『倶舎論《ぐしゃろん》』巻一)、そのため大地震はめったに起こらず、日常的な変(災厄)にかんしては、地震以外のほかの三災が取りあげられる。

これらの考えによれば、安元の大火は火、治承の辻風は風、養和の飢饉は水にあたる。大火と辻風はわかりやすいが、長明が養和の飢饉が水にあたると考えたのは、「二年《ふたとせ》があひだ世中《よのなか》飢渇《かつ》して、あさましき事侍りき。或は春・夏ひでり、或は秋大風・洪水など、よからぬ事どもうち続きて、五穀事〳〵《ことごと》く生《な》らず」とあるように、その主要な原因が生命の源である水の乏少(旱魃)あるいは過剰(洪水)の結果とみているからである。

その養和の飢饉の養和元年分については、すでに第三章5節で紹介したが、養和二年(寿永元年)にいよいよ深刻の度を加える。治承四年の「春・夏ひでり」とはうって変わり、「秋大風・洪水など、よからぬ事どもうち続」いた結果である。すなわちその年の秋から冬にかけて何度も台風が襲来し、集中豪雨による河川の氾濫で大阪湾に流された川船が続出している（『吉記』治承四年一一月一日条）。『玉葉』によれば、翌五年五月前半には甚雨の連続、六月は大旱、七月後半はまた甚雨の連続と、まるで往復ビンタのような雨旱の打撃が続き、こうした天候不順によるダメージは翌年に加重されてゆく。長明は、

前の年（治承五年＝養和元年）、かくの如く辛《から》うして暮れぬ。明くる年は立ち直るべきかと思ふほどに、剰《あま》りさへ疫癘《えきれい》うち添ひて、まさざまに跡形なし（惨状はまさっていく一方で、立ち直った形跡は少しも見えない）。世人《よのひと》みな扃《けい》しぬれば、日を経つつ窮まりゆくさま、少水の魚のたとへに適《かな》へり。果てには、笠うち着足ひき裹《つつ》（ママ）み、よろしき姿したる物、ひたすらに家ごとに乞ひ歩く。かく侘びしれたるものども（困り果て、呆けたようになった人びと）の、歩くかと見れば、すなはち倒れ臥しぬ。築地のつら、道のほとりに、飢へ死ぬる物のたぐひ、数も不知《しらず》

という。

「よろしき姿したる物」は、それなりの身なりをした者という意味であるが、家ごとに物乞いをしているのだから、かれらとて餓死の恐怖に脅かされる日々だった。それが誇張でないのは、たとえば、『百練抄』養和二年正月条に「近日、嬰児を道路に棄て、死骸は街衢《がいく》に満つ、夜々の強盗、所々に放火す、諸院の蔵人と称する輩、多くもつて餓死す、それ以下数を知らず。飢饉前代に超ゆ」とある。蔵人は平安後期には、院・女院・東宮・摂関家・大臣家にも置かれていた。

さらに『百練抄』養和元年六月条の記事に「僧綱有官の輩にその(餓死者の)聞えあり」とあり、『吉記』養和二年三月二二日条にも、「宰相阿闍梨《さいしょうのあじゃり》忠円一日《ちゅうえんひとひ》(先日)の比餓死し了んぬと云々、大略日々の事たりと雖も、有職《うしき》以上は他に異る、よりてこれを注《しる》す」とある。有識とは、僧綱に次ぐ僧官で「已《い》講《こう》・内供《ないぐ》・阿闍梨」をいう(『拾芥抄《しゅうがいしょう》』巻七)。餓死は毎日のことだが、社会の上層にも餓死者が出たので特記されたのである。

養和の飢饉を生々しく伝える史料は少なくないが、その一つに『養和二年記』がある。同記は山下克明氏の考証により、安倍泰忠《あべのやすただ》が記主と判明した(山下克、一九九六)。泰忠は名人陰陽師として評判が高かった安倍泰親《やすちか》の孫、正四位上《しょうしいのじょう》を極位《ごくい》とし、権天文博士・大舎人頭《おおどねりのかみ》・陰陽頭《おんようのかみ》を経験した人物である(書陵部所蔵壬生家本『医陰系図《いいんけいず》』)。同記には「この間天下飢饉以後、路頭を過ぐるに人々伏せ死す。また天下強盗毎夜の事なり。すでに長承の飢饉にあひ同じ、(中略)上品《じょうぼん》の白綾《しらあや》一巻、僅かに三斗と相博《そうばく》(交換)するのみ」(正月二五日条)、「この間天下に飢饉・強盗・引裸(剝カ)・焼亡、毎日毎夜の事なり。あげて計《かぞ》ふべからず。清水寺橋下に二十余許りある童、少童を食□(欠字)見せしむと云々、人あひ喰《くら》ふの文、すでに顕然なり、また犬斃るをまた犬食ふ、これ飢饉の徴《しるし》なり、希代の事なり」(二月二六日条)などと見える。

右の正月二五日条は、この飢饉を長承時のそれになぞらえており、『方丈記』の「崇徳院の御位の時、長承のころとか、かかるためしありけりと聞けど、その世のありさまは知らず。目のあたり珍《めずら》かなりし事也」のくだりを思い出させる。長承の飢饉とは長承三年から保延二年(一一三四―三六年)頃まで続いた大飢饉をさしている。近年用いられるようになった遺跡出土材などの「樹木年輪セルロース酸素同位体比による気候変動の復元」結果により、保延元年は夏期の低温と高い降水量による日照不足が加わって凶作になったと判断されている(田村憲、二〇二〇)。養和元・二年も同様の自然条件によって、それを上回る大飢饉にいたったと考えてよいだろう。

また『養和二年記』が飢饉の結果食料価格が高騰し、「上品の白綾一巻、僅かに三斗と相博するのみ」、白綾の高級な絹織物一巻をもってしても、かろうじて穀物三斗(一斗は一八リットル)と交換できるのみだといっているが、これも『方丈記』がいう「たまたま換ふる物は、金《こがね》を軽くし、粟《あわ》(穀物)を重くす」、すなわち穀類と黄金の交換レートが、従来とまったく変わってしまったとあるのを連想させる。

一方、同記二月二六日条にある「二十余許りある童」の人肉嗜食《ししょく》の噂は、『方丈記』には見えない。『吉記』養和二年二月二二日条の「伝へ聞く、五条河原辺に三十歳許りの童、死人を食ふと云々、人、人を食ふ、飢饉の至極か、定かなる説を知らずと雖も、珍事たるによりて、なまじひに(しなくてもいいことをするさま)これを注す。後に聞く、或説、その実無き事と云々」に対応しているのであろう。

『方丈記』は盗賊の横行についても触れないが、養和元年一〇月二八日、円勝寺執行法眼任祐《しぎょうほうげんにんゆう》が賊のために一条町《いちじょうまち》辺り(現、一条通と新町通の交差点付近)で殺されたとか(『百練抄』)、養和二年二月二三日、故藤原成親《なりちか》の旧妻宅に群盗が乱入し、隣家が騒ぎ出したので、賊が矢を放ち侍一人が射殺されたなどの事件があり(『吉記』)、京中での強盗横行記事は珍しくない。これらは天災の枠に収まらないので、意図的に無視されていると思われる。長明にとって人為とは、飢饉に際し大切な人に食を譲るような、「わが身は次にして人を労《いた》はしく思ふ」心だけがとりあげるに値したのだろう。

そのほか「京中の人屋、去んぬる夏より、これを壊《こぼ》ちて沽却《こきゃく》す、殆ど人家無きがごとし」とあるように、生きるための窮余の策として、住居を解体し資材や薪として売り払う行為も顕著であった。検非違使庁に命じて制止させたが、それでも止まなかったという(『百錬抄』寿永元年一〇月二日条)。

また『養和二年記』の正月二四日条には、「昏《こん》の戌剋《いぬのこく》(黄昏時)、木《もく》・火《か》二尺五寸計《ばか》り〈熒惑《けいわく》(火星)西、歳星《さいせい》(木星)東〉、その体《てい》治承三年〈己亥《つちのとい》〉十一月の変のごとし、尤も御慎み有るべきか」とあり、陰陽家にして天文道に携わる安倍一族らしく、火星と木星が見かけ上異常接近したのを不吉の前兆とみて、慎みあるべきことを書いている。興味深いのはその天体の運行の様子が、平家が後白河院政を停止し国政の全権を掌握した治承三年一一月クーデタ時のそれと類似している、と主張している点である。この夜空の異変は、その後も同記に日を追って取り上げられている。これは世間的にも大きな話題となったようで、二月一七日には大外記清原頼業が、九条兼実のもとに来たり雑事を談じた際、ついでに先月の火星・木星の異常接近のことを語り「これ治承三年逆乱の時の変なり」という(『玉葉』)。二三日にも安倍泰親が天変を告げ「治承三年の大乱の時の変なり」といった(『玉葉』)。清盛のクーデタは、京都の貴紳にとってまことに忌まわしい記憶であった。

さて、この飢饉にかんする『方丈記』の記事でもっとも印象に残るのは、次のくだりであろう。

仁和寺に隆暁《りゅうぎょう》法印といふ人、かくしつつ数も不知死《しらず》(ぬ)る事を悲しみて、その首《こうべ》の見ゆるごとに、額《ひたい》に阿字《あじ》を書きて、縁を結ばしむる事《わざ》をなんせられける。人数《かず》を知らむとて、四五両月を計《かぞ》へたりければ、京のうち、一条よりは南、九条より北、京極よりは西、朱雀よりは東の、路のほとりなる頭《かしら》、すべて四万二千三百余《あまり》なんありける。いはむや、その前後に死ぬる物多く、又、河原・白河・西ノ京、もろもろの辺地《へんじ》(辺鄙な土地)などを加へて言はば、際限もあるべからず。いかにいはむや死屍累々たるありさまを悲しんだ仁和寺の隆暁法印が、死者の額に阿字を書いて、「縁を結ばしむる事」を行った、その人数は平安京の左京域だけで四万二千三百余といい、右京や近郊のそれを加えれば「際限」もない、まして「七道諸国」では膨大な数にのぼっただろう、と述べている。『方丈記』記述の緻密さからいえば、誇張とは言いにくいが、それにしてもにわかに信じ難い数字である。

隆暁の行為に対し、鎌倉末期書写本（前田家本）では「ひじりあまたかたらひて」、また流布本系の一本でも「ひじりをあまたかたらひつゝ」としている。前田家本は、『方丈記』の活字化にあたり底本として使われる大福光寺本《だいふくこうじぼん》（重要文化財）に次いで古い、良質のテキストである。これほどの事業が隆暁一人の労苦であるはずがない。聖云々を記さないのは、長明の文章推敲上の省筆かもしれないが、史実としては当然協力者・助手として多数の聖の存在を想定しなければならない。

この時期は、鎮魂・平和・徳政《とくせい》をめざして社会的実践を展開した聖を数多く輩出した。具体的には、東大寺大仏再建事業に携わった重源、第八章でとりあげる高野山根本大塔《こんぽんだいとう》で両界曼荼羅法《りょうかいまんだらほう》を勤修すべく奔走、高野山領備後国大田荘の獲得と経営にかかわった盲目の聖鑁阿《ばんな》（高橋昌、二〇一六c）、あるいは後白河の命を受けて『十念極楽易往集』を著した高野伝法院方の仏厳《ぶつごん》などが代表的な存在である（久野、一九九九a）。

隆暁自身は、村上源氏の出身で、正治《しょうじ》元年（一一九九）には法印権大僧都《ごんのだいそうず》として東寺二ノ長者に任じられたような顕密寺院の高僧であるが（安良岡《やすらおか》、一九八〇）、四七歳の壮年期には、無名の聖たちの協力を得、結縁・鎮魂という形の大規模な社会事業を推進していたのである。

ところで、「(死者の)人数を知らむとて、四五両月を計へた」主語を、長明その人であるとして、その行動力に驚くむきがある。しかし、二カ月で左京をくまなく歩き、いちいちに死者を数えたとすれば、「四万二千三百余」割る六〇日だから、一日あたり七百余である。かりに長明が行動力に秀で不眠不休で数えたとしても、個人の仕事としてはあまりに過重である。

「計へたりければ」の「けれ」は、他からの伝聞を告げるのに用いられる助動詞「けり」の已然形とされ(簗瀬、一九七二)、自らの行為とは解しにくい。三木紀人氏が『新潮日本古典集成』本の当該箇所の口語訳傍注、「四月五月の二カ月にわたって数えたところ」の先頭に、「(法印が)」とわざわざ括弧書きしているのが妥当で(三木、一九七六)、したがって四万二千三百余というのは、隆暁を頂点とする聖集団が、死者の結縁供養の際、数えた数字がもとになっている、と考えられる。そうすると、隆暁が額に阿字を書いた行為の実際的な効果も見えてこよう。額に徴をつける行為は、結縁ズミの死者とそうでない者を区別する効果があるからである。

阿字は、梵語《ぼんご》(サンスクリット語)の第一字母《じぼ》であり、あらゆる音韻と文字の母胎と考えられ、進んでは宇宙の事物の根源を意味する。密教の僧侶たるものが、いの一番に想起する梵字である。阿字には五種の音韻上の変化があり、これに発心・修行・証菩提《しょうぼだい》・入涅槃《にゅうねはん》・方便為《ほうべんい》究竟《くぎょう》の五種の徳を配して、行者の修行の段階とされる。それで安良岡康作氏は、死者の額に阿字を書く行為は、仏道に入り、さとりの智慧を得ようとする志を起こさせる(発心《ほっしん》)意味を持っており、それが「縁を結ばしむる」わざであったとした(安良岡、一九八〇)。すなわち阿字を書くことで、仏道に縁をつないで、未来に成仏する機縁をつくったというわけである。

なお、『方丈記』の五大災厄の記述は、『平家物語』諸本に取り入れられており、養和の飢饉については、『方丈記』の影響皆無といえる語り本系と、依拠関係が顕著な読み本系三本と四部合戦状本《しぶがっせんじょう》とに大別され、とくに四部合戦状本は隆暁法印のくだりをほぼ丸写ししていると報告されている（佐伯真、一九九六a）。

## 4 内乱と荘園公領制

養和の飢饉は、むろんたんなる天候不順のせいではない。以下述べるように、前年八月頼朝挙兵をかわきりに起こった、全国的内乱による人災の要素が極めて大きい。

反乱の全国化は、年貢・官物など京都向けの運上物《うんじょうもつ》（年貢・租税その他の貢納物）の途絶を招いた。寿永二年（一一八三）一〇月発給のある官宣旨は「去んぬる治承四年以後、都鄙大乱、上下不通」と述べる（『平安遺文』五〇八三号）。『養和二年記』は「去年〈養和元年辛丑《かのとうし》〉冬の比より、北国謀反の輩発起して路を塞ぐの間、京中の貴賤上下衣食に乏しき者なり、東国と云ひ北国と云ひ、一切の人ならびに消息通はず、おほよそ四夷《しいた》起ちて運上絶え了んぬ」とする（正月二五日条）。戦乱によって実際に運送に困難が生じただけでなく、乱を口実に上納をサボタージュする国衙・荘園が日増しに増加したのである。

年貢や租税が上がってこなければ、それによって支えられていた都人の日常生活はたちまち窮迫し、朝廷や権門高家《こうけ》の儀式・儀礼、寺社の宗教活動など、すべてが停滞してしまう。安徳天皇が東大寺知識詔書を発した養和元年八月二〇日のその日、京都西郊の松尾社は、以下のことを朝廷に訴えている。「関東反逆の後」神領がみなことごとく押領され、わずかに丹波国天田郡雀部荘《ささいべのしょう》（現、京都府福知山市）一所で毎日の供菜《ぐさい》（神仏への供物）を献上していた。同荘では荘内を流れる天田川《あまだがわ》（現、由良川）の川筋、上は雀部荘堺より下は丹後国堺の間は「私の魚釣《ぎょちょう》」を禁止し、鮭・鮎などの鮮魚を、松尾社に備え進めていた。それが、甲乙《こうおつ》の輩《やから》（一般庶民）が「自由に任せ魚梁《うおやな》を打ち鱗介《りんかい》（魚類と貝類）を漁《すなど》」って、すでに足りなくなってしまった、と主張する（『平安遺文』四〇〇五号）。

また翌寿永元年一二月一九日、九条兼実は御堂で故女院のため弥勒講《みろくこう》を修している。故女院とは崇徳天皇の中宮皇嘉門院藤原聖子のことで、兼実のもっとも親しく交わった異母姉である。『玉葉』は「年来故女院の御時、この講を行はると雖も、関東・北陸の御領等、路塞《みちふさ》ぎによりて用途不通の間、毎月の御講等を止めらるるの中、同じくもつて停止」していたという。女院がはじめた弥勒講は、戦乱の激しかった治承・養和の頃、中絶していた事実がわかる。

兼実は、翌寿永二年（一一八三）九月三日の日記に、次のように書いた。

> およそ近日の天下、武士の外一日も存命の計略無し。よりて上下多く片山《かたやま》（へんぴな山）田舎等に逃げ去ると云々。四方みな塞がる〈四国及び山陽道安芸以西・鎮西等、平氏征討以前には通達（とどこおりなく通ること）能はず。北陸・山陰両道は義仲押領す。院分《いんぶん》（国）已下の宰吏、一切吏務《りむ》能はず。東山・東海両道、頼朝上洛以前また進退能はずと云々〉。畿内近辺の人領、しかしながら（そのまま全部）刈り取られ了んぬ。段歩も残らず。また京中の片山及び神社・仏寺・人屋・在家悉くもつて

追捕す。その外たまたま不慮に前途を遂ぐる庄公の運上物、多少を論ぜず、貴賤を嫌はず、みなもつて奪ひ取り了んぬ。この難は市辺《いちのあたり》に及ぶ。昨今買売の便《びん》を失ふと云々。天なんぞ無罪の衆生を棄つるや。悲しむべし悲しむべし。かくの如きの災難、法皇嗜欲《しよく》（むさぼり好む欲心）の乱政と源氏（義仲）奢逸《しゃいつ》（奢佚、おごりに耽って遊び怠る）の悪行より出づ。　（『玉葉』）

これはじつは、養和二年飢饉の一年後、平家が都落ちをし義仲が入京した頃の世相で、改めて述べるように、義仲軍が兵粮の欠乏に悩み、都の内外で苅田や略奪をくり返しているという新要素が加わっているが、以前から継続している都人の困難な状態が、端的に指摘されている。それは全国の「四方」が平家・反平家勢力による軍事占領で「みな塞が」って京都が陸の孤島化している状況、院分国をはじめ知行国支配を担う「宰吏（国司の唐名、ここでは目代ら）」が一切職務が果たせず、「庄公の運上物」も目的地たる京都に届くことが「たまたま不慮」、思いがけない僥倖だといわれるような事態である。品薄のため市場の売買が止まり、「上下」の都人は「多く片山田舎等に逃げ去る」、食と安全をもとめて地方に疎開せざるを得なくなっていたのである。

それにしてもこの災難の原因は、「法皇嗜欲の乱政と源氏奢逸の悪行」だ、というのはなかなか手厳しい。当時の貴族の日記は、毎日のように行われる朝廷の公事・儀式を、後日滞りなくやり遂げる手引きにするために記される。したがって他人が見るのははじめから前提になっている。それをもはばからないこの論難は、摂関家（九条家）出身の右大臣という高い門地・官職、自他ともに許す政界一の識見の持ち主にして、はじめて可能な立言である。

かれは南都復興が始まった治承五年七月一三日、後白河院の諮問（炎旱・飢饉・諸国謀反など多くの災厄への対処法への）に対する返奏でも

そもそも先づ民をもつて国の先となす、しかるに去今両年の炎旱旬《しゅん》（まる一年）に渉るの上、両寺（興福寺・東大寺）の営造と謂ひ、追討の兵粮と謂ひ、民庶の費《ついえ》を計るに、ほとんど巨万を過ぐるか、豊年なほ所済に泥《なず》むべし（とどこおる）、いはんや餓死の百姓（すべての有姓者）に及ぶか、国失ひ民滅せば、賊首を誅すと雖も何の益有らんや、然れば則ち先づ衆庶の怨を省き、暫く人の望に従ふべきか、この外の徳化は、時議（宜）にかなふべからず

と述べている。反乱の鎮圧より民の救済が優先するというのは、立派な見識ではある。しかし、その根本原因を認識し、それに大胆にメスを入れない以上、机上の空論であり、きれいごとに過ぎない。しかるにかれはそこまでは踏みこまず、「かくの如き（神仏に祈り請うこと）沙汰有らば、何ぞ効験《こうげん》無からんや」と、神仏だのみの腰砕けになってしまう。口先だけでは政治は動かない。

内乱が平安期荘園公領制に与えた打撃は極めて深刻であった。それを醍醐寺の場合で、確認してみる。養和元年一二月二七日、醍醐寺トップの座主《ざす》実海《じっかい》は、権寺主慶延《ごんのじしゅけいえん》に、元日朝拝《ちょうはい》（元旦に僧侶たちから年賀を受ける儀式）を実施しなかった先例はないか、と尋ねている。「この御尋《おたずね》は今年は謀反兵乱によりて、諸庄々の所出《しょしゅつ》（差し出し物）、みなもつて運上せざりしのゆゑ、無拝の例もし有らば、その例によらしめんがため」であった。結果は万やむを得ざりし事例が二例あるが、その外は無拝の例はないとのことで

あった。そこで元日入寺次第を略式ながら定めたとある。

どの権門、顕密寺院でもそうだが、醍醐寺は寺院を運営するにあたり、見込まれる年貢収入を、あらかじめ年間の支出(用途)別に配分していた。しかし、養和二年になると、予算がまったく執行できなくなってゆく。たとえば、一月大仁王会《だいにんのうえ》(鎮護国家を祈念する法会)の参会者への食事は、三綱《さんごう》(寺内の僧侶・寺務を管理する上座・寺主・都維那《ついな》という三種の役僧)・権官《ごんかん》(三綱の権官)はみな欠け、政所《まんどころ》への割り当てが一石しかないので、他寺の僧を招かなかった。同一五日の大湯屋の粥《かゆ》が欠け、二月一日一番の僧への供物が欠け、飯は三石ばかりを供僧三綱らだけに配分し、その他は全員が配分を受けなかった。これは往古いまだかつて聞かざることとされている。三月二〇日の大湯屋にいたっては肝心の湯そのものが欠如した。これは醍醐寺院家《いんげ》の無量光院《むりょうこういん》の下部《しもべ》が、飢饉によって湯を沸かせなかったからである。

年号は変わったが、同じ年の寿永元年一〇月二五日、実海が亡くなった。かれが座主として在任中は、まさに天下飢饉に直面し、寺務三年の間、「房人《ぼうにん》(僧房に住む人)寺用《じよう》(寺院財政)の相折《そうせち》(割り当て分)を食せず、大略絶里《ぜつり》(人跡の絶えた里)のごとし」といわれ、世俗の信者のなかで、富家と評判のある人全員に、くまなく使を派遣して、強制的に借米をするという窮状だった(『醍醐雑事記《だいござつじき》』巻十)。

事情はどこも似たり寄ったりで、養和二年二月一七日、白河法皇建立の仁和寺転輪院《てんりんいん》で修二会(二月に国家の隆昌を祈る法会)が催された。参議左《さ》大弁《だいべん》の吉田経房は、行事の担当公卿として同院に赴いた。そこで事務を執り行う僧が語ったところによると、当院は近々有名無実のありさま、内裏からは一切人びとが参られない。そればかりか諸国の御封《みふう》(封戸として仁和寺に与えられた租庸調《そようちょう》、封戸への支配は実質荘園と変わらず)はみな未納や収取に苦労し、法会などとても行い難いと申し上げても、費用の援助はない、式日は違わず行うべしと命じられるので、かたちばかり行っている。護摩はあるが施し（施行カ）は行わず、毎日供養法をかたちばかり行うところである、荘園なく兵士《ひょうじ》（年貢の運搬人夫）もない、わずかに納入が渋滞する御封ばかりである、と（『吉記』）。

大事な点は、養和元・二両年に限らず、飢饉はその後も継続し、戦闘行動が終息した後にむしろ年貢の未済がより深刻化している事実がある。詳しくは第八章で述べる。九条兼実は、翌々元暦元年（一一八四）秋にも、「炎旱の愁ひ都鄙に充満すと云々、一切御祈りの沙汰無し、用途無きの上、国の損亡を歎きし人無きの故《ゆえ》と云々、悲しむべし悲しむべし」と書いている（『玉葉』七月二二日条）。長明が「いかにいはむや七道諸国をや」と書いたように、在地の荒廃により飢饉は全国化していた。

鴨長明は、大飢饉を簡にして要を得た筆で迫真に描く。けれども、それが内乱・戦乱にともなう社会混乱を主な原因とする人災であることに、かたくななまでに触れようとはしない。前に述べたように、宇宙や自然の構成原理である四大種による四変《しへん》という枠組み内で説明しようとする意識の結果である。かれは賀茂御祖社《かものみおやしゃ》（下鴨神社）の禰宜《ねぎ》鴨長継《ながつぐ》の二男として生まれ、七歳で従五位下（貴族）となるなど、恵まれた幼少期を過ごしたが、有力な保護者である父の死や妻子との飽かぬ別れ、賀茂御祖社の摂社《せっしゃ》（本社に縁故の深い神を祀った神社）である河合社の禰宜職を得られなかったことなど、人生いくつかの挫折を体験して出家遁世した。かれは政治や戦争という敵と味方を峻別してやまない、不寛容で人を獣畜化する世界を峻拒し、そこから完全に身を引いて自己の精神生活と創作活動を営んでいたのである。

むろんかれも都の人びとの窮状が、内乱によって荘園公領制が正常に作動しなくなったのが原因だと事実上認めている。「京のならひ、何事《なにわざ》につけても、みな、もとは田舎をこそ頼めるに、絶へて上るものなければ、さのみやは操《みさお》も作りあへん（そういつまでもがまんして、平気をよそおっていられようか）」というくだりは、まさにそれを示すだろう。かれとても否定すべくもない現実だからである。

一部の注釈では「何事」の「わざ」を職業の意味に解して、「どの職業においても、その資源は田舎ばかりをたよりにしているのに」と解しているが、狭過ぎる。「わざ」には、①事の次第、事態、ありさま、②行為、ふるまいという意味があるから、ここはやはり「なにによらず、根源は、地方に依存しているのに」（簗瀬、一九七一）のように、広く解釈すべきだろう。

# 第五章　平家、都を落ちる

## 1　野木宮合戦と義仲の行動

寿永も二年目(一一八三年)になった。変転極まり無い内乱期の内でも、もっとも波瀾に富んだ一年である。

まず二月、頼朝の叔父志田義広が、鎌倉を落とそうとして、大軍を率い常陸から下野へと進んだ。義広は源為義の三男。義朝には弟である。平家全盛期には、八条院領常陸国信太荘《しだのしょう》(現、茨城県稲敷郡美浦《みほ》村)の預所に補されたらしく、そこに住して志田三郎先生《せんじょう》と称した。先生とは皇太子の護衛兵の筆頭者をさすが、就任について確証はない。治承四年(一一八〇)一一月、源頼朝が佐竹攻めのため常陸に侵攻した際、国衙で弟の行家とともに頼朝に面会した。その後、鹿島社《かしましゃ》領を掠領するなど、自立の動きを示していた。

義広の鎌倉攻略を阻止しようとしたのが小山朝政《おやまともまさ》である。朝政は、下野国衙の有力官人小山政光《まさみつ》の嫡

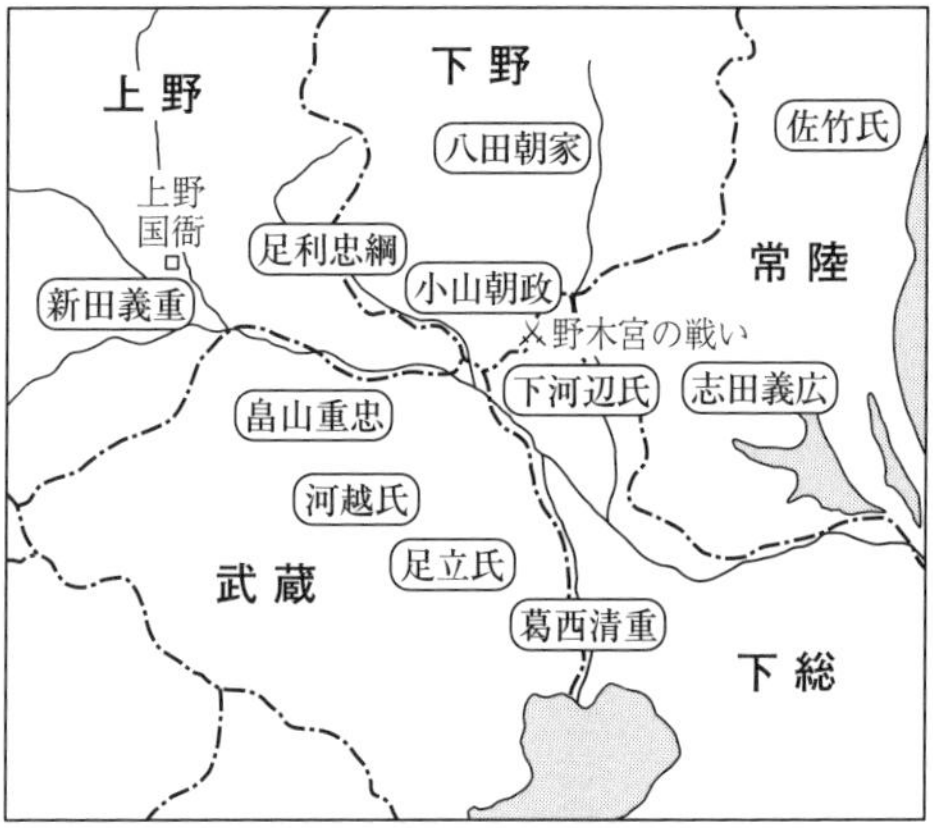


図17　野木宮合戦関係図

男で、末弟結城《ゆうき》朝光《ともみつ》の母は、下野の豪族八田《はった》（宇都宮）宗《むね》綱《つな》の娘で頼朝の乳母（寒河尼《さむかわのあま》）である。頼朝は、房総半島を平定し武蔵堺にいたった治承四年九月三日、去就不明の小山氏や下河辺行平・豊嶋清元《としまきよもと》・葛西清重らに合力を呼びかけている。それを機にかれらは頼朝の陣営に加わった（『吾妻鏡』）。

小山朝政と反対に、志田義広の軍事行動に呼応したのが、下野の足利忠綱《ただつな》である。忠綱は、平重盛に恩義を感じて平家に属した足利太郎俊綱の嫡子である（第一章5節参照）。足利と小山はともに秀郷流藤原氏であったが、「一国（下野）の両虎」として覇権を争っていた（『吾妻鏡』治承五年閏二月二三日条）。足利忠綱が志田義広に合流したのは、これを機会に頼朝方勢力に押され勝ちの劣勢を挽回せんとしたのであろう。

戦場となった野木宮《のぎのみや》（現、栃木県下都賀郡野木町）は、下野国の南端、常陸・下総・武蔵三カ国が堺を接する位置にあり、小山氏の勢力圏内である（図17）。二月二三日、朝政は、小山の本宅を発し野木宮で義広軍を迎え撃つ。合戦中に義広の放った矢があたり朝政が落馬する場面もあったが、朝政の弟宗政《むねまさ》の活躍もあって志田軍は潰走する。これを野木宮合戦というが、戦域は現、茨城県古河市や埼玉県北葛飾郡杉戸町まで含み、朝政軍には八田宗綱の子朝《とも》（知）家《いえ》や下河辺行平らが味方し、実際は関東を二分するほどの大きな戦闘だったようだ。戦後、常陸・下野・上野で義広に同意した輩の所領が、すべて収公され、朝政らが恩賞に与った。

敗れた志田義広は逃亡し、木曾義仲のもとに身を寄せる。足利忠綱は、山陰道を経て西海方面に赴いた。平家の陣営に走ったのだろう。忠綱の父俊綱は、同年(養和元年かも)九月、頼朝軍に攻撃され郎従の裏切りで殺され、伝統を誇った藤原姓足利氏の嫡家は滅亡した(以上『吾妻鏡』治承五年閏二月二〇・二三・二五・二八日条、養和元年九月七・一三・一六・一八日条)。これで関東では親平家勢力は一掃され、ほぼ頼朝与党で占められるようになった。『吾妻鏡』は、この事件を治承五年閏二月の条に採録しているが、『吾妻鏡』によくある「切り貼りの誤謬」の一例である(石井進、二〇〇五a)。

つぎは義仲・行家に関連する話題。源行家は野木宮合戦の二年前、治承五年五月当時三河にいた。読み本系諸本や『玉葉』六月六日・九月七日条によると、同年五月一九日、伊勢神宮に願書を送り、「行家、王城(京都)に帰参して、王尊(天皇)を護り奉り、頼朝は東州の辺堺に於いて、西洛(京都)の朝威《ちょうい》を耀かす」との希望を朝廷に伝えさせようとした(延慶本巻六・廿四)。伊勢神宮は、源氏に同意していると見られることを恐れ、拒否している(『吾妻鏡』寿永元年五月二九日条)。願文中の「東州の辺堺に於いて」以下は、頼朝を出し抜いて後白河に接近するのを正当化するため、鎌倉から動かない頼朝の現状をいいわけに利用している。

この願書(告文《こうもん》)を見た九条兼実は、その文体が「夷狄《いてき》・俘囚」のものではないと喝破した。実際は、大夫《たいふ》坊覚明《ぼうかくめい》の筆であったという。覚明はもと興福寺の僧で僧名を信救《しんぎゅう》といった。以仁王の挙兵時、園城寺から興福寺に協力を願う牒状《ちょうじょう》を送ったが、興福寺の返牒《へんちょう》を書いたのがかれで、その文中に清盛を「平氏の糟糠《そうこう》(酒粕と米糠、取るに足りないもののたとえ)、武家の塵芥《じんかい》」と決めつけたため、奈良に居られなくなったという(覚一本巻四南都牒状)。

その後行家は相模に行き、寿永二年三月の頃、大庭景親が清盛の鹿島詣のため作らせた例の松田御所(第二章1節参照)に住んでいた。頼朝に所領が欲しいと願ったが、自力で敵国を切り取ったらよい、と突き放されている。所領を求めた口実は「平家と八箇度合戦して、二度は勝六度は負」たので、家子郎《いえのこ》等を多く討たれた、その供養のためという(盛衰記巻二十八頼朝義仲中悪)、六度負けたが二度は勝った、という言い方が自慢めいていておかしいが、確かに行家は、政治工作の能力はあったが、戦上手ではない。あてが外れて不満のかれは、信濃の義仲を頼った。義仲は迎え入れたが、叔父である行家を「猶子」扱いにした(延慶本巻八・二)。覚明も行動をともにし義仲の右筆《ゆうひつ》(貴人に侍して文書を書くことを掌った人)になった。

一方、義仲は同じ寿永二年三月、石和(武田)信光の讒言《ざんげん》などもあり(同右)、源頼朝と対立した。頼朝は義仲討伐軍を上野国板鼻《いたはな》(現、群馬県安中市)まで派遣し、一触即発の状況となったが(『神明鏡《しんめいかがみ》』上)、なんとか講和が成立した。講和の条件として、義仲の嫡子義高《よしたか》(義基《よしもと》)が鎌倉に送られた。義高は志水《しみず》(清水)冠者と号し、母は義仲の乳母子《めのとご》今井兼平の妹である(盛衰記巻二十八頼朝義仲中悪)。兼平は東信濃に比較的近い筑摩《つかま》郡今井《いまい》邑《むら》(現、長野県松本市)を本拠とし、今井四郎と称した。兄の樋口兼光、滋野幸親・楯親忠父子とともに、義仲四天王の一人である。義高はいわば人質であるが、当時五、六歳だった頼朝の長女大姫《おおひめ》の婿という形で迎えられた。

こうして上野にも頼朝の力が及ぶようになったが、西上野を中心に義仲の影響力は残ったとみられる。

## 2　北陸道遠征軍の惨敗

養和の飢饉などの影響で、戦闘が全国的に不活発になっていたなかにあって、北陸道は越前・加賀などの反乱勢力と平家の間で、例外的に軍事行動が継続されていた。そして寿永元年、平家はついに北陸道から追い払われた。翌二年四月中旬、平家が捲土重来を期して大軍を北陸道に派遣すると、それを迎え撃つ北陸道の反乱勢力に、義仲・行家が加わった。義仲は、頼朝との講和が成立して、北陸道方面に専念することができるようになっていたからである。

平家の追討軍は京都を発ち、琵琶湖の東西に分かれて北陸方面に向かった。『玉葉』では、その数「四万余騎」(六月五日条)、全軍出立完了に四月一七日から二三日まで一週間もかかった。当時は軍司令官の命令一下、隷下部隊が一斉に行動する近代の官僚制的な軍隊ではない。整然と隊伍を組み、間隔を空けず行軍するようにはできていない。「先陣、後陣を定むる事もなく、思々に我先にと進みけり」(延慶本巻七・八)、あるいは「征討将軍等、或いは以前、或いは以後、次第(追い追いに)に発向」した(『玉葉』四月二三日条)。主人である将軍とかれの家人たちでまとまり、遅・速も一時休止も、すべて自己都合なのである。つまり全体としては、ほとんど統制がとれていなかった。

この遠征軍については、覚一本に前年から「「明年は馬の草がひについて、いくさあるべし」と披露せられたりければ」とある(巻七北国下向)。「馬の草がひについて」とは、馬に若草を食わせる時分で四月頃をいう。実際に追討軍の編成準備が開始されたのは、三月だったらしい。その一環として、当時平家の軍政下にあった畿内と周辺諸国では、根こそぎ動員が行われた。

たとえば興福寺などは、宗盛側近の源季貞《すえさだ》から、同寺領山城国相楽《そうらく》郡天山《あまやま》・和束《わづか》両杣《そま》(建築用材を切りだす山、現、京都府相楽郡笠置町と和束町)の杣工《そまく》(きこり)のうち、兵士として動員できる者は誰々か、リストをだせ、と命じられている。季貞は、父安芸守季遠《すえとお》以来平家と主従関係を結んでいた清和源氏満政流で、清盛生前はその側近に仕えて諸事を差配した(五味、二〇二〇)。その後、近隣の武士がたびたび両杣に足を運び、入手したリストにもとづいて兵士と兵粮米を徴発している(『平安遺文』四〇七九・四〇八〇号)。

中世では兵士とは普通運搬人夫をいう。軍隊が行動する時、出陣を華やかに盛り上げる装束・道具類を含め、戦闘には無用な身分を飾る荷物を大量に運ぶため、多数の人夫が要る。また、杣工だから、いわば工兵の役に供されたという見解もある。当時の「城郭」は、「敵の進路を遮断するため戦場に臨時に構築された、簡単な交通遮断施設(バリケード)」のことだから、それらを破壊したり撤去したりする要員だ、という意見である(川合、一九九六)。双方排除しあうものではない。大和国添上《そえのかみ》郡でも、荘園・公領の別を問わず兵士が徴発された。春日社領のある所領で催促にあたったのは、郡内の武士的存在であり、その背後にはやはり源季貞がいた(『平安遺文』四〇八三・五〇八〇号)。

兵士動員の根拠となったリストは、あわただしく作成されたためか、ずさんなものであったらしい。兵士の動員にあたった大和国平田荘《ひらたのしょう》(現、奈良県北葛城郡河合町)の荘官たちは、「与えられたリスト通りに兵士の催促を行ったので、その中に戦闘に堪える者がいるかどうかは、われわれの与り知らぬところ」と弁解している(『平安遺文』四〇八五号)。和束杣でも杣工らは、われわれはひごろ「弓箭刀兵《きゅうせんとうびょう》」を帯びる者ではない。しかも三六人の杣工のうち二七人までを徴発するとは「言語道断」、と抗議している（『平安遺文』四〇八〇号）。こんな強引さでかき集められた、ろくに武器も帯びない民衆兵士が、戦闘意欲を持っているはずはなく、行軍や宿営のすきをねらって、脱走する者が続出したであろうことは、想像に難くない。

和束杣では兵士のほかに兵粮米の徴発を行っているが、何度もいうように、中世以前の遠征軍の食料は基本的には現地調達である。義仲追討軍も、「かた道を給はッてンげれば」あるように（覚一本巻七北国下向）、往きの費用・必需品を途中で徴発することが公認されていた。

この当時「駆武者《かりむしゃ》」という言葉があった。平家と日常的な主従関係を結んでいる武士ではなく、国衙の力により駆り集められた地方の武者たちである。徴発動員された民衆兵士同様、平家に格別の忠誠心を持たず、参戦の義理もない。かれらにとって、戦さは稼ぎの機会でしかなかったとしても、驚くにはあたらない。誤解なきように言えば、これは平家の軍隊だけの特色ではなく、城氏方にも共通する（延慶本巻六、廿六）、平安時代普通に行われた兵力動員方式であった。かくしてすでに進発以前から、北陸道追討軍の武士は、京都内外で「人馬雑物、路に眼を懸けるに随《したが》ひ横しまに奪取」し、たとえ宗盛に訴えても、とても取り締まれない状態だったという（『玉葉』四月一四日条）。

都を発った征討軍は、逢坂《おうさか》の関《せき》よりはじめて、途中で出会う都むけの租税・年貢を、ことごとく奪いとり、琵琶湖岸の村々を略奪しながら北上した。覚一本は、これを「人民こらへずして、山野にみな逃散す」と記す（巻七北国下向）。その記述に続けて延慶本の独自記事として、逃げ隠れた人びとが略奪を遠くから眺めながら、一斉に「昔よりして朝敵をしづ（鎮）めむが為に、東国北国に下り、西海南海に赴く事、其例《そのためし》多しといへども、此《か》の如《ご》くの人民を費《つい》やし、国土を損ずる事なし」と、大声で叫んだとある（巻七・八）。

覚一本には、富士川の戦の時、「伊豆・駿河、人民・百姓等が、いくさにおそれて、或は野にいり山にかくれ、或は舟にとり乗ッて海河にうかび、いとなみの火（煮炊きなどする火）の見えけるを」という短いくだりがある（巻五富士川）。あわせて、民衆にとっての戦争というテーマに、ほとんど関心を示さなかったこの物語のなかでは、数少ない印象的な場面である。合戦はけっして無人の原野でのマスゲームではなかった。こうして、内にも外にも怨みの声が満ちる中、遠征軍は戦地に赴いた。

さて、この遠征軍の首脳陣であるが、各種史料から大将軍に維盛・通盛・忠度・知度・経正・清房・行盛・維時《これとき》らの平家一門、侍大将《さむらいだいしょう》として越中前司《ぜんじ》盛俊父子・上総介忠清の子息たち・飛驒守景家《かげいえ》父子、ほかに高橋判官長綱《ほうがんながつな》・河内判官秀国《ひでくに》・武蔵三郎左衛門有国《ありくに》らが顔を揃えていたことがわかる。上総介忠清は維盛の、飛驒守景家は宗盛の乳父《めのと》であった（髙橋昌、二〇〇九）。乳父とは文字通り乳母《めのと》の夫であるので、忠清・景家の子どもたちは、維盛・宗盛とともに育った乳兄弟（乳母子）という位置づけになる。乳母とは社会的地位の称であり、授乳の女性とは限らないが、その場合でもそういう擬制をとる。かれらは主人とただの主従関係ではなく、主人を幼い頃から養う養親《やしないおや》とかれらに後見される若君（養君《やしないぎみ》）、というミウチ関係にあった（橋本、一九七六）。主人の盛衰と苦楽をともにする存在である。

ちなみに、平家の家人も御家人と呼ばれた。ただの家人ではなく御家人と「御」がつくのは、諸国から交替で上洛し、定まった期間、王家の正邸たる閑院内裏《かんいんだいり》（高倉・安徳天皇の皇居、二条南・西洞院西・油小路東）の警固に従事する、という国家的な軍事的役割を果たしたからである。ただし、のちの頼朝と御家人の関係とは違って、「頭殿《こうのとの》(重衡)の御家人等」などといわれるように(『平安遺文』補三九七号)、頂点たる清盛(のち重盛→宗盛)に一元的に統率されるのではなく、平家一門のメンバーとそれぞれ個別に主従関係を結んでいた。

こうした形になったのは、平家の貴族社会での地位向上によって、清盛の子弟がそれぞれ上流貴族として、公に家政機関を開くことを認められ、侍所を通して侍(家人)を統制するようになったからだ、と思われる。大将軍とは、この家単位に(まだ家を開いていなければ子弟を単位に)形成された部隊を率いる家の当主であり、侍大将は大将軍のもとでその兵を預かり、実戦の指揮をする武将たちをさす。この結果、平家軍は、大軍化する時は、一門を構成する各家(その御家人集団)を単位としながらの連合という形をとらざるを得ず、しかも全軍を統率する真の意味での最高司令官は存在しない。大将軍と呼ばれていても、他家に所属する御家人への直接指揮は、原則としてあり得なかった(髙橋昌、二〇一三d)。

北陸道追討軍をさして、よく一門こぞってという。確かに四万もの軍勢の動員は力の限界に近かったであろう。侍大将も平家御家人中の主だったメンバーが多く見える。しかし、一門でも勇将のほまれ高い知盛・重衡の兄弟が入っていないのは、どうしたことだろう。先のメンバーは、いずれも前年まで北陸道で戦ってきた一門の武将である。また維盛・忠度・知度は、富士川の大敗でみじめに逃げ帰った主将たちであるが、なぜ敗戦を重ねるかれらが、幾度も起用されるのだろうか。

かれらの北陸道での経験を買われたというのが表向きの理由であろう。同時に、当時の一族結合のあり方をふまえると、かれらが起用される理由が理解しやすくなる。すなわち、一門の首長の子どもの内、しかるべき人物が一人、嫡子として父の家を継ぐ。多くは身分の高い正妻との間に生まれた子である。

かれは、母方の政治勢力にも支えられて、やがてゆるやかに一門を支配統括するようになる。それが惣領であり、かれの流れが嫡流となる。

平忠盛の男子の中では清盛が嫡子、清盛の子たちでは重盛が嫡子であった。重盛の母は身分低く生まれ、しかも早くに亡くなった(髙橋昌、二〇一一b)。それで、一一七〇年代に入ると、清盛の後妻であり正妻である時子(二位《にい》の尼《あま》)の一男宗盛の存在が大きくなり、急速に嫡子の地位に迫ってくる(以後重盛の家を小松家、時子とその子どもたちを一門主流と称する)。安元三年(一一七七)五月の鹿ヶ谷《しかがたに》事件以降、平家と院が対立を深めると、小松家は明らかに勢いを失った。

鹿ヶ谷事件の本質は、後白河が延暦寺の僧徒たちの強訴《ごうそ》を押さえこむため、平家に叡山を攻撃させようとして、それを嫌った清盛が、まだ萌芽の状態だった反平家の陰謀事件の存在を口実に、首謀者と目された藤原成親ら院の近臣たちを処分し、後白河院権力を抑えにかかったところにあった(髙橋昌、二〇一三f)。重盛は後白河院の近臣の一人であり、院の近習筆頭の藤原成親の妹経子《けいし》を妻としており、成親とは親しい関係にあった。事件後成親が清盛の手によって配流・殺害されると、重盛の平家内の立場は苦しくなり、治承三年(一一七九)の重盛の死によって、小松家は嫡流の位置から最終的にすべり落ちた。また小松家の嫡子は、重盛と経子の間に生まれた三男清経であったが、これも事件の影響で、一男の維盛に移った(髙橋昌、二〇〇九)。その維盛も成親の娘を娶っていた。

経正は経盛、通盛は教盛と、どちらも清盛の弟の子で、惣領宗盛からいえば従兄弟、これも傍流である。さらに清盛の末弟である忠度、清盛の庶子である知度・清房、父基盛を早く亡くした行盛などは、早くから傍流とみなされた人びとである(図16参照)。

もちろん宗盛と同腹の弟、知盛・重衡も惣領ではないから、いずれ傍流化するが、この時点では、妹の建礼門院徳子(安徳天皇母)とともに、一門主流を構成するメンバーであり、一門内の位置は高い。宗盛は官位高く一門の総帥だから、実際に兵を率いて戦場に出る機会はない。宗盛の御家人を預かって出陣するのは、実弟の知盛か重衡で、病持ちの知盛より重衡の起用が多い(髙橋昌、二〇〇九)。

内乱二年目の尾張墨俣川の合戦は、平家の大勝利に終わった戦であるが、この時、重衡の軍勢が討取った敵の首数は二一三、通盛のそれは六七、維盛は七四、忠度が二一、知度が八、維時(忠盛の兄弟時盛の子カ)が七である(『吉記』治承五年三月一三日条)。取った首の多寡はかれらが率いる軍勢の数におおよそみあったものだろうし、それはかれらの一門内での立場や勢力を表現している。

小松家の維盛は傍流化していたが、かつて嫡流の位置にあったから、平家内では一門主流に次ぐ位置にあり、率いる兵力も多い。宗盛のそれと並ぶ平家内二大軍事集団の一つを構成していた(髙橋昌、二〇一三d)。通盛の父教盛は、清盛の兄弟中もっとも清盛の信頼厚く、傍流の中でも相対的に力があった。傍流にも順位があるのである。こうして、木曾追討軍の主将たちの顔ぶれから、一門の傍流であり中枢と距離がある人びとが、まず困難な戦場に送られる定めにあったことが読みとれる。

軍隊では主力部隊がまっさきに前線に送られるとは限らない。前哨戦では弱い立場、使い捨て兵力から戦場に投入され、主力が温存されることは珍しくない。一門主流であり、最強兵力を率いるはずの知盛・重衡が不在である理由は不明だが、東国の反乱諸勢力と対峙するという名目で、意図的に起用からはずされたのかもしれない。こうした人選をあえてしたのは、宗盛とかれの側近たちであったに違いない。

ただし、飛騨守景家父子や越中前司盛俊父子が遠征軍に参加している。かれらは宗盛の御家人であり、景家は宗盛の乳父であり、重衡と行動をするのが常態である。兵力増強のため、本来の所属を離れて遠征軍に加わっている、と理解すべきであろうが、最強部隊と自負し、一門主流以外の命令は聞けない、と思っているような存在は扱いにくい。かれらを統制するのは維盛には荷が重い。維盛が無理ならほかの誰にも不可能である。

先に進もう。琵琶湖の東西を二手に分かれて進んだ部隊のうち、主力の西軍は、敦賀を経て木ノ芽峠越の道、別動隊の東軍は栃ノ木峠越(能美越)の山道を進んだ。二つの道は現、福井県南条郡南越前町の今庄《いまじょう》地区で合し、越前北部に向かう。これに対し、越前の反平家勢力は、同地の要害燧《ひうち》城を固め、川を堰き止めて渡河を防いだ。しかるに、主将格の平泉寺の長吏斎明が平家に寝返ったため、四月の内に城が落ちた。

以後、平家軍は斎明の案内で越前を席巻、ついで加賀と能登の南半部を奪還し、木曾の前哨部隊を撃破、加賀・越中国境にせまった。だが、五月一一日砺波山《となみやま》(倶利伽羅峠《くりからとうげ》、現、富山県小矢部《おやべ》市・石川県河北郡津幡町)の合戦に大敗し、さらに六月一日加賀国江沼郡篠原《しのはら》(現、加賀市)において、壊滅的な打撃を受ける。

砺波山戦については、義仲軍の火牛《かぎゅう》の計《けい》の奇襲戦法によって、深い谷に追い落とされ、墜死の死骸が谷を埋め、地獄谷の名を残すほどの惨状を呈したといわれる。『玉葉』は「官軍の前鋒《ぜんぽう》勝に乗り越中国に入る。木曾冠者義仲・十郎蔵人行家および他の源氏等迎戦《げいせん》す。官軍敗績《はいせき》、過半死に了んぬと云々」とそっけない(五月一六日条)。

源平合戦に限らず、中世の合戦の具体的経過をたどることは、ごく一部の例外を除いて不可能である。参戦者の証言は一般に、自己宣伝と自己弁護が多い。軍記も見てきたような嘘が多く信用できない。貴族たちの日記は、史料としてはより信用できるが、戦場からはるかはなれた伝聞が多く、戦闘に関心が薄いので記事もまことに簡略である。

歴史研究者なら、事実が不確かだから、そこから何らかの戦訓《せんくん》を引き出そうとしても意味がないと考える。第一、既述したように、軍隊のあり方がまったくちがう。武器以外でも、編成のあり方や命令の貫徹度、兵士の徴募法や訓練法などまったく異なっている。

しかし、「はじめに」で軍記という古典文学のジャンル名の成立とかかわって述べた指摘と関係するが、第二次大戦前には軍人の合戦(戦史)研究が盛んだった(髙橋昌、二〇一六b)。砺波山戦についても、大正時代、陸軍少将の首藤多喜馬《しゅとうたきま》が、義仲の闘いぶりは「戦闘法の戦理に合し」ており、「軍隊指揮の原則を教ふる点」において、大いに推賞できると讃えている(首藤、一九八七)。そこでは平安末期の軍事集団と近代軍隊の歴史的構造的な違いなど、まったく意識にのぼっていない。

首藤は、当時金沢の歩兵第六旅団長《りょだんちょう》で、参謀本部戦史課長や陸軍大学校の兵学教官(欧州戦史講座)も経た戦史研究の専門家だった。かれを含めた戦史に携わる軍人の発言は、その道の権威なるがゆえに、影響も大きかった。近代の実戦に援用されたと軽々にはいわないが、火牛の計や、義経の「鵯越《ひよどりごえ》の逆落《さかおと》し」、信長の「桶狭間《おけはざま》の奇襲」など、あやしげな戦史の教訓(机上の空論)が、軍指令官や参謀たちの功名心や必勝の信念をかきたて、なんらかの現実的・否定的な影響を及ぼさなかったとは、考えにくいのである(髙橋昌、二〇一六b)。

われわれはむしろ、篠原合戦について『玉葉』が、「敵軍わづかに五千騎に及ばずと云々。かの三人の郎等大将軍等（越中前司盛俊・飛驒守景家・上総判官忠経《ただつね》）、権盛《けんせい》（勢）をあひ（互いに）争ふの間、この敗《やぶ》れありと云々」と伝えることに、注目したい（六月五日条）。つまり敗戦の第一要因は、決戦を前にしたかれら侍大将間の、功名や主導権争いにあったというのである。忠経は維盛の御家人、盛俊・景家は宗盛の御家人であり、しかも後者は通常の統率者である重衡が不在である。指揮系統が明瞭でない部隊を抱えながら、威望《いぼう》ある最高司令官が不在だという連合軍、バラバラな部隊の寄合所帯であった遠征軍の弱点が、はしなくも露呈したと考えられる。

この北陸道遠征を通して、『平家物語』諸本では大将軍の三河守平知度・讃岐守平維時、侍大将では景家の子大夫判官景高《かげたか》、高橋判官長綱、武蔵有国らが戦死したと記す。それ以外では、有名な斎藤実盛、大庭景親の弟で頼朝が南関東を制圧後上洛し、平家の北陸道追討軍に属した俣野景久、伊東祐親の子伊東祐氏《すけうじ》（祐清《すけきよ》）、難波経遠《なんばつねとお》、館貞保《たてさだやす》（康）などが討死している。

## 3　平家都落ち

寿永二年（一一八三）の梅雨の終わりの頃、平家の北陸道遠征軍は、命からがら京都まで逃げ帰る。これを追って七月一〇日過ぎには、義仲率いる反平家の連合勢力が、近江勢多（現、滋賀県大津市瀬田）に兵を進めた。丹波方面には一三日以前から足利判官代（矢田義清）があり（『皇代暦《こうだいれき》』）、二河冠者《にがわのかじゃ》（源信親《のぶちか》）が伊賀から大和に兵を進めた（『吉記』七月一六日条）。矢田義清は、義仲挙兵以来行動をともにしてきた西上野を本拠とする武将である。大和源氏の源信親は、すでに養和元年（一一八一）から「奈良の悪僧」とともに、宗盛の所領「大福庄《だいぶくのしょう》（大仏供荘）」（現、奈良県桜井市）を焼くなどの反平家活動を展開していた（『玉葉』養和元年九月二四日条）。

一四日には、源行家が伊賀に姿を現し、平家の平田家継と合戦している（『吉記』七月一六日条）。行家が進軍する以前から「金峰山《きんぷせん》・多武峯《とうのみね》等の衆」が蜂起し、これには「頼政入道の党」も加わっていた（『吉記』七月九日条）。「頼政入道の党」とは、仲綱の子有綱・宗綱《むねつな》、仲綱の弟頼兼《よりかね》らをさしている（長村、二〇一六）。

義仲らが都に迫ると、多田行綱《ただゆきつな》らが、摂津・河内をほしいままに荒らし回り、河尻《かわじり》の船をみな差し押さえ、九州から運上の食糧米を押し取る動きを見せた。河尻は淀川と神崎川《かんざきがわ》の分岐点、現在の大阪市東淀川区江口《えぐち》辺りの河港で、西国から京に上る際には、当地で陸路を行くか、船で淀川を遡るかが選択された。近江に加え当地を押さえられると、京都への物資の搬入はストップし、都は完全に干あがってしまう。河尻での出来事は平家の危機感をつのらせ、西に走らせる陰の誘因になった（髙橋昌、二〇一五b）。

行綱は、摂津川辺郡多田荘《ただのしょう》（現、兵庫県川西市）を本拠とする摂津源氏の一員である。多田荘は一〇世紀の源満仲が経営したのち、嫡男頼光の系統が継承し、かれの孫頼綱《よりつな》によって摂関家に寄進された。この頼綱から多田の名字を号したとされる。頼綱の子に明国《あきくに》と仲政《なかまさ》があり、仲政の子が宇治で敗死した頼政である。明国からは三代のちに行綱が出た（図2参照）（『尊卑分脈』）。

行綱は『平家物語』では、安元三年（一一七七）、藤原成親らが平家打倒を計画した際、鹿ヶ谷の謀議に参加したが、計画があまりに安直なので、保身のため清盛に密告した人物とされる（覚一本巻一鹿谷、巻二西光被斬)。鹿ヶ谷事件の本質についてはすでに述べた。行綱の密告についても、史実かどうかはっきりしない(髙橋昌、二〇一三f)。だが行綱が機を見るに敏で、去就に振幅の大きい人物だったのは確かである。平家御家人だったとされるが、院とも関係が深く、この時点で平家の行く末に見切りをつけ離反した。延慶本や盛衰記は行綱やかれと行動をともにした太田太郎頼助《よりすけ》(頼資)らをさして、「摂津、河内のあぶれ源氏ども」と呼んでいる(延慶本巻七・廿など)。

戦局極めて不利ななか、都落ちを推進した中心が、宗盛と重衡であったのは間違いない(『玉葉』八月二日条)。しかし、いよいよ実行にあたり、後白河法皇と摂政近衛基通に逃げられたのは大誤算であり、うかつであった。二人を連れ去れば、王朝の主要メンバーは行動をともにせざるを得ない。そうなれば当面平家の政治的正統性は維持でき、その後の歴史の展開に重大な変更があったはずである。

いざという時「法皇を具《ぐ》し奉り海西に赴くべし」という平家の「密議」があったのは、七月二〇日頃で、内容を知った基通は、それを法皇に伝えた。後白河は基通に「愛念《あいねん》」をいだいており、「密議」のあったその日の内に、基通と寝所をともにし「御本意を遂げ」た(『玉葉』八月二・一八日条)。

近衛基通は、父基実が清盛の娘盛子《もりこ》(白川殿《しらかわどの》)を妻としただけでなく、かれも清盛の別の娘寛子《かんし》を妻にしていた。平家の後押しで関白ついで摂政になった人物である。いわば平家の身内が、男色を通して、都落ち近しの機密情報を、いちばん漏れてはいけない相手に漏らしたわけである。基通は平家と深い関係にあった。だからこそ、斜陽集団と一体であるのに展望がもてず、後白河の「鍾愛《しょうあい》」を渡りに船と、庇護の主を乗り換える決断をしたのだろう。事情を知った基通の叔父、九条兼実は、後白河・基通二人の関係を、「君臣合体の儀、これをもつて至極たるべきか」と痛烈に皮肉った(『玉葉』八月一八日条)。

後白河は平家に怨み骨髄であったから、西海行きにつきあおうとは毫《ごう》も思っていなかった。都落ちの報を得た後は、平家から離れるタイミングをみはからっていたのだろう。七月二三日朝、東山七条を中心とするかれの御所法住寺殿《ほうじゅうじどの》に移った。いざという時の安徳天皇の行幸に備えるというのが口実だったが、平安京内の御所と違って広大な空間である。隅々まで監視の目が届かない。勝手知ったる地で、遁走にも便利な場所である。

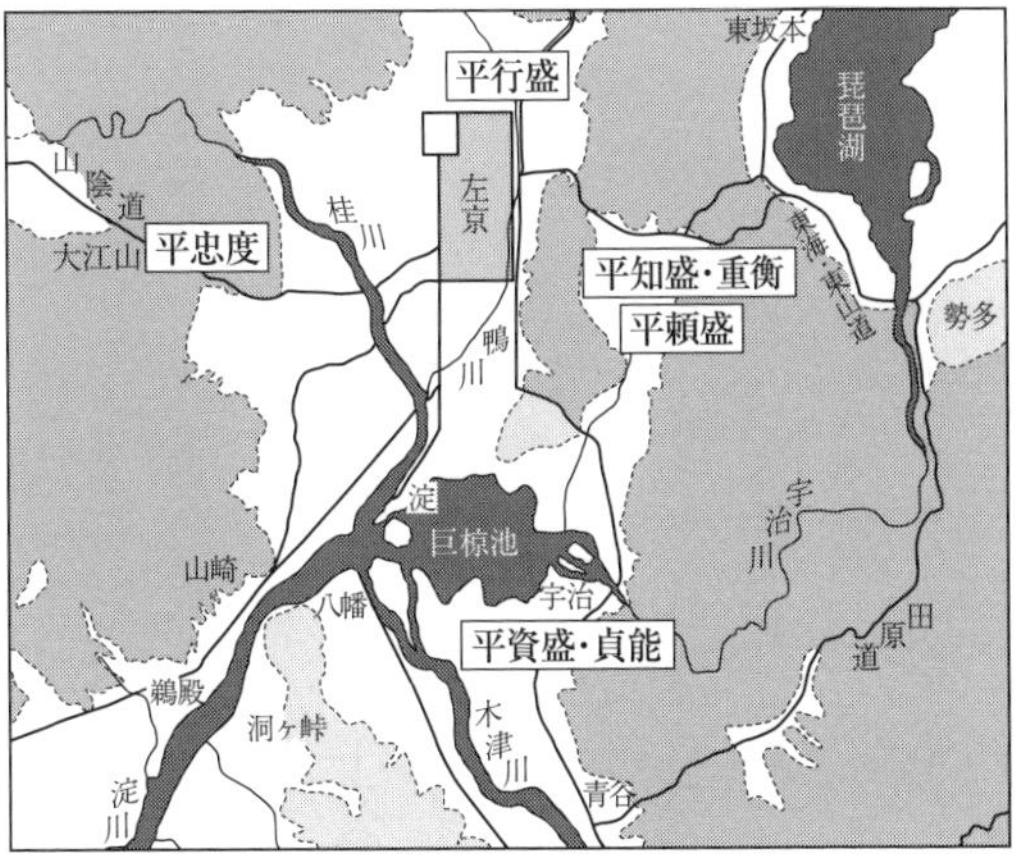

図18　反平家勢力にそなえる

七月二一日、維盛の弟資盛と平貞能が、近江の敵を討つため出陣した。貞能も資盛の乳父ではないかと推測されている人物である。かれは養和元年(一一八一)以降、九州で菊池隆直と同意する肥後勢の追討に従事し、かれらを降して上洛してきた。その軍は強大で、世間では七、八千騎あるいは一万騎に及ぶとみられていたが、この日、兼実の使用人が街頭で密かに数えると、わずか「その勢千八十騎」に過ぎなかった(『玉葉』)。

資盛らは当初、青谷《あおだに》(現、京都府城陽市)を経て田《た》原道《はらみち》を北東に進み、勢多に抜けるはずだったが、南大和の源行家軍の入洛を警戒し、宇治橋西方に留まった(図18)。行家はこの頃大和宇陀《うだ》郡(現、奈良県東北部)を通行しており(『鎌倉遺文』補七五八号)、その勢力には以前から連絡のあった美濃・尾張の諸源氏、および遠江から三河に進出していた安田義定の軍勢が合流していた。
「武田の党」の一人義定は、のちに頼朝から「去年(寿永二年)の追討使、東海道は遠江守(安田)義定朝臣、北陸道は左馬頭義仲朝臣、鎌倉殿《かまくらどの》(頼朝)の御代官《おんだいかん》として」(『吾妻鏡』寿永三年三月一日条所収源頼朝下文)、あるいは「義仲は(東)山道《さんどう》手として、義定は(東)海道《かいどう》手として、入洛《じゅらく》の時」(『鎌倉遺文』四五九号)と表現されている。寿永二年七月の平家都落ちは、本来頼朝とは無関係な義仲・行家を中心とする連合勢力の功であった。それが義仲滅亡後は、頼朝派遣の追討使の勝利にすりかえられ、行家の存在を無視して、義定が「東海道」方面の追討軍の長に祭り上げられている点に注目されたい。

翌二二日昼頃、勢多の敵に向かって知盛・重衡ら二〇〇〇騎が、夜に入ってさらに平頼盛が兵を進めた。かれらはその晩それぞれ山科《やましな》に宿営している。一方、丹波方面では追討使の忠度が矢田義清の勢に圧倒され、丹波・山城境の大江《おおえ》山《やま》(現、京都市と亀岡市の境)に引き退いている。わずか一〇〇騎ばかりの小勢では、いかんともし難い。

そうこうしているうち、宇治の貞能は多田行綱の活動を鎮めるため、八《や》幡《わた》(現、京都府八幡市)の南から淀河尻方面に向かった。これは都落ち前途の障害をあらかじめ排除しておくための措置だったのだろう。事態はそれだけ切迫していた。

資盛に、後白河から「貞能をあひ具して帰参すべし」との院宣《いんぜん》(院司《いんし》が上皇・法皇の命を受けて出す奉書形式の文書)が発せられたのは、経過から判断して、二二日か二三日の出来事に違いない。これについて宗盛は、資盛は宣旨を給わって出陣した追討使だから、院から引き上げさせればよろしいが、貞能ら「自余の輩」は平家が私的に派遣した、だから宗盛が直に召し返す、と異議を唱えている(『吉記』七月二四日条)。院は、近習化していた資盛らの率いる軍を、自分の身辺警固に利用しようと考えたのかもしれない。しかし、それは平家の御家人支配への介入を意味し、宗盛の反発を買った。

一方、近江の敵軍が東坂本(現、滋賀県大津市坂本)から延暦寺に登って、京都に圧力をかけはじめると、重衡は山科から撤兵、勢多まで進出していた知盛も北国勢との小競り合いの上退いている(盛衰記巻三十一勢多軍)。これが二三日ないし二四日のことであろう。

比叡山上の近江の武士が、二四日夜に夜討ちをかけてくるとの風聞があり、安徳天皇はその夜あわただしく京内の閑院内裏から法住寺殿に避退し、内侍所(神鏡)も鴨川を越えて京外の法住寺殿に向かった。第二章4節でも触れたように、ほかの二器、剣・璽《じ》は、つねに天皇とともにあり、行幸には剣璽役が捧げ持ってゆく。しかし神鏡は福原遷都の時以外、平安京の外に出た前例はない。洛外である法住寺殿に移動したのは、そういう非常事態だと考えられたのである。

二四日夜、後白河が宗盛にいざという時の平家の出方について探りを入れると、宗盛は即座に院の御所に駆けつけると返答した。平家の軍勢が法住寺殿に入りこんできたら監視の目も厳しくなり、脱出は難しくなる。同夜半、法皇は天皇が行幸してくるどさくさに紛れて、密かに法住寺殿を脱出、わずかな供を従え、鞍馬《くらま》経由で延暦寺に登った(以上『吉記』七月二五日条)。

二五日、夜が明けて、宗盛は院が逐電したのを知った。急ぎ六波羅に移動のうえ、巳《み》の刻《こく》(午前一〇時頃)、天皇・建礼門院徳子を奉じ、摂政基通および平家の一族を率いて京都を出奔、淀方面に向かった。六波羅・西八条の平家邸宅群には火がかけられ、すべて灰燼に帰した。

一方、権大納言平時忠は神鏡、天皇が用いる椅子《いす》、玄上《げんじょう》・鈴鹿《すずか》などの伝説的な楽器、時《とき》の簡《ふだ》(内裏において時刻を表示した板）などを持ち出し、身をもって保護にあたった。いずれも譲位の時新帝のもとに移される宝器である。これらをまとめて持ち去った時忠の行動は、その後の展開を考えると大変重要で、ぬかりがない。ただし玄上はその後なぜか路頭に放置されていたのが発見されている（『百錬抄』八月五日条）。

時忠は清盛の正妻時子の実弟である。同じ桓武平氏でも、時子・時忠は都で文官貴族の途を歩んだ高《たか》棟《むね》流平氏である。清盛の武家平家は高棟王の弟高見《たかみ》王《おう》の子高望《たかもち》の子孫で、両氏は平安前期という遠い昔に枝別れしており、貴族社会では画然と区別される存在である。

都落ちの時、薩摩守忠度は、歌の師藤原俊成《としなり》《しゅんぜい》に自作集を託し、新しい勅撰和歌集《ちょくせんわかしゅう》に一首でも入れていただければ、「生涯の面目」と願った。平家滅亡後、俊成は「さざ波や志賀の都は荒れにしを昔ながらの山桜かな」の歌を『千載《せんざい》和歌集』に載せたが、謀反人であることをはばかり「読人《よみびと》知らず」とした。『平家物語』に見える有名な哀話である。

俊成が謀反人となった忠度の歌を入集させるかどうかで悩んだのは、勅撰集というものが為政者へのほめ歌、平和な治世のあかしとして編まれるものだからである。経盛・経正（二首）・行盛らについても「読人知らず」の措置がとられた。一方、時忠は実名で載っている。かれのような平家政権の中枢に位置した人物が実名で入集しているのは、宮廷社会で武家平家と文官平家が明確に区別されていたのを、そのような形で証明しているといえよう。壇ノ浦で平家が敗れ宗盛・時忠らは捕虜になったが、宗盛は斬られ、時忠は流罪に止められた事実も、両者の違いをよく示している。

なお時忠は「この一門にあらざらむ人は、みな人非《にんぴ》人《にん》なるべし」と語ったと伝えられる（覚一本巻一禿髪）。普通これは時忠も一員である平家一門の栄華を誇った自尊・傲慢の言葉と解されている。しかし、まず第一に確かな史料で、この発言は確認できない。つぎに時忠は、武家平家と政治的に提携する存在ではあっても、武家平家そのものではない。したがってこれは武家平家の外にあって、パートナーたる清盛たちの栄華を讃える言葉ではあっても、平家自尊の言葉とは違う。加えて当時「人非人」という用語は、人でなしや人間ではないの意味ではなく、「その集団・階層でまともな扱いをされる人々ではない人」というほどの意味で（曽我、二〇一七）、清盛ら武家平家が朝廷内で優勢の位置を占めているという事実を、追従気味に述べたにとどまる。この発言は「驕《おご》る平家」のイメージを創る上で、極めて効果的な役割を果たしてきたが、誤読と偏見の産物からは、速やかに解放されなければならない。

話をもとに戻すと、じつは「さざ波や」の歌は忠度が、源平内乱以前に詠んだもので、かれの歌集『忠度集』に載っており、都落ち前年一一月に成立した賀茂重保《かものしげやす》の私撰集《しせんしゅう》『月詣《つきもうで》和歌集』を編む時の材料に使われている。和歌研究者は、忠度の右のエピソードは史実ではないとする。

われわれは普通『平家物語』を語り本系の覚一本で読むが、読み本系の延慶本には、忠度都落に続く章段に、清盛の孫行盛も、友であり師である藤原定家《さだいえ》《ていか》に自歌集を託し、「後の思出にも」と一首の歌を詠んだと見えている。それに感動した定家が、父の俊成が忠度作を「読人知らず」とした態度を残念に思い、後日撰した『新勅撰《しんちょくせん》和歌集』（一二三五年成立）に、行盛の名を明示してその歌を入集させたとある（巻七・卌）。忠度のエピソードには、この行盛の話がなんらか影響を与えているのであろう。

忠度歌の「志賀の都」は、今の大津市内にあった天智《てんじ》天皇の皇居で、六七二年の壬申の乱で廃墟となった大津宮のことだった。『平家物語』作者は、「さざ波や」の歌を、平家都落ちの場面で使う工夫により、平和な繁栄時に古き宮跡に咲き競う山桜を歌った叙景、懐旧の歌に、平家滅亡の運命を予見する響きを重ねることに成功している(上宇都《かみうと》、二〇一二)。それは読み本系・語り本系の別を問わない。手並は鮮やかである。

摂政基通は都落ち決行直後に一行から離れた。前述の経過から考えて基通自身の意志であったのは疑いない。しかるべき公卿らはみな連行される、という噂が流れたので逃げ散り、後白河を追って続々延暦寺に集まった。清盛生前には親平家の立場にあった公卿たちも、福原遷都、内乱の全国化などを体験するなかで、平家を見限り後白河側に身を寄せるようになっていた。武士以外で都落ちに加わった貴族・官人は数えるほどしかいない。めぼしいのは時忠とその子中将時実《ときざね》ぐらいのものである。

兵部権少輔藤原尹明《まさあきら》も西遷の供をした。妻の母が忠盛の娘であり、宗盛身辺の人物だったのが理由だろう。蔵人らは天皇の近辺に宿泊していたが、みな逃げ去ったので、かれが寿永三年(一一八四)二月、京上途上の福原での除目で、安徳天皇の五位蔵人に補された(盛衰記巻三十六福原除目)。尹明は九条兼実の家司《けいし》(皇族や上流貴族の家の事務を掌った職員)でもあったので、『玉葉』を読んでいると、時折かれから西海にある平家の内部情報が届けられているのがわかる。

都落ちを発議する時は宗盛・重衡が中心になった。しかし宗盛は都落ち時には、「心もうせてみえければ(魂も抜けた人のように見えた)」とあるので(『愚管抄』巻五)、決行は重衡が中心になったと考えられる。いよいよ都落ちとなると、内部に異論もあったであろう。だが古来京都は、攻めるに易く守るに難《かた》いといわれてきた。もし京都を決戦場にしたら、その時点で平家の運命は窮まっていたかもしれない。重衡らの判断が現実的だったと思われる。

小松家の公達《きんだち》たちの動きはどうであったただろうか。都落ち時に「小松内府《ないふ》の子息等帰降《きこう》すべ」しの噂があったのは(『吉記』七月二五日条)、清盛と後白河院勢力との対立の間で揺れ動くその政治的立場が、清盛死後、一門主流より猜疑の目でみられるようになっていたからである。実際二五日夕刻には、資盛が兄弟および貞能以下八〇〇騎の軍勢を率いて、法住寺殿内の蓮華王院に入った。落武者が源氏と一戦交えるため帰ってきたとの噂が立ったが、『愚管抄』に、資盛は「御気色《みけしき》(院の意向、機嫌を)うかがはんと思」って(巻五)、頼盛ともども法住寺殿に入ったとある。両者は頼盛の孫娘の婿が資盛という関係である。

頼盛は、父忠盛が清盛の母が亡きあと迎えた正妻(藤原宗子《そうし》、池禅尼《いけのぜんに》として知られる)の子で、清盛を押しのけて嫡子になるはずだった。そうならなかったのが頼盛とかれの取り巻きにとっては不満で、池家は一門中に不協和音を奏でていた。その後も「内々叔父(頼盛)甥(宗盛)の中(仲)、心よからず」といわれるように(延慶本巻七・廿六)、一門主流との関係も良好とはいえない。母の宗子は、白河・鳥羽院の代表的近臣、藤原顕季《あきすえ》・家成《いえなり》らの縁者であり、頼盛自身も後白河院政期、院近臣や八条院に代表される女院勢力と政治的に連携していた。

頼盛は出兵を強要され二二日夜から山科に進出していたが、都落ち開始の連絡さえなかったというところが、かれの孤立した立場を示している。一門が都を落ちたという情報を聞き伝え、頼盛は子息を遣わし鳥羽で追いつくが、結局途中で引き返し、資盛と行動をともにする。頼盛・資盛は延暦寺に退避した法皇に、それぞれ引き返してきた事情を奏上した。頼盛には、京都の西郊双ヶ丘《ならびがおか》の西南麓にあった八条院の山荘(常盤殿《ときわどの》、蓮華心院を併設)に身を寄せていなさい、と色よい返事があった。資盛のほうは法皇に取りついでくれる者がなく、返事ももらえなかったので、やむなく宗盛一行に追随するはめになった(『愚管抄』巻五)。

引き返してきた平家の武士らの大半は、翌日の明け方、妻子をともなって再び下向した。『吉記』の記主、参議・左大弁吉田経房は、「真龍失勢《しんりゅうしっせい》の謂《い》ひか(龍も勢を失えばミミズに同じのことわざのたぐいか)」と決めつけた(七月二五日条)。貞能は、後述のように神器返還交渉にあたって、院と平家の仲介役を期待されており、なお都にとどまっていたようである。しかしやがてかれも平家一門を追って九州まで落ち延びた。

一方、資盛とともに帰京した維盛は、妻子と別れを惜しみ、やがて宗盛一行を追いかける。その時あえて妻子をともなわなかった。これはかれの妻が平家の仇敵藤原成親の娘であるため、一門の風当たりを避ける意味があった。都落ちの前途に展望をもてなかったからでもあろう。

維盛の乳父伊藤(上総介)忠清も、一門の都落ちには同道せず二九日に出家、同じ時平貞能の子検非違使貞頼《さだより》も出家した。忠清は後白河院近習の藤原能盛《よしもり》、貞頼は仁和寺相承院《そうしょういん》の兼毫《けんごう》法印のもとにあり、とされている。仁和寺は王家と関係深い寺で、当時の門主は後白河第二皇子の守覚法親王である。以前筆者は二人の出家をさして「小松殿の公達は都落ち時点で有力郎等に見放された」と書いたが(髙橋昌、二〇〇九・二〇一五b)、出家後の忠清は、同年末に平家と義仲との和睦に一役買ったりしているので、貞能とは別ルートから後白河との神器返還交渉、義仲・行家との和議を模索していた可能性がある。この点については川合康氏の研究を参照されたい(川合、二〇一五)。

頼盛は八条院のほか、頼朝との縁も浅からぬものがある。平治の乱後、母の池禅尼が頼朝の助命に尽力したからである。しばらくのち、義仲と法皇(頼朝)の間が険悪になり、身に危険を感じると、寿永二年(一一八三)一〇月一八日、鎌倉に逐電した。こうして平家は池家が完全に脱落、小松家は空中分解し戦力低下が著しくなり、一門主流とそれに追随する庶流で戦闘を継続することになった。

## 4　後鳥羽天皇の神器なし践祚

朝廷は、都落ちによって天皇や三種の神器が西海に去る、という夢想だにしなかった事態に直面した。天皇不在を解消するためには、安徳の帰還を実現するか、新帝を立てるしかない。後者をとるにしても、三種の神器がないのをどうするか、という点は大変な難問だった。

というのは、律令制が始まるまでは、新しい王は群臣の推戴《すいたい》によって決定されていた。そのため、先王の死後新王が決まるまでに若干の空位期間があった。七世紀半ば以降、皇太子制度の成立と譲位(受禅《じゅぜん》)による即位が始まったことによって、空位期間の発生を避けることができるようになり、桓武天皇の時、践祚(皇嗣が天皇の位を承け継ぐこと。先帝の死去あるいは譲位の直後に行われる)の儀と即位の礼が分離した。新帝を空位期間なしにただちに天皇位につけるため、先帝のもとにある剣・璽を新帝のところに移す。それが践祚の中心をなす儀式(剣璽渡御《けんじとぎょ》)である。この結果、日を隔てて行われる即位の礼は、新帝への百官朝拝《ちょうはい》と即位を公に宣布する意義にとどまるようになった。したがって剣璽渡御なしの践祚は、想像することさえできないわけである。

後白河や朝廷の貴族たちは、三種の神器の回収について、いかなる方針で臨んだのだろう。いったん帰京した平家の武士が退散した七月二六日、比叡山にあった後白河は、速やかに平家を追討したかったようだが、まず神器の安全を図るべし、との前権中納言源雅頼の進言を採用し、多田行綱に都落ち途中の平家に手出ししないよう院宣を遣わした。しかしそれだけでは十分でないので、雅頼は重ねて内々建礼門院徳子もしくは平時忠と交渉すべきだと奏聞し、法皇の同意を得た。母の徳子は幼児たる天皇の代理人だろうが、時忠の名があがっているのは、武家平家でなく、朝廷の内情を熟知し、強力な政治力が期待できる相手と見込んだからだろう。

源雅頼は、兼実と親しい人物だが、その家人中原親能《ちかよし》は、明法博士《みょうぼうはかせ》中原広季《ひろすえ》の子(養子)で、同じ養子の大江広元《ひろもと》とは兄弟になる。相模の波多野(藤原)経家《つねいえ》(豊後大友氏の祖)に養われて成長、その婿となる。流人頼朝とは「年来の知音《ちいん》」、やがて上京して官仕し、斎院次官《さいいんのすけ》を経、雅頼の家人となった。親能は、頼朝与党として治承四年(一一八〇)一二月追捕されそうになって京都を脱出、以後鎌倉で頼朝の側近として政権中枢にあった(目崎、一九七四)。それで兼実は雅頼を介して、親能からの関東の重要情報、極秘情報の数々を入手できた。

七月二八日、勢多の義仲が東から、宇治にあった行家が南から、京に入城する。七月二九日、法皇は義仲・行家両将を蓮華王院御所に召し、早速平家追討を命じた。七月三〇日には、経宗・兼実の左右大臣らが参加し院で大事が議論される。院から示された議題は三つ、第一は頼朝・義仲・行家らの勧賞《けんじょう》(功労を賞して位階を授けること)はどうあるべきか、第二は京中狼藉および兵粮に宛てる費用はどうすべきか、第三は平家が押領していた関東・北陸の寺社や貴族たちの荘園に、それぞれの本所《ほんじょ》(本家・領家などのうち実質的な領主権を持っている者)から使を派遣し支配を再建するよう、命じてよいだろうか、である。

　第一の勧賞の件は、頼朝第一、義仲第二、行家第三と決まった。鎌倉から動かない頼朝が第一位で、平家を都から追い落とした義仲が第二位では、義仲がおさまるはずがない。第二の議題では在京の兵士を減らすべきではないか、などの意見もでた。第三の議題は、一も二もなく賛成である（『玉葉』）。

　第二の議題解決のため、後白河が、義仲ら一二人の武将に、京都と山城国の軍事警察の担当を命じた。それを記す『吉記』の記事などによって、この時の入京軍の首脳陣が判明する（七月三〇日条）。①源頼政子息、②高田重家《しげいえ》、③泉重忠《いずみしげただ》、④源光長、⑤安田義定、⑥村上信国《むらかみのぶくに》、⑦葦敷重隆《しげたか》、⑧源行家、⑨山本義経、⑩甲賀入道成覚《じょうかく》（柏木義兼）、⑪仁《に》科盛家《しなもりいえ》、⑫木曾義仲がそれである。

　このうち、①は「頼政入道の党」の源有綱・宗綱・頼兼らであろう。⑨、⑩は、治承四年一二月に平知盛と戦った近江源氏である。②、③、⑦、④は、翌治承五年春に知盛・重衡らと戦った美濃・尾張源氏らで、前三者が清和源氏の重宗流であるのに、④のみ同国房（頼光の孫）流である。光長は、治承四年五月一五日、検非違使として、謀反が発覚した以仁王を連行するため宮御所に踏みこんだ人物の一人で（覚一本巻四信連）、知盛らと戦って生死不明のまま、治承五年三月六日に解官《げかん》されている（『玉葉』）。その他⑥は信濃の更級郡を本領とする村上源氏の一員である。⑪はただ一人の平氏で信濃平氏、信濃国阿曇《あずみ》郡仁科御厨（現、長野県大町市）を拠点とする領主である。その一族は北陸道の合戦の段階から義仲と行動をともにしてきた（浅香、一九八一b）。

　かれらは地域を分割して任にあたったが、その状況を示す『吉記』の記事には少し不備な点があり、正確には図示できない。が、義仲が閑院内裏を含めた左京全域を、源有綱らは祖父が大内守護を務めて

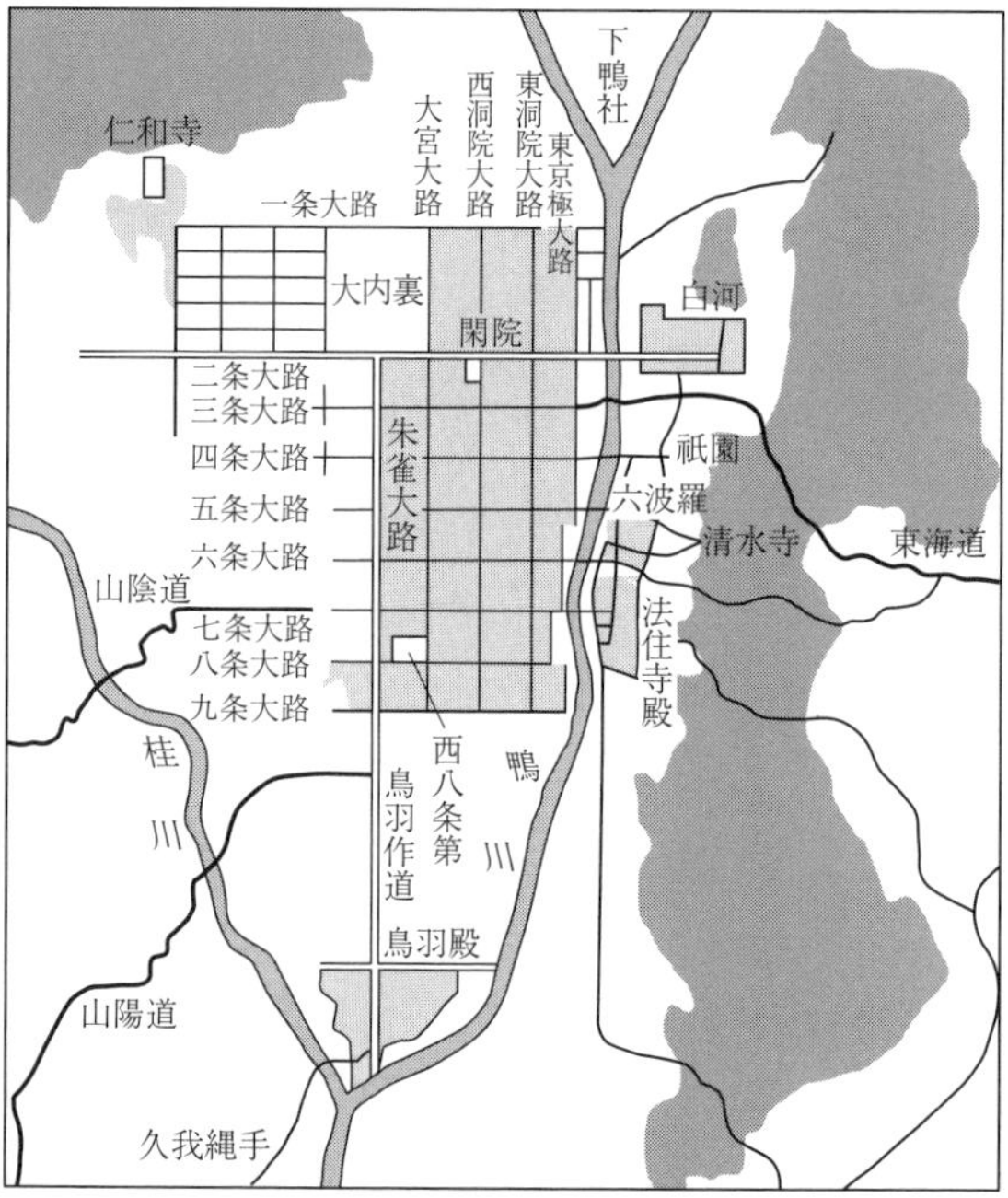

図19　後白河院政期の京都略図

いた実績が考慮されてか大内裏域と少し西の替川《かえがわ》(紙屋川《かみやがわ》)までを、安田義定は平安京外の東北部、すなわち賀茂御祖社(下鴨神社)や比叡山の山麓、八瀬・大原を通って北上する大《おお》原路《はらじ》(竜華越《りゅうげ》)を、村上信国は、粟田《あわた》口《ぐち》から山科を経て逢坂境にいたる東海道・東山道を、葦敷重隆は平家の六波羅館を含む地域、行家は後白河の御所である法住寺殿の一帯の守護を、近江源氏は農村化した旧右京域から丹波境までを担当したようだとわかる(図19)。

もちろん①〜⑫は、後白河が、京都と山城国の軍事警察を担当するに足ると判断した高い身分の武士たちで、それ以外にも矢田義清や越前斎藤氏の斎藤友実《ともざね》をはじめとする、反平家活動を展開した武士が、多数入京したのはいうまでもない(長村、二〇一二)。

注目すべきは、義仲が入京の時点から早速寿永年号を使いはじめたことである。遺存史料の範囲で、かれが治承年号を使用した最後は、治承六年(一一八二)二月である(『鎌倉遺文』八七七五号)(長村、二〇一三)。以下述べるように、その後の義仲と後白河の関係は円滑とはいえなかったが、それでも義仲も入京後は王朝的秩序を大前提にして、自己の政治活動を続けている。かれは、京や地方の荘園で狼藉や兵粮徴収を続ける武士たちの結集先でありながら、院宣を施行してかれらの狼藉や兵粮徴収の停止、横奪した年貢の返却を命じる立場をとらざるを得なかった(大山、一九七〇/長村、二〇一三)。旧体制を根底から否定できない政治指導者が、つねに逢着する出口のない袋小路である。

八月六日、法皇は、参院した左大臣経宗・右大臣兼実それぞれに、剣・璽は無いが新天皇を立ててよいかどうか諮問した。践祚の肝心要は、誰を天皇にするかである。高倉天皇の二宮(守貞《もりさだ》)は都落ちで平家に連れ去られたので、候補としては残る三宮(惟明《これあきら》)、四宮(尊成《たかひら》)となり、法皇は事前に二人を召して品定めをしている(『愚管抄』巻五)。これに対し兼実は、政務が乱れとどこおり狼藉がやまないのは天皇不在が原因で、征討にあたっても発令の主体なしでは審議に障りがあるとし、最後に「およそ天子の位、一日も曠《むなし》くすべからず、政務悉く乱ると云々。今に遅々の条、万事違乱の源なり。早速沙汰有るべし。異議有るべからず」と結んだ。

ところが、院からは「申すところ然るべし。就中征伐のため人主を立て奉るべきの条、事の肝心なり。よりて早く立王の事有るべし」との答えが返ってきた。兼実は国政全般の立場、あるいは国制の建前から立王を主張したにもかかわらず、院は平家征討が第一で、そのため天皇が必要だという。主張をつまみ食いされ矮小化された兼実は、「愚案、次第の沙汰、悉くもつて違乱し散々」と歎息する(『玉葉』)。

同じ八月六日、平家関係者多数が解官された。権大納言頼盛以下その総数を、『玉葉』は「二百余人」

といい(八月九日条)、延慶本は「百八十二人」とする(巻八・一二)。この時権大納言時忠は、処分の対象からはずされた。肩書きなしの謀反人とは、神器の返還交渉をするわけにゆかない。しかるべき相手が要るのである。すでに七月三〇日に神器返還を求める院宣が時忠のもとに遣わされ、また交渉の橋渡し役としての平貞能に、条件のようなものが内示されていた。

平家一門のなかでは、前内大臣宗盛だけが除名処分になっている。官職剝奪刑としての解官に対し、既得の位階を剝奪する刑が除名である。解官によって官職を奪われても、位階を保ってさえいれば、いずれ復帰できる可能性がある。位階なきものが官職に就くことはできないから、除名は解官よりはるかに重い。ただし宗盛の場合は事実上の措置であり、公式の除名に必要な宣旨は下されなかったようである。

八月一〇日、院の殿上で除目があり、義仲に左馬頭兼越後守、源行家に備後守を授け、ともに従五位下に叙した。しかし、行家は賞が義仲に厚く不公平だとし、閉門して辞退した。左馬頭は、この時期になると五位も任じられるが、元来四位でも序列上位の人のポストだからであろう(『官職秘抄』)。義仲のように無位無官から従五位下への叙位と同時の任左馬頭は前例がない(長村、二〇一一)。また貴族たちが新天皇践祚以前の除目に疑問を呈したので、叙位ばかりが行われた。

夜になって、時忠から神器返還にかんする回答が到来した。そのなかには「京中落居の後還幸あるべし(京に平穏が戻れば天皇はお帰りになられるだろう)、剣璽已下宝物等の事、前内府(宗盛)に仰せらるべきか」とあった。前段は義仲軍の京からの退去要求であり、後段は宗盛と交渉せよというのだから、後白河の除名措置を認めていない。つまり都落ち以前の状態への回帰が交渉の前提だ、というのである。文面「頗る嘲弄の気有るに似たり」と、強気で挑発気味の返書だった。仲介した貞能は「よき様に計らひ沙汰すべし(うまくゆくよう、なんとかやってみましょう)」と復命したが、途方にくれたと思う。平家は福原を焼き、そのころ船百余艘で備前の児島《こじま》(現、岡山県の児島半島。当時は半島ではなく島だった。現在倉敷市・玉野市・岡山市その他に分属)にあった。九州諸国の国守を任命しているとの風説もあり、兼実に「大略天下の体、三国史(志)の如きか」との感想を抱かせている(『玉葉』八月一二日条)。

八月一六日、院の殿上において受領除目があり、義仲は伊予守、行家は備前守に遷し、安田義定を近江守に任じた。任国にも格付けがあり、それを上からA〜Eクラスとすれば、右はいずれもAクラスの格付け国である。ちなみに一〇日に示された越後はDクラス、備後がBクラスである(土田、一九九二)。しかし、除目は本来天皇の許しをえて決定されるものなのに、天皇不在のまま院が主催する除目の異例に異議を唱えていた兼実には、不満な決定であった。またこの時後白河は権大納言時忠を解官している。かれの解官は、院が交渉による神器返還に、早くも見切りをつけたことを意味する。こうなると践祚をあてもなく引き延ばすわけにはいかないので、神器不在の践祚とならざるを得ない。

これらと並行しあるいは先行して平家関係者の所領の没収が始まっていた。平家領を没官《もっかん》するという方針は、すでに七月三〇日には既定のものになっていた。八月一八日、五百余カ所といわれる平家没官領の配分が行われ、義仲に百四十余カ所、行家に九十余カ所が宛てられた。行家は朝廷からの直接配分にすべきだと主張し(つまり両者対等)、義仲は自分が没官領処分権を独占したいと主張した、と伝えられている(延慶本第八・九)。行家は義仲の下風に立つ気がなかった。これは同年一二月二日の院庁下文で、義仲が平家領を「総領」するということで、決着した(『百練抄』)。

新天皇候補については、三宮・四宮のいずれかというところへ、八月一四日になると義仲が割って入り、「故三条宮(以仁王)の御息宮《ごそくのみや》(北陸宮)」が北陸におられる、「義兵(平家の都からの追い落とし)の勲功はかの宮の御力に在り」、立王の事は「異議有るべからず」と強力に推した。法皇は義仲と親しい俊堯《しゅんぎょう》僧正に、わが国の習いは「継体守文《けいたいしゅぶん》(武力によって創業した人の継承者が、武を用いず、文をもって国を治め民を安んずること)を先となす」であり、高倉天皇の二人の皇子を差し置いて、後白河の孫王《そんおう》を求めるなど「神慮測り難し」と説得させるが、なかなか納得しない。院は誰がよいか右大臣兼実に諮問した。かれはほかの朝議なら事の許否を顧みず意見を述べもするが、「王者の沙汰に至りては、人臣の最《つとめ》に有らず」、院の専決事項だと返答する(『玉葉』)。これはかれの父忠通が、近衛天皇没後の新帝選びの諮問を受け、再三返答を固辞した先例を強く意識している(『愚管抄』巻四)。

八月一八日、法皇は、院御所において公卿たちに、神鏡剣璽および践祚の件を評議させた。この時交わされた意見は、儀式中省くべきは省き、しかもあたかも神器が存するかのように式を行うやり方、作法を定めるためのものであった(谷、二〇一〇)。

新主の決定についての卜《ぼく》・筮《ぜい》は、神祇官・陰陽寮《おんようりょう》ともに兄宮たる三宮と出たが、法皇の意中は、愛妾丹波局《たんばのつぼね》の夢想により四宮である。

法皇は翌一九日、八条院の常盤殿の山荘に御幸し、八条院とミウチの会話を交わしたが、女院が「御位はいかに」と問うと、「たかくら(高倉)の院の四の宮」と応じ、女院が「木曾ははらだち(腹立ち)候ふまじきか」と重ねて問うと、「きそ(木曾)はなにとかはしらん。あれ(北陸宮)はすぢ(筋)のた(絶)えにしかば」(『たまきはる』遺文)と語ったという。「すぢ」とは皇統の意味で、具体的には皇位継承者が父子関係で連なった直系の皇統を意味していた。つまり後白河は後白河―高倉―四宮（高倉の皇子）、という皇統の実現を心に描いており（北條、二〇一九）、皇位に就かなかった以仁王の子など、眼中になかったのである。

義仲がいぜん北陸宮に固執したので、武威を恐れて再度の御占を行い、今度は四宮第一、三宮第二、北陸宮は第三となる。結果に不満な義仲は、郎従らと相談し、是非を申し上げるだろう、と凄んでいる。結果を聞いた兼実は、「卜筮は再三せず、しかるにこの立王の沙汰の間、数度御卜有り、神定めて（きっと）霊告無きか」と苦虫を嚙みつぶした（『玉葉』）。

神器なしの践祚は八月二〇日断行され、四歳の高倉天皇四宮が後鳥羽天皇になった。『百練抄』には「剣璽を伝へざる践祚の例、今度これ始めなり。前主洛城を出るの後、今日に至るまで王位の空しきこと廿六ヶ日」とある。三種の神器は、天皇不在という空前の事態に直面して、はじめてその政治的意義が強烈に意識されるようになった。少なくとも兼実のような有職の上流貴族たちにとってはそうだった。しかし後白河は神器にそれほどの重きを置いていなかったらしい。その結果、剣璽渡御なしの践祚、さらに即位礼の強行となったが、この事実はのちに後鳥羽の精神に深い影響を与えるトラウマになる。

八月二八日、義仲は七条河原で武士十余人の斬首を行った（『玉葉』）。殺されたなかに重宗流源氏の木田重広《しげひろ》・木田重兼《しげかね》がいた（『尊卑分脈』）。呉越同舟とまではいわないが、もともと立場や利害の異なる武将たちの寄合所帯であった同盟軍の内部に、早くも亀裂が入っていたのがわかる。当時の武士は王権を守護することに存在の意義がある。その武士たちからすれば、義仲のように、摂関家の兼実でさえ遠慮する王位継承に口を差し挟むというのは、おのれの分をわきまえぬ極めたる不敬の行為である。義仲の同盟者たちの間には、巻き添えを恐れて共同歩調から離脱する、あるいは義仲に積極的に反抗する動きが生まれていた。義仲にとって王冠であったはずの北陸宮が、一転、仲間から見放される躓きの石となったのは皮肉である。

都が飢饉の状態から回復していないところに、大軍が新たに入京したので、義仲軍に食糧にも困る状況が現れた。『玉葉』寿永二年九月三日条は、第四章4節で引用したが、都のそれまでの窮迫に加え、義仲軍が都の内外で苅田や略奪をくり返すという新状況を記録している。覚一本にも「およそ京中には源氏みちみちて、在々所々に入りどり(取り)おほ(多)し。賀茂、八幡の御領とも言はず、青田を苅てま草(秣)にす、人の倉をうちあけて物をとり、持ッて通る物をうばひとり、衣装をはぎ(剝ぎ)とる。「平家の都におはせし時は、六波羅殿とて、たゞおほかた(大方)おそろしかりしばかり也。衣装をはぐ(剝ぐ)までではなかりし物を、平家に源氏かへおとり(替え劣り)したり」とぞ人申しける」(巻八鼓判官)とある。かれらは「京中守護」を担当するはずの武士たちであるが、「守護」といっても実態はかくのごとしであった。人心を失うのは時間の問題であろう。

平家の人びとは八月二六日に九州に入った。『平家物語』によれば、原田種直の宿舎が天皇の御座所にあてられたという。『玉葉』九月五日条に、次のような記事がある。「或る人云ふ、平氏の党類余勢まつたく滅せず、四国ならびに淡路・安芸・周防・長門ならびに鎮西諸国、一同与力し了んぬ。(中略)(旧主は)当時周防国に在り。但し国中に皇居に用ゐるべきの家無し、よりて乗船し浪上に泛《ただよ》ふと云々。貞能已下、鎮西の武士菊池・原田等みなもつて同心す、鎮西すでに内裏を立て、出来るに随つて関中(大宰府防衛のため築かれた水城《みずき》の内をさすか)に入るべしと云々。明年八月に京上すべきの由結構すと云々。

是等皆浮説《ふせつ》に非ざるなり」とする。情報は確かな筋のようで、天皇はまだ大宰府入りしていないが、平家は意気軒昂の様子である。

続けて兼実は、義仲の軍勢による略奪に触れ、「京中の万人、今に於いては一切存命能《あた》はず」とする一方、世間では「憑《たの》む所はただ頼朝の上洛」といっているが、「かの賢愚また暗にもつて知り難し」という(『玉葉』)。兼実には、頼朝はまだ未知数の存在で期待してよいのかどうか不安もある、といったところか。

ところが豊後の知行国主刑部卿藤原頼輔《よりすけ》は、院の命令だとして国守代官の我が子頼経《よりつね》に、平家を九州から追い出せと命じ、頼経はこれを国内の有力武士緒方惟栄に伝えた。平家は惟栄の主筋にあたる小松家の資盛を同国に派遣、説得させたがらちがあかない。かたや惟栄も次男を平家の方に遣わして退去を求めたが、応接にあたった時忠が、緒方らの忘恩をなじった。報告を聞いた惟栄は「こはいかに、昔はむかし、今は今。その義(儀)ならば速かに追出したてまつれ」と兵を発したので、平家は大宰府から逃げ出さざるを得なくなった(覚一本巻八太宰府落)(渡辺、一九九〇)。

『平家物語』は、このように惟栄の言動を、ふてぶてしくドラマチックにえがく。石母田は、それを内乱期に横溢した既成の権威観念や人的隷属を破壊する「精神上の大きな進歩」と高く評価する(石母田、一九五七)。同じく延慶本は、石橋山の合戦の時、三代相伝の君(頼朝)に弓を引くとなじられた大庭景親が、「昔は主、今は敵《かたき》、弓矢を取るも取らぬも、恩こそ主よ」(延慶本巻五・十三)といわせている。石母田の指摘は魅力だが、事実かどうかは、むろんわからない。しかも『平家物語』は、平家を大宰府から追い落とした主力は惟栄であるとしているが、佐々木紀一氏は、険しい道を長駆して大宰府間近に攻め寄せ、平家と闘い追い落としたという筋書きには、確実な史料での裏付けがないので、史実であることと自体を疑っている(佐々木、二〇〇五)。

東に向かった平家は、遠賀《おんが》川《がわ》河口の山鹿《やまが》兵藤次秀遠《ひょうとうじひでとお》の城に籠もり、さらにそこを追われて豊前柳ヶ浦《やなぎがうら》(現、北九州市門司区の海岸)から海上に出た。さいわい長門国の目代が大船を献じてくれたので、阿波民《みん》部大夫《ぶのたいふ》成良の招きに応じて讃岐屋島に遷ることになる。吉田経房が得た自領安芸国志《し》芳荘《はのしょう》(現、広島県東広島市志和町)からの飛脚情報によると、平家が九州から「逐出され」たのは、一〇月二〇日だった(『吉記』一一月四日条)。

のちの話になるが、資盛・貞能らが豊後の住人らのため生きながら捕らわれたとの風説があった(『玉葉』寿永三年二月一九日条)。しかし寿永二年の一一月、資盛は西海から後白河の側近に院のもとに帰りたいと哀願している(『玉葉』一一月一二日条)。こと資盛にかんしては誤聞であろう。貞能は平家が四国に移った際、出家して西国に留まったという。平家の前途に見切りをつけた、あるいはその行動に不透明な点があって、屋島に移った主戦派から排除されたのだろうか。

# 第六章　義仲滅亡と「一の谷」合戦

## 1　寿永二年十月宣旨

寿永二年(一一八三)一〇月、鎌倉幕府成立史上、重要な意義を持つとされる宣旨が発せられた。それは頼朝の「東海・東山・北陸三道の庄園・国領、もとのごとく領知すべきの由、宣下をかうむるべ」しという申請に、朝廷が応えることで出されたものである。残念ながら原文そのものは残っていないが、骨子は(1)「東海・東山諸国の年貢、神社仏寺ならびに王臣家領《おうしんけりょう》の荘園、もとのごとく領家に随ふべ」し、(2)それに「不服の輩有らば、頼朝に触れて沙汰致すべし」という、二項からなるものだったことがわかっている(『百錬抄』一〇月一四日条、『玉葉』閏一〇月一三・二〇・二二日条)。

政治的背景は以下の通りである。第三章3節の頼朝密奏で述べたように、すでに治承五年(一一八一)夏頃までに、頼朝は死せる以仁王ではなく、生ける後白河を奉戴する意向を示していた。ただその時点では、いまだ東国独立国家樹立の道と競合する、もう一つの可能性ある政治路線に過ぎなかった。

だが寿永二年七月、平家が西海に去ると、王朝側に、租税・年貢が途絶したままになっている国衙領・寺社権門領の回復に、曙光が兆しはじめたかのような気分が生まれた。後白河らは、その回復を頼朝との交渉によって実現しようと、早々に使を鎌倉に派遣する(『百錬抄』七月二八日条)。頼朝の政治路線は、京での義仲の不評と孤立、それに反比例する自らへの期待の高まりを背景に、東国独立国家樹立の道を切り捨てる方向へ絞りこまれていった。同年八月に後鳥羽の即位、すなわち安徳の王位からの追放がなされた上は、京都の政権を否定すべき理由は、もはや存在しなくなったからである。

九月末関東から帰京した院の使者は、三カ条の頼朝回答を持ち帰った。第一条は、平家を都から追い落としたのは神仏の加護だから、神社仏寺に賞を賜り、平家が押領していた諸国の寺社領荘園の回復を命じる宣旨を下さるべし、第二条は同じく平家一門に押領された王家・摂関家以下の権門領荘園回復の宣旨を下さるべしで、二条併せて頼朝支配圏で平家に押領されていた寺社権門領について、返還の用意があることを伝えたものである。第三条目は都落ち集団から脱落した平家郎従に、義仲の厳しい追及が行われていたのに対し、寛大な刑罰に止めることを命じる法令の発布を要求する内容であった(『玉葉』寿永二年一〇月四日条)。

頼朝の回答に、荘園の回復が盛られていたので、兼実の頼朝評価は「威勢厳粛、その性強烈、成敗分《ぶん》明《みょう》、理非断決」と天まで持ち上がった(『玉葉』一〇月九日条)。兼実は、早速太政官に働きかけ、能登国若山荘《わかやまのしょう》(現、石川県珠洲市)を元のごとく九条家に領掌せしめるよう命じた一〇月一九日付の同国宛官宣旨を発給させている(『平安遺文』五〇八三号)。他の自領に対しても同様の働きかけが行われたのであろう。

一〇月九日、後白河は、臨時の除目で、頼朝を本位に復すことを命じた(『玉葉』)。これで頼朝は謀反人の立場を取り消され、正式に朝廷の一員に復帰した。しかるに、頼朝の[illegible]条回答には、平家の押領だけで、それとは別に頼朝方勢力が押領している荘園と国衙支配の回復については、なにも触れられていない。後白河や王朝側はそれが不満で、返答をわざと遅らしたようだ。頼朝は自分の申請が思い通りに進まないのに苛立ち、「天下は君の乱さしめ給ふにこそ」と断じ、「美乃(濃)以東を虜掠《りょりゃく》せんと欲す」と院を脅した、という真偽不明の説も流れた(『玉葉』一〇月二四日条)。後白河の頼朝評価は、兼実ほど甘いものではなかったようで、真言密教の修法別百科事典ともいうべき仏教書『覚禅鈔《かくぜんしょう》』「金剛夜叉法《こんごうやしゃほう》の記事を分析した宮田敬三氏は、後白河は、東国を虜掠する頼朝を、内心では義仲・平家同様の「逆臣《ぎゃくしん》」と認識していた、という(宮田、二〇一〇)。

朝廷と頼朝側のやりとりを通して、妥協が成立した。それが冒頭の(1)(2)を骨子とする宣旨の発給である。頼朝の当初の申請に含まれていた北陸道は、義仲が現に実効支配している勢力圏だから、朝廷はかれの反発を恐れてこれを除いた(除いたのは閏一〇月だという説もある。上横手、一九七〇/浅香、一九八一b)。(1)では、東国の荘園に加え、国衙の支配を内乱以前の状態に返すということで、王朝側の希望がかなえられた。

それに対し(2)は、所領返還に不服の者の追討にかんし、頼朝に東海・東山道諸国を指揮する権限を与えるというものである。佐藤進一氏によれば、これによって頼朝は、追捕・検断《けんだん》(警察権・刑事裁判権のこと、また、それを行使すること)という検察業務に限定されてはいるが、東海・東山諸国の国衙在庁を指揮する権限を獲得した。(1)(2)は、一見(1)が本則、(2)が附則の関係に見えるが、頼朝が狙ったのは、もちろん(2)の獲得にあり、いわば(1)を呼び水にして、(2)の大魚を得たのである。

この権限は頼朝に大いなる政治的利益をもたらす。それがゆえに、かれは翌月には「その宣旨を施行せんがため、かつがつ国中に仰せ知らしめんがため」伊勢国に使者(義経・中原親能)を派遣している(『玉葉』閏一〇月二二日条)。伊勢は東海道の西端であるから、この時点で頼朝の獲得した(2)の権限は、東海・東山道諸国に広く告知され、順次実行に移されつつあったはずである。そして、それは現実には検察業務にとどまらず、より広い国衙在庁への支配・命令権へと拡大されていった、と考えられている。

この宣旨により、頼朝はそれまでの南関東を支配する反乱勢力から、東国の国衙在庁に対する指揮権を有する公法的な存在として、国家的な承認を得た。一私人である頼朝の私権行使上の機関(侍所など家政機関)は、東海・東山両道の諸国に対する行政権(佐藤氏はこれを東国行政権と命名、のちに東海・東山諸国国衙在庁の指揮権と訂正)を与えられたことによって、初めて国家の行政機関、その一分肢となった。これを氏は国家の行政機関としての鎌倉幕府の成立と考える。この時点で幕府が成立したという説は、アジア・太平洋戦争中の一九四三年提起されて以来、現在まで多くの研究者に肯定的に受けとめられてきた学問的主張である(佐藤、一九四三・一九九〇a・一九九〇b・二〇二〇)。

右の宣旨は、そのような大きな歴史的な意義を有するがゆえに、現在「寿永二年十月宣旨」という特別な歴史用語で呼ばれている。頼朝の内乱期間中の南関東を中心とする東国支配は、それだけではまだ私権にとどまっている、いかに強大であっても、公法的性格を賦与される以前には幕府と呼ぶべきではない、とする歴史理解である。しかしこうした国家公権との接触、朝廷による承認を重視する理解を、公権移譲論と呼んで批判し、授権の諸段階よりも幕府権力それ自体の実質的形成について、治承・寿永内乱の現実のなかから解明しなければならない、と主張する有力な見解が出されている(川合、二〇〇四a・二〇〇四b)。

もっともな意見であり、戦前の牧健二氏の「委任制封建制度」論への批判としては、まったく正しい。牧氏は、微弱な封建制度の萌芽が国家・社会の基礎制度になるためには、頼朝が朝廷から「諸国守護権」を委任される必要があったとして、天皇の主権(公権)の絶対性を強調しているからである(牧、一九三五)。しかし佐藤氏の主張は、初めて提起された戦時中の天皇絶対の時代でも、「幕府の成立」は「朝廷の一方的意志による地方行政機関の設立としてゞはな」い、「頼朝勢力による東国の事実的支配を朝廷が承認」したものである以上、「幕府存続の最大要因は実力の保持を措いて外にない」というのが大前提であった(佐藤、一九四三)。中世社会における権利は、現実的支配をともなってこそ意味がある。つまり、実力によって裏づけられていない権利は権利ではない。権利の実質は、授権の瞬間から権利保持者たちの手中にあるわけではない。そうした中世社会固有の原理を誰よりも熟知し、それを自説の根底に置いた佐藤氏が、自由な学問研究が行われるようになった戦後に、単純な公権移譲論に立っていたとは考えられないのである。

なお、寿永二年十月宣旨で東山道の支配権を獲得しても、「武田の党」はいぜんとして独立的に存在しているし、信濃・西上野はまだ義仲の支配圏を構成していた。美濃・尾張源氏の本拠も含まれている。しかし、同宣旨を得たことにより、かれらへの頼朝の圧力は加速した。頼朝側につくのか、それともかれから独立して生きる道を選ぶのか、形勢はしだいに予断を許さないものになっていった。

この年一〇月二三日、後白河は俊堯僧正の諫言《かんげん》を「善し」とし、義仲に上野・信濃の二国を賜い、北陸を虜掠すべからずとの綸旨《りんじ》（院宣）を下している。同時に頼朝のもとへも両国を義仲に賜って和平すべしと命じたという（『玉葉』）。王朝側には両国の実質的な支配は義仲の側にあり、という認識があったのだろう。頼朝が「武田の党」の独立性を覆し、義仲の存在を抹殺できたのは、前者は謀殺と軍事動員により、後者は大規模な戦闘によってである。東山道支配が真に実体を備えるためには、確かに川合氏のいうように、「幕府権力それ自体の実質的形成」によるしかなかったのである。

東海・東山両道諸国の国衙在庁指揮権の獲得は、頼朝に多大の収穫をもたらしたけれど、国家史の立場から見ると別の評価ができる。王朝と関東の国家並立の状態に、終止符が打たれたからである。治承年号の使用は停止され、東国独立国家は可能性に終わり、頼朝の軍事政権は、実態はともかく形式的には後白河王朝の統属下に入った。

こうした選択にあたり、南関東の軍事集団内部で深刻な路線対立が生み出されていたことは、東国自立路線を主張する上総介広常が誅殺された事実に如実に示されている。広常は寿永二年末、頼朝の立場が国家的に承認された直後、鎌倉の営中で嫡子能常《よしつね》ともども謀殺された。

『愚管抄』によれば、建久元年（一一九〇）上洛し後白河と面会した頼朝は、忠誠心を売りこみながら、次のようにあけすけに語っている。

広常は東国きっての有力者で、頼朝にとって功績ある者だったが、何かというと、頼朝はどうして朝廷や王家のことばかりみっともなく気にするのだ、ただわれわれが坂東でこうしてやっていこうとするのを、いったい誰が「引はたらか（力を及ぼ）」すことができるというのか、などと放言するような「謀反心」を持つ者だったので、かようなものを郎従にしておれば、頼朝まで神仏の加護を失うことになると思って殺した。

殺害は、命を受けて梶原景時《かじわらかげとき》が実行した。広常と双六《すごろく》をしていて、さりげなく盤の上を越えたかと思う間もなく、広常の首は掻き切られ、頼朝の前に差し出された。『愚管抄』は本当とも思えぬことだったという（巻六）。景時は石橋山合戦の際、平家方に属しながら源頼朝の危急を救った功がある。名門貴族の徳大寺家に仕えていたことから教養高く、弁舌も巧みだったので、頼朝に重用された無二の腹心である。

もちろん、頼朝の挙兵にあたり、後白河やかれの准母上西門院・八条院など王家の勢力が後押しをしていた背景が説かれるようになってきたので（上横手、一九八一／石井進、二〇〇五c）、頼朝がはじめ以仁王一辺倒で、のち後白河に乗り替えたとするのは言い過ぎだろう。

しかし、政治的局面に応じた選択肢の一つだった後白河奉戴と、創業の功臣上総介広常を誅殺してまで、後白河王朝の統属下に入るのを選んだ段階では、まったく意味は異なってくる。治承五年夏の密奏を後白河への媚態、または秋波に喩えるとすれば、これは異心をいだいたままの婿入りとでも形容すべきものであろう。当然「老獪な」政治家後白河の方も、異心をはらんだ頼朝のすり寄りに気づかず、安易に心を許すという不覚などあろうはずがない。義仲や平家と対抗するため頼朝と手を結ぶのはあくまで方便であって、東国を占拠した「逆臣」という評価を、ついに払拭することはなかったとみるのは、自然であろう（宮田、二〇一〇）。兼実の脳天気な口調に引きずられて、王朝側がみな頼朝に好意的であったと考えてはいけない。

## 2　平家、屋島に拠点を置く

平家が九州から追い出される一カ月前の寿永二年(一一八三)九月一九日、後白河は木曾義仲に平家の追討を命じた。院は源行家を追討使に加えるよう再三命じたが、義仲は言を左右にして応じない。行家とは入京の時から主導権を争い、対立を深めていたからである。また、北陸宮の即位を院に迫ったことで、義仲と後白河の間は険悪になっていた。院が義仲に出陣を命じたのは、追討を名目に京から追い払おうとした面がある。

一方、日は明らかでないが、九月の内に宗盛は後白河に書を呈し、自分には法皇に背く意志はまったくない、都落ちは不意のことで慌て騒ぎ、当座の乱を遁《のが》れるため、天皇を奉じて都から遠く離れた土地に難を避けるはめになった、しかしこの上はひたすら仰せのままに行動すると奏し(『玉葉』一一月一四日条)、和順・帰京の意志を明言した。大宰府を拠点に態勢の立て直しをする構想が思うにまかせず、現状の長びく様子が明らかになったのが、弱気につながっていたのであろう。

同年一〇月、平家は鎮西を発ち、海路讃岐にいたり屋島を本拠とする選択をした。これについては阿波民部成良、すなわち粟田成良の助力によるところが大きい(盛衰記巻三十三同著屋島など)。ここで阿波民部についてやや詳しく紹介したい。かれはこの後の平家の歴史展開にとって、重要な役割を果たすからである。

阿波民部成良の本姓は一般に田口とされるが、五味文彦氏の研究によって粟田姓であると明らかになった(五味、一九八四)。かれの弟(『吾妻鏡』元暦二年二月一八日条、延慶本巻十一・四は叔父とする)の良遠《よしとお》は、「桜庭介《さくらばのすけ》」を名乗っている。これは本拠の地名である阿波国名西《なにし》郡桜間郷《さくらまごう》(現、徳島県名西郡石井町《みょうざい》)を名乗りとしたものであろう。阿波国衙の西約二キロほど、吉野川下流域付近に比定される。このように地名(国名以外の)プラス介を名乗る存在は、当時国衙の「官人」の筆頭者・最有力者の地位を表す。

第二章1節でも述べたように、かれらは国衙の諸機構を分掌する専門家集団の「在庁」を統轄しながら、国内大社の神事への関与をはじめ、国司の機能を在地で体現する役割を果たしていた(関、一九八四)。それに関連して、戦前の郷土史家島田泉山《せんざん》の、この一族は阿波一宮《いちのみや》(上一宮大粟《おおあわ》神社)の宮司の家柄、とする主張が注目される(島田、一九三二)。一宮はその国の鎮守神という基本性格を有し、地域支配権力の一翼として、在庁官人層と緊密な関係を持つようになっていた。

また後白河の側近で、保元の乱後権勢をふるった信西の乳人子藤原師光《もろみつ》(西光)は、もとは「阿波国の在庁」だと伝えられる(覚一本巻一俊寛沙汰)。その実父が阿波国麻植《おえ》郡(現、吉野川市・美馬市)の郡名をなのる権大夫為光だ、という系譜も伝わっている(宝賀、一九八六)。かれの阿波在庁という出身から、粟田氏との阿波国衙における確執を想定する研究者もいる。翌々年屋島を攻略せんとして阿波に上陸した義経を桜庭や屋島に導いた近藤親家《ちかいえ》は近藤六《こんどうろく》と称し(『吾妻鏡』は近藤七)、この西光の六男という説があった(『阿波志』巻三)。信西没後も権勢をふるった西光は鹿ヶ谷事件で誅戮《ちゅうりく》されるが、近藤六は一族に対する清盛の追及を逃れ、阿波国板野《いたの》郡板西《ばんざい》に身を隠したという。でき過ぎた話なので慎重な取り扱いが必要である。

粟田氏一族は、弟の良遠が阿波で存在感を示し、成良が民部大夫という中央の官職を名乗っているので、兄弟で都・鄙の活動を分担していたのだろう。民部大夫は民部省の大丞《だいじょう》か少丞《しょうじょう》で、五位の位階を有する者である。民部省の丞は外記・史・式部省の丞や左右衛門尉と並んで、顕官《けんかん》と呼ばれ才器ある者を任ずべき京官の一つだった。かれらは権門に近侍する侍《さむらい》としては、主人出行の先導者として、また雑事担当責任者として活動した(野中、二〇〇二)。成良の主人は平家一門のなかでは宗盛と考えられるので、宗盛家の侍であり御家人として幅を利かせたのだろう。

ほかに内舎人《うどねり》の肩書きを持つ粟田則良《のりよし》がいる。成良の嫡男田内左衛門《でんないさえもん》教能《のりよし》(覚一本巻十一勝浦)と、名前が同音なので両者同一人物と考えられる。「田内」は粟田内舎人からきたものと考えてよい。かれは中宮(徳子)の御産の費用として絹七〇〇〇疋を献じた功で、兵衛尉に任官することができた(『山槐記』治承二年一〇月一九日条)。

成良の甥(伯父とも)桜間の外記大夫良連《よしつら》も(盛衰記巻四十二義経解纜向西国)、治承四年(一一八〇)外記になった粟田良連と同一人物に違いない。治承五年(一一八一)一月五日、五位に叙されたから(『外記補任《げきぶにん》』)、大夫を名乗っているのだろう。

一方、鎌倉前期の大和春日社領富田荘《とみたのしょう》(現、徳島市)関係史料に、国衙の使数十人が「富田庄の津」に碇泊していた同荘の年貢船を、強引に「国津《くにのつ》(国府津)」に引き入れたと見えている(『鎌倉遺文』二九三七号)。西国諸国には国衙の分課の一つとして船所《ふなどころ》が置かれ、貢納物の京上を実現するため、国衙の所属船以外に、国内の民間船や水夫に対する徴発権を有していた(新城、一九九四)。阿波国衙に船所があったという史料はまだ見つからないが、国津に富田荘の年貢船を引き入れた国衙の使らが、船所の関係者ではないかと考えられる。

成良が平家水軍の一翼を担ったことはよく知られているが、背景にかれの一族が阿波国衙の船所を掌握する立場にあって、成良の活動を支えたので、大規模な水軍を編成できた、と考えることに無理はない（山下知、一九九二）。なお桜間は富田荘から遠くない。清盛は承安三年（一一七三）、摂津大輪田泊《おおわだのとまり》の近隣に、対宋貿易に備え海を埋めたてて宋船を繋留できる人工島（経島《きょうのしま》）を築造したが、その奉行を務めたのは、阿波民部であった（髙橋昌、二〇一三g・二〇一九）。かれは築港の経験とそれを可能にする土木技術者を有していたのだろう。

平家は寿永二年一一月頃までに、讃岐の屋島（古《こ》・高松湾《たかまつわん》）に拠点を構築し、安徳天皇以下の人びとが住まいするようになった。延慶本には「成良が沙汰にて、内裏とて板屋の御所を造給けり」（巻八・十四）、盛衰記には「菊地大夫胤益《たねます》、阿波国より材木とらせ、屋島浦に漕渡《こぎわた》して、形《かた》の如く内裏を立て、主上《しゅじょう》を入れ奉る」（巻三十三同著屋島）とある。菊地大夫胤益は何者か不明だが、阿波から材木を運んだとあるので、成良の関係者であろう。一五世紀の畿内では、阿波・土佐産の榑《くれ》（山出しの半製品・中間製品の板材、平安時代の規格では長さ一丈二尺、幅六寸、厚さ四寸）や木材が大量に流入していたことがわかっている（『兵《ひょう》庫北関入船納帳《ごきたぜきいりふねのうちょう》』）。成良やかれの関係者は、木材の漕運にかかわりながら、富と勢力を拡大していったものと思われる。

なぜ屋島が平家の本拠に選ばれたのだろうか。阿波民部の後押しなら、阿波でも良さそうなものである。しかし瀬戸内海東部の地形と潮流のあり方を考えると、それは不可である。というのは鳴門《なると》海峡の紀伊水道側（福良《ふくら》）と播磨灘《はりまなだ》側（丸山）間は、一〇キロ弱しかないが、自然の偶然で一方が満潮なら他方は

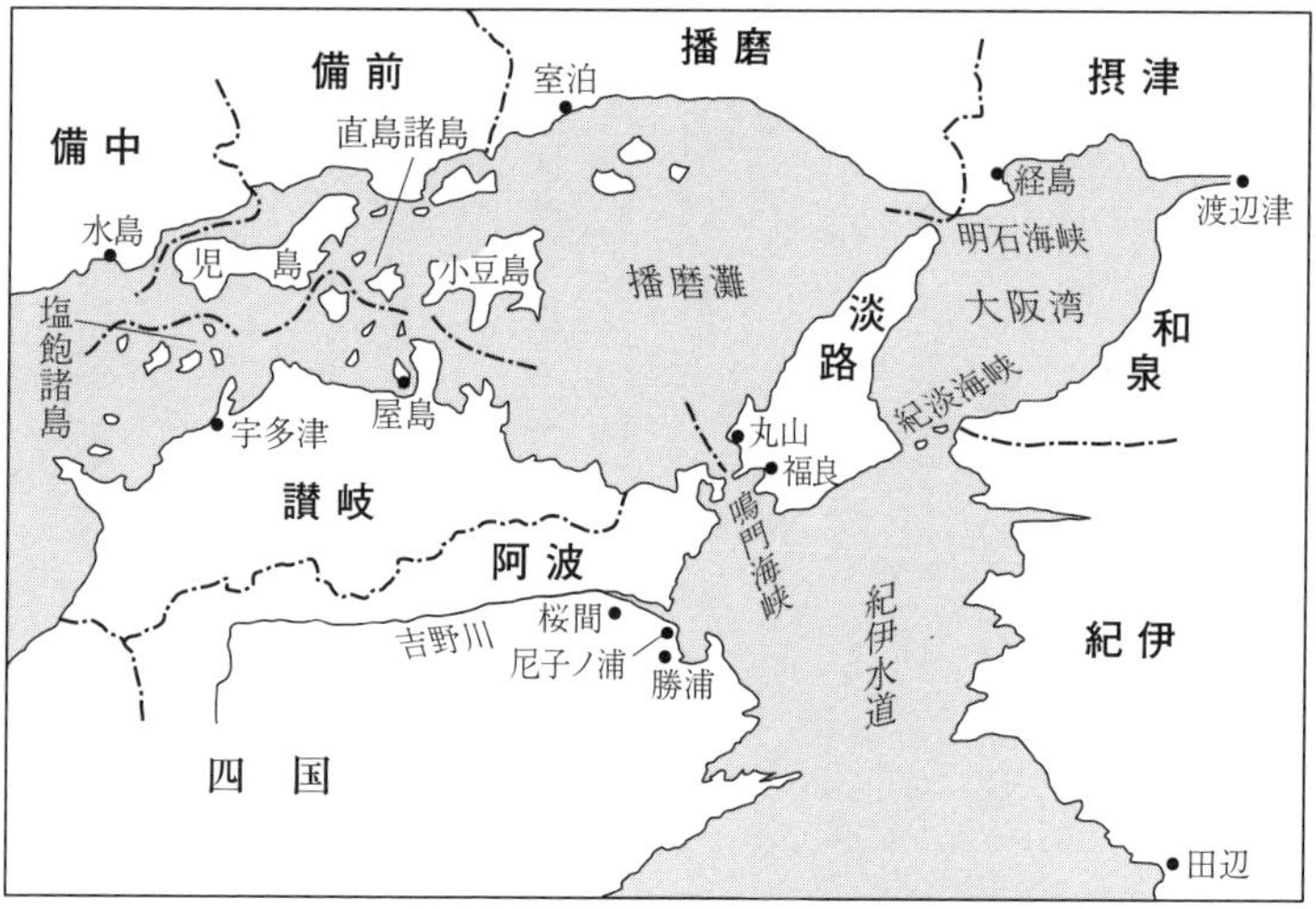


図20　阿波と屋島を中心とする瀬戸内海東部の図

干潮と干満が同時に現れ、四～六時間後に干満は逆転する。この時の水位の差で、海峡部には滝のような潮流が流れる。日本一の激しい潮流が海峡に突き出す二つの岬にぶっつかって渦《うず》をつくる(神戸新聞明石総局編、二〇〇〇)。有名な鳴門の渦《うず》潮《しお》である。一三七〇年代成立の『太平記』にも、「澳《おき》の塩合ひ(潮流がぶっつかり合う所)に大きなる穴の、底も見えず深きが出で来て、船を海底に沈めんとす」(巻十八一宮御息所の事)とある。

鳴門海峡は船舶の航行には向いていない。これに対し、淡路島北端の明石海峡は潮流は早いが、潮位の差は瀬戸内海最小で、四～六時間後に潮流は逆転するので、潮待ちの港さえ確保できれば潮流に乗って通過はずっと楽になる。結局、阿波から淡路島以西の瀬戸内海に向かうには、鳴門海峡ではなく北の明石海峡を利用するのがはるかに有利で、阿波民部の経島築造事業への尽力は、自らの利害にも合致していた。

阿波に拠点を置いても、鳴門海峡が使えないなら、大阪湾の制圧しかできない。瀬戸内海の大半は播磨灘以西である。都落ち以後は山陽道の播磨・備前は義仲・頼朝側の勢力範囲で、明石海峡は敵に扼されている。平家が瀬戸内海を押さえるには、四国側で淡路島以西の適地に、本拠を置かねばならないわけである(図20)。

讃岐の屋島は、後背地に方本《かたもと》の湊と、同じ湾内に新たに形成された野原荘《のはらのしょう》(現、香川県高松市)、野原湊《みなと》(一二世紀の雁木《がんぎ》〈船着場の階段のある桟橋〉が出土している)という流通の拠点があり、経済的にも重要視された(図21)。そして屋島北方の海面には、備讃瀬戸のうち小豆島《しょうどしま》と豊島《てしま》・直島《なおしま》・男木島《おぎじま》・女木島《めぎじま》の直島諸島が散在する。屋島西方の宇多津《うたづ》の北方には本島《ほんじま》以下の塩飽《しわく》諸島があり、双方は島嶼部を伝って備前の児島にいたる、本州と四国を結ぶ東西二つの南北ラインをなしている。東の直島諸島を伝うラインは、明石海峡を抜けて西に進む場合、瀬戸内海の最初の狭隘部になっている。東から攻めてくる水軍を、島陰から迎え撃つには絶好の海域である。また屋島は、内陸を南下

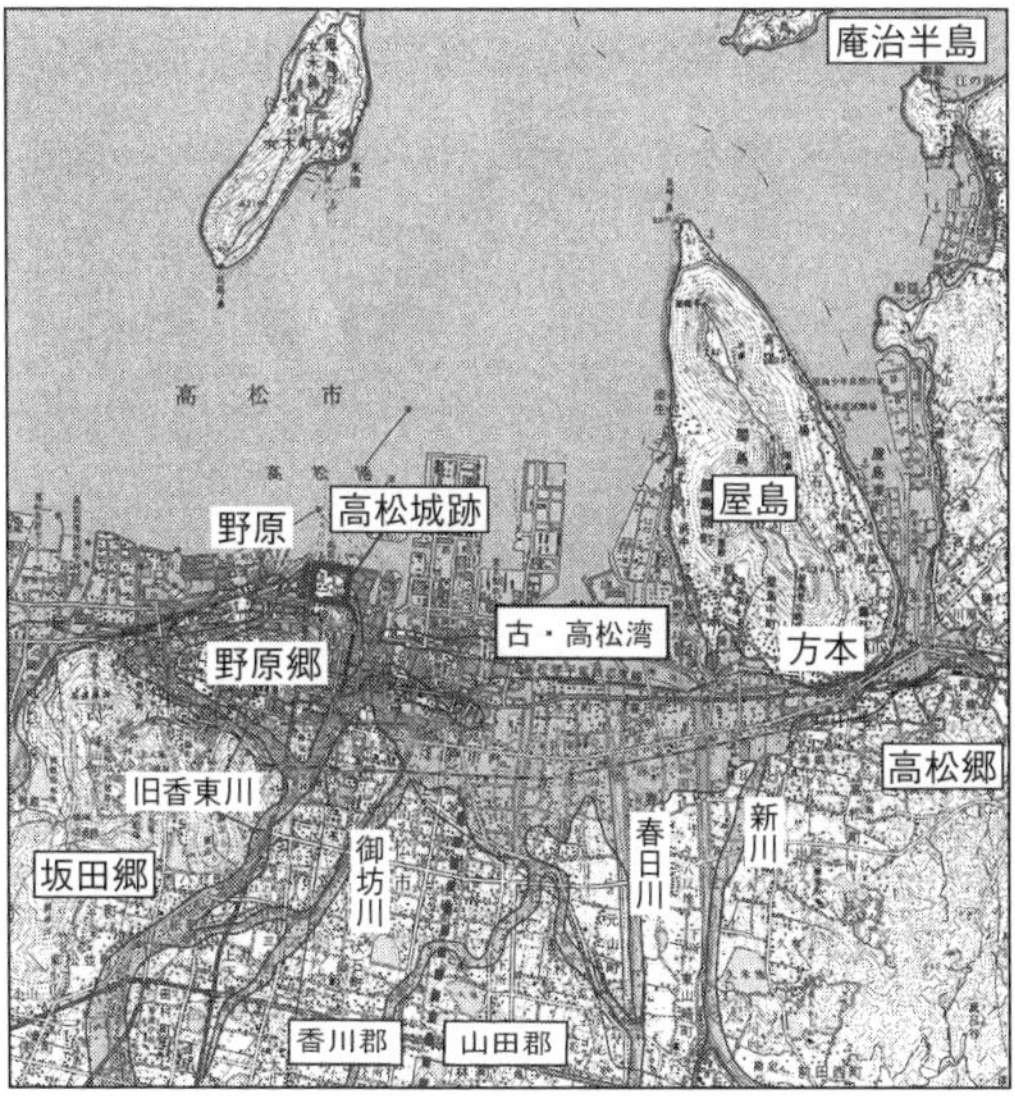


図21　古・高松湾と野原・方本

して国境に横たわる阿讃山脈《あさんさんみゃく》を越え阿波と連絡ができる(渋谷、二〇〇九)。瀬戸内海の支配を考えると、西の本州最西端部の長門彦島《ひこしま》(現、山口県下関市)と併せ、東の屋島を押さえることが絶対に必要であった。

## 3　義仲の孤立と敗死

義仲は平家を都から追い落とした勢いが失せ、行動に生彩がない。一〇月になって義仲軍は備中に入ったが、備前・備中の国人らの抵抗にあい、退却している。抵抗の中心は平家御家人の妹尾(瀬尾)兼康で、かれは北陸道の合戦で義仲方の倉光成澄《くらみつなりずみ》に捕らわれ恭順を誓うが、道案内役として備中に下った時、離反して挙兵した。

妹尾兼康は父祖が、清盛の父祖正盛・忠盛が西国国守に補任されたことを契機に、主従関係を結んだとみられる。備前の難波経遠と並び称される先祖相伝の家人であるが、かれらは「片田舎の者」で、「忠清、景家体《てい》の者」とは、重みが違っていたようである(延慶本巻二・十三)。忠清・景家とは上総介忠清・飛驒守景家の兄弟のことで、一一世紀前期に活動する伊勢平氏の祖平維衡《これひら》の「郎等」である「伊藤《いとうの》掾《じょう》」、実名では藤原重高《しげたか》なる人物の末裔に違いない(『小右記《しょうゆうき》』長元元年七月一九日・九月二三日・一〇月一三日などの条)。

妹尾兼康は、備中国都宇《つう》郡妹尾郷《せのおごう》(現、岡山市南区妹尾付近)を本拠とする武士で、近世の地誌類には豊富な伝承が見え、備中湛井川《たたいがわ》用水(十二ケ郷用水)の開削・整備者としての活動ぶりが伝承されている(『東備郡村志』『備中誌』など)。難波経遠の方は、本姓田使《たづかい》で、「田使首《おびと》系図」によれば(宝賀、一九八六)、八代前の先祖から備前国津高郡駅家郷《うまやごう》の難波(現、岡山市北区)に住し、祖父親信と父経信は備前目代の職にあったと伝える(日下、一九九七)。

妹尾の蜂起は、『玉葉』では「伝へ聞く、義仲随兵《ずいびょう》の中、少々備前国を超ゆ、しかるにかの国ならびに備中の国人等勢を起す。みな悉く伐ち取り了んぬ。即ち備前国を焼き払ひ帰去し了んぬ」という形で伝えられている(『玉葉』一〇月一七日条)。兼康が討たれた日を、一〇月一二日とする史料もある(『一代要記《いちだいようき》』)。

盛衰記では、平家方の有力者たちは屋島に参陣したので、妹尾のもとに集まった兵は、「剝《はげ》たる弓矢に、精《さび》たる太刀・刀もちなどして、馬に乗者《のるもの》は少く、多《おおく》は歩跣《かちはだし》にて、此彼《ここかしこ》より二人三人と走集たり。その勢三百人ばかり」だったという(巻三十三兼康討倉光)。当時の召集された下級兵士の姿を彷彿とさせる記述である。吉備津神社《きびつじんじゃ》の近くにある岡山市立鯉山《りざん》小学校の校庭の片隅に、一基の宝篋印塔があり、多年妹尾太郎兼康の供養塔として親しまれていた。小学校の給食棟建設工事にともなう一九九一―九二年の発掘調査によって、激しい打撃が加えられ破損著しい頭蓋骨(それに続く脊椎骨の一部を含む)が一つと多数の土師質《はじ》の土器(杯と皿)が出土した。杯と皿は、その斬首されたらしい首級の鎮魂のための饗宴が行われた可能性を示しており、熟年であったらしい首級は兼康のものと考えて矛盾はない、とされている(岡山市教育委員会文化課、一九九七)。

寿永二年(一一八三)屋島に落ち延びた平家が、山陽道を平らげ勢いを盛り返してきたので、義仲はこれを聞き、矢田判官代義清を大将とする兵を差し向けた。閏一〇月一日、備中水島《みずしま》(現、倉敷市玉島柏島)の海域で、義仲の軍船と屋島から出撃した重衡・通盛の兵船が戦った。舟軍《ふねいくさ》に不慣れで敗色濃厚になり、浮き足だった木曾軍に対し、「平家は舟中に各《おのおの》鞍置馬を用意したりければ、五百余艘の船、ともづな（艫の方にあって船と船をつなぎとめる綱）を切放て、渚に船をよせて、船腹を乗傾て、馬をざとをろし、ひたと乗て」追撃したので、ついに木曾軍は壊滅した（延慶本巻八・十九）。

木曾方は、総大将矢田義清と侍大将海野行広が討ち取られた。行広は逃げる途中船が転覆して溺れ死んだという。溺れ死んだのは矢田義清の方だともいう。両者ともに東信濃・西上野の武将で、義仲挙兵とともに戦ってきた仲間だった。平家は久々の大勝に意気揚がる。この戦の最中、日食があった。盛衰記巻三十三水島軍では、海戦のさなか「天俄《にわか》に曇て、日の光も見えず、暗《やみ》の夜の如くに成たれば」とあり、慌てふためく源氏を尻目に、事前にこの日食があるのを知っていた平家は、戦いを有利に展開できた、と記している。この日、日食があったことは『玉葉』同日条にも記されて事実である。

参考までに、現代の東京天文台暦計算室の日食各地予報を、ウェブサイトでのぞいてみると、寿永二年閏一〇月一日（ユリウス暦一一八三年一一月一七日）は金環日食で、水島では、食初《しょくはじ》めが午前一〇時八分、食分《しょくぶん》（月によって覆われた太陽の直径の度合い）の最大は一一時四七分の〇・八九一で、終わりは一三時三〇分であるという（https://eco.mtk.nao.ac.jp/cgi-bin/koyomi/eclipsey_s.cgi）。食分九割なら「暗の夜の如く」というのはオーバーだが、最大時には夕方の気配ぐらいにはなっただろう。木曾勢が事前に日食を知らなかったというのは、田舎武者という色眼鏡の偏見である。兼実は、京都では陰陽寮の勘文（前例故実をふまえまたは占いの結果について吉凶を按じ、上申した意見書）に、辰の刻に欠けはじめ、午の刻に「復末《ふくまつ》（復円、食の終わり）」とあったが、実際には午の刻欠けはじめ申の刻「復末」だった、四時間も遅れているので陰陽寮に尋ねてみなくては、といっているが、実際には二時間程度の遅れで、兼実の苦情は不審である。

義仲は閏一〇月一五日に帰京、翌日には院に参って、頼朝弟九郎《くろう》(義経)が上洛を企てており、それを防ぐため急ぎ上洛したと報告している(『玉葉』閏一〇月一七日条)。平家追討を放り出しての帰京である。同二〇日、院の最側近でたびたび使者を務めた静賢《じょうけん》(静憲とも)が、院の使として義仲の家に向かい不満を聞いた。義仲が法皇を伴って関東に向かうという噂もあり、その件についても尋ねた。義仲は、院への恨みは二カ条、一つは義仲の反対にもかかわらず頼朝を京に召し上げるという件、二つ目は寿永二年十月宣旨、生涯の遺恨である。また東国へ下向の件は、上洛を企てている頼朝軍に一矢を報いるためで、君を具し奉って戦場に臨もうとしている、と院に伝わっているのは事実無根だ、といった。

後白河の関東御幸計画については、一族源氏が前日義仲宅で会合し議論したが、行家・源光長らは全面的に反対、もしそうなれば義仲に敵対すると主張したので、決定できなかった。行家は密かにその委細を院に伝えたという(以上『玉葉』)。義仲は自派勢力を掌握し切れず、内部対立が院に筒抜けになっていた、とわかる。行家は義仲の東国侵攻への同行を拒否する一方、後白河と双六遊びに興じるような間柄になっている(『玉葉』閏一〇月二七・二九日条)。

義仲は頼朝追討の院宣発給を求めるが、後白河は許さず頼朝の上洛をうながす。頼朝は、閏一〇月五日、いったんは大軍を率いて上洛の途につくが、すぐ口実を設けて鎌倉に引き上げ、代わりに義経を上洛させた(『玉葉』一一月二日条)。『玉葉』一一月七日条には、この日頼朝代官が近江に着いたとし、「その勢、僅か五六百騎と云々」とある。頼朝代官と言われているのは、義経と中原親能である。兵力が少数に加え中原親能が代官なのは、王朝側との連絡を密にしながらの敵情偵察が主目的だったからである。また義経らは、ひと月近く近江・伊勢にとどまっていたので、寿永二年十月宣旨の近江・伊勢での施行、伊賀・伊勢平氏の組織化も任務にしていたのだろう。

義仲と院の対立は決定的になった。一一月になると院が義仲を征伐するという噂が流れた。法住寺殿には荷車を使ってバリケードが築かれ、逆茂木《さかもぎ》(敵の侵入を防ぐために、茨の枝をたばねて結った柵)を引き堰《せき》を掘るなど、義仲に対する挑発を行った(『吉記』一一月一八日条)。院が集めた兵力は、院下北面の平知康《ともやす》・大江公朝《きんとも》を中心に、多田行綱や七月三〇日に京中守護を分担した源光長・葦敷重隆・仁科盛家らの武士からなり、これを天台座主明雲《みょううん》、園城寺長吏円恵《えんけい》法親王(後白河第五皇子)らの率いる悪僧が支援し、南都寺院勢力にも動員が命じられている。

後白河は、宗教的・呪術的な力も頼みにしており、一一月一〇日から一六日にかけて蓮華王院で大威《だいい》徳法《とくほう》供《ぐ》が行われた。義仲調伏や戦勝祈願を目的としており、一所に百壇《ひゃくだん》(壇は修法の時、仏菩薩などを安置し、供物・供具などを並べ供える台)を配する大規模な調伏は、院政期に類例をみないという。戦端が開かれる直前の平知康の異様な行粧《いでたち》と振舞は(覚一本巻八鼓判官)、味方からも嘲笑されたというが、自らを四天王や密教の守護神に擬せんとするものであった(横内、二〇〇八)。かれは、壱岐守知親《ともちか》の子で、仁安三年(一一六八)右馬允に任じ、左兵衛尉、左衛門尉を経て、寿永二年(一一八三)七月、検非違使の宣旨をこうむり、従五位下に叙された。今様や鼓に長じていたので、後白河院の近臣になり鼓判官《つづみほうがん》と呼ばれている(米谷《こめたに》、一九九三)。

これに対し義仲方は信濃・上野の武士たちが中心で、ほかには志田義広や近江源氏の山本義経らに限られ、数的には劣勢だった。しかし戦いに馴れ、戦意も旺盛である。後白河側は、院の命を拒み難く従軍した者が多い。いざとなると脱落者が相継いだ。

一一月一九日、昼頃戦端が開かれ、義仲軍は大手の義仲が法住寺殿の西方七条河原から、志田義広がその少し南の最勝光院の八条の門から攻撃する。今井兼平（あるいは樋口兼光）は、搦手《からめて》である法住寺殿の東側、瓦坂《かわらざか》（現、智積院《ちしゃくいん》の南あたり、醍醐に抜ける道の口）から新熊野《いまくまの》社《しゃ》を攻めた。

院方の多田行綱は七条の末を固めたが、義仲軍に破られて逃亡、本拠多田に引きこもる。義仲方が、御所の北の在家に火を放つと、折からの北風に煽られて御所の四面に延焼、さらに西の河原の在家なども焼き払われ、煙が御所に充満した。院方の光長・光経《みつつね》父子、安藤八馬允右宗《うまのじょうみぎむね》らの奮戦にもかかわらず、合戦は短時間で義仲の圧勝に終わり、法住寺殿は焼失する。

武士以外では公卿・侍臣に矢があたり、死傷の者が十余人あったという。後白河は捕らえられ五条東洞院《ひがしのとういん》の近衛基通亭に連行され、貴族の越前守坊門《ぼうもん》（藤原）信行《のぶゆき》・近江守（姓欠、高階カ）重章《しげあきら》・主水正《もんどのかみ》清原近業《ちかなり》、円恵・明雲らの高僧が戦死した（『玉葉』『百錬抄』一一月一九日条）。権中納言藤原頼実《よりざね》は「直《ひた》垂《たれ》・折烏帽子《おりえぼし》」に身をやつし、逃亡しようとして義仲軍に捕らえられる。首を切るというのであわてた頼実は素性をあかす。しかし、衣装と烏帽子が、直衣《のうし》に立烏帽子《たてえぼし》ではなく武士のそれだったから、高貴な人物には見えない。武士らは「偽りて貴種を称すなり」と、かまわず首を切ろうとした。たまたま顔を見知っていた一般の人が、本人と証言したので、なんとか命拾いをしている（『玉葉』一一月二二日条）。

身分には、必ず自らを表現する目に見えるなんらかの標識・記号がそなわっている。人間生まれたままの姿では、貴賤上下を区別できない。衣服をまとってはじめて差異が具体化する。衣装しだいで乞食が王子に早変わりするのは小説の世界だけではない。一方、運良く戦場から逃れた者も、物取に衣装を奪われて、寒中に男も女もみな赤裸に剝かれた。

『愚管抄』によれば、明雲を討った武士は、義仲に手柄を語ったが、義仲が「なんでうさる者（そんな者がなんだ）」といったので、首をそのまま西洞院川《にしのとういんがわ》に捨ててしまったという（巻五）。延暦寺のトップで、平家全盛期には「ひとへの平家の護持僧《ごじそう》（むやみやたらに平家を支持する僧）」（『愚管抄』巻五）と評された権勢の高僧も、形無しである。延慶本では、後白河が自分の身代わりになったと明雲の非業の死を悼んでいるが（巻八・廿七）、院から退出してきた参議藤原定能によれば「殊に御歎息の気も無」かったという（『玉葉』一一月二五日条）。

一一月二一日、源光長をはじめとする百余の首が五条河原に懸けられた（『吉記』）。『醍醐雑事記』には「頸を刎《は》ね懸ける者百卅人。この外その数を知らず」とある（巻十）。一方的な殺戮戦だった。義仲による首実検も行われている（以上戦闘の経緯は長村、二〇〇八）。同じ日、義仲は、入道前関白松殿《まつどの》（藤原）基房《もとふさ》と相談し、摂政基通、院の近習以下、文武の官合計六九人を解官し、基房の子一二歳の師家《もろいえ》を内大臣・摂政・藤氏長者《とうしちょうじゃ》とした。これに対し、法皇は近習大江公朝を伊勢にあった義経・中原親能に遣わし、法住寺合戦のなりゆきを知らせている。

一一月二八日、義仲は、さらに中納言藤原朝方《あさかた》以下文武四十余人の官職を解き、権大納言藤原兼雅《かねまさ》の所領を没官、出仕を止めた。これらに平家の治承三年一一月クーデタの「悪行《あくぎょう》」をも越えた、との声があがった（延慶本巻八・卅）。こうして義仲は、京都につかの間の「孤独なる専制」を布くことになる。

翌二九日、法皇は、諸卿に八月に践祚した後鳥羽天皇の即位式の実施について議論させている。一二月に行う予定だったが、神器も帰還がなく「万事叶ひ難し」ということで、年を踰《こ》しての即位式の前例を調べさせている。多くは「延引《えんいん》時議に叶ふか」の声であったが、基房は「歳内」に執着した。院宣は

「延引宜しかるべし」であった（『玉葉』）。

話は少し前にさかのぼるが、平家が閏一〇月中旬には美作以西を勢力下に置いたので（『玉葉』閏一〇月二一日条）、一一月八日、行家が西海の平家追討に発向した。その勢を『玉葉』は二百七十余騎とし「はなはだ少たるはいかん」というが、『吉記』は三百余騎で、やがて三〇〇〇騎におよぶと伝えている。途中で合流する武士を勘定に入れているのであろう。

九日には重衡を大将軍とする三百余騎の平家軍が備前国に押し寄せ、備前国衙の検非違所や「国武者」たちと戦って破った（『吉記』一一月二八日条）。これにより平家の前衛は室泊《むろのとまり》（現、兵庫県たつの市御津町の室津港）まで進出できた。室は瀬戸内でも有数の良港として知られた交通の要衝である（図22）。平家はすでに播磨西部まで勢力を回復しつつあった。

図22　室津港の現景観（2005年4月16日，筆者撮影）

一一月二九日頃、平家は播磨国室山《むろやま》（室津港の背後にある丘陵）を攻めた行家を、自陣深く誘いこんで大いに破った（延慶本巻八・廿一）。三河平氏の吉良先生《きらのせんじょう》（帯刀先生）なる人物が、合戦の経過を参議吉田経房に語った。それによると、行家の郎従百余人が死去し、あるいは生虜《せいりょ》となったという（『吉記』一二月七日条）。この合戦の平家方大将として教盛・重衡らの名が見える。重衡は当然だが、教盛は当時五六歳、実戦の経験も乏しい。総大将としては無理があるので、その二男で剛勇の聞こえのある能登守教経《のりつね》の誤聞かもしれない。窮地に立った義仲は平家に和親を申し入れるが、宗盛は拒否する。

一二月から翌年一月にかけて、兼実の許には、法皇・義仲・頼朝・平家をめぐるさまざまな情報が錯綜してもたらされている。義仲が使を播磨国室泊にいる平家のもとに送った、和親だそうだ(『玉葉』一二月二日条)、頼朝が平家と同意し、平家が義仲の誘いを断ったそうだ(『玉葉』一二月五日条)など、多くは和平にかんする虚実取り混ぜての報であるが、来たる一〇日義仲が法皇をともなって山城の八幡辺りに向かい、そこから平家を伐つため西国に赴くそうだ(『玉葉』一二月七日条)、といったものもある。

またそのなかには義経の情報も混じっている。現在九郎の勢はわずか五〇〇騎、その外伊勢の国人ら多く従う。また和泉守平信兼が合力している(『玉葉』一二月一日条)。傍流とはいえ伊勢平氏一族の信兼が義経に協力している、という点が注目される。

一二月一日、義仲は院の御厩別当《みうまやべっとう》の職を獲得した(『吉記』)。院の御厩別当は、院の御幸に供奉し、院の車馬の管理を任とするポストで、当時軍事貴族が院権力内部にしかるべき位置を占めようとする時、指定席とでもいうべき職ができており、それが御厩別当だった(髙橋昌、二〇一一b)。その後一二月一〇日、義仲が左馬頭を辞任しているのは、御厩別当と職務内容に共通性があり、御厩別当に就任すれば辞任するのが慣例だったからである(長村、二〇一一)。同じ一〇日、法皇は義仲の申請によって、頼朝追討すべしという院庁下文を発している。また一二月一五日には、奥州の藤原秀衡に命じ、陸奥・出羽両国の兵を率い義仲とともに頼朝を討たせる、という院庁下文が作成されている(『吉記』)。

さらにこの間、平家入京の噂がたびたび流れた。一二月二四日には、兼実のところに大外記の清原頼業が密々に来て、世俗のあれこれについて語りあった。頼業は安徳天皇が京都に還ってきたら、現在の後鳥羽天皇はどうなるのでしょうか、ひょっとすると六条天皇のような形になるのでしょうかと問うた(『玉葉』)。六条は一〇年近く前の永万元年(一一六五)六月、父二条天皇の病による退位を承けて二歳で即位した。仁安三年(一一六八)二月には、位を年長の後白河上皇の皇子憲仁親王(高倉天皇)に譲って上皇になったが、元服の式もないまま放置され一三歳で亡くなっている。頼業は、兄の安徳が復帰すれば、弟の後鳥羽は六条同様、実権のまったくない上皇に追いやられるのでは、と観測したのである。こういう話題が出るのは、平家の京都奪還が現実味を帯びはじめた証拠だろう。

こののち一の谷の戦いで捕虜となった重衡は尋問を受け、平家は兼実が「天下を知る(治める)べきの由」を決めていた、と証言している(『玉葉』寿永三年二月一九日条)。これは平家が天下の権を奪回した時は、兼実を幼主安徳の摂政とする天皇親政、つまり後白河を治天の君から追放する政権構想を固めていたことを意味する。

軍事的に劣勢となり、頼朝と平家に東西から挟撃され、苦境に立った義仲は下手に出て、翌年一月中旬まで平家との間に和平の途を模索する。京都では平家入京近しの噂が頻々と流れた。いったんは平家に後白河を預け、近江に下って頼朝軍を迎撃、平家は寿永三年(一一八四)一月一三日に入京する、という合意が成立したが、義仲が後白河を連れて本拠の北陸に下ると聞くに及んで、ご破算になった(『玉葉』同日条)。

年を越した寿永三年一月五日、兼実は前権中納言源雅頼から、頼朝の軍兵はいま墨俣におり、今月中には入洛するだろう、との情報を得ている(『玉葉』)。これは尾張熱田《あつた》から美濃を経て近江勢多に進んだ範頼《のりより》軍のことをいっている。範頼は法住寺合戦の結果が鎌倉に届いて以後、おそらく一二月中旬に鎌倉を発ったと思われる。範頼は義朝の六男、母は天竜川河畔の池田宿《いけだのしゅく》（池田荘〈現、静岡県浜松市・磐田市〉の中心部）の遊女《ゆうじょ》で、西接する蒲御厨《かばのみくりや》で過ごす時期があったので、蒲冠者《がまのかじゃ》・蒲御曹司《がまのおんぞうし》と呼ばれた。範頼の史料上の初見は、前年の志田義広を討った野木宮合戦に参陣したことだが（『吾妻鏡』治承五年閏二月二三日条）、かれを養育したのは高倉（藤原）範季《のりすえ》という人物であった。

この高倉範季は、九条兼実の家司でありながら、後白河院の近臣であり、平家一門と縁戚関係があるという具合に、八方忙しく立ち回った興味深い人物である。かれは尊成皇子（のちの後鳥羽天皇）の養育にもあたり、践祚に一役買った（多賀、一九七四／角田、一九七八／元木、二〇〇七）。しかも範季は、頼朝の母が出た熱田大宮司家の親族であり、安元二年（一一七六）一月に陸奥守になり、三月には鎮守府《ちんじゅふ》将軍を兼任、四月に任地に赴いている。保立道久氏は、同じ頃京の鞍馬から奥州に下った義経の身元を、藤原秀衡に保証した可能性があるとしている（保立、二〇〇四）。

一月一五日、義仲は征東大将軍《せいとうたいしょうぐん》に任じられたが（『玉葉』、『山槐記逸文』建久三年七月九日条）、もはや空名というほかない。義仲が近江の敵情を正確に把握したのはこの日の夜で、派遣した郎従が帰洛して「敵勢数万に及ぶ、あへて敵対に及ぶべからず」と報告した（『玉葉』正月一六日条）。二日前の一三日には「九郎の勢僅か千余騎」と報告されていた（『玉葉』）。「数万」は新手の範頼軍が加わったからで、そこには「武田の党」の一条忠頼（武田信義の子）なども参加していた。また法住寺合戦で後白河院と戦火を交えたため、義仲と同盟していた在京の軍事貴族たちが、一斉に頼朝方に回ったからと考えられている（長村、二〇一二）。一方、義経軍も、伊勢の平信兼、伊賀平氏の支援に加え（川合、二〇〇四d）、安田義定ら軍事貴族が参加し、大幅に強化されていた。

これに対し木曾義仲は河内長野《かわちながの》の城にこもった行家討伐のため、樋口兼光を派遣したほか、一月一九日、今井兼平を勢多に、志田義広および滋野幸親を宇治に派遣した。

一月二〇日、義仲は勢多・宇治川での合戦に敗れた。義経は事前に勢多で範頼と分かれ、「田原《たわら》」道を進んで、南から宇治川を渡ったらしい。宇治川では迎撃する義仲軍との合戦となり、義経は志田義広らを破り、大和大路から京に入った。義仲は六条河原でも敗れ、従うところわずかに三、四十騎、いったんは長坂口《ながさかぐち》(現、京都市北区鷹峯から長坂を経て杉坂にいたる丹波街道の登り口付近)から丹波方面に逃げようとしたが、思い直して勢多の手に加わるため東に向かい、近江粟津で一条忠頼の軍勢と遭遇、合戦になった(『玉葉』など)。敵情をよく知る頼朝方は、大軍入京が巻きおこす混乱を回避するため、範頼軍は近江に兵を止め、義経に追われて北国に逃れる義仲を挟み撃ちにする作戦だったのだろう(菱沼、二〇〇五b)。

義仲は粟津の松原に逃げこんだが、馬が深田に足を取られて立ち往生している間に、顔面に矢を受けて討死する。今井兼平は、追いつめられた義仲に最後まで付き従い、武将としての名誉を守るため自害を勧めるが、その甲斐なくあえなく討たれる。これを見届けて兼平は自害した。覚一本巻九木曾最期には、両人の情死にもみまがう主従愛がうるわしく描かれている。義仲の享年は三一歳と考えられる(延慶本巻六・七)。

義仲を討ち取ったのは『愚昧記』正月二〇日条に「九郎義経の郎従字《あざな》石田二郎これ(義仲)を征すと云々」とあり、追撃してきた義経勢だったようだ。「俗衣《たふさぎ》(褌)」一丁、もしくは丸裸で深田に下りた郎等によって、首を掻き切られたという(延慶本巻九・九、四部合戦状本巻九木曾最期など)。

義仲が敗死して三カ月後の元暦元年(一一八四、寿永三年は四月一六日で元暦元年に改元)四月、蓮華王院領但馬国二方郡《ふたかた》温泉荘《ゆのしょう》(現、兵庫県美方郡新温泉町)の下司平季広《すえひろ》・季長《すえなが》父子は、現地の下級荘官らから「去年十二月俄に謀叛の義仲をあひ語らひ」と訴えられている。温泉荘を義仲領と称し、運上途中の「御年貢以下の雑物等」を押し取り、「庄庫《しょうこ》」を追捕して、そこに納められていた「御米等」を運び取り、在家人(百姓)らの資財をとりあげ、荘内を損亡させた。加えて、年貢運上途中の「領家」の「殺害」さえ企てたという(『平安遺文』四一六六号)。

荘官らは「(季広は)これ師(獅)子の中の虫なり、世間落居せざるの折節《おりふし》をもつて、季広の吉慶《きっけい》となし、御庄を損亡せしむるの条、今度に始まらず、前前平家の時、もつてかくのごときなり」と非難しているので、平家都落ち後は義仲、それ以前は平家に追随して荘に被害を与えていた。それゆえ「もし、御裁許遅怠《ちたい》に及ばば、また当時(現在の)権門の武士に語り付き、なほ濫行をいたさしむるか」、今回の訴訟の判決が遅延すれば、さらに「当時権門の武士」、すなわち義経らに付属して、荘園支配に打撃を与えるだろう、と警告している。

かれらにとって身を寄せる武士は、自分の領主支配伸張の後ろ楯になる有勢の者なら、誰でもよかった。主人の方も、王朝勢力から訴えられれば、自らの政治的立場を維持するため、かれらの乱行を制止することをためらわなかった。双方にとって主従の信義誠実の原則など、絵に描いた餅に過ぎなかった。

## 4　生田森・一の谷合戦

平家は寿永三年一月には古巣の摂津福原に入り、京都奪回を目前にしている。『平家物語』諸本は、義仲滅亡後二〇日足らずの間に、「六ヶ度軍」として、平家随一の勇将能登守教経が、讃岐の在庁官人や伊予の河野通信、安芸の沼田《ぬた》(奴田)次郎(太郎)など、瀬戸内周辺の敵を次々に掃討したとある。通信は沼田氏と結んで平家の軍勢催促に従わなかった。教経の活躍は人間業とは思えず、長期に亙る平家の失地回復の戦いを一時かつ教経の功として、凝縮して述べているのであろう。源平合戦期に沼田氏が平家と激しく闘った件は事実で、応安四年(一三七一)にこの地を通った今川了俊《いまがわりょうしゅん》の『道行《みちゆ》きぶり』にも、現地の伝承が記されている(石井進、一九七四)。ともあれ、福原に結集した平家の勢は、九州勢は未着ながら、四国・紀伊の兵を中心に、数万と噂されていた(『玉葉』二月四日条)。

一月二六日、義仲を屠《ほふ》った頼朝に平家追討宣旨が出され、源氏軍は引き続きその追討軍となった。二月七日には、攻める源氏と守る平家の間に大きな合戦があった。源氏はこの戦いで大勝利を得、平家に対する優勢を決定的なものにする。

合戦の空間は、北に六甲の峻険な山地が東西に長く連なり、南は大阪湾である。東が生田森、現、神戸市の中心街三宮《さんのみや》にある生田《いくた》神社《じんじゃ》背後の森で、これが大手。生田森や生田社は王朝文学にも登場する名所として名高いが、後世足利・新田の合戦もあった要衝の地である。西は一の谷で搦手。古代山陽道の駅家《うまや》(律令制で主要な諸道に設置された公用の旅行・通信のための施設)たる須磨駅と明石駅の間は摂津・播磨の国境にあたり、鉢伏山塊《はちぶせ》が急峻な沈降海岸《ちんこうかいがん》（地盤の沈降によって生じたと考えられる海岸）を形成し、それ以西でも海岸段丘が各所で汀線《ていせん》に迫る交通の難所である。このため山陽道は海岸に沿って走っていたという説以外に、多井畑峠《たいばたとうげ》を西に越え、鉢伏山北の鉄拐山麓《てっかいさんろく》を迂回し、塩屋に出る道だとする説、妙法寺《みょうほうじ》河谷《かこく》から白川峠を越え、伊川谷《いかわだに》を降り明石駅家に達する、さらに大きな迂回路（白川街道）だとする説が競い合っている（吉本、一九八五）。一の谷が鉄拐山と鉢伏山の東斜面にあたるので、前二者のいずれか、たぶん多井畑越のルートが今回の戦場であろう。

生田森・一の谷ともに山が海に迫り陸地が狭まっている。平家はそれぞれに堅牢な木戸（防御のため柵に設けた門）を設け、海上には軍船を浮かべ、守りを固めた。盛衰記などでは、生田森の防御施設は、「北は山の麓、南は海の汀《みぎわ》、（中略）陸にはここかしこに堀をほり、逆茂木を引、二重三重に櫓《やぐら》を掻《かき》（立ち上げ）、垣楯《かいだて》（楯を並べて垣のようにしたもの）を構へた」ものであった（盛衰記巻三十六一谷城構）。前にも紹介したように、こうした防御施設を当時城と呼んだ。

平家追討に起用された源範頼と義経の方も二手に分かれ、大手の範頼が山陽道を西に進んで生田森に迫り、搦手に向かった義経は山陰道からさらに丹波路をとった。「官軍（頼朝軍）僅か二三千騎と云々」という有様で、とても源氏方優勢とはいえない状況だったようだ（『玉葉』二月六日条）。もっとも平家側の数万というのも、相手を威嚇する宣伝情報、もしくは平家の復帰を望む勢力の希望的観測で、いずれにしても誇大である。

生田森と一の谷の間の距離は一〇キロ以上、広大な空間である。当然生田森と一の谷の間に隙間なく平家の軍兵が配置されていたはずはない。川合康氏は「大手」「搦手」それぞれの戦い、二つの戦場を合成した「生田の森・一の谷合戦」と呼ぶべきだと主張している（川合、二〇一九）。この戦いを、一の谷の戦いというのは、搦手側の義経中心に見た結果で、『平家物語』に見えるさまざまな記事も、混乱しながら多く一の谷側に集められている。

丹波路を西に進んだ義経軍は、播磨・丹波国境付近から西に入った三草山《みくさやま》（現、兵庫県加東市）に陣を布く資盛・有盛ら小松家の公達の軍に夜討をかけ、敗走させる。ついで南下し、西から一の谷の木戸に迫った。合戦は二月七日に行われた（図23）。

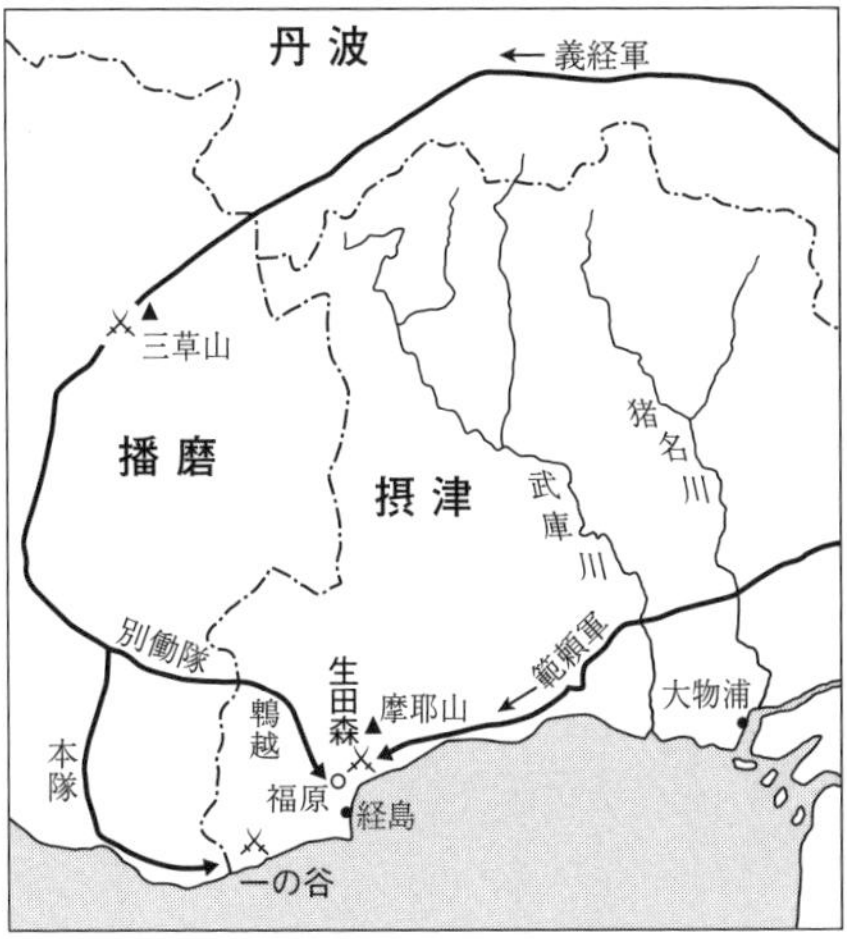

図23　生田森・一の谷合戦図

この合戦の経過については、一般には『平家物語』諸本や『吾妻鏡』のそれが知られている。しかし、『平家物語』が語るストーリーは、「鵯越《ひよどりごえ》の逆落し」も含め虚実交じりあって、史実とみなすには大いに問題がある。『吾妻鏡』は編纂の際に特別な材料を持たず、ほとんど『平家物語』をなぞって書いたことが明らかになっている（石母田、一九八九c）。結局合戦の経過で信頼に足る史料は、わずかに『玉葉』二月八日条があるのみといってよい。この記事については大筋で諸氏の読みは一致しているが（菱沼、二〇〇五b／川合、二〇一九）、細部で解釈の違いがある。本書では髙橋秀樹氏の精読の成果（髙橋秀、二〇二三）も参考にしながら、筆者の理解を述べたい。

同日条によると、合戦の第一報は、日付が翌八日に変わった頃であろうか、深夜に届いた。梶原景時から院への「平氏みな悉く伐ち取り了んぬ」と、飛脚を使っての速報である。梶原景時は全軍の軍奉行《いくさぶぎょう》（大将軍の下にあって軍事全般の統轄にあたった）的な役を務めていた。兼実は、それを八日まだ夜が明けない内に聞き伝えた家司からの伝言で知った。続いて昼頃藤原定能が兼実亭にやってきて詳細を語った。定能は院の側近であるから、院に集まってきた情報をまとめて、兼実に紹介したと思われる。

第一報に続く捷報は、義経からのそれで、「先づ丹波の城を落し、次いで一の谷を落す」というから、三草山で勝利した後、当日は一の谷側から攻め木戸を突破したとする。続報は大手の範頼からで、「浜地より福原に寄すと云々」とあり、大阪湾沿いに進み、生田森を経て福原に攻め寄せている。

院とその周辺は、両者の報告を中心に把握した情報によって、戦闘は「辰の刻より巳の刻に至るまで、なほ一時《ひととき》に及ばず」と判断。午前七時頃から九時頃までの二時間足らず、比較的短時間で勝負がついたと判断したらしい。以下は定能を介して知らされた院の得た情報を、兼実が内容ごとに五つに区切って記したもの、と読み取れる。

その一は「多田行綱山方より最前に寄す、山手を落とさると云々」である。最前が問題だが、真っ先にの意味だろう。山手は福原を含む六甲山地西部の山裾をさしている。当時合戦は夜明け時の卯の刻に始まる場合が多い。卯の刻は五時から七時の間である。旧暦二月七日は現グレゴリオ暦では一一八四年三月二七日にあたる。昨年（二〇二〇年）三月二七日の神戸市の日の出は、朝五時五三分である。主力である大手・搦手の戦闘開始一時間ほど前に、多田行綱らの先制攻撃があったと考えておく。

その二は「大略城中に籠るの者一人も残らず、ただし、もとより乗船の人々、四五十艘許り島の辺《あたり》に在りと云々」である。「一人も残らず」が尻切れの表現だが、これは景時の「平氏みな悉く伐ち取り了んぬ」を前提にしていると解せる。オーバーな言い方だが、平家が大損害を出した事実を示す。「島の辺に在り」とは、清盛が築いた経島の湊に乗船したままの人びとが多数いたということである。四日は清盛の月命日なので、あるいはその仏事を行うために、四国の屋島から女房や僧侶ら多くの非戦闘員が福原にやってきていたのではないか。

その三は「しかるを廻り得べからざるによりて、放火焼死し了んぬ。疑ふらくは内府等か」である。狭い港内に多数の船が停泊していたため、混乱のあまり外海に出られないまま、放火で焼け死んだ。そのなかには宗盛らもいるらしいという。この宗盛が死んだというのは誤報、誤判断である。

その四は「伐ち取るところの輩の交名《きょうみょう》いまだ注進せず、よりて進《まいら》さずと云々」。討ち取った者のリストは、まだ院に注進されていないので兼実には進呈できないという。その五は「剣・璽・内侍所の安否、同じくもつていまだ聞かずと云々」。三種の神器の安否についても、まだ聞いていない。

『玉葉』の二月八日条の内容は以上だが、その他『吾妻鏡』の一部が利用可能である。『吾妻鏡』はほとんど『平家物語』に依拠しているが、わずかに独自記事として、二月一五日条に、範頼・義経が摂津国から飛脚で鎌倉に届けたという「合戦記録」の要点が載っている。そこには「去んぬる七日、一谷に於いて合戦す。平家多くもつて命を損す。前内府〈宗盛〉已下海上に浮びて四国の方に赴く。本三位中将《ほんさんみのちゅうじょう》〈重衡〉はこれを生虜《いけど》る。又通盛卿、忠度朝臣、経俊《つねとし》〈以上三人は、蒲冠者〈範頼〉これを討取る〉。経正、師盛《もろもり》、教経〈以上三人は、遠江守義定これを討取る〉、敦盛、知章、業盛、盛俊〈以上四人は、義経これを討取る〉。この外梟首《きょうしゅ》する者一千余人。およそ武蔵、相模、下野等の軍士、おのおの大功を竭《つく》す所なり。追って注記言上すべしと云々」とある。同「合戦記録」は、『吾妻鏡』編纂時の鎌倉後期まで、幕府に保存されていた史料の一部だと考えられる。

寿永三年二月の合戦において、範頼・義定・義経ごとに討ち取った平家の公達の名が列記されているのだから、生田森・一の谷合戦における安田義定の立場は範頼・義経と対等、少なくとも対等に近い独立的存在ということになる。

安田義定や一条忠頼ら「武田の党」は、対義仲戦で頼朝軍と連合して行動するようになっても、なおその自立性を失ってはおらず、範頼・義経と並んで戦功を報告している（『吾妻鏡』寿永三年正月二七日条）。そして義定は平家追討の時点でも、その独立性を保持していた。安田義定の受け持ちの戦場は、どこであったのだろうか。読み本系の四部合戦状本は、義定を搦手の副将軍とする。すなわち宇治川合戦同様、義経の手に属し、まさに副将軍格で独立的に行動していたのであろう。

この合戦の最大の功労者は、普通は義経である。『平家物語』では、かれは搦手軍をそのまま一の谷の西門に向かわせ、自らは七十余騎の別働隊を率い、嶮岨な鵯越から急坂を駆け下って平家軍を奇襲し、合戦の勝利に決定的な貢献をしたとされている。世にいう「鵯越の逆落し」である。しかしかれは、確かな史料である『玉葉』では、「先づ丹波の城を落し、次いで一の谷を落す」とあり、間違いなく一の谷方面に向かっている。

一方、『玉葉』では北の「山方」から迫ったのは多田行綱である。「山方」とは六甲連山の西部で、播磨国三木《みき》（現、兵庫県三木市）・藍那《あいな》（神戸市北区山田町）と夢野《ゆめの》（神戸市兵庫区夢野町）を結ぶ尾根筋を通る山中の間道を使って、現、ひよどり展望公園から山を降る（野村、二〇〇二）。このルートの途中、神戸電鉄有馬線のすぐ東の尾根に、現在も鵯越の地名が残り、その南、山から降りた夢野の東は、もう福原である。

『吾妻鏡』に、「一の谷の後山〈鵯越と号す〉」と書かれているため（二月七日条）、古来、鵯越の比定地に混乱を招いているが、それは義経の活躍を印象づけるため、一の谷近辺に場所を引き寄せた作為の結果で、本来鵯越と一の谷はまったく別場所である。前記鵯越を通過する尾根筋上のルートは、『吾妻鏡』がいう「猪鹿兎狐の外通はず、険阻なり」というほどでもなく、案内者の手引きがあれば軍勢の通過が可能である。

読み本系諸本では、三草山で捕虜になった「播磨国安田庄の下司、多賀《たが》菅《すが》六久利《ひさとし》」という、相伝の下司職を平家の侍大将越中前司盛俊に押領せられた人物が、案内に立っている（延慶本巻九・廿）。安田荘《やすだのしょう》（現、兵庫県多可郡多可町中町）は九条家領で、文治二年には播磨を占領していた梶原景時が、領家若狭局（建春門院の乳母であった平政子）から預かり給わったと称し、押領している（『鎌倉遺文』一一三号）。平家没官領とみなされていたのである。それはともかく、多田行綱は防備手薄な山方から本拠福原を直接攻撃した結果、大手・搦手の平家軍に大きな動揺が走り、それが全戦線の崩壊につながったのだろう。

行綱は、法住寺合戦前より木曾義仲から離れ、義経入京後は摂津武士を率いていた。『儒林拾要《じゅりんしゅうよう》』という鎌倉時代初期以降に成立した各種の文書の雛形を集めた文例集（編者不詳）には、追討使源朝臣の名前で、摂津国御家人らに対し、「何（某）日」に一の谷に発向するので、当国の惣追捕使《そうついぶし》の催促に従って京都七条口《しちじょうぐち》に参集するよう、もし不参の者があれば「謀叛与力の衆」として処し、罰を加えるべしと命じた廻文《めぐらしぶみ》が存在する。廻文は二人以上の者に対し順次回覧し、最後に発信者に返送されるよう作成された文書である。

猪熊兼繁氏は、『儒林拾要』掲載の文例に多田源氏関係の文書が目立つ点から、多田源氏の文筆者によって編纂されたと考えた(猪熊、一九六二)。そして、それをうけた川合康氏は、当時多田源氏の棟梁であり、摂津川辺郡に強大な勢力を誇っていた多田行綱の名前がこの廻文に見えないので、多田行綱こそが廻文をまわして、摂津武士の動員にあたっていた摂津国惣追捕使であるとした。追討使源朝臣はもちろん義経である(川合、二〇一九)。

こうして義経の「鵯越の逆落し」として知られる華々しい軍功は、多田行綱をリーダーとする摂津武士たちに帰さなければならないことが判明した。多田行綱は、義経の本隊と分かれるまでは搦手軍に属していたので、やがてかれの功が義経のそれにされてしまったのである。義経は一の谷戦後も通算一年半以上京都に駐留していたので、都人に知人が少なくない。文治元年、後白河の第二皇子で仏教界の庶務を掌る最高の僧職だった仁和寺の守覚法親王が、「いささか思ふところ有るによりて、密かに義経を招き、合戦《いくさ》軍の旨を記」したとあるように(『左記《さき》』)、合戦の具体的な様相を貴族・高僧らに語る機会も多く、一の谷本位のかれの合戦譚が、後世の合戦の名称と合戦理解の流れをつくったのだろう。

先に安田義定が搦手軍の副将軍格で従軍し、独立に軍功を鎌倉に報告したと指摘した。義経の搦手軍として終始行動したのであれば、そうはならなかったであろう。となれば鵯越に向かった別働隊を率いた可能性が高そうである。それなら山手から攻めこんだ多田行綱は単独の行動ではなく、安田義定の統率の下、その先陣の将として働いたことになろう。

宗盛らは船に移って屋島に逃れた。京都に凱旋する夢も再び政権を手にする望みも、すべてついえさった。「平氏讃岐八島に帰住す、その勢三千騎ばかり」だったという（『玉葉』二月一九日条）。平家軍の犠牲はおびただしい。「二千余人が頸共切懸《くびどもきりかけ》」（盛衰記巻三十八平家頸懸獄門）、「梟首する者一千余人」（『吾妻鏡』二月一五日条）という数の多さにとどまらない。生田森の大将軍重衡が生け捕りになり、その他大将軍クラスでも一〇名が討死した。平家軍はこれで背骨をへし折られた感がある。

合戦後後白河に宛てた宗盛の書状には、以下の詰問箇所がある。現代語訳すると

去る六日（合戦前日）、修理権大夫《しゅりごんのだいぶ》からの書状が届いた。「和平の相談があるので、来たる八日に京を出、院のお使いとしてそちらに下向します。私が安徳天皇の勅答を承って帰京するまでは、狼藉をしてはならないという院の御命令が、関東の武士らに伝えられております。だからこの件を早く貴軍の兵士たちにお知らせください」という内容だった。それを信じたため平家は手ひどい損害を受けた。これはいったいどうしたことですか。（『吾妻鏡』二月二〇日条所収二月二三日平宗盛書状）

和平の話は、平家を油断させるための謀略だったのではないか、と抗議しているのである。和平の儀は実際にあった。しかし、院自身はもともと平家追討でこり固まっていた。もし後白河が和平に関心を示したとすれば、入京必至という平家の勢いを恐れた以外に、理由は考えられない。しかし静賢法印を和平使とした同じ一月二六日、平家追討使の第一陣が京を発っている。翌日には早くも平家に使を送るのが中止になった。一月二九日には範頼・義経の出立が完了する。にもかかわらずなお使節として静賢に派遣が命じられ、さすがにかれは、追討使派遣のうえは「道理叶はず」と辞退した（『玉葉』）。

修理権大夫から書状が来たというから、静賢が辞退したのち、その人物が改めて和平交渉の窓口に指名されたのかもしれない。しかし、かりに停戦命令が事実だとしても、鎌倉方は聞く耳を持たなかったのだろう。経過がどうであれ結果として平家は騙された。後の祭りであるが、宗盛らの脇の甘さが露呈した。

# 第七章　平家の滅亡

## 1　源氏一族の粛清

生田森・一の谷合戦で捕らわれた平重衡は、寿永三年(一一八四)二月一五日、天皇と神器の還御を求める後白河の意向を屋島に伝えた。『玉葉』では二月一〇日条に、重衡が自分から、わたしの書状を使者(かれの郎従)に副えて屋島の宗盛のもとに送り、剣・璽を乞い取り進上しましょう、と提案したとある。重衡の訊問役である右衛門権佐藤原定長《さだなが》は九条兼実に、重衡の提案を院に報告すると、成功しないだろうが、申請にまかせてやらせてみようとおっしゃった、と語っている。

重衡が『平家物語』語り本系諸本のいうように、自らの解放を交換条件にしたかどうか、『玉葉』には記されていないので不明である。三種の神器を有してこそ、平家や安徳天皇の正統性も主張できるのであり、普通に考えれば、それを自ら手放すなど大局を見誤った判断である。しかし、平家軍事力が回復不能な打撃を受けたことを誰よりもよく知っていた重衡は、和平の機会はいまが最後、と考えたのだろう。「剣・璽」とあって神鏡が含まれてないのは、二器は常に天皇と行動をともにするが、神鏡は宮中の奥深く秘蔵され、天皇の践祚・即位の大儀に用いることもないからで、かれの真意は、新天皇がすぐにでも必要なものの提供を餌に交渉に釣り出し、残った神鏡は交渉の切り札にするところにあったのではないだろうか。

重衡の提案を受けた院の使いは、二月二一日に宗盛のもとに着き、それへの返書は二月二六、二七日頃都に届いた。宗盛の返事は、「三ヶ宝物(神器)ならびに主上(安徳)・女院(徳子)・八条殿(時子)に於いては、仰せのごとく入洛せしむべし、宗盛に於いては参入すること能はず。讃岐国を賜はつて安堵すべし。お共等は清宗《きよむね》(宗盛嫡子)を上洛せしむべし」とあり、交渉の獲得目標(一身の安全保証)を、初手から隠そうともしないのが、どうにも拙劣で見苦しい(『玉葉』二月二九日条)。屋島から帰った重衡従者の報告により、宗盛の返事は、おおよそ和親をこいねがうのが趣旨で、とどのつまり源平相並んで召仕われたいといったところかと知れたが、院側は「この条頼朝承諾すべからず、しからば難治の事なり」と判断している(『玉葉』三月一日条)。結局この交渉は成立せず、三月一〇日、頼朝の命で重衡は東国に連行された。

一方、維盛は先述のように都落ち時点で有力郎等が身辺から離れ、実戦部隊を指揮する手だてを失っていた。生田森・一の谷合戦では参加した気配すらなく、京都では二月一九日、三〇艘ばかりを率いて屋島から南海、すなわち紀伊方面を指して去ったという噂が流れている(『玉葉』)。三〇艘といえば数百人規模の戦線離脱である。

その前日の二月一八日、頼朝は使者を京都に派遣し、「洛陽警固以下の事」について指示を与えている（『吾妻鏡』）。菱沼一憲氏は、これを義経に頼朝の在京代官の任務が与えられた、と解している（菱沼、二〇〇五b）。同時に梶原景時が播磨・美作、土肥実平が備前・備中・備後の「守護」に命じられた。さらに三月から五月頃にかけて、西国には伊賀に大内惟義《おおうちこれよし》、紀伊に豊嶋有経《ありつね》、讃岐に橘公業《きみなり》、因幡に大井実春《さねはる》、時期ははっきりしないものの但馬に横山時広《よこやまときひろ》が配置され（佐藤、一九七一）、関東による畿内の外縁諸国の防衛と治安維持の体制が形作られつつあった。

この時の在京代官は、洛中の治安維持、頼朝の武士たちが引き起こす狼藉の停止、すなわち畿内近国における荘園所領の押領や、兵粮米の徴収という口実での略奪乱暴などの停止と、貴族・寺社から出される数多い訴えの処理なども含まれるから、難しい対応を迫られるポストである。義経は天才的な戦術家だが政治音痴という評価が少なくない。が、それではこの職は務まらない。人を見る目の厳しい頼朝の眼鏡にかなったのだから、義経のこの方面の才能も人並み以上のものがあったのだろう（菱沼、二〇〇五b）。二月二二日、義経は、さっそく院庁下文を摂津国司に進上し、「諸国兵粮米停止」命令を伝え、垂水牧《たるみのまき》（現、大阪府豊中市）への兵粮米徴収停止の徹底を求めている（『平安遺文』四一三六号）。これを手はじめに義経はその任務の遂行に邁進し多忙を極めた。

ついで二月二五日、頼朝は朝廷に対し四カ条の奏請を行っている。とくに第一条は「朝務等《ちょうむ》の事」で、「徳政」を行うことを求めた。「徳政」とはこの場合、人民に恩徳を施す政治のことをいい、具体的には諸国の受領について、しかるべき人を選んで補任すべきことを求めている。しかしこの条の真意は、後半部の頼朝の支配下にある「東国北国両道の国々」では、頼朝側が、謀叛人追討によって離村した一般民衆を今春から旧里に帰住させ、勧農《かんのう》を実施していくので、受領の任命は来秋まで待っていただく、という点にある。戦乱で荒廃した地域の農業生産の復興を口実に、自分の支配領域においては、朝廷の権限である国守の任命を、期限付きではあるが拒否するという通告である。

「東国北国両道の国々」の「北国」つまり北陸道諸国は、寿永二年(一一八三)の十月宣旨獲得過程で、東海・東山道地域と併せて、頼朝が国衙在庁を指揮する権限を要求していた地域である。北陸道は義仲を憚って十月宣旨の対象から外されたが、寿永三年一月に義仲が滅亡すると、同地域は当然のごとく頼朝方によって接収されていった。そして四月頃になると勧農実施のため、比企藤内朝宗《とうないともむね》が「鎌倉殿勧農《かまくらどのかんのう》使《し》」として越前に入り、義仲与党所領の所在把握を行っている。朝宗は頼朝の乳母比企尼と比企遠宗《とおむね》の間の子で、のちに越前以下の北陸道諸国守護人といわれた人物である。

勧農とは「勧課《かんか》農桑《のうそう》」の略で、満作《まんさく》(すべての田地への植え付け)のため国家や領主が果たすべき行為全般を意味し、秋の収納に対し、春の勧農と称される。灌漑施設の整備、種子(種籾)・農料(食料・作料)を下し与える、耕地の配分、年貢・公事《くじ》額の決定など多様な内容を含む(大山、一九七八)。なかでも百姓の死亡や逃亡などによって生じた荒廃田の再開発が重視された。「朝務等の事」がいう、「今春より浪人等、旧里に帰住し、安堵せしむ」ることは、まさに勧農そのものである。

第一条の説明が少し長くなった。第二条では「平家追討の事」で、畿内近国の「源氏平氏と号して、弓箭に携はるの輩、ならびに住人等」に、義経の命に従ってその軍勢に加わるよう、命じていただきたい、とある。「海路輙《たやす》からずと雖も、殊に忩《いそ》ぎ追討すべき」と、「海路」の困難を押して急いで、と言っているくだりから考えると、頼朝の心積もりでは、この時点での攻略目標は直接屋島に向けられており、その任務は義経に託された。これを元木泰雄氏は、頼朝は、東国武士ではなく、畿内近国の武士や武に堪能な住人の動員によって、追討を実行させようとしていた、と考えている(元木、二〇〇七)。海を渡っての戦なので西国武士の起用も説明を付けやすい。さらに注意すべきは「勲功の賞に於いては、その後頼朝計らひ申し上ぐべく候」とある点である。朝廷が勲功者に直接恩賞を与える従来の方式ではなく、頼朝推挙を経て恩賞にあずかるという新方式である。つまりは、頼朝を経ない自由任官は認めないという宣言である(以上『吾妻鏡』)。

二月二九日、平家追討のため、義経を翌月一日西国に向かわせることが議されたが、たちまち延期になった。兼実は「何故か知らず」といったが、長く続いた戦乱で畿内近国の疲弊、畿内武士の動員の遅滞、兵粮米の強制徴収による混乱も相当なもので、即時の追討軍派遣が不可能な現状がはっきりしたから、という説に説得力がある(菱沼、二〇〇五b／元木、二〇〇七)。加えて平家の討伐を急ぐ後白河が、東国御家人を温存し、畿内近国の犠牲で合戦を遂行せんとする頼朝の姿勢に不快を覚えた、という要素があるのではないだろうか。

さて、木曾義仲の嫡子義高は、寿永二年春、頼朝と講和の条件として鎌倉に送られた。当時五、六歳だった大姫(頼朝の長女)の婿という形で迎えられたが、義仲を滅ぼしてしまえば、頼朝にとって人質として無価値になるだけでなく、親の敵と狙われる危険がある。そこで元暦元年四月、頼朝はひそかに義高を殺害せんと謀るが、察知した義高は、水島合戦で戦死した海野行広の子幸氏《ゆきうじ》を身代わりに仕立て、女装して居処を脱出する。結局、四月二六日、武蔵入間河原《いるまがわら》(現、埼玉県狭山市入間川付近カ)で討たれた。大姫は悲しみのあまり病身になって、余生を鬱病で過ごした。

のちの話だが、建久二年(一一九一)春頃、頼朝の対朝廷策の一環として、大姫の後鳥羽天皇への入内《じゅだい》が計画されるが、その工作を宮廷に大きな影響力を持つ村上源氏の中納言源通親《みちちか》に依頼した。それがもとで頼朝は、通親の兼実追い落とし計画に同意を与えてしまい、建久七年（一一九六）の政変で兼実らが失脚し、朝廷の親幕派が一掃される（杉橋、一九七一）。一方大姫の入内は病弱のため実現せず、かの女は同八年七月、鎌倉で病没した。

五月四日、伊勢の奄芸《あんげ》郡羽取山《はとりやま》（現、三重県鈴鹿市郡山町）で、波多野盛通《もりみち》・大井実春・山内首藤経俊らが志田義広と終日激しく戦ってこれを討った（『吾妻鏡』五月一五日条）。義広は同年一月、義仲軍の大将軍の一人として京都の防衛にあたったが、敗れて行方をくらました。その後、鎌倉の追及の手は厳しく、ついにこの結果になった。

清水義高が殺された同じ元暦元年四月二六日、鎌倉の営中で一条忠頼が謀殺される。殺害は酒宴を儲け、頼朝も臨席した最中に実行された。延慶本では、工藤祐経《くどうすけつね》によってなすところなく殺されている。この時忠頼の郎等らが反撃するが三人が誅され、その外は生け捕りになった（延慶本巻十・廿二）。同月、忠頼の子行忠《ゆきただ》が、常陸に配流され誅殺されている（『尊卑分脈』）。

この事件は『吾妻鏡』では六月一六日の日付になっており、頼朝は祐経に討手を命じた。祐経が逡巡したので、別に討手を命じられていた天野遠景《あまのとおかげ》が誅殺したとある。しかし、発生の日は延慶本のいう四月二六日が正しい（金澤、一九八八・二〇〇三）。頼朝が一条忠頼を討ったのは、「威勢を振ふの余り、濫《らん》世《せ》の志を挿《さしはさ》むの由、その聞え有」ったからだという。誅殺の理由としては、はなはだ漠然としており、根拠に乏しい。金澤正大氏はこの少し前の三月二七日、忠頼が義仲追討の賞として武蔵守に任じられたと推定し、頼朝としては、かれが朝廷によって自分と並ぶ源氏棟梁となってゆくのを、黙過できなかったからだ、と論じている(金澤、二〇〇三)。任武蔵守は決定的な証拠に欠けるが、魅力的な仮説である。

また武田信義の別の子息板垣兼信は、平家追討のため土肥実平とともに山陽道に下向した際、頼朝と同じ源氏一門であるとして、実平の「上司」となることを望み、頼朝から「門葉《もんよう》(血すじのつながり)によるべからず」「今の申状《もうしじょう》過分」と叱責されている(『吾妻鏡』寿永三年三月一七日条)。頼朝からすれば、大敵木曾義仲を討ち、平家に致命的打撃をあたえた現在、警戒すべきはむしろ源氏の一族である。「武田の党」は治承四年の甲斐・駿河路の戦いで平家方勢力を二度までも破り、富士川の戦いも独力で勝利を勝ち取ったし、横田河原の合戦、平家の都落ち、義仲を討った宇治川の合戦・粟津の合戦、生田森・一の谷の合戦、そのいずれにも参加し、頼朝の勝利に直接・間接貢献した大功ある一族だった。平家追討に終わりが見えはじめた現在、その利用価値は減退した。早く押さえこんでおかねばならない。

延慶本は、忠頼誅殺後安田義定が、かれからすれば兄であり、忠頼の父である武田信義追討のため甲斐に赴いたとする。義定の派遣は疑問であるが、同年五月一日、頼朝は、甲斐・信濃などに隠れ住んで叛逆を起こさんとしている清水義高の余党を討つと称して、足利義兼《よしかね》(矢田義清の弟)、小笠原長清に御家人らを率いさせて、甲斐国に派遣した。また小山・宇都宮・比企・河越・豊嶋・足立・吾妻・小林の輩を信濃に発向させ、そのほか相模・伊豆・駿河・安房・上総の御家人らも動員し、同月一〇日に進発するよう和田義盛《わだよしもり》・比企能員《よしかず》らに命じている(『吾妻鏡』五月一日条)。このものものしい大動員を、金澤氏は、義高の残党狩りなどではなく、忠頼謀殺に続く武田信義圧伏のための軍事作戦の開始を告げる記事と解すべき、と論じている(金澤、一九八八・二〇〇三)。まさに従うべきであろう。

こうして独立的な武田信義も頼朝に膝を屈した。同年五月、源頼朝から一族の源氏を国守に任じられたいと奏聞がなされ、六月五日、三河守に範頼、武蔵守に信濃源氏の平賀義信《よしのぶ》、駿河守に源頼政の子広綱《ひろつな》が補任された(『吾妻鏡』六月二〇日条)。武蔵守は一条忠頼が任じられていた可能性のあるポストであり、駿河は武田信義が「守護」として強固な地盤を築いていた国である。信義は文治二年(一一八六)三月九日五九歳で死んだ。『吾妻鏡』は、子の忠頼の反逆により、頼朝の怒りを受け、いまだそれが解けない内になくなった、とする。死の経緯は不明である。

さらに安田義定も無事ではあり得ない。建久四年(一一九三)一一月二七日、義定の嫡男義資《よしすけ》が、鎌倉永福寺《ようふくじ》の薬師堂供養の際、女房らの聴聞所《ちょうもんじょ》に恋文を投げこんだという些細な理由で、翌日梟首された。義定もこれに連座して所領を没収される。さらに建久五年八月一九日には、親しい輩を語らった反逆が発覚したという理由で梟首された。二〇日その伴類《ばんるい》(有力な従者)五人が鎌倉の名越《なごえ》辺りで首を刎ねられた。これも経緯不明である(『吾妻鏡』)。信義の別の子有義《ありよし》も正治二年(一二〇〇)の梶原景時事件を契機に没落した。

結局、「武田の党」はその自立性を源頼朝から警戒され、次々と誅殺されていったが、そのなかにあって一条忠頼の弟石和信光、武田信義の弟加賀見遠光は、「ことにいとをし(愛《お》し)」いと、頼朝から愛顧されていた(『吾妻鏡』元暦二年正月六日条所収頼朝書状)。信光は文治五年(一一八九)以前から安芸の「守護」を務め、のち伊豆守、遠光は文治元年八月、頼朝の推薦で源家六人受領(本章5節参照)の一人として信濃の国守に任じられた。「武田の党」の党内不揃に付けこみ、従順なものを手なずけ骨抜きにし、自立志向の勢力を容赦なく滅亡へと追い立ててゆく。権謀の政治家として、手腕にいよいよ磨きがかかった感がある。

元暦元年(一一八四)七月一〇日、井上光盛が、頼朝の命により誅殺された。光盛は治承五年(一一八一)の横田河原合戦で、越後の城四郎助職率いる大軍を謀略で襲い、義仲を勝利に導いた(第三章2節参照)。その後については不明だが、京都から東国に下向する途中、駿河国蒲原駅《かんばらのうまや》(現、静岡市清水区蒲原付近)で誅殺されている。これも頼朝の命によるもので、『吾妻鏡』は、一条忠頼との同意の噂があったと記している。

ちなみに、安田義資が梟首された少し前、建久四年五月、富士の巻狩《まきがり》の時、頼朝が狩場で討たれたという誤報が政子の所に伝わった時の発言がもとで、源範頼に謀叛の疑いがかけられた(『保暦間記』)。八月二日、「貳《ふたごころ》」無きを誓う起請文《きしょうもん》を頼朝に提出したものの認められず、同一七日、伊豆に下向した。帰参の時期は定められず、まるで配流のようだった(『吾妻鏡』)。その直後に誅殺されたと推測されている。

## 2　平氏追討軍の西海への進撃

元暦元年七月七日、平家の都落ちに随従しなかった小松家の家人たちが、平田家継を大将軍として伊賀で蜂起した。伊賀国「守護」であった大内惟義の郎従が「悉く伐ち取」られ、また伊勢では平信兼が「鈴鹿山を切塞ぎ」交通を遮断した(『玉葉』七月八日条)。家継は伊賀国山田郡平田(現、三重県伊賀市)に拠点を有する。平家累代の家人平家貞の子で、弟貞能は清盛腹心の郎等だった。一方信兼も和泉守・出羽守など受領を務めた人物であるが、伊勢平氏主流にはずっと距離を置き、義経と結んで義仲攻撃にも参加していた。伊賀の蜂起では平田家継のほかに、従兄弟の前中務丞《さきのなかつかさのじょう》平家資《いえすけ》、一族の平家清《いえきよ》ら、さらに忠清法師(上総介忠清)が参加し、伊賀国と伊勢北部に本拠を持つ武士たちが参加した(川合、二〇〇四d)。

この時期になってかれらが蜂起した理由は、よくわからない。だが九カ月前には都落ちに同行しなかった平家郎従への寛大な処置を求めていたはずの頼朝が(第六章1節参照)、自分の覇権に邪魔になれば、大功ある源氏の一族でさえ誅殺する状況の変化に、平家家人たちが身の危険を感じはじめていたと想像される。また菱沼一憲氏が指摘するように(二〇一一b)、大内惟義が伊賀の「守護」に補任されると、「郎従等を下し遣はし、国中に居住せしめ」るという状況が生まれ(『玉葉』七月八日条)、大内の郎従と伊賀平氏との間に軋轢が生じていた可能性は大きい。この時の惟義を、上横手雅敬氏は伊賀で守護と国司の職権を兼ねた強力な支配を樹立していたと主張している(上横手、一九九九)。そうした要因が重なり、蜂起にいたったと思われる。

鈴鹿山の交通が遮断されたため、後鳥羽天皇の即位を伊勢神宮に告げる奉幣使《ほうへいし》の通行が不可能になった。権大納言中山(藤原)忠親が「奉幣無くんば、随つて御即位有るべからず」と述べたが(『山槐記』七月一七日条)、同奉幣使は即位式後に派遣される前例もあったので、即位の阻止を目的とした蜂起とは考えにくく、たまたまの結果であろう。なお後鳥羽天皇即位式は三種の神器が備わらないまま、七月二八日、大内裏内の太政官庁で行われた。

家継反すの報に接した近江の佐々木秀義は、ただちに国内の武士を動員、甲賀上・下両郡の兵もあわせ、法勝寺領大原荘《おおはらのしょう》(現、滋賀県甲賀市)まで進出、大内惟義・加藤五景員《かとうごかげかず》・加藤太光員《だみつかず》・山内首藤経俊らとともに、油日神社《あぶらひじんじゃ》付近に陣をとった（盛衰記巻四十一平田入道謀叛三日平氏、『吾妻鏡』七月一八日条）。佐々木秀義は、義朝に従って保元・平治の乱に参加し、男子四人が頼朝の伊豆挙兵にも参加した古強者《ふるつわもの》である。生田森・一の谷の合戦ののち、二十余年留守をした近江の旧地に勝利者として帰還。早速内大臣藤原実定《さねさだ》領三上荘《みかみのしょう》（現、滋賀県野洲町）を押領し年貢を抑留するなど、内乱期の混乱に乗じて勢力拡大に奔走したらしい。

伊賀で蜂起した平家家人らも近江に押し出し、七月一九日、油日川を挟んで源氏軍との間に激戦が展開された。平家方は張本の平田家継らをはじめ九十余人が戦死し敗走、家資や忠清法師らは山中に逃亡した（『吾妻鏡』八月二日条）。一方、源氏方は勝利は得たものの、「およそ官兵の死者数百に及ぶと云々」という大損害を出し（『玉葉』七月二一日条）、主将の佐々木秀義も、伊賀国住人壬生野《みぶの》新源次《しんげんじ》能盛《よしもり》の放った矢で、鎧の隙間を射られて討死した（盛衰記同右）。

反乱は治まったが、八月一〇日の夜には、義経が平信兼の子息三人を、京都の自らの宿所に召し寄せ、「子細を示」した上で自害を求め、抵抗した者は斬り殺した。同じ日に信兼の出羽守、子兼衡の左衛門尉解官の宣旨が下っている。そして八月一二日には義経が信兼を討つため、自ら兵を率いて伊勢に下向した（『山槐記』）。信兼は伊勢国滝野城《たきのじょう》（現、三重県松阪市飯南《いいなん》町）で奮戦するが、敗れ自害して果てる。義経は、京都攻略に協力した信兼を、自らの手で滅ぼした。

『吾妻鏡』八月二日条は、平信兼の子息を平田家継らの蜂起に加わっていたとしているが、両事件はひと月の間隔があり、信兼父子の解官が八月一〇日夜である点から、菱沼氏は最初信兼が謀叛に関与したという風聞が流れはしたが、その事実は確認できない、頼朝が信兼一族の排除を決定し、義経にそれを実行させ、伊勢への侵攻が行われたと論じている(菱沼、二〇一一b/川合、二〇〇四d)。確かに信兼が平田家継の挙兵に加担していたら、その子息たちが、鎌倉方の京都代官である義経の宿所に、のこのこ出かけたりはしないだろう。また「子細を示」した上で自害させたのは、自分の本心ではないが、頼朝の厳命ゆえにやむを得ないと弁解し、「自殺」を勧めたという経過だったことを、示唆している。ここでも、すこしでも異心を疑われる存在は、たとえ功労者といえども処分する、という頼朝の姿勢が見受けられるのである。

戦場から逃亡した忠清法師は、翌元暦二年鈴鹿山で搦め取られ、京都に連行されたのち、五月一四日以前に姉小路河原で梟首された(『吉記』)。平家資は平家滅亡後も逃走を続け、建久六年(一一九五)、東大寺再建供養に臨む頼朝の命を狙って捕らえられた。志に感じた頼朝が放免してやろうといったが、斬られることを望んだので処刑したという(『保暦間記』)。近松門左衛門《ちかまつもんざえもん》の人形浄瑠璃「出世景清《しゅっせかげきよ》」の素材になった事件である。右の主人公悪七兵衛景清、すなわち伊藤景清は、壇ノ浦戦では、ほかの有力郎等とともに生きのびたが、読み本系諸本では、降人《こうにん》となり法師になって常陸国にあったが、東大寺再建供養の日にあわせて干死《ひじに》(餓死)した、という後日談をのせる(延慶本巻十二・卅)。

話をもとに戻して、その後の平家は、宗盛の意気阻喪とは別に、なお一定の勢力を有しており、九州では松浦党《まつうらとう》以下少々が平家に属したという風聞があった(『吉記』四月二七日条)。生田森・一の谷戦後の四月末以降、重衡を鎌倉に送り届けた梶原景時が、土肥実平とともに平家との戦いにあたるようになった。しかし土肥軍は備後で追い返され、播磨の梶原が備前に救援に進み、その隙をついて平家が室泊を焼き払うといった情勢になる(『玉葉』六月一六日条)。平家の瀬戸内に対する制海権はまだゆらいでいない。平家いまだ強勢の報が何度も京都に伝わり、九条兼実も「鎮西多く平氏に与し了んぬ。安芸国に於いて官軍〈早川と云々〉と六ケ度合戦、毎度平氏理(道理)を得ると云々」という情報を書き留めている(『玉葉』八月一日条)。割注の早川というのは小早川(土肥)の軍をさしている。

伊賀の反乱は京・鎌倉の人心に大きな衝撃を与え、頼朝と朝廷は方針を転換する。義経による平家追討は断念され、かれは京都の守護や伊賀・伊勢の平氏など平家家人の残党掃蕩《そうとう》にあたり、西海の平家については、土肥・梶原に加えて範頼を派遣、はじめに山陽道の平家を撃破し、九州・四国の順で平家を討つ策で合意したらしい。

源範頼は、八月八日、平家追討のため鎌倉を出発した。下野の足利義兼、甲斐の武田有義、下総の千葉常胤、相模の三浦義澄、伊豆の北条義時《よしとき》ら関東の有力な御家人が顔を揃えていた。二七日に入洛、二九日朝廷から追討使に任命され、九月一日には兵を率いて京都から山陽道を下った。九州に進んで武士を動員し、その勢力を加えて四国の屋島を攻めるという作戦計画である。これに対し平家の側は、宗盛が屋島を城郭にして守るとともに、知盛が九州の武士を動員して門司関を固め、長門の彦島に本営を置いていた。

一〇月一二日、範頼は頼朝の命により、安芸国において勲功者を賞している(『吾妻鏡』)。八月に土肥実平が六回も追い返された安芸の平定も、ほぼ完了したらしい。一〇月一三日、兼実は、長門に進んだ葦敷重隆が平教盛らのため追い落とされた、また平家の船五、六百艘が淡路に着く、という伝聞を記している(『玉葉』)。葦敷重隆はこれまで何度も登場した尾張を本拠とする清和源氏満政流山田氏の一族である。追い返されたとはいえ、範頼軍の先鋒はすでに長門まで到達していたことになる。後段の淡路の件は、頼朝が一〇月二七日書状で、淡路国の広田社領を安堵し、平家の襲来を守護するよう梶原景時に命じているので(『平安遺文』補四一八号)、両者なにか関係があるのかもしれない。

一〇月三〇日に、範頼は熊若丸《くまわかまる》なる者を周防の大前《おおさき》郡司に補任している(『平安遺文』五〇九〇号)。周防には大前郡という郡はなく大島郡の誤記か、佐波《さば》郡大前村のいずれかであろう。前者なら周防の東部、後者なら周防の西部にまで範頼軍の力が及んでいた証しになるが、要検討の文書である。また一一月二五日に範頼は石見国の藤原兼栄《かねよし》・兼高《かねたか》父子に所領の安堵を行っている(『平安遺文』四二一八号)。これもすでに、偽文書である可能性が指摘されている(福田栄、一九七二)。

『吾妻鏡』には、元暦元年一二月七日、平行盛が備前国児島に五百余騎の軍兵を率い城郭を構えているところを、源頼朝の命を受けた近江源氏佐々木盛綱《もりつな》が襲い、三丁余りの藤戸《ふじと》の海路をわずか六騎の郎等を連れて馬で渡り、行盛らを破ったとある。能の「藤戸」は、盛綱が浅瀬の在《あ》り処《か》を浦人《うらびと》に聞くが、功を独占するため、情報を他に漏らされないよう浦人を殺してしまい、男の怨霊に責められるという粗筋だが、『平家物語』では覚一本巻十藤戸など、語り本系のみに見られ読み本系には見えない。

『吾妻鏡』の一二月に児島で合戦があったというのは、既述の戦局の推移と整合性がなく、例の日付の誤りかとも思える。『平家物語』諸本の藤戸は、盛綱の渡海を九月二三―二五日の出来事としている。しかし『山槐記』は九月二四日条で「平家讃岐国屋島を起《た》つ、去月鎮西に入るの由風聞す。船七百余艘有りと云々」と平家の活発な軍事行動を伝えているが、この時期、児島での合戦を伝える信頼できる史料は存在しない。

右については、範頼軍が島であった児島を置き去りにして先へ先へと進撃したと考えれば、理解できる。それを一二月になって改めて攻略にかかったのは、四国へ侵攻する準備としてであろうか。一九八八年まで、児島半島の岡山県玉野市宇野と四国高松との間には、直島諸島の間（第六章2節参照）をぬって、今は懐かしい国鉄宇高連絡船が運航されていた。

元暦元年一一月、三種の神器が回収されないまま、安徳天皇にかわる後鳥羽天皇即位の大嘗会が行われた。

去《さんぬ》る治承・養和の比より、諸国七道の人民《にんみん》・百姓等、源氏のためになやまされ、平家のためにほろぼされ、家かまどを捨て山林にまじはり、春は東作《とうさく》の思ひ（春の耕作）を忘れ、秋は西収《せいじゅ》のいとなみ（秋の収穫）にも及ばず。いかにしてか様《よう》の大礼もおこなはるべきなれ共《ども》、さてしもあるべき事ならねば（そうかといって行わないわけにもゆかないので）、かたのごとくぞとげられける。

と覚一本も述べるように（巻十大嘗会之沙汰）、時節柄簡素をむねとした大嘗会であるべきだった。

しかし、和泉国などでは、大嘗会の召物《めしもの》と称して、摂政家（近衛基通）の大番舎人《おおばんとねり》たちに、先例にない「巨多《きょた》の雑事」の賦課が強行された（『平安遺文』四二二一号）。また大嘗会の見せ物である標《ひょう》の山（祭礼の山車《だし》や祇園祭の山《やま》・鉾《ほこ》の類、一一月中旬の卯《う》の日に供物とともに大路を牽いて大嘗宮の前に立てる）を牽く人夫には、近江国より一〇〇〇人が選び出され、そのうち四〇人が装束をつけ、従者六〇人も付けられて、宮城の北に設けられた斎場所《さいじょうしょ》に遣わされた。いよいよ標の山が牽かれるのを、朱雀大路で見物していた権中納言吉田経房などは「その儀あながち先例に劣らず」と評する盛大さだった（『吉記』一一月一八日条）。

さすがに兼実は、大嘗会に付随して行われる童女御覧《どうじょごらん》(天皇が五節舞姫の介添役を帯びた童女らを覧る儀式)や淵酔《えんずい》(天皇が殿上人を清涼殿の殿上の間に召して催した酒宴)などは、「神事に非ず、儀式に非ず、ただ興宴を催さんがためなり」と、時節柄ふさわしくないと批判している(『玉葉』一一月一八日条)。

さて従来、元暦元年の範頼軍については、平家方のしぶとい抵抗と兵糧・兵船の欠乏に悩んで進軍は困難を極め、従軍する武士たちの足並みは乱れ、過半の者が本国を恋うて逃げ帰ろうとしたという点が、強調されてきた。しかし、一〇月上旬には長門まで攻めこんでいる。範頼出陣以前の土肥・梶原のそれに比べ、順調な戦いぶりといえる。『吾妻鏡』の地の文が「平家追討のため、西海に在るの東士等、船無く粮絶えて合戦の術《みち》(てだて)を失ふ」と要約した一一月一四日付の範頼の手紙は、翌元暦二年一月六日に鎌倉の頼朝のもとに届き、頼朝は返事として範頼宛の長文の仮名消息を送った。「当時(現在)は、国の者の心を破らぬ様なる事こそ、吉事《きちじ》にてあらんずれ」など、進軍の先々で現地の信頼を失わないようにふるまうことの大切さが、くり返し説かれている(『吾妻鏡』同日条)。

そのことからすると、範頼軍が直面した困難は、平家が頑強だったというより、源平両軍の行動により現地が荒廃し、それに対する住民の反発・抵抗が大きかったことによると考えられる。また西国とくに山陽・山陰道は、平家が永年受領を歴任してきた勢力圏であったので、たとえ平家と主従関係にない武士が、国衙からの公的な動員に従って官軍として出動した場合でも、平家御家人としての参戦だったとみなされる可能性がある。そうなれば、かれらの所領は敵方と決めつけられ、没官と称して範頼軍に軍事占領されてしまう。範頼配下の武士たちの無道な言いがかりに対する現地の抵抗は避けられない。頼朝はそこを見越して、現地の者たちへの対応を誤るな、と諭しているのである。右の一一月一四日付の範頼書状の地の文での要約は、その内容の一部しか伝えていない可能性が大きい(宮田、一九九八)。

平家都落ち以降、朝廷内部では、三種の神器の安全な回収や安徳天皇の還京を重視する立場と、平家追討を強く主張する立場がせめぎ合っていた。後者の代表は後白河法皇とその近習たちである。それに対し前者は右大臣九条兼実・権大納言中山忠親らを代表とする。神器の安全な返還を実現するためには、性急な平家討伐ではなく、平家が戦意を喪失し降伏を肯んじるような戦略が必要である。頼朝も内心はともかく、政治家としてはおおむね前者の立場に変っており、範頼に九州を平定させ、四国を孤立させたうえで、平家を降伏に追いこむという戦略的な展望を持っていた(宮田、一九九九)。

元暦二年(一一八五)一月上旬には、範頼軍が九州に渡るため周防から長門赤間関《あかまがせき》まで進んだ。が、長門は飢饉で兵粮が欠乏し、また九州を攻めるにも船を調達できなかった。二月一三日には、長門から安芸への撤退を希望する石和信光の鎮西からの手紙が、伊豆の頼朝の旅館に届いた。頼朝は、いま敵に向かわなくてどうするのだ、九州に渡るのが困難なら、四国に渡って平家と合戦すべし、と返事している(『吾妻鏡』)。

全軍の志気が萎えている時、範頼は豊後国住人臼杵惟高《これたか》・緒方惟栄兄弟が味方に付くという情報を得、かれらの船でまず豊後に渡ることを計画、一月一二日いったん周防に退いた。惟高・惟栄が兵船八二艘を献じ、周防国住人宇佐那木《うさなぎ》遠隆《とおたか》が兵粮米を献じたので、二六日に範頼軍は豊後へ渡り、二月一日には筑前葦屋浦《あしやのうら》(現、福岡県遠賀郡芦屋町)で、平家の有力家人であった原田種直と子息種益《たねます》を破った(『吾妻鏡』)。九州の武士たちは、この戦闘を機に、範頼方に付いたので、惟栄らの助勢は影響絶大であった。

## 3　屋島の戦い

時間を半年前に戻す。元暦元年八月七日、源義経は左衛門少尉《しょうじょう》・検非違使に任じられた。義経の功を賞する任官の件は、鎌倉で内々議論があって実現していなかった。このため右は、それが不満で義経自らが朝廷に希望した結果である、との疑いが持たれた。

本章1節で述べたように、頼朝の家人がかれの推薦や許可無く、勝手に任官することは、御家人統制に対する朝廷側の介入を招くので、頼朝はこれを厳禁した。従来、義経の平家追討使への発令がしばらく猶予されたのは、この自由任官禁止を破ったからだと説かれ、その典拠として『吾妻鏡』元暦元年八月一七日条があげられてきた。同日条には「この事頗る武衛(頼朝)の御気色《みけしき》に違ふ」とある。しかし、「頗る」は当時「少し」「多い・甚しい」の正反対の両義を持ち、「少し」の方が第一義なので(『岩波古語辞典』)、ちょっと頼朝の意向とは違っていた、という程度の意味かもしれず、必ずしも頼朝が激怒したとは解せないのでは、という意見がある(近藤、二〇〇五)。

そもそも洛中警固を担当する武士が検非違使に任じられるのは、ごく普通の人事であった。検非違使の本官は衛門府《えもんふ》の官人で、武士の場合、衛門府の尉《じょう》(三等官)が検非違使庁に出向の形をとる。洛中警固を担当する義経が無位無官では、なにかと都合が悪いのである。九月一八日には、義経はさらに大夫《たいふの》尉《じょう》叙留《じょりゅう》となった。叙留とは位だけ上げて官職をそのままに留めおくことをいう。つまり五位に昇叙しでもともとの検非違使にとどまった。頼朝がこれに反発した形跡はまったくない。

菱沼一憲氏は、義経への厳しい処分がないのは、その叙位任官が規制・処分の対象ではなかった、むしろ頼朝の同意を得ていたのだとして、通説化した旧説を退けている(菱沼、二〇〇五b)。義経の平家追討使が猶予されたのは、七月の伊賀平氏の大規模な蜂起の結果、義経は京都の守護や平家家人の残党退治にあたり、平家の討伐はもっぱら範頼に任せることになったからだった。

年が改まり元暦二年一月八日、権中納言吉田経房は、院中で後白河院側近第一の大蔵卿《おおくらきょう》高階泰経《やすつね》から、義経が四国に向かいたいといっているが、かれは洛中に止め、郎従を派遣する方がよいという人(後白河)もいる、義経自身は、二月、三月になって兵粮が尽きて範頼が京都に引き返してくれば、制圧していた国々の武士らはもと通り平家に属し、いよいよ大事にいたるであろうといっている、と義経出陣の是非を尋ねられている(『吉記』)。従来はこれも、頼朝が範頼の西国・鎮西での苦戦を聞き、義経に屋島への出撃を命じた、と説明されてきた。しかし、『吉記』の記事からは、義経自身が出撃に意欲満々で、後白河院は平家を早く追討したい気持ちと、義経の留守中に忠清ら平家残党が蠢動するのが怖い心配の間で、揺れていた心情がうかがえるだろう。

経房は泰経(院)に「義経の申状《もうしじょう》、もつともその謂《いわれ》有り、(中略)しからば今春義経発向して、もつとも(平家と)雌雄を決すべきか」と私見を述べている。頼朝は、四国を包囲して、平家の降伏を待つ戦略だった。まして範頼の苦戦が、これまで強調されていたほどのものでなかったとすれば、いよいよ平家追討を急ぐ必要は無い。義経出陣は、かれの意欲に引きずられて実現したと考えるべきである。

三月四日以前に、頼朝は中原久経《ひさつね》・近藤国平《くにひら》を鎌倉殿御使《かまくらどののおんつかい》として、畿内近国に遣わした。「頼朝の威を募り(借りて)、武士の濫妨の事、停止せしめ」るためである(『吾妻鏡』三月四日条所収頼朝書状)。義経出撃を認めた頼朝が、義経の留守中に予想される武士らの掠奪に備えるためであろう。

しかし義経の四国発向は、すぐには実現しなかった。屋島関連情報の収集、上陸地の選定が第一であり、兵粮の集積、渡船の確保、よい水先案内人を得るのも重要だからである。二月中旬になって、ようやく摂津渡辺津《わたべのつ》（大川＝旧淀川に架かる天満橋から天神橋の間）で船揃えが完了した。

行き先は阿波で、屋島の平家の支柱である粟田成良（阿波民部）の本拠を襲ってから、陸路屋島に向かう計画である（図20参照）。明石海峡を抜けて海上から直接屋島を襲うことは、水軍の戦いになり、第六章2節で述べた理由で、源氏にとって上策ではない。菱沼氏は「案内者（水先案内人）」に選ばれたのは、淀《よど》の江内忠利《ごうないただとし》（大江《おおえの》忠俊）や（延慶本巻十一・三）、渡辺源五《げんご》右《う》馬允《まのじょう》昵《むつる》などだという。忠俊は淀津《よどのつ》（平安京の外港、現、京都市伏見区納所《のうそ》町付近）を拠点にし、渡辺昵は渡辺津を本拠とした渡辺党の一員である（菱沼、二〇〇五b）。いずれも河海の交通や戦闘に馴れた武士である。

屋島合戦は、義経が渡辺津から出航した日や着岸場所、屋島での合戦の日について異なった各種の情報があり、正確な事実を決め難い。後日の「義経の許より申し上ぐる状」によれば、「去んぬる月（二月）十六日解纜《かいらん》、十七日に阿波国に着き、十八日屋島に寄せ、凶党（平家）を追ひ落し了んぬ、しかれどもいまだ平家を伐ち取らずと云々」とあり（『玉葉』三月四日条）、船出を二月一六日としている。

一方『吾妻鏡』では、一六日条と一八日条双方に出立の記事があり（一七日は記事がない）、史料自体に混乱がある。一六日条には、酉の刻（日暮れ時）解纜した。出立を見物しようとやってきた大蔵卿泰経が、大将軍が一番乗りを争うべきではないと説得したけれど聞きいれず、進発した。一八日条には、昨日渡海しようとしたが、にわかの暴風によって多く舟船が破損した。丑の刻、義経は風波をものともせず船五艘で出港し、卯の刻に阿波椿浦《つばきうら》(現、徳島県阿南市椿町)に着き、即日屋島に向かったとある。高階泰経の説得の件は、『玉葉』では、一六日に院の使で、義経不在では京中不用心なので発向を制止した、しかし、義経は不承引だったとある。院はまだ迷っていたのである。

阿波への渡海に要した時間は、『吾妻鏡』一八日条では、丑の刻(午前一時から三時)出発、卯の刻(午前五時から七時)着岸である。『吾妻鏡』は通常三日かかるとあるが、これでは最大でも六時間しか要していない。一方『平家物語』諸本では、船出の日時はまちまちであるが、覚一本巻十一逆櫓をはじめ多くがやはり「三時《みとき》(六時間)」で阿波に着いたという。

『吾妻鏡』や『平家物語』では、暴風を押して出港したのが幸いした、といわんばかりの書き方である。尻込みする水手《かこ》(水夫)・梶取《かんどり》(船頭)を弓矢で脅し、暴風をついて出撃したのが事実なら、暴勇というほかなく、万一の僥倖に賭けた危険極まりない指揮ぶりである。海では船乗りの判断が絶対なので、こうした自殺行為はあり得ない。そもそも『玉葉』には、一六日から一八日にかけて京都で暴風雨があったという記事はない。義経の阿波渡海時に実際は暴風は吹いていなかったようなので、暴風云々は、義経の大胆・捨て身の行動を強調、誉めたたえるためのフィクションと思われる。同年一一月、頼朝追討に失敗し西国に落ちるため、摂津国大物浦《だいもつのうら》から船出しようとして暴風に遭遇した事実が、物語的にこちらに転用されているのであろう。

もう一つ、当時の和船の性能と航海術では、この短時間で阿波に渡ることはできない。着岸地が『吾妻鏡』では椿浦、覚一本では勝浦《かつうら》(現、徳島県小松島市)(巻十一勝浦)、延慶本では蜂間《はちま》尼子《あまご》ノ浦《うら》(現、徳島市八万町)である(巻十一・四)。仮に覚一本の勝浦だとすると、渡辺津から小松島市の間は、直線距離に

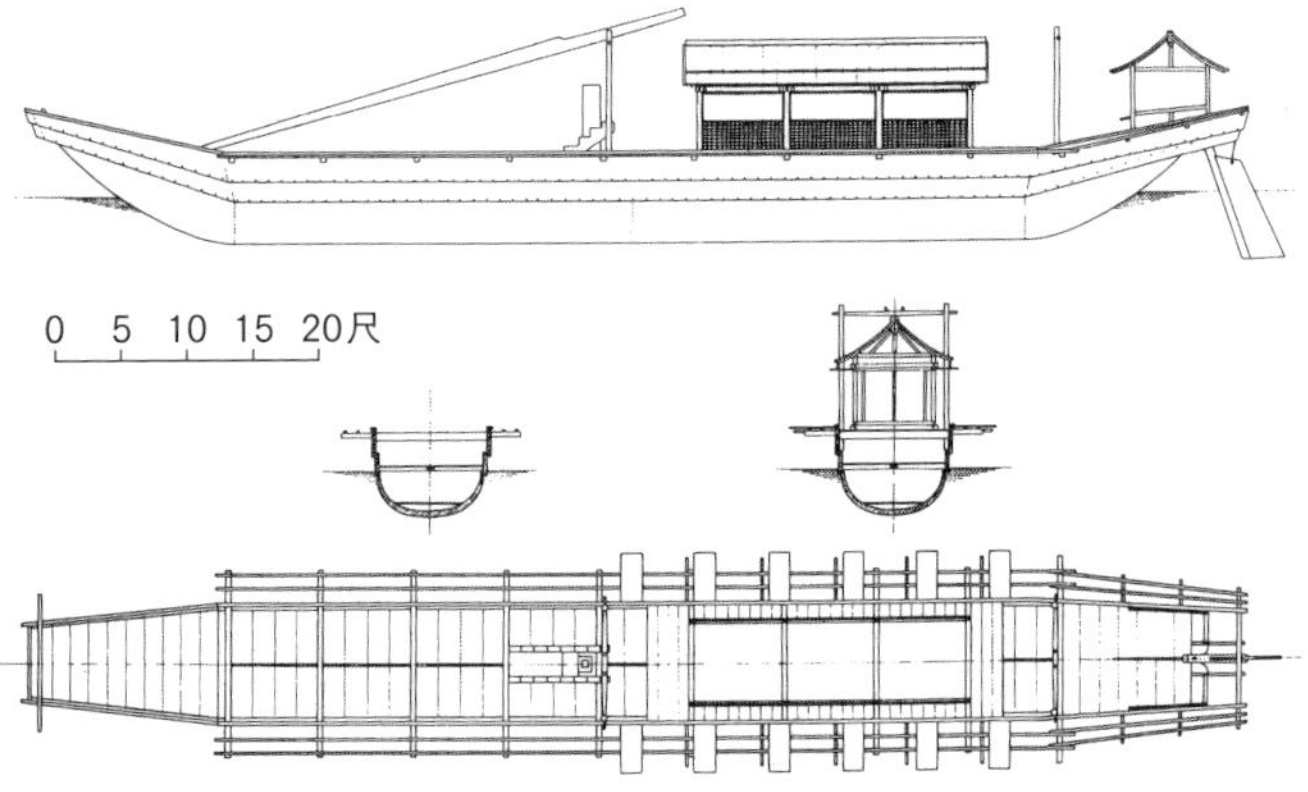


図24　鎌倉時代の大型和船（原図＝石井謙治氏）

して約一二〇キロ、これを六時間で渡るとすれば、平均時速二〇キロ、一一ノット（一ノットは時速一八五二メートル）程度で疾走しなければならない。

当時の大型和船は、二つ以上の刳船《くりぶね》（丸木舟）部材を前後に継ぎ合わせて造った船底構造の両舷に、一・二段の舷側《げんそく》板《ばん》をつけて乾舷《かんげん》を大きくし、耐波性や積載量の増大を図った。その推進力は、舷外に多数の張出し（櫓床《ろしょう》）を設け、水手が座して櫓《ろ》をこぎ、帆は莚《むしろ》に編んだ一枚帆、わずかに追風を利用するだけの初歩的な構造で、航行は主に櫓で進んだ（図24）（石井謙、一九八三）。船の航海時の平均速度は、波静かな海面で三ノット程度だと考えられる（高橋昌、二〇一三ｈ）。

おまけに沖乗りではなく沿岸伝いに進むから、最短距離で航海することはない。そのほか潮流は一日四回流れを変えるので、港に停泊して潮待ちする時間が要る。だから『吾妻鏡』に通常三日かかるとあるのは、十分納得できる数字なのである。性能と航海術がずっと向上した安政《あんせい》六年（一八五九）の菱垣廻船《ひがきかいせん》が、大坂から江戸湾口の浦賀まで、六五〇キロを五〇時間で走った。平均速力七ノット強を出している。これは当時驚異的な速さだった（石井謙、一九八三）。

平安末期では渡辺津〜阿波間を、無泊でかつ潮流をうまく利用しても、最速で丸一日以上かかるだろう。紀淡海峡は春先まで北風（いわゆる六甲颪《ろっこうおろし》）が通りぬける通路なので、これが文字通り追風になった可能性はある。いずれにせよ一八日解纜より一六日解纜の方が無理がない。ただし『吾妻鏡』の一六日酉刻解纜はいただけない。

つぎに屋島攻撃の日である。『玉葉』の「十七日に阿波国に着き、十八日屋島に寄せ」の一八日は、信じ難い。阿波着後の行動を考えると、これでは日程的にきつい。というより、一七日に阿波国に着き、後述のように一合戦した上で、翌一八日に屋島を攻撃するというのは不可能である。阿波〜屋島間はJR高徳線、徳島〜屋島間で六五キロあり、「二日路（二日かかる道のり）」（覚一本巻十一勝浦）だからで、屋島の戦いは『吾妻鏡』では一九日、『平家物語』の読み本系は、すべて二〇日としている。『玉葉』の「十八日屋島に寄せ」というのが、一八日阿波を発ったという意味ならまだわかる。「兵は神速を貴ぶ」（『魏志』郭嘉伝）というが、義経は自分のすぐれた武将ぶりを印象づけるため、事情に疎い都人に、意図して阿波出立の日を屋島攻撃の日と誤解させる報告をした、としか考えられない。

ともあれ義経は無事阿波に上陸し、粟田成良（阿波民部）の弟桜庭介良遠を桜庭の城に破り、近藤親家の導きで阿波から讃岐に進んだ（良遠・桜庭・親家については第六章2節参照）。そして二〇日（一九日）、義経は屋島に寄せ、平家の軍と交戦した。平宗盛は、内裏を棄て安徳天皇を奉じて海上に遁れる。宗盛らは屋島を追い落とされて、東方の讃岐国志度《しど》（現、香川県さぬき市）に向かったというが、まもなくそこからも撤収した。

屋島合戦について、『平家物語』諸本は、渡辺津出発時の梶原景時・義経口論の場面「逆櫓」、昼夜兼行で屋島に向かう「大坂ごえ」、佐藤嗣信《つぐのぶ》が義経の楯になって戦死する「嗣信最期」、海上の扇の的を射落とす「那須与一《なすよいち》」、悪七兵衛景清と三穂屋十郎《みおのやじゅうろう》の「しころ引き」や義経の「弓ながし」など、後世の物語や芸能の題材ともなる有名な数々の挿話を連ねて詳しく述べている。一方、貴族の日記などは、遠隔地での合戦で情報不足、合戦の具体的な様子には関心がなかったせいで、まったくといってよいほど記事がない。

一方『吾妻鏡』も、基本的には『平家物語』と編纂材料を同じくしているようで、近藤親家の案内で屋島に向かい、途中桜庭介良遠を破った。夜通しかかって阿波と讃岐の境を越えて翌一九日、辰の刻(午前七時から九時)、屋島の内裏の向かいの浦に押し寄せた。牟礼《むれ》(現、高松市牟礼)・高松(現、高松市高松)の民家を焼き払い、これにより安徳天皇らは海上に逃れる。家人佐藤嗣信が射取られた際、義経は手厚く葬り、供養の僧には秘蔵の名馬を与え、それを美談としない者はなかった、とあるのも『平家物語』と同様である。

二二日には、伊予の河野通信が三〇艘の兵船を仕立てて、義経軍に加わった。通信は父通清が討伐されたあとも反平家で苦しい抵抗を続けていたが、元暦二年一月になると逆に平家方の高市氏を攻撃し打撃を与えたらしい(山内、一九八四)。また熊野別当湛増らが義経に合力のため渡海するという噂が、京まで伝わった。さらに平家の家人田内左衛門成直(則良、粟田成良の嫡子)が義経に帰順している(『吾妻鏡』二月二一日条、延慶本巻十一・十二)。

二二日、梶原景時らの率いる二百余艘が、屋島の磯に到着したという。覚一本は戦いに遅れて到着した梶原らを嘲笑しているが(巻十一 志渡合戦)、本来両者は陸と海から同時攻撃をかける計画だったのだろう。

義経は、少数の兵で平家を屋島から追い落としたかのように思われているが、平家側の戦意が乏しい点に、むしろ注意を向けるべきである。かれらは、北陸道の戦いや生田森・一の谷で主力を失った痛手から、回復し切れていなかった。加うるに『吾妻鏡』元暦元年九月一九日条には、同年五月のものとして、屋島の平家を見限って「源氏の御方に参じ奉り、京都に候ずる御家人の交名《きょうみょう》(リスト)」を記した文書が載せられている。総勢一四名に及ぶ。かれらこそ主に讃岐国西部を本拠とする「讃岐在庁已下の家人等」で、平家が屋島から簡単に追い落とされた背景には、田中稔氏が言うように、讃岐一国の行政を掌握したかれらの動きが、背後にあったからではないか(田中稔、一九九一c)。

この時かれら讃岐の在庁らに下知することを認められ、讃岐の「守護」の地位にあった橘公業は、父祖は京宅を拠点としながら、受領の郎等として活躍する一族であったらしい。とりわけ讃岐国に対しては、一定期間目代を歴任するなどした結果(「水主神社大般若経函底書」)、国衙とそこに集う在庁官人たちに対し、少なからぬ影響力を持っていたようである(岩田、二〇一〇)。かれは内乱の最初期には平知盛の家人であったが、まもなく源頼朝に仕えるようになる。

平家が屋島を放棄したのは、讃岐の鵜足津(宇多津)から塩飽諸島を伝って備前の児島にいたる、もう一つの備讃瀬戸の南北ライン(ここには現在瀬戸大橋が架かっている)を、讃岐西部の頼朝与党勢力に押さえられ、退路を断たれる危険を恐れたからではないかという意見がある(渋谷、二〇〇九)。北方の児島はすでに源氏方に落ちていた。兼実は三月一六日、平家は塩飽荘《しわくのしょう》(現、香川県丸亀市広島・本島付近の島々)にあった、しかるに義経が襲い攻めたので、合戦に及ばず引き退き、百艘ばかりで安芸厳島《いつくしま》に着いた、という伝聞を書きとめている(『玉葉』)。平家がいったんでも塩飽諸島にとどまったのなら、このラインを確保する意志だけは、かろうじて失っていなかったのだろう。

四国の阿波・讃岐・伊予について触れたので、土佐にも触れておくと、平家方に治承四年頼朝の同母弟希義を殺した蓮池権守家綱や平田太郎俊遠らがいる(第一章7節参照)。その後、かれらを討つため、頼政の孫伊豆右衛門尉有綱を土佐に派遣することがあった。有綱は仲綱の子である。平家都落ちの時は、源行家の手に属して入京。その後、行家とともに義仲から離れ、義仲が後白河を法住寺殿に攻撃した時は、敗れて右衛門尉を解官されている(『吉記』寿永二年一二月三日条)。範頼・義経が義仲を討って入京したのち、右衛門尉に復帰したのであろう。

有綱は、希義が討たれた時紀伊に逃れた夜須七郎行宗を、案内役として都を発った(『吾妻鏡』はこの記事を、寿永元年〈一一八二〉一一月二〇日条に掲げるが、内乱の推移からして、寿永三年一月以降の事件である)。有綱が首尾良く蓮池らを討ったか否かは不明であるが、文治元年(一一八五)にも、梶原景時の弟朝景《ともかげ》が土佐を制圧するため派遣されているので(『吾妻鏡』文治二年九月一五日条)、その時までには命脈を絶たれたのであろう。同年一二月三〇日に、蓮池が本拠とする高岡郡の東隣吾河《あがわ》(川)郡地頭職が、頼朝の祖父為義由緒の京都六条若宮八幡宮に寄進されている(『吾妻鏡』)。高岡郡はもともと平安前期に吾川郡から分離した仁淀川《によどがわ》右岸の地域なので、吾川郡(仁淀川左岸)にも蓮池の手が伸びていて、かれの没落・没官を経て、源氏ゆかりの神社に寄進されたのかもしれない。

## 4　壇ノ浦海戦

屋島で敗れた平家は、平知盛の拠る長門の彦島に向かった。屋島と彦島の二拠点があれば、瀬戸内海の大半に支配力が及ぶが、彦島に合流してしまうと、平家の海上支配圏は彦島周辺に局限される。これで形勢を観望していた瀬戸内の水軍勢力が一気に源氏方に付いた。

図25　壇ノ浦合戦の海域（2002年3月4日，筆者撮影）

義経勢は周防の大島津《おおしまのつ》（現、山口県周南市もしくは大島郡周防大島町）に着き、範頼の傘下にあった三浦義澄の水軍を合流させた。熊野水軍の湛増が二〇〇艘、河野通信が一五〇艘の兵船を率いて味方に馳せ参じ、また周防国在庁の船奉行が、数十艘の兵船を献じたので、義経の水軍は大いに増強され、決戦に臨めるようになる。義経の軍は、三月二三日までに奥津（満珠島のあたりか）辺に到着し、戦闘態勢を整えた。彦島を発った平家の軍船は、赤間関（早鞆瀬戸《はやとものせと》）を通り、田ノ浦（現、福岡県北九州市門司区）に来たって投錨する。源氏八四〇艘、平家五百余艘という。

三月二四日、延慶本によれば、平家は全軍を四手に分ける陣立てをした。第一陣は山鹿兵藤次秀遠の軍船、第二陣は粟田成良(阿波民部)が率いる四国の軍船、第三陣は平家の公達からなる主力、第四陣は菊池・原田の党からなる九州勢である(延慶本巻十一・十五)。両軍は壇ノ浦(現、関門海峡の東口、早鞆瀬戸の北寄り)の海域で相まみえ(図25)、正午頃から激しい戦闘状態に入る。初め平家方が優勢であったが、晡時《ほじ》(夕方、午後四時頃)には平家の敗北が決した(『玉葉』四月四日条)。

安徳天皇は二位尼時子に抱かれて入水《じゅすい》。教盛以下知盛・教経・経盛・資盛・有盛・行盛らは入水または討死した。『醍醐雑事記』によると戦死者八五〇人という。時忠父子ら文官貴族や女房・僧侶たち、また宗盛側近の人びとは多く生け捕りになった。建礼門院徳子、宗盛・清宗父子らは、入水したものの救助され捕虜になったとされる。

朝廷や頼朝が関心を寄せた三種の神器のうち、鏡は無事、璽も海中より回収された。しかし剣は海没し、その後幾たびか捜索の使者が派遣されたり、祈禱が行われたりしたが、ついに発見されなかった。神器無事回収のため、平家追討に慎重であれ、と範頼に訓令した頼朝の戦略は、義経のひた押しで画餅に帰した。

平家の敗因は、①午前中は潮が東流して義経方に不利だったが、午後になると潮流が西に向かって強く流れたため、平家勢にとって著しく不利となった、②合戦たけなわの頃、四国の水軍を率いる粟田成良が百余艘を率いて寝返った、③義経の命令によって鎌倉勢は、平家方兵船舷外の無防備の水手をねらって矢を射かけ、多くの兵船が機動性を失って波間に漂った、などが挙げられている。

しかし③は『平家物語』諸本に見えるが、形勢が源氏に優勢となり、敵船に乗りこんだ上での水手・梶取の殺害であり、勝敗の分岐には直接関係がない。①は大正八年(一九一九)に黒板勝美が唱えた説が起点にあり、かつては有力な説だったが、史料を根拠とする説ではなく、また潮流の変化にかんするデータ自体が信頼できない。正午から午後四時頃までという正確な海戦時間を踏まえない論である。しかも同じ流れの上に乗っている両軍の船の相対速度には変わりがないから、潮流は形勢にまったく関係がない（石井謙、一九八三）など、多くの批判が出ており、今日では考慮する必要がない。

残るは②である。成良は「かしこきもの（才能あるもの）」らしく（『六代勝事記』）、平家の滅亡必至とみて、源氏になる。『平家物語』諸本では、義経の屋島攻撃の時、我が子の教能（則良）が謀られて降人返忠《かえりちゅう》（味方を裏切って敵のために尽すこと）しようと考えたという。そのため海戦開始にあたり態度が曖昧で、知盛は離反のおそれあり、として斬ろうとしたが、総帥の宗盛に止められたという。

知盛の賢と宗盛の愚が対比的に強調されているが、成良は『平家物語』『吾妻鏡』『醍醐雑事記』それぞれで、戦後「生けどり」「生虜」「生取」になったと記されている。壇ノ浦で源氏の勝因をつくったのが事実なら、囚われ人の扱いを受けることはないだろう。少なくとも鎌倉に連行後は解放され、いくばくかの賞を与えられるであろう。しかし延慶本によると、鎌倉での成良の評判は至って悪く、籠に入れられ下から火をつけて焙り殺しにされたという（巻十二・七）。

その処刑法はともかく、子の範良（則良）が建久八年（一一九七）一〇月、三浦浜で斬首されており（『鎌倉大日記』）、また『東大寺造立供養記』に、東大寺別所の浄土堂は、もと阿波民部重能（成良）が阿波に建立したものだったが、「乱逆の長」だったため、源平合戦後「誅戮」され、東大寺を焼いた平家の「罪根」を救うため、九体の丈六仏《じょうろくぶつ》（一丈六尺〈四・八メートル〉の大きさに作られた仏像。ただし普通座像に作るので、座高は八尺ないし九尺が標準）とともに東大寺に移されたとある。成良が処刑されたのは間違いない。

とすれば、積極的な裏切りではなく、敗色濃厚になって捕虜となった、というのが実際ではないのか。この海戦は海岸の見える海域で行われたので、平家の軍兵のなかには、敗色の見えた戦場から離脱し、姿をくらました者も多かった。勇名を馳せた平家の侍大将たち、主馬八郎左衛門《しゅめのはちろうざえもん》(平盛久《もりひさ》、盛国の子)・越中次郎兵衛(平盛嗣《もりつぐ》、盛国の孫、盛俊の子)・上総五郎兵衛(忠光《ただみつ》、伊藤忠清の子)・悪七兵衛景清(伊藤忠清の子)・飛驒四郎兵衛(景俊《かげとし》、伊藤景家の子)らである(角田、一九七八)。それらと大差ない進退で、運悪く捕らわれたのではないか。平家の侍大将たちに対する残党狩りとかれらの頼朝への復讐劇は、後世、謡曲に歌舞伎にさまざま脚色された。阿波民部の裏切りと悪役ぶりは、それらと対をなす脚色の産物とすべきである。

こうした敗因がいずれも当を得ないとすれば、どう考えればよいのだろうか。筆者は平家は敗れるべくして敗れたと考える。平家の軍船の数は義経の率いる船に比べ、すでに劣勢であった。さらに陸には範頼の軍が勝敗の行方を半ば見物していた。負け続け、山陽道・四国・九州を失い、わずかに彦島周辺の海域に追いこまれ後のない平家の兵士たちが、士気高いはずがない。おそらく軍船の手入れも悪く、弓矢を含めた軍需品や食糧の補給もままならぬ状態だったのだろう(菱沼、二〇〇五b)。

義経にとって壇ノ浦は、残敵掃討に近い感覚だったろうし、平家の首脳陣にとれば、よく戦って最後に武門の意地を見せたい、という決意披露の場であっただろう。延慶本には、壇ノ浦合戦にあたり、鎌倉方に付いた豊後の緒方惟栄が、平家一門が中国の宋に逃走しないよう、兵船を配置して(数千艘の船を浮かべて)大陸に向かう航路を遮断した(「唐地《からじ》をぞ塞ぎける」)と伝える(巻十一・十四)。『平家物語』にはこの種の記事が他にもある(上川、二〇〇九)。もし義経が、本当に平家の国外逃亡の可能性を念頭に置いていたのなら、余裕の対処で、勝利はすでに動かぬ前提になっていたのだろう。

正盛・忠盛以来の譜代恩顧の家人はともかく、平家の隆盛に眩惑されて付き従った多くの九州・四国の家人たちにとっては、ともに死に花を咲かせなければならないほどの義理はない。譜代の郎等、天下に聞こえた侍大将たちですら、多くは戦場から逃れた。まして時の勢につられて従った新参の家人たちにとっては、形勢不利なら早々に戦線を離脱するというのが、当時普通のあり方であった。玉砕などというものは、近代の軍国日本であってすら、一九四四―四五年の絶望的な戦局がもたらした、死への無理強いを美化する無慚な自己欺瞞であった。

## 5　義経の没落

義経は平家討滅に大功があったが、三種の神器のうち宝剣を回収できず、安徳天皇を死なせてしまった。梶原景時の「讒言」もあって兄頼朝の不興を買う。「讒言」というが、範頼が頼朝の命令に忠実なのに対し、義経は「自専《じせん》(自分の一存で自由勝手にことがらを処理すること)の慮《おもばかり》(心)を挿《さしはさ》み、かつて(頼朝の)御旨を守らず、ひとへに雅意《がい》(我意、わがまま)に任せ、自由(勝手気まま)の張行《ちょうぎょう》を致す(強行すること)の間、人々恨みをなすこと、景時に限らず」(『吾妻鏡』元暦二年四月二一日条)と『吾妻鏡』編者が総括したように、軍事に限らず奔放な行動が、非難の的になっていたことは否定し難い。

とくに義経の積極果敢な指揮によるあざやかな勝利の連続は、範頼に率いられて半年間山陽道・九州で戦った東国の御家人たちにとって、自らの恩賞の機会を奪ったのであり、むしろ怨嗟の対象になっていた。景時は、侍所の所司《しょし》（次官）として、義経軍の監督にあたり、面子を潰された経験も度々だっただろう（菱沼、二〇〇五b）。頼朝もそうした御家人たちの不満を意識せざるを得なかったのである。

元暦二年（一一八五）五月、義経は平宗盛父子を捕虜として相模に連行した。だが頼朝は父子だけを受け取り、義経の鎌倉入りを許さなかった。義経は鎌倉入り目前の腰越《こしごえ》で、同月二四日、大江広元宛に「犯す無くして咎を蒙る」旨を訴える書状を書き、頼朝へのとりなしを求めた（『吾妻鏡』五月二四日条）。いわゆる腰越状であるが、頼朝は納得せず、以後、兄弟は対立する。

右は『吾妻鏡』のよく知られたストーリーだが、これは『平家物語』語り物系と基本的に同じである。しかるに読み本系の延慶本（巻十一・卅二）・盛衰記（巻四十五大臣頼朝問答事）は、頼朝との対面を記し、腰越状を載せない。長門本は対面と腰越状の双方を記す（巻十八）。延慶本では、義経は頼朝からさぞかし温かい言葉をかけられると思っていたら、「いと打解けたる気色もなくて、詞《ことば》ずくなにて、「苦くおはすらん、とくとくやすみ給へ（疲れただろう、早く休息しなさい）」とて、二位殿《にいどの》（頼朝）（席を）立給へば」とあり、対面は冷ややかなものだったと述べている。腰越状の史実性についても賛否両論がある。筆者は偽作と考える。

義経は、その後は鎌倉に入れず、頼朝との対面もなく、宗盛らを護送して帰京するよう命じられた。宗盛父子は、頼朝との対面を終えて京都へ帰る途中の六月二一日、近江篠原《しのはら》（現、滋賀県野洲市大篠原）で斬首された。すでに鎌倉に送られていた重衡も、宗盛らとともに帰京、途中で南都に向かい、六月二三日武士によって斬られた。同じ捕虜でも文官貴族の平時忠・信基《のぶもと》、僧侶の忠快《ちゅうかい》（教盛の子）・能円《のうえん》（時忠の異父兄）らは、京都に止められ、王朝の論理に従って五月二〇日流罪に処せられた。

六月八日、多田行綱が本領の多田荘を「きくわい(奇怪)によて」頼朝に没収される。行綱は平家打倒に大いに貢献したが、義経と密接に連携し、多田荘などの所領の安堵を受けていたのが咎められたのであろう。行綱の多田荘没収は義経の安堵権限の否定でもある。頼朝は多田荘を源氏一門の大内惟義に与えるとともに、行綱の家人たちを多田院御家人として組織し、閑院内裏の大番役勤仕を命じている(『多田神社文書』二・三号)。

六月一二日、頼朝は朝廷側に、「謀反の輩知る(占める)所の所帯を、他人に改替し、計らひ置くべ」きことを書状で伝えてきた(『百練抄』)。五百余カ所といわれる平家没官領は、寿永二年一二月二日の院庁下文で、義仲が「総領」することで決着した(経緯については第五章4節参照)。翌三年一月義仲が敗死すると、後白河法皇が作成した「平家没官領注文《へいけもっかんりょうちゅうもん》」が勲功の賞として、三月七日頼朝に与えられた(『愚管抄』巻五、延慶本巻十・七)。そこに記された平家没官領の処分権が、頼朝のものとなったのである。その没官領の具体的内容については、①平家一門の所領、②平家家人の所領、③平家与党人の所領の三種類が考えられるが、頼朝に給与されたのは①が中心で、平家一門が領家(預所)職など荘務《しょうむ》(荘園の管理や事務の総称)権を持っていた所領だ、とする説が有力である(石井進、二〇〇四b)。

その後伊賀・伊勢の平氏の反乱をきっかけとして、今度は伊勢の御家人加藤太光員によって「伊勢国没官注文」が作成され(頼朝側による没官注文の作成)、さらに元暦二年三月の壇ノ浦戦後、範頼による九州の没官領調査の結果が加わっている。

そうした没官領が元暦二年六月以降、順次御家人たちに地頭職として与えられ、一部の既処分地の地頭の入れ替えが行われたのであろう。すなわち頼朝による鎌倉幕府荘郷地頭《しょうごうじとう》制の成立である(大山、一九定しかねない措置である。

七五b)。六月一三日、頼朝が義経に与えた平家没官領二四カ所をことごとく回収したのは、その一環であろう(『吾妻鏡』)。将来代替地への補任があるとしても、この時点では義経の平家追討の功績を全否定しかねない措置である。

同年七月九日、京都岡崎を中心に甚大な被害が出た大地震が発生した。この件については第八章で触れる。八月一四日、地震・兵革《へいかく》(戦争)などを理由に改元があり、元暦二年は文治元年になった。八月一六日、この日頼朝の申請により臨時の除目があり、義経を受領の最高官とされている伊予守に、山名義《やまなよし》範《のり》(新田義重の子)を伊豆守に、大内惟義を相模守に、足利義兼(北条時政の娘婿)を上総介に、加賀見遠光を信濃守に、安田義資(義定の子)を越後守に任じた。いずれも関東分国《ぶんこく》(朝廷から頼朝に与えられた知行国)の国守である。前年六月に源範頼らが受領になったのに続く、源氏一門の特定者を受領に起用し、一般の御家人や重用されないほかの源氏一門と差をつけたのである。

ところが義経は、引き続き検非違使・左衛門尉を兼任した。兼実は驚きのあまり「未曾有、未曾有」と記した(『玉葉』八月一六日条)。上位の官職である国守に昇任したのに、下位の検非違使・衛府の尉を離職しないのは、異例中の異例だからである。もちろん破天荒の人事は、後白河の意志による。元木泰雄氏は、頼朝は功に報いる形をとりながら、検非違使などの離職によって、在京の理由を消滅させ、京都から引き離して鎌倉に居住させようとした。それに対し後白河は引き続き検非違使・衛府官に任じ、自分に奉仕する忠実な武力として京都に留め置こうとしたのだ、と述べる(元木、二〇〇七)。虚々実々の駆け引きである。確かに義経は、鎌倉下向以前の四月二七日には、義仲も就任した院の御厩別当の地位(第六章3節参照)に任じられ、院政の武力としての様相をみせつつあった(『吾妻鏡』文治五年閏四月三〇日条)。

『吾妻鏡』は、鎌倉から帰洛の時、頼朝の冷たいあしらいに憤懣やるかたない義経が、「関東に於いて怨《うらみ》をなすの輩は、義経に属すべ」しと言い放ったとあるが(元暦二年六月一三日条)、その時点では、両者の対決はまだ早いように思われる。しかし、義経の地頭安堵権の否定、恩賞である地頭職の没収を経、さらに在京の否定を策するに至っては、義経の怒りは頂点に達したであろう。しかもそれは兄弟の対立にとどまらず、義経の進退が、鎌倉勢力と後白河院の政治的な綱引きの焦点となっていたことを意味する。

『吾妻鏡』『平家物語』では、頼朝は義経に謀反の心ありとみて、謀殺のため刺客土佐房昌俊《とさぼうしょうしゅん》を京都に遣わし、義経の六条堀河の亭を襲うが敗退。そののち土佐房は鞍馬の奥で逮捕され、六条河原で梟首されたとある。通説はこの先制攻撃により、義経は頼朝追討に起ちあがらざるを得なくなったと説く。

一〇月一七日深夜に、土佐房、あるいは武蔵の児玉党による義経亭襲撃があった点は、多くの史料が一致する(『玉葉』『百錬抄』『愚管抄』など)。しかるに、一〇月一三日には、源行家と義経が日頃相談して鎌倉に反する、という風聞が京中に広まっていた。『玉葉』一七日条によると、一三日には、義経自身、決起するのは①行家の謀叛を制止することは不可能で、それに同意した、②平家追討を成功させたのは頼朝代官の義経なのに、それが尊重されていない、③恩賞の伊予国にはみな地頭が置かれて国務が行えない、④恩賞の没官所々二十余カ所が、すべて取り返されて頼朝の郎従に与えられた、⑤確かな筋から義経誅殺の情報があり、逃げることもかなわない、の五つの理由がある、と院に奏聞していた。

叔父行家がなぜ頼朝に反しようとしたのか、経緯は明瞭ではないが、『吾妻鏡』には八月頃から一〇月頃までの間に、何度も頼朝が行家追討を命じたという記事がでてくる。義経は、主として自分にかかわる②③④の理由によって挙兵を決意した。その際①⑤をその正当化の根拠にあげたわけである。

義経は一〇月一六日、院に頼朝追討の宣旨の発給を求め、一七日左大臣藤原経宗、内大臣藤原実定が宣旨の発給を決議し、翌一八日の日付で宣旨が発給された。これが義経の無理強いの結果であったとは言い切れず、頼朝を警戒する後白河の意志にも適うものであったことは否定できない（美川、二〇一五）。この間、義経・頼朝の対決を知った京中の貴賤は「落ちて関東へ行く者もあり、又止まりて判官に付く者もあり」という状態で、「上下、なにとなく周章迷《あわてまど》へり」と伝えられるような騒然たる状況にあった（延慶本巻十二・八）。菱沼氏はこの事件を、義経造反の露見→頼朝追討の宣下→土佐房の襲撃という順序に読み替えている。土佐房の襲撃は、頼朝の命による謀殺ではなく、事情を知った京中頼朝方の先制攻撃だった、襲撃者は京都近郊に居たため、義経挙兵に臨機に対応できたのだという（菱沼、二〇〇五ａ）。

義経・行家は、頼朝追討の宣旨（口宣案《くぜんあん》）を得たけれど、「宣下ののち武士を狩るに、多くもつて承引せずと云々」（『玉葉』一〇月二二日条）とあるように、宣旨の力で動員を図ったが、畿内近国の武士は思う程には集まらなかった。武士たちは頼朝代官としての義経に従ったのであり、頼朝に敵対し、地頭職の安堵権も持たない義経に、自分の将来を賭ける危険を冒さなかったのである。一方頼朝は、義経・行家を討つために、一〇月二九日、鎌倉を進発した。土肥実平を先陣、千葉常胤を後陣とする大軍を率いてである（『吾妻鏡』）。

行家・義経は、頼朝追討の宣旨を獲得するとともに、九州に下向しようとし後白河以下王朝の首脳に同行を求めた。これに慌てた貴族たちは、子弟や女房を安全な場所に避難させたりした。義経は後白河に同行を拒否されてあきらめ(『玉葉』一〇月二一日条)、その代償のように、西海に落ちるにあたり、義経・行家をそれぞれ「九国(九州)の地頭」・「四国の地頭」に補任し、その命令によって、山陽・西海等の荘園・公領の調庸租税、年貢雑物らを京上させるようにする、という内容の院宣を獲得している(『玉葉』一一月二日条、一二月二七日条所収一二月六日頼朝書状、『吾妻鏡』一一月七日条)。この特殊な地頭については次章でも触れたい。

一一月三日、義経らが出京、義経の要請を受けた院の命により、豊後の住人臼杵惟高・緒方惟栄らがつき従った。洛中貴賤は、離洛するかれらが、行き掛けの駄賃で狼藉を働くのではないか、と恐れて逃げ隠れしたが、「院中以下の諸家、京中悉くもつて安穏」で、兼実にしては珍しく「義経らの所行、じつにもつて義士と謂つべきか」と賞賛している(『玉葉』)。掠奪を働かなかったから義士だというのは、当時の軍隊がいかに掠奪・狼藉を常習にしていたかということを、如実に示しているのだが。

# 第八章　鎮魂される死者

## 1　幻の国地頭

文治元年(一一八五)一一月、義経らはわずかな兵を率いて京都を退去する。西海に落ちるための船の確保をさせようと、越前斎藤氏の友実を先乗りさせるが、途中でもと義経の家人であった庄四郎《しょうしろう》によって騙し討ちされてしまった。友実は平家家人であったが、背いて義仲に属し、さらに義経に従っていたのである(『吾妻鏡』一一月二日条)。神崎川河口にいたって、摂津源氏の太田太郎頼基(頼助一男)らが追跡してきた。これを蹴散らした義経一行は、五日夜、大物浦(現、兵庫県尼崎市大物町)に着く。追跡側には豊島冠者《てしまのかじゃ》や高倉範季(第六章3節参照)の子範資《のりすけ》がいる。範資は父が源範頼を養育し、「儒家に生まると雖も、その性勇士を受け、しかのみならず蒲冠者範頼の親昵《しんじつ》」だったので、在京していた範頼の郎従らを引き連れていた(『玉葉』一一月八日条)。

双方が合戦に及ぶ前、夜半より大風が吹きだし、義経らが乗る船が破損、一艘も満足な船がなくなり、半分以上が沈んだ。義経・行家らは小船に乗り、和泉浦を指して逃げ去ったという。行家の子家光《いえみつ》は大物で殺され、行家は、翌年五月、和泉国の在庁日向権守清実《きよざね》の日根《ひね》郡八木郷の宅に匿われていたところを密告され、搦め取られ梟首された。

義経に従っていた豊後の緒方惟栄らは降人や生け捕りになる(『玉葉』一一月八日条)。惟栄は、平家討伐に貢献したが、元暦元年(一一八四)七月、宇佐宮の寝殿を打ち破り、神宝を捜し捕った罪に問われ、文治元年一〇月、配流の官符を下された。非常の恩赦にあったが、結局朝廷の圧力によって、翌年上野国北部の沼田荘《ぬまたのしょう》(現、群馬県沼田市)に配流された(渡辺、一九九〇)。

後白河院は義経・行家が大物浦で遭難し逐電したという報を得ると、一一月一二日、一転、両者を召し進《まいら》すべしとの院宣を発す(『玉葉』)。一方、義経を討つための頼朝上洛軍は、駿河の黄瀬川に逗留していたが、義経都落ちの報が伝わるに及んで鎌倉に引き上げた。頼朝は、自分を追討する院宣を義経に与えた院の所行を追及するため、使節らを京に派遣する(『吾妻鏡』一一月八日条)。

一一月一五日、頼朝の怒りをなだめるため、院の側近高階泰経の書状を携えた使が鎌倉に到着した。泰経は、義経・行家の謀叛は「ひとへに天魔の所為」で、院宣を下したのは義経の強引な要請によるもの、院の真意ではないと弁解する。頼朝は泰経(後白河)宛の返書を認め、「天魔は仏法のために妨げをなし、人倫に於いては煩ひを致す者なり、(中略)行家と云ひ、義経と云ひ、召し取りを経《はか》るの間、諸国衰弊《すいへい》し、人民滅亡せんか。よりて日本国第一の大天狗は、さらに他の者にあらず候か」と痛罵した(『玉葉』一一月二六日条)。天魔と天狗はこの場合同じ意味であり、通説および筆者は「日本一の大天狗」は後白河その人をさすと理解するが(髙橋昌、二〇二〇)、複数の異論がある。

一一月二四日、頼朝返書を帯した北条時政が、一〇〇〇騎を率い京都に着いた(『玉葉』)。時政は、頼朝追討宣旨を与えた後白河法皇の弱みにつけこみ、二八日には重大な政治的申し入れを行い、一二月六日には王朝側もこれを受諾するにいたる。従来の説では、この時義経らを捜索する目的で、国ごとに守護を置き、また荘園・公領に地頭を任じることが認められた。守護はその国の御家人を統率し、地頭は荘園・公領を管理し、年貢の徴収にあたり、警察の権を握った、とされる。これを文治勅許または「守護・地頭」設置の勅許という。

しかし戦後中世史学の進展の中で、こうした理解には根本的な疑問が寄せられ、今日通説をそのまま祖述する研究者はいない。通説が成り立たないことは明らかなのであるが、この時なにが起こったのかについては、議論がすこぶる紛糾し、多くの研究者の努力にもかかわらず、意見の一致をみるにはほど遠い。いまは以下の見解を、結論的に提示するにとどめたい(大山、一九七五a・一九七五b・一九七六a・一九七六bなど/髙橋昌、一九七九)。

文治勅許の結果、頼朝は、寿永二年(一一八三)十月宣旨によって在庁への指揮権が認められてきた東海・東山道諸国、および義仲没落後の北陸道諸国に加え、新たに五畿・山陰・山陽・南海・西海道諸国を対象とする強力な支配権を手中に収めた。それを国別に執行する存在として国地頭《くにじとう》が設置された。鎌倉幕府の地頭制度には、二つの形態がある。一つは第七章5節で触れた荘郷地頭である。荘園・公領(郡・郷)を単位として没官領・謀叛人跡に設置され、鎌倉時代に存在した普通の地頭である。

いま一つがこの時認められた国地頭で、名称は同じ地頭でも荘郷地頭とは、まったく内容を異にし、補任も郡郷より上位で朝廷に直結する地方行政区画である一国ごとになされた。その存続期間は、実際には瞬きするほどの短時日であったため、しばらくすると忘れられた存在になるが、研究史的には、それまでの文治勅許や守護・地頭制の理解を大きく改めさせる出発点になった。この地頭の存在を初めて世に知らしめたのも石母田正である（石母田、一九八九ｄ）。

国地頭は、義経・行家が没落直前に賜った「九国・四国地頭」を前提としており、一国に一人、場合によっては一人が数カ国の国地頭を兼ねることがあり、任じられたのは頼朝配下の有力御家人であった。かれらは⑴一国単位の勧農権、⑵地頭の輩尋沙汰《たずねさた》成敗権《せいばいけん》、⑶反別五升の兵粮米の徴収権、を掌握するものであったと考えられる。

⑴の勧農は、第七章1節の北陸道における鎌倉殿勧農使の項で説明したように、田畠満作のために国家や領主が果たすべき行為全般をさし、秋の収納に対し春の勧農と称される。国地頭は一国規模で勧農の諸権限を掌握するもので、これによって国衙領の要所要所におかれた倉庫群の納米（正税・官物）も、かれらの管理下に入った。常識的にいっても、これほど重要な権限を握るものこそ、田地の真の支配者である。兼実が「惣じてもつて田地を知行すべしと云々、およそ言語の及ぶ所に非ず」と驚愕したように（『玉葉』一一月二八日条）、国地頭は一国の田地を知行する権限を、実質的に手中に収めようとするものであった。

⑵は、現地にあって実際に国務・荘務の遂行にあたる在地の広汎な領主層（地頭の輩）を、一律に「尋沙汰」（把握・統制）する権限である（『玉葉』一一月二七日条所収一一月六日頼朝書状）。このなかには、平家滅亡の頃までに、すでに頼朝が西国に派遣した有力御家人の下に馳せ参じていた人びとも、含まれている。かれらは以前からの源氏の家人のほか、帰順した平家の御家人や木曾義仲の家人であった者、荘園の下

司や、諸国の在庁官人・郡郷司などさまざまであった。この地頭の輩に対する尋沙汰権は、当時の情勢下では、かれらに対する任免賞罰の権限に拡大解釈されるのは避けられなかった。

(3)兵粮米の徴収権。義経逮捕の軍事行動の物質的な裏づけとして、所当・官物のうちから、一反あたり五升を兵粮米の名目で割きとる権限である。

以上の三つは、平家追討にともなう東国武士の西国への進駐、および平家が壇ノ浦で壊滅したのちも、畿内・山陽道・九州などの西国国衙への実力占拠が続いており、すでに頼朝とその有力御家人たちが事実上行使しつつあった現実である。文治元年一一月、後白河院が院分国主(知行国主類似の制度)であった播磨で、「守護」梶原景時の代官が「小目代《こもくだい》(目代の下役)の男《おのこ》」を追い出し、国倉に封印をしているのは、その一例である(『玉葉』一一月一四日条)。その意味では文治勅許は、義経逮捕を口実にしながら、この西国における既成事実を、可能な限り合法化し、内乱期の一時的な状態から、多少とも永続性のある政治制度へと切り替えてゆく野心的な試みであった。

しかし内乱に入って朝廷・貴族の力が及ばなくなり、寿永二年一〇月以降は、頼朝の国衙在庁への支配が合法化された東国と違って、西国諸国は王朝勢力の多年に亙る安定した権力の基盤である。三つの権限のうち(1)(2)は、元来国守・国衙や、国守のそれを継承した荘園領主が行使していた権限、その核心部分であった。一方に国衙や荘園の支配が存続しているのだから、それらと国地頭との間には、権限の帰属をめぐって抜き差しならぬ対立・混乱が生じるのは避けられない。また、官物や所当の納入が約束されたとしても、在庁官人や荘官に対する支配の実権を握られ、国守・荘園領主の立場が形骸化したら、内乱の終了にもかかわらず、上納物の未進・未納はいっそうひどくなると予想される。王朝勢力にとっても西国在地の人びとにとっても、事態はこの上なく深刻であった。巨視的にみると荘園・公領の支配体制そのものが、この時期、存続の危機を迎えていた。国地頭制には、荘園公領制によって重い負担に苦しみ、領主支配の順調な発展を阻害されてきた関東、ひいては全国の在地領主層の、本音の欲求が反映されていた。

はたせるかな、文治元年末から翌年初めにかけて、国地頭制が始動しはじめると、西国在地は大変な混乱状態におちいった。鎌倉方を称する武士勢力が、かってに国内をうろつきまわり、国地頭を後ろ盾にした在地の領主は、国衙領の国倉群の納米(正税・官物)を差押えた。兵粮米と称して年貢を抑留、あるいは荘園・公領を実力で押領、国衙や荘園領主の命令も無視された。また国地頭とその手先の実力行動に対する在地の抵抗も激しい。国地頭に任じられた頼朝の有力御家人たちは、ともすれば頼朝の制止を無視して暴走する。養和元年(一一八一)以来の飢饉の痛手から回復し切っていないうえ、春の勧農を目前にひかえ、このありさまでは生産開始のめども立たない。

いまや国地頭路線に固執していたのでは、暴行・略奪の中で人心を失って、みじめに没落していった二年前の義仲と、同じ運命をたどりかねない状況が生まれていた。頼朝は性急な西国国衙支配の構想が破綻した現状を認め、文治二年三月頃より関東の在地領主たちの要求を反映した国地頭制からの撤退をはじめた。

国地頭権限のうち⑴⑶は放棄され、⑵は国務・荘務への介入を否定された。同年六月西国三七カ国の国地頭が停廃される(『吾妻鏡』六月二一日条頼朝書状)。その地位にあった有力御家人たちは、義経逮捕を名目とした警察事務を行う、諸国惣追捕使に切りかえられていった。

頼朝は同じ時、朝廷に対し、「(頼朝の知行国である関東分国の国々においては)諸国済物《せいもつ》(租税・年貢などの貢納物)の事、治承四年の乱以後、文治元年に至るまで、世間落居せず。先づ朝敵追討の沙汰の外、しばらく他事に及ばず候の間、諸国の土民おのおの官兵の陣に結《つな》がれ、空しく農業の勤めを忘る」(『吾妻鏡』三月一三日条所収頼朝書状)と窮状を訴え、文治元年以前の諸国貢納物の未納分免除を求め、さらに今年からは、諸国に力の有る無しに応じて、弁済を行うよう指示した、関東分国以外の諸国においても同様にすべきではないか、と主張している。

この主張から、西国のみならず頼朝の支配下にある東国においても、長期に亙る戦場への民衆動員によって、各国各地方の疲弊荒廃が深刻な状態にあったことがわかる。国地頭停廃の代償のようにして、王朝側に関東分国の貢納物未進分の帳消しを迫った点が、交渉上手の頼朝らしい。

先を急ぐ。頼朝権力の源泉は、内乱中にふくれあがったかれの御家人集団である。それは内乱後も維持されており、文治五年(一一八九)、奥州の藤原泰衡《やすひら》を討つ合戦が強行された。それ以前、源義経は頼朝方の探索を逃れ各地を転々としたが、ついには奥州の藤原秀衡のもとにいたり、庇護されるようになっていた。秀衡の死後、頼朝はその後継者泰衡に義経の逮捕送進を要求。泰衡は文治五年閏四月、義経を衣川館に襲って殺し、その首を鎌倉の頼朝のもとに届けた。手を緩めない頼朝は、奥州藤原氏を討つために、全国的規模で武士を大動員し、同年七月一九日出発、不参の者は所領を没収する(角重《かどしげ》、一九八五)。

奥州藤原氏攻めは、先祖の頼義が武功を挙げた前九年合戦の再現を意図して遂行された。進軍経路や安倍貞任《あべのさだとう》を討った由緒ある厨川《くりやがわ》(現、岩手県盛岡市)に逗留する日付を同じくしたり、貞任の前例通りのやり方で泰衡の首をさらし、しかもその役を貞任の時、梟首にあたった武士の子孫たちにやらせたり、などである。頼朝は、御家人たちに前九年合戦を「追体験」させることで、自らが頼義の事業の正統な後継者であり、動員された武士たちに源家譜代の家人であるという意識を持たせる効果をねらったのである(川合、二〇〇四c)。河内源氏が前九年合戦によって東国に勢力を築いたという観念も、こうした頼朝の芝居がかった政治によって、創りだされた神話だった。

奥州藤原氏の滅亡によって内乱は最後的に終了し、国内は久しぶりに平穏になった。頼朝は建久元年(一一九〇)上洛して法皇と対面、日本国惣追捕使・総地頭の地位を確認され、以後諸国守護(日本国全体の軍事・警察)を担当するようになった。かれはこの時右近衛大将の官を与えられている。近衛大将は王朝平時の武官の最高位であり、国家の軍事警察権を掌握したかれの地位を飾るにはふさわしい。が、一〇日後には早くも辞任した。近衛大将に長居して既存の国制の枠組みにとりこまれるのを避ける、しかしこの地位は利用価値がある、とりあえず就任した実績は作っておこう、という政治判断からだろう。

そこで建久三年(一一九二)三月の後白河の死後、改めてかれが朝廷に求めたのが「大将軍」職だった。近年、『山槐記逸文』が発見され、頼朝は「前大将(前右近衛大将)の号を改め、大将軍を仰せらるべきの由」を望んだという事実が明らかになった(建久三年七月九日条)。従来の、頼朝は征夷《せいい》大将軍を望んだが、生前の後白河はそれを拒み続けた、という通説は成り立たなくなった。頼朝は確かに「大将軍」を望んだが、征夷大将軍とまでは指定しなかった。征夷大将軍は、むしろ王朝側が与えたものだったのである(櫻井、二〇一三c)。

文治五年に奥州藤原氏の征討を企てた頼朝は、御家人大庭景能から、「軍中は将軍の令を聞いて、天子の詔を聞かず」と、勅許を得ないままの出兵をうながされたという(『吾妻鏡』六月三〇日条)。「軍中は将軍の令を聞く」は、『史記《しき》』(巻五十七絳侯周勃世家《こうこうしゅうぼつせいか》)に見える漢の将軍周亜夫《しゅうあふ》の部下の言葉として有名なものであるが、平安貴族社会では官司《かんし》運営の自律性を主張する場合に用いられていた(『権記《ごんき》』寛弘八年一二月一五日条)。まさに頼朝は出征中の将軍である限り、「天子の詔を聞かず」にいられる。それは幕府が朝廷からの相対的独立を可能にする制度的、理念的根拠でもあった。

戦場が要求する軍事動員によってふくれあがった御家人たちは、建久三年以降、西国の御家人たちを対象に整理・再編成が始まり、京都の閑院内裏への大番役を勤仕するか否かを基準に、御家人と非御家人の篩い分けがなされてゆく(田中稔、一九九一a)。そして、国地頭に残された管国内御家人の平時統率権(大番催促)や国内の治安を維持し、警察事務を執行するという日常の権限は、いまや国惣追捕使のものとなり、かれらは御家人統率者という地位に即して「家人奉行人《けにんぶぎょうにん》」と称された(『鎌倉遺文』九五〇号)。この国惣追捕使=家人奉行人こそ、のちに守護の名称で呼ばれる存在そのものである(佐藤、一九七一)。したがって国地頭制以前に史料に「守護」「守護人」として現れる存在は、国衙在庁官人を指揮して一国内の軍政を担当した存在であり、本書では、のちの鎌倉幕府守護と区別するために括弧書きで「守護」と表記した。

## 2 危機に立つ荘園制I(白河荘)

足かけ六年の長きに亙る治承・寿永内乱の時代、荘園公領制は極めて深刻なダメージを受けた。その

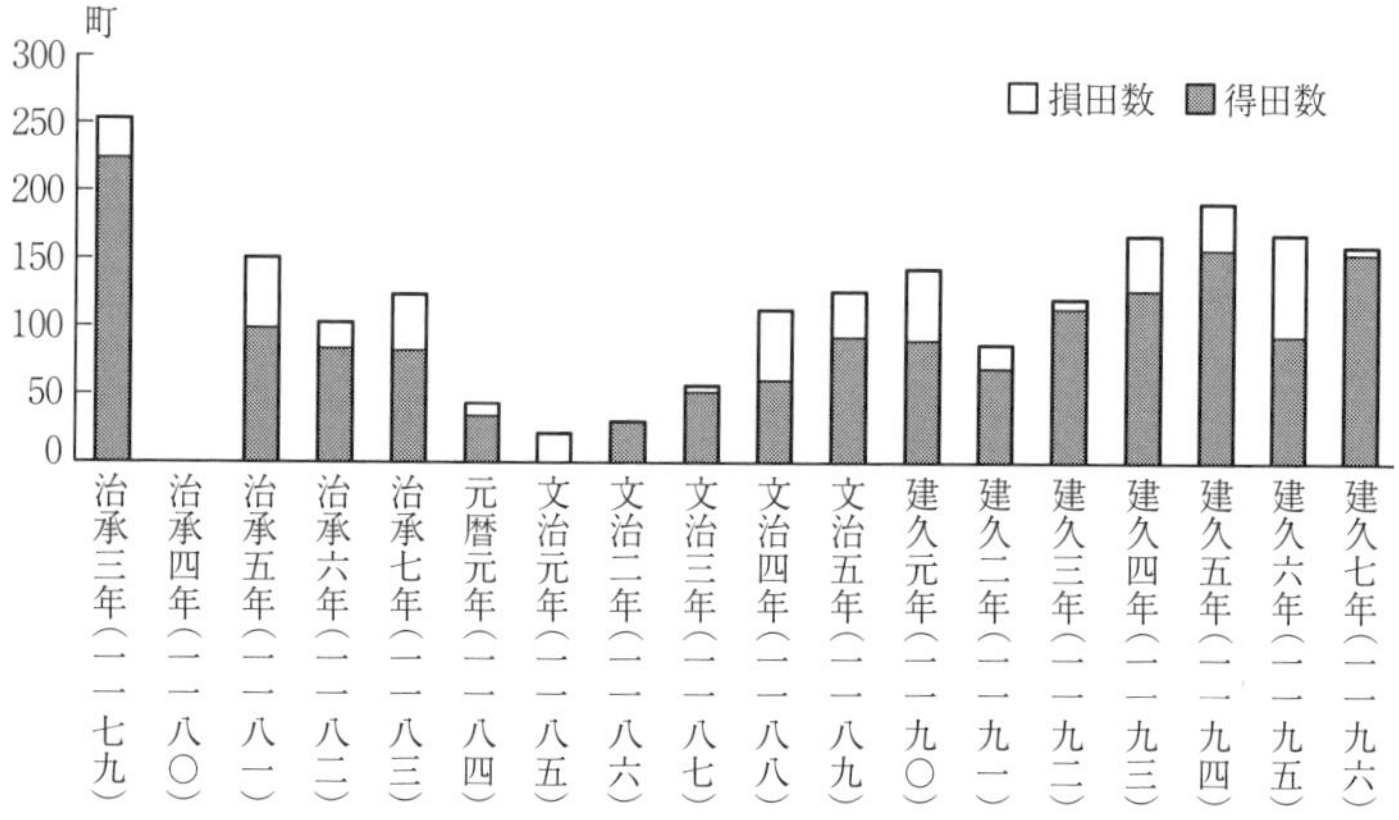


図26　内乱期・鎌倉初期白河荘作田数の推移(本田数300町)
得田数＋損田数＝作田数
治承4年はデータなし．文治元年は作田数21.3町，内訳不明

具体的な様相を語るものとして、越後国沼垂郡にあった白河荘をあげたい。同荘は城四郎助職の本拠であり、鳥羽院政期の長承三年(一一三四)に摂関家領として成立し、仁平二年(一一五二)には本田《ほんでん》(荘園制で、新たに開発した新田に対し、以前から領有を認められてきた基本的田地)数《すう》三〇〇町といわれた。建久八年(一一九七)五月に作成された「白河荘年々作田注文案《ねんねんさくでんちゅうもんあん》」は、内乱開始前年の治承三年(一一七九)から内乱が終息した頼朝最晩年の建久七年までの、一八年間の作田数・損田《そんでん》(自然災害などの被害のために収穫の減った田地)数・得田《とくでん》(収穫があり、年貢を取得できる田地)数の経年変化を記した希有の史料である(『鎌倉遺文』八〇〇一号)。本荘は「阿賀(野)川の辺地《へんち》たるによりて、年来の間毎年(田地が)流失」という厳しい立地条件にあり、それに城氏の惣領《そうりょう》的存在の本拠という政治的な条件が加わり、内乱前後の作田数に劇的な変化があった(図26)。

　城氏は治承五年(一一八一)横田河原で大敗を喫し、越後に逃げ帰った。国衙の在庁官人らに背かれ、以後地盤の阿賀野川以北（阿賀北地方）に逼塞した。朝廷は異例の措置としてかれを越後国守に登用し、反乱勢力の押さえに利用しようとしたけれど、国衙所在地の頸城《くびき》郡以下大半は、木曾義仲に結集する勢力の制圧下に入ったらしい。

「作田注文案」の基礎資料となった年々の作田注文は、越後在地で作成された。史料がいう治承五―七年は、中央では養和・寿永年号を使用していた。これに対し、安徳天皇の治世を認めない義仲ら北陸道の反乱勢力側は、治承年号を使い続けている。作田注文が越後在地で作成されたという判断は、そこから導かれる。

治承四年は、「内検《ないけん》（内々の土地作況調査）の所当米《しょとうまい》」は、城四郎（助職）に「兵糧」として「弁済」してしまったので、「田数目六《もくろく》（録）は固めず候なり」という事態になった。中世では年貢徴収（納入）額は田数目録（田数、年貢総額など項目ごとに見やすく書き並べたもの）に示された数値による。目録を固めるとは、目録の数値を定めるという意味であるが、調査結果そのものではなく、支配する領家と支配される現地の百姓双方の合意を得た数値である必要があった（富澤、一九九六）。白河荘で同年の田数目録が作成されなかったのは、その年の秋から始まる内乱で、本来九条家に納入されるべき所当（年貢）が、城氏の兵粮米に転用されたからである。九条家はおそらく、この年の年貢徴収の実績があまりにも乏少で、それが前例になるのを恐れて、同年の目録固めを拒否したのであろう。

図26に見える作田数の変動を時期区分すると、第一期は、治承五年から治承七年（寿永二年、一一八三）までである。この時期作田は大幅に減少するが、なんとか一〇〇町台を維持していた。続く第二期は元暦元年（一一八四）から文治三年（一一八七）までの四年間で、作田数が本田数の一〇パーセント台、文治元

年には七・一パーセントまで激しく落ちこんでいる。第三期は文治四年以後で、内乱の痛手からの回復が進み、作田数は一〇〇町台を超え、全体として第一期を上回る。が、ピークの建久五年でもなお二〇〇町には届かず、内乱前の三分の二程度にとどまった。

これらの数値は、おそらく実際に耕作され収穫があった田数よりかなり少な目で、あくまで都の九条家に納入された年貢額に合わせて算出された、実態から離れた、いわば架空の作田数だろう。もちろん内乱による荒廃が進んでいたので、実際の作田自体も大幅に減少していたに違いないが、実際と架空の差の相当部分は、当地を支配している武士勢力の取得分になったはずである。納入実績にもとづいたとすれば、田数は年度初めの春のものではない。理屈で言えば、その年の作田数(得田数+損田数)は、収穫期・収納期にならないと確定しないからである。

荘園制下の一年は、春の勧農から始まり、年貢の収納をもって終わる。収納の終了は備後国大田荘《おおたのしょう》で「当庄の収納は、九月より(翌年)二月下旬に至るなり」(『鎌倉遺文』六九三二号)といわれるように、晩秋に始まり翌年の春の盛りにいたる。このため年次は暦年ではなくその年の春から翌年春にまたがる。したがって第一期は、城氏の横田河原での敗北、阿賀北への逃げこみ、木曾義仲の上洛のほか、寿永三年(一一八四)一月の義仲の近江粟津における敗死までの諸事件が含まれる。

第二期は、義仲に結集した北国勢が支配していた北陸道が、頼朝政権下に入った時期。城助職の養和元年から寿永二年頃までの動向は不明だが、阿賀北のどこかに逼塞していたのを、義仲滅亡後頼朝軍によって捕らえられたようで、身柄は梶原景時に預けられた。

寿永三年二月の生田森・一の谷合戦の直後、頼朝は朝廷に対し「東国北国両道の国々、謀叛を追討するの間、土民無きがごとし、今春より浪人等（もとの耕作地を離れ他国を流浪する百姓ら）、旧里に帰住し、安堵せしむべく候」（『吾妻鏡』寿永三年二月二五日条）と伝え、戦線が西国に移ったこの段階で、東国・北陸諸国においては、軍事動員などで離村した一般民衆を旧里に帰住させ、勧農を実施していくことを通告している。第七章1節で述べたように元暦元年（一一八四）四月には、頼朝の派遣した「鎌倉殿勧農使」比企朝宗が、北陸道諸国で活動を開始し、各国国衙を指揮して地域社会の復興にあたった。上座《じょうざ》（寺内の僧侶を統監し、寺務を掌る役僧）という通り名を持つ鎌倉殿勧農使朝宗の代官は、越前の法金剛院領河和《かわわ》田荘《だのしょう》（現、福井県鯖江市）に乗りこんだ。ここは義仲与党だった検非違使斎藤友実の所領で、いまは自分が地頭（その代官）だと称し、容赦なく荘務を行い自由の乱暴をした、と荘園領主に訴えられている（『平安遺文』五〇八八号）（田中稔、一九九一b）。このほか若狭国西津荘《にしづのしょう》（現、福井県小浜市、『平安遺文』四一四八号）、越前国鮎河荘《あゆかわのしょう》（現、福井市、『鎌倉遺文』五三九号）・志《し》比荘《ひのしょう》（現、福井県吉田郡永平寺町、『吾妻鏡』建久五年一二月一〇日条）、越中国般若野荘《はんにゃののしょう》（現、富山県砺波市、『吾妻鏡』文治二年六月一七日条）について、朝宗がかかわった史料が残っている。比企朝宗は、同年八月、平家追討のため源範頼に従って西海に下向しているので、その頃までに旧義仲支配地域に対する戦後処理が一段落したのであろう。

　また平家滅亡後の文治元年（一一八五）八月からは、越後国は頼朝の知行国に宛てられ、安田義定の子義資が国守に任じられた。しかるに、比企朝宗はのちに北陸道一帯の守護人として見えるので、国衙や国衙領の実質的な支配権は、いぜん勧農使（国地頭→守護）であるかれが握っていたと考えられる。

　問題は、越後が戦乱状況にあった第一期より、第二期の方が作田数の減少が著しい点である。義仲没落後の北陸道諸国では、勧農使比企朝宗が徹底した占領政策をとり、謀反人跡には東国武士たちが地頭として続々現地入りしたため、こうした作田数(実は年貢額)の極端な減少を招いたのであろう(浅香、一九八一c/田村裕、二〇〇四)。そして先ほどみたように、ここでは内乱後第三期になっても、ピークでも二〇〇町には届かず、内乱が終了して一〇年以上を経ても、内乱前の作田数の三分の二程度にとどまっている点を再確認しておきたい。

## 3　危機に立つ荘園制Ⅱ(大田荘ほか)

もう一つ具体例を挙げたい。先ほど名前を出した大田荘は、中国山地の中央、備後国世羅《せら》郡に広がる広大な荘園である(現、広島県世羅郡世羅町)。仁安元年(一一六六)後白河院を本家、平重衡を預所(領家)、在地領主橘氏を下司《げし》として成立した(図27)。ところが元暦元年(一一八四)以降、「山陽の諸国」は源平両軍の「征戦に苦しみ」、本荘でも「民は耕農を忘れ、地は空しく荒蕪《こうぶ》す」(『鎌倉遺文』八四五号)という事態が生じた。なかでも土肥実平は「守護」として備前・備中・備後の国衙支配を進め、さらに文治勅許によって、国地頭へと姿を変えた。そして実平の子遠平が国地頭代官として現地に下向し、備後の戦後処理にあたっていた。ところが、大田荘では、下司橘兼隆《かねたか》・大田《おおた》(橘)光家《みついえ》が、内乱期同様私の武威をもって、ほしいままに田地を押領、容赦なく非法を行っており、国地頭代官の遠平もそれを容認していた(大山、一九七六a)。

文治二年(一一八六)五月になると、後白河院は、鑁阿《ばんな》上人の、長日不断両界供養法《ちょうじつふだんりょうかいくようほう》(本章5節参照)勤行《ごんぎょう》のため、年貢が一〇〇〇石得られる規模の荘園を寄進して欲しいという要請に応え、大田荘を高野山金剛峯寺根本大塔《こんぽんだいとう》領として寄進した。鑁阿は高野山の宝幢院《ほうどういん》に住する盲目の勧進聖《かんじんひじり》で、法華坊《ほっけぼう》上人と称された。こうなると実平・遠平を後ろ盾とする兼隆・光家の大田荘の現地支配と、根本大塔の領主権は鋭く対立せざるを得ない。

　同年七月七日、後白河院は頼朝に宛てた院宣で、「件《くだん》の庄は本《もと》より没官注文に入れず」と言い切り、土肥実平の大田荘押領を停止させるよう命じた（『鎌倉遺文』一二五号）。この「没官注文」は寿永三年（一一八四）三月七日に後白河院のもとで作成、鎌倉に送付されて、頼朝の平家没官領惣領権の基礎となった「平家没官領注文」をさしている（第七章5節参照）。法皇は、大田荘のごとき明々白々たる平家旧領を、事前に「没官注文」から除いていたのである。

図27　大田荘桑原方上原村（現，東上原上谷地区）の現状（2010年8月27日，筆者撮影）

　高野山根本大塔（鑁阿）側は、五月から七月までの間に、実平・遠平に大田荘から手を引くように命じ、両人はあれこれ弁解をしている。そして、らちあかずと判断した鑁阿が、後白河を動かした結果が、院宣の発給となった。すでに頼朝は文治二年六月二一日書状で「国々守護の武士」の「濫行停止」という表現で、国地頭停廃の意志を後白河側に伝えていた（大山、一九七六b）。だからことは順調に運び、七月二四日、頼朝は、土肥実平宛に大田荘の知行停止を命じる書状を書いた（『鎌倉遺文』一三一号）。これは高野側に手わたされ、その使者によって備後の現地にもたらされたはずである。

鎮西を除く西国諸国の国地頭の停廃にともなって、土肥氏は漸次三カ国の諸国惣追捕使（→鎌倉幕府守護）に移行していったと考えられているが、その後も大田荘での濫行は止まなかった。

それから四年経った建久元年（一一九〇）一一月、荘園領主たる金剛峯寺根本大塔の供僧《ぐそう》（寺塔と本尊に専属する僧侶）ら一八〇人（学侶《がくりょ》〈正規の僧侶〉一四四人と行人《ぎょうにん》〈雑役《ぞうえき》・俗務に従事する下級の僧〉三六人）は連名して、後白河院庁に下司橘兼隆・大田光家による押領非法の停止を求めている。非法は、橘兼隆らが①門田《かどた》門畠《かどばた》（下司の屋敷地周辺に広がるかれら直営の田畠、荘園領主や国衙への公事・雑役の納入を免除された地）だと強弁して百余町の田畠を押領している、②下司の得分《とくぶん》（その職務・権利に応じて収得する収益）としての加徴《かちょう》米《まい》（本来の租税・年貢に加えて徴収した米。租税・年貢は荘園領主や国衙に、加徴米は下司に取得された）と称し、数百町にわたって反《たん》（段）別二升五合の公物《くもつ》（年貢分）を押領している、③雑役免除の地（荘園領主に対する種々の夫役《ぶやく》〈支配者が百姓に強制的に課する労役〉、雑事《ぞうじ》〈種々の公事（賦課・夫役の総称）〉の負担が免除された土地、その免除分が被免除者の収益となる）だと号し数百余町の田畠を押領し、百姓らに寺家（荘園領主としての根本大塔、すなわち供僧たち）への所役《しょやく》（年貢以外の役）を勤仕させない、④数百宇の在家《ざいけ》を押領し、寺家への所役を勤仕させない、⑤平民百姓《へいみんびゃくしょう》（定められた負担以外を課されることのない相対的に自由な百姓）を昼夜駆仕している、⑥荘内殺生禁断を犯す、など六カ条からなっていた。

供僧らは、根本大塔領として大小の雑事はすべて寺家の命に従うべきところ、去々年、去年、そして今年と「三ケ年の下知、一度もなほ寺家の所堪《しょかん》（管理・指揮）に随はず、ひとへにただ兼隆・光家の私領のごとくなり」と窮状を訴えたのである（『鎌倉遺文』四九五号）。

建久元年の去々年といえば文治四年（一一八八）で、大田荘の「庄務執行《しょうむしぎょう》（荘園支配の実務を執り行うこと）」を委ねられていた鑁阿が荘の再建に着手した年である。しかし、その年は荘園領主側より数々の非法の停止を命じても「信じ用ゐ」ず、翌文治五年は門田門畠の所当や加徴米の皆済を命じたが、「全くもつて承引せず」、今年建久元年もまた門田等の所当の納入をはげしく追及し、くり返される狼藉を禁制したが、「更にもつて承諾」がなかったという。

鑁阿による大田荘支配の再建は、三つの画期を経てなされた。第一の画期は建久元年で、この年の春に検注（土地調査）が行われ、大田荘のあるべき見《げん》（現）作田数《さくでん》（現実に耕作され収穫が見込める田）と荘官への給田数《きゅうでん》（荘園領主が地頭・荘官・手工業者らに職務給として給付した土地。年貢・公事を免除され、その分は給付を受けた人物の得分になった）、さらに百姓耕作地のうち公事負担をする田とそうでない田の田数などを確定し、また預所や郡司が現地に臨む時の接待費用をどのように分担するかという在地との取り決めを、置文《おきぶみ》（後世に伝えるために書き記しておく文書）の形で定めることができたからである（『鎌倉遺文』四六二号）。もっとも、この置文では、定田《じょうでん》（荘園領主が給田などの除田《じょでん》〈免税地〉を除き年貢や公事と呼ばれる課役を課する土地）に課すべき年貢・公事の具体的な額は、「御佃《おんつくだ》（荘園領主の直営地）」を除いて、まだ示されていない。だから全荘の再建がなったというにはほど遠く、田数確定の目標はさまざまな公事の賦課が、全現作田数のうちどれだけの範囲に及ぶか、それを取り決めておく点に絞られている。

一方、先に見た金剛峯寺根本大塔供僧ら一八〇人が院庁へ提出した同年一一月の訴えでは、鑁阿による荘園再建努力とは異なった方向性が露呈している。かれらの下司非法への対処は、高圧的で、現状無視の一方的な主張というべきである。たとえば前出の鑁阿置文が、下司への給田を「下司名《げしみょう》等四十六丁

（町）」などと定めたにもかかわらず、供僧たちは、「右、諸庄園の習ひ、あるいは給田、あるいは雑免、もしくは二町、もしくは三町か」など、極端に低い数値を主張した。

供僧らの一方的な下司押さえこみに比べると、鑁阿からはずっと弾力的な姿勢が見て取れる。それを示しているのが建久三年の「鑁阿下文」で、これが第二の画期である。鑁阿は、百姓への所当米賦課を、建久元年分に限って反別二升を免除し、建久二年以降は、下司・公文・百姓らそれぞれに各種の免除（給付）を行い、自らの預所得分については二割減額する、という思い切った措置をとった。とくに百姓への免除は多方面にわたり、「およそ免除せしむる所の百姓等の雑事等、その員《かず》多しと雖も、委しく注すこと能はざるなり」と自ら語るほどであった（『鎌倉遺文』五七五号）。

鑁阿の譲歩によって、下司橘氏は、大田荘桑原方《くわばらがた》では、加徴米の収取が反別一升から三升に、雑役免の下司名は二〇町から五〇町に、免家《めんけ》（在家が納入する年貢・公事のうち、公事分が荘官などの給分《きゅうぶん》としてあたえられた在家のこと）の下人は一〇宇程度から郷全在家の五分の一まで増加した。これらを些細な増加と考えるか、内乱にともなう在地の混乱収拾の過程で、在地領主権限に質量両面にわたる大きな前進がみられたと考えるかによって、事態の理解は大きく変わる。筆者は内乱ののち、荘園領主側は乱前に比べ、大きな譲歩を行い、それによって在地領主の在地での経済的・社会的基盤はより安定したものとなったと考える。

そして鑁阿は、これらの免除（譲歩）は、荘官・百姓らを安堵せしめ、かれらが怠りなく「仏聖灯油《ぶっしょうとうゆ》（仏に供える米飯や灯火に使う油、年貢のこと）を備へ進《まいら》しめ、かつがつ次第（はじめから終わりまで）の寺役を勤仕せしめんがため」の措置であると強調し、「後代の沙汰人」はこの件について誇りを受けることがないよう、下司・公文らもその趣旨を「深く存」ずるよう念を押し、相違せしむる輩には仏罰・神罰が降るべし、と結んだ。この「鑁阿下文」の結び部分は起請《きしょう》の形をとっている。起請文《きしょうもん》は神仏に誓いを立て自分の行為・言説に偽りのない旨を記し、もし違背すれば自己に災いが起こるよう祈願する旨の罰文《ばつぶん》がつく。しかしこの起請の罰文では、鑁阿自身への誡めではなく第三者（未来の沙汰人と在地荘官たち）への呪詛《じゅそ》である点が注意される。これは佐藤進一氏が指摘するように、「両部（金剛界と胎蔵界《たいぞう》）諸尊」以下の宗教的権威をもって、自己の定めた条々の強制力を強化し、さらには決まりや仏の定めた禁制を遵守する保証にしようと狙っているのである（佐藤、一九七一）。

これらのもたらした効果を示すのが、建久五年七月七日の「相折帳《そうせちちょう》」の一節である。そこで鑁阿は「源平騒動の間、庄内損亡してほとんど荒野のごとし、勧農本数《ほんすう》（基本の数）のごとく励《すす》めて皆作せしむるの間、自然《じねん》（おのずから）不慮の外（思いの外）年序《ねんじょ》（経過した年数）を経るところなり。去々年作田漸く本数を開き、作畠《さくばく》すでに本数に近し」といっている（『鎌倉遺文』七二九号）。

大田荘の経営は、「去々年」すなわち建久三年（一一九二）頃になって、ようやく軌道に乗りはじめたという。この「本数」は建久元年の置文で定められた見作田の数値であろう。内乱終結後七年を経ての達成である。かれは建久七年にも「然れどもひとへに撫民《ぶみん》を施し、貢賦《こうふ》（献上品と租税）旧に復す」（『鎌倉遺文』八四五号）といっている。供僧らの高圧的な非法停止ではなく、下司・公文・百姓に一定の譲歩を提案する鑁阿の柔軟路線が功を奏したとみられる。

その「相折帳」では、大田荘の「庄務執行」を任されていた鑁阿が、その権限を寺家（実態は一八〇人の供僧たち）に移管すると表明している。すなわちようやく荘経営も順調になったので、前年から辞任の意志を本家である後鳥羽天皇に上奏していたが、いまだ宣下がないのでこの度の挙に及んだ、という。鑁阿はこの措置を自然な流れのようにいうが、供僧たちへの移管にあたって、引き替え条件ともいうべき、幾つかの具体的な申し置きをしている。荘園の支配事務を金剛峯寺の総務を監督する検校《けんぎょう》とそれ以下三人に配分するというのは、その地位権限を検校一人の自動的な専有物にはしない、というはっきりした意志表明である。またその三人も﨟次《ろうじ》の順に随って、という。﨟次は僧侶が授戒して以後の年数による順位である。つまり和合を意味する僧伽《そうぎゃ》(教団)らしいもっとも自然な方法で、ほかの三人を選べといっている。しかも非法の沙汰があれば、一八〇人の衆徒全体の意志で解任し、適任者を選ぶべしと主張する。

これは上川通夫氏が指摘したように、門閥人事がもたらす荘園支配の停滞や不正常化を避け、ひいては不断行法《ふだんぎょうほう》(絶え間なく続く修法)が永続的に催行されるべきだ、という強い意志が表出した置文といえよう(上川、一九八七)。すなわち、第三の画期である。しかし、供僧の選定にあたり、山上に強力な縁故を築いた門閥僧集団を排除するのは、現実には不可能であった。すでに供僧たちは、建久元年の置文が下司への給田を「下司名等四十六丁(町)」と定めたにもかかわらず、非現実的な極論を持ち出した。それは内乱のなかで暴力をともないながら領主支配を伸張させていた下司橘兼隆・大田光家以下の強い反発を買い、内乱の終結にもかかわらず、あるいは院と頼朝が合意した非法停止の命にもかかわらず、在地での違乱は終息にいたらなかった。

在地領主橘氏の領主制の伸張が、院と幕府(頼朝)の政治的結託によって押さえこまれたという見解もあるが、それは事態を正しく認識していない。後白河や頼朝が何と命じようとも、鑁阿の現地に対する柔軟な働きかけなしには、下司らの非法は止まなかった。またかれらの権限が、内乱終息後「地頭得分」程度まで縮小せしめられたという主張も、鑁阿の現実に積み重ねた努力に目をつぶった評価である。

鑁阿は、建久六年には「寺家は民を愍《あわれ》み非法の政《まつりごと》を致さず、民は寺を仰ぎ所当を究済し公事を勤仕すべし」といい(『鎌倉遺文』七七八号)、最晩年にも「田舎の沙汰に器量たる者を尋ね取り、早々に下し遣はすべきものなり、そもそも田舎の沙汰は三種様」で、「上品《じょうぼん》の沙汰人は、上《かみ》・我・百姓ともに大吉なり、中《ちゅう》(品《ぼん》)の沙汰人は、領家・預所を富貴、百姓は損亡、下品《げぼん》の沙汰人は、上・下《しも》・我三人とも不吉なり」と、検校はじめ供僧たちに諭している(『鎌倉遺文』一六二七号)。ここでの「沙汰人」は年貢・公事の徴収・運搬にあずかった実務者を意味しているようだが、その人選に言寄せて、いかなる荘園経営が理想かを語っている。もちろん「上・我・百姓ともに大吉」が理想で、領家・預所は富貴でも百姓が損亡するやり方は中くらい、「上・下・我三人とも不吉」は最低だという。

大田荘のその後が、鑁阿の理想通りであったとはいえないが、少なくとも鎌倉期以降の荘園制が院政期の御願寺《ごがんじ》領のように、地方や民衆を一方的に収奪する姿勢からの脱却を模索していた動きは確認できるだろう。復興した九条家領白河荘の作田数が院政期の三分の二にとどまった事実は、在地に富が残留することを容認する新たな体制が志向されていた結果ではないか。鎌倉時代の公家法《くげほう》(公家権力の法)・武家法・本所法《ほんじょほう》(荘園支配のための本所・領家の法)いずれにも共通する治者の法には、「撫民」と「公平《くびょう》」の論理が組みこまれているとされる(羽下、一九七五)。撫民は領主が民衆をいたわることで、公平は年貢の意味である。中世語の公平には impartiality、fairness や justice の意味がある。つまり公平はたんなる賦課ではなく、支配を維持するための収取の公正適切な配分を意味していた。

御願寺については、後鳥羽も父祖のように建仁《けんにん》二年(一二〇二)新しい御願寺を立てようとして、右大臣近衛家実《いえざね》に地の吉凶を判断させたが(『猪隈関白記』閏一〇月八日条)、建仁三年(一二〇三)になって第二章3節で紹介した紀伊国南部荘の領主頌子内親王が、自分の五辻宮《いつつじのみや》(京都の五辻南、大宮西、櫛笥末《くしげのすえ》)を後鳥羽上皇に献じ、ほかに移った。上皇はそこに御所の新築を企て、元久《げんきゅう》元年(一二〇四)八月八日、新造なった五辻殿《いつつじどの》に渡御した。その東にセットで建てる予定の新御願寺は、前年上棟を済ませたが結局造られなかった(『明月記』『仲資王記』『中都記《ちゅうとき》』同日条)。

後鳥羽(天皇・上皇)時代の新規の御願寺の建立が、七条院殖子《いんぷ》(後鳥羽天皇の母)の御願によって建立された歓喜寿院(左京七条堀河のかの女の御所内)、後白河の皇女殷富門院《もんいん》の御所であった太秦《うずまさ》の安井殿を改めた蓮華光院《れんげこういん》(後白河院の遺領金剛勝院領二一カ所が付属)と未完の新御願寺の後進らしい東山の最勝四天王院《さいしょうしてんのういん》の三寺などにとどまった事実は、院政期の熱に浮かされたような造寺造仏からの軌道修正であったように思われる。もちろんかれは、後白河の死の直前、多くの御願寺領荘園群を継承するなど(『玉葉』建久三年二月一八日条など)、巨大な荘園領主であった点は変わりなかった。しかし、後鳥羽は上皇ではあったが、ついに法皇にならなかった。

周知のように、鎌倉時代には諸種の仏教革新運動が登場した。平雅行氏は鎌倉時代の仏教を、顕密仏教(第二章2節参照)、穏健改革派(明恵・栄西《えいさい》・貞慶《じょうけい》・叡尊《えいそん》ら戒律の興隆によって仏教の再生を図る一群の僧侶)、急進改革派(異端とされた法然《ほうねん》・親鸞《しんらん》らの浄土宗と日蓮《にちれん》ら)の三者に分類し、それぞれが治承・寿永の内乱、および承久の乱の深刻な体験をくぐるなかで、延命あるいは自己変革をとげていったとする。穏健改革派は復興に浮かれる顕密仏教の焼け太りや僧徒の戒律の緩みを粛正しようとし、急進改革派(法然)は専《せん》修念仏《じゅねんぶつ》（称名《しょうみょう》念仏以外では往生できない）を主張するにいたったという。

それらをここで詳しく紹介する余裕はないが、穏健改革派の重要な特徴の一つに、仏法に対する王法優越の容認があり、急進改革派は造寺造塔・法華読誦・念仏・参詣・観想・理観（普遍的な真理そのものを観ずること）などの諸行（修行法）では往生できないといって、顕密仏教の有効性を否定した点が注目される。後者は、普通の念仏信仰（念仏を唱えれば往生できる）なら平安時代からもっともレベルの低い行として行われていたが、それらと専修念仏は決定的に違うという主張である。前者は、院政期に出現した僧形の最高政治権力者（法皇）に端的に現れているような、世俗の仏教化、同じことだが仏教の世俗化の悪弊を克服せんとする宗教（思想）運動である（平、二〇二〇）。後鳥羽が法皇にならなかったそのことは、王権と教権の一体化がもたらす弊害への反省のようなものがあって、そうした平安期顕密仏教の仏法と王法の関係を変えてゆこうとする気運がなんらか作用していた、と考えることはできないだろうか。

右の当否はさておき、内乱は荘園支配に確実に甚大な打撃を与えた。白河荘や大田荘のみならず、全国いたるところでその傷跡がみられた。紀伊国蓮華乗院領南部荘は、内乱後水田一〇町が文治二年（一一八六）に（『鎌倉遺文』一六〇号）、残りの荘田が八年後、蓮華乗院へ再び寄進された（『鎌倉遺文』七二一号）。一度寄進したものを再度寄進したのは「天下違乱、庄内損亡の間、空しく無沙汰、年序漸く積む」とあるように、治承・寿永内乱によって、荘の田地が荒廃し、支配の実質が失われてしまったからだった（『鎌倉遺文』一六〇号）。二度に分けた再寄進は、荘園経営が段階を逐って旧に復し、年貢収取体制の整備が軌道に乗っていったことの現れであろう。

元暦元年（一一八四）に範頼軍の進撃路にあたっていた安芸国開田荘《かいたのしょう》（現、広島県安芸郡海田町）では、内乱終了後「平氏と云ひ源氏と云ひ、乱入し土民を損亡せしむること、その度数を知らざるの間、庄民悉くもつて逃散し、残るところ一両人許りなり、よりて田畠耕作に及ばず、いはむや入《い》り杣《そま》(山林に籠もる)をや、漸々(徐々に)庄民を招き居、追《おき》つて例進の役を勤むべきなり」(『平安遺文』補四二五号)と訴えている。さらに東大寺の美濃国大井荘《おおいのしょう》(現、岐阜県大垣市)以下の領有も、源平内乱期に正体《しょうたい》なきありさまとなっていた。文治二年(一一八六)七月に東大寺は「大井庄以下の所々の寺領、一所も安穏の所なし。何《いず》れの力をもつて、営営土木の功を支ふべけんや」といっている(『鎌倉遺文』一三三号)。これでは東大寺の再建も覚束ないと歎いているのである。

荘園を復興し、荘園領主—在地の百姓たちの関係を再構築するには、まず年貢その他、負担の適正化が計られねばならない。それを実現するためには荒廃した荘園の実情の把握、つまり大規模な検注が必要である。文治二年から文治五年までの間だけをとっても、松尾社領丹波国雀部荘、興福寺領大和国池田荘(現、奈良市)、同出雲荘(奈良県桜井市)、春日社領摂津国垂水《たるみ》西牧《にしまき》榎坂郷《えさかごう》(大阪府豊中市)、東寺領伊予国弓削島荘《ゆげしまのしょう》(愛媛県越智郡上島町)など畿内近国の諸荘園で、荘園領主による検注が行われ、一筆《いっぴつ》(ひとくぎりの田畠・宅地)ごとの耕地の作人の確定とかれらの負担額の再調整が行われた。

右の事例は現在残された古文書からだけピックアップしたものであり、実際にははるかに多数に上ると推察される。いずれにせよ、戦乱という人為による災害からの復興の試みと評価でき、その努力によって鎌倉時代の荘園制支配のあらたな姿が形作られたと考えられるのである。

それとともに本領安堵の地頭や新恩(勲功に対する恩賞)として没官領謀叛人跡に補任された荘郷地頭は、その地位権益を荘園領主によってではなく、頼朝によって与えられ保証された。かれらは荘園領主の恣意や都合によって一方的に改替される不安から解放された。在地に財がより多く留保されるようになり、在地領主の地位権益が幕府によって保証され、かれらと支配下民衆の間に撫民と公平の互恵関係がうまく構築できるようになれば、在地領主制は本格的に軌道に乗り、一方百姓らの経営の安定・伸張と村落の自立(自律)性確保の展望も開ける。鎌倉時代はそういう可能性を、内にはらんで発足することになった。時代の進展とともに、地頭(在地領主)が荘内百姓らの経営を脅かし、自己の隷属民化する動きも頻繁にみられたが(地《じ》頭《とう》非《ひ》法《ほう》)、力を蓄えた百姓たちは地頭非法に対し、逃散や訴訟裁判で果敢に抵抗し、容易に屈しなかった。

## 4　元暦二年の京都大地震

少しさかのぼるが、平家が壊滅して一〇〇日ののち、京都は七月九日の昼頃を本震とする大地震に見舞われた。地震研究者の間では、琵琶湖西岸断層帯の堅田《かただ》断層が動いたという意見が強いようだが、とくに白河辺りの被害が大きかった。院政期を特徴づける建物として知られた法勝寺の八角九重塔が大破し、阿弥陀堂・金堂の東西廻廊・常行堂の廻廊・南大門などが転倒する(図8参照)。清盛の父忠盛造営になる得長寿院も転倒した。尊勝寺では講堂・五大堂《ごだいどう》・築垣《ついがき》・西門が倒れ東塔の九輪《くりん》が落ち、最勝寺の薬師堂・築垣も倒れた。山科の勧修寺《かんじゅじ》でも鐘楼・経蔵などが倒れ、そのほかの寺院でも堂塔が破《は》潰《かい》する。閑院内裏は棟が折れている。民家や築垣の倒壊破損は数知れず。延暦寺堂舎の倒壊、傾くものも多く、園城寺・醍醐寺・唐招提寺《とうしょうだいじ》にも被害が出た(高橋昌、二〇一五a)。

鴨長明が二〇歳台に体験した『方丈記』の五大災厄については、養和年間(一一八一―八二年)の飢饉の記述を先に紹介した。五大災厄の最後に登場するのが元暦二年七月九日の地震である。この地震の記事も生彩あるもので、「海はかたぶきて陸地《ろくじ》をひたせり。土さけて水涌き出で」という箇所など、二〇一一年三月の東日本大震災の大津波と液状化現象を連想させる。「海はかたぶきて」云々は修辞かもしれないが、『山槐記』七月九日条には「近江の湖水北に流る、水減ずること岸より或は四五段(一段は一一メートル弱)、或は三四段、後日に元のごとく岸に満つと云々」とあり、琵琶湖の南湖での津波、または地震にともなう地盤変動の記述ではないか、と思わせる。

それに続く家屋の倒壊について述べた「塵・灰立ちのぼりて、さかりなる煙のごとし。地のうごき、家のやぶるゝ音、雷《いかずち》にことならず」の前半は、風が吹くと家屋倒壊で生じた細かい砂塵が舞い上がって空に長く漂い、時が経ってようやく地面に降り落ち、風が吹くとまたそれが宙に舞うという、まさに阪神・淡路大震災の被災地で、筆者が実見した記憶に同じである。

長明はこの地震の余震について、「世の常、驚くほどの地震、二三十度振らぬ日はなし《ない》。十日廿日過ぎにしかば、やうやう間遠になりて、或は四五度、二三度、若《もしく》は一日まぜ、二三日に一度など、をほかたその余波《なごり》三月ばかりや侍りけむ」と述べた。「その余波三月ばかり」とは七月から九月頃までだが、その頃余震は下火になったという認識である。

一方、現存史料でこの地震について、もっとも詳しいのは中山忠親の『山槐記』で、かれは八・九月とじつに執拗に余震について記し、余震がなければないで、「今日地震を覚えず」(八月三〇日条)とか「今日地震《ふる》はず」(九月四日条)とか記す。ほかの記録類には七月いっぱいまでの余震記事はあるが、その後は関心が薄れてしまい、わずかに『玉葉』が八月に二回、一一月に一回、一二月に一回を記すのが目立つぐらいである。ただし一二月二〇日のそれは、「去んぬる七月の震に及ばずと雖も、普通比類無きの動《どう》なり、その後連々六ケ度、あひならび七ケ度の震動」という。余震はその後も続いていたのであるが、残念ながら『山槐記』は一〇月以降翌年三月まで記事が残っていない。もし遺存していれば、引き続き余震記事が散見されたであろう。

本地震の規模は地震研究者によって、阪神・淡路大震災のマグニチュード七・三を上回る七・四であったと推定されているが、筆者は旧稿でこれはやや過大ではないかと論じたことがある（髙橋昌、二〇一五a）。

その理由として、地震学者・地球物理の専門家たちは、①史料読解や史料批判の面で不十分さがあり、後世の伝聞史料の、しかも誤読によって被災範囲を過大にみている、②院政期の建物が構造的に脆弱なものであり、さらに粗製濫造の感を免れなかった事情を計算に入れていない、③築垣が多く倒壊したことが地震の揺れの大きさを印象づけているが、築垣を作る版築《はんちく》の工法は、黄土《こうど》の特性を活かした大陸伝来の技術で、土の粒子も粗く雨の多い日本では、土の塀は傷みやすいし、実際多くの箇所で頽落が進行中だった、こうした築垣は、少し大きな地震があれば、壊滅的な打撃を受ける、の三点をあげた。②③は、歴史的な条件を考慮せず、建物倒壊の状況から直ちに地震規模を推定するのは、慎重であるべしという主張である。

またそれに加え、地震が発生した元暦二年七月は、足かけ六年に亙る治承・寿永内乱が終結した直後である。内乱のなかで京都は、すでに見たように全国からあがってくるはずの租税・人夫・年貢の途絶に苦しみぬいた。官衙・寺院をはじめ、主だった建物の補修も後回しにされ、その傷みは想像以上ではなかったかと思われる。これこそ被害を拡大した大きな原因であったはず。

慈円は「事もなのめならず(普通でない)龍王動《りゅうおうどう》とぞ申し。平相国《へいしょうこく》龍になりてふり(震り)たると世には申き」と、世間では清盛が龍になって地震を引き起こした、と噂していた世情を伝えている(『愚管抄』巻五)。延慶本にも「今度の事は、是より後も類《たぐい》有るべしとも覚えず。平家の怨霊にて、世中の失《しっ》すべきの由、申しあへり」と見えている(第十二・一)。

同年八月一日になると、念仏聖として活躍していた仏厳《ぶつごん》聖人が、兼実に次の夢想があった体験を語っている。すなわち、赤衣を着した人が自分の房(法皇の御祈を修す壇所《だんしょ》の傍ら)にやって来て、「今度の大地震、衆生の罪業深重によりて、天神地祇瞋《いか》りを成すなり、源平の乱によりて、死亡の人国に満つ、これ則ち各々の業障によりて、その罪に報《むく》ゆるなり、しかれども帰す所なほ君に在り、なんぞいはむやそのほか非法・濫行、不徳・無道あげてかぞふべからず、(中略)かくの如き等の事、頗る慈仁を施されずんば、天下(後白河)・汝等の修す所の御祈は叶ふべからず」と語ったという(『玉葉』)。

ここでいう赤衣の人が何びとの暗喩か確定し難いが、大地震は、衆生の罪業が重いので天神地祇が怒って発生した、内乱で大量の死者が発生したのは、それぞれの罪に報いがあった結果であるが、結局その責任は「君(後白河)」に帰すべきものであり、仏厳らの祈りは、法皇が仁慈を施さずには叶わないといっている。

大地震後の噂は、清盛や平家がその短い絶頂期、政治的な野望の実現に邁進したが、途半ばにして頓挫、族滅のやむなきにいたり、その無念・怨念が凝り固まって世に害をなした、と広く信じられていた事実を伝えている。そして仏厳の夢想は、地震や内乱による大量の死者発生は、最終的には「非法・濫行、不徳・無道」を事としてきた後白河政治の責任だ、という声なき声の代弁にほかならない(以上、高橋昌、二〇一六c)。

## 5　内乱期死者の鎮魂Ⅰ

内乱は源平両勢力の関係者はもちろん、無辜《むこ》の民を含め、膨大な死者を出して終わった。戦場で、都で、村々で亡くなった人びとの慰霊・鎮魂は、肉親家族・友人・主人従者の務めであるとともに、為政者の重い責任であるのはいうまでもない。これら恨みをのんで死んでいった多くの亡魂は、いかに慰撫《いぶ》されたのであろうか、あるいはされなかったのであろうか。

ただし前近代の文献に見える「鎮魂《たましずめ》」の語は、「身体から遊離した、あるいは遊離しようとする霊魂を体内に呼び戻し、鎮めて、生命力を活発にすることで寿命の永続をはかる意」(『日本民俗大辞典』)などと説明されるものである。折口信夫《おりくちしのぶ》の論じる「鎮魂」(たまふり)も、こうした概念である。しかし、現在、筆者たちが用いる「鎮魂」の語は、そうした意味ではなく、「死者の霊を慰め鎮めること」(『日本国語大辞典』)、つまり「慰霊」や「供養」「追悼」に近い意味であることが多い。こうした用法は日露戦争の頃から戦死者に対して用いられるようになり、一九七〇年代以降になると急に増えた(佐伯真、二〇一五・二〇一六)。以下本書で使用する鎮魂は、現代的な意味のそれであることを、お断りしておきたい。

寿永二年(一一八三)九月二日といえば内乱のただなか、平家都落ちから一カ月余りのちである。本章

3節の主人公、高野山の勧進聖鑁阿上人が、後白河法皇に働きかけた結果で、高野山金剛峯寺の根本大塔に、播磨国福井荘が寄進されることになった(『宝簡集』第一―二、『平安遺文』四一一二号)。顕密仏教側の一員として、両界曼荼羅法を永く勤修する費用に宛てるためである。具体的には両界併せて一四四人の僧侶を根本大塔に専属させ(学侶の供僧)、必要な仏聖灯油を調達する費用である。

両界曼荼羅法とは金剛・胎蔵両界曼荼羅を供養する法会で、さまざまな目的があるが、この場合は物故者の追善である。鑁阿が後白河に働きかけたのは、「しかる間三四年来、国土静かならず、金革《きんかく》の乱(戦争)いまだ止まず、水旱《すいかん》の患ひ間《あわい》に聞ゆ、夭折《ようせつ》の者街衢《がいく》に盈《み》ち、憂患の輩都鄙に多し」という状況を目のあたりにし、「この災難を銷《け》」す、つまり三年前から始まった治承・寿永内乱による戦死者や自然災害による死者の菩提を弔わねば、という思いに駆られていたからである。

この時後白河法皇は、蓮華王院の経(宝)蔵より高雄曼荼羅を取り出し、根本大塔の本尊御前に寄せた。これは、空海が唐より請来したという金剛・胎蔵両界の曼荼羅の再転写本で、空海請来の系統本としては現存最古の作品である。以前神護寺《じんごじ》灌頂院《かんじょういん》に置かれていたので高雄曼荼羅と称するが、神護寺の衰退によって蓮華王院の宝蔵に移されていた。それがこの機会を得て高野山に引き渡されたのである(「神護寺略記」など)。一方福井荘は、第四章1節で述べたように、平家の南都攻めに際し、播磨国の住人福井荘下司次郎大夫友方《ともかた》(延慶本では俊方)が、総大将平重衡の「火を出《いだ》せ」との命で松明《たいまつ》で在家に火をかけ、これが堂塔に延焼、南都焼討になった(覚一本巻五奈良炎上)。福井荘が、平家領であった可能性は極めて高い。その後、平家の都落ちで没官され、鑁阿の要請に応えるため高野山根本大塔領に寄せられたものと考える。

ところがその後、後白河法皇は、神護寺復興を悲願とする怪僧文覚《もんがく》の強引な要求に閉口し、高雄曼荼羅と福井荘双方を神護寺に与えてしまう。そこで鑁阿は福井荘に替わる別の荘園の獲得に動いた。その結果得たのが平家旧領の備後国大田荘である（叙述が後先になったが文治二年〈一一八六〉の根本大塔への大田荘寄進の経緯は以上の通り）。

寄進の目的については、翌文治三年三月六日の後白河の院宣にも「保元以来戦場殞命《いんめい》（命を落とす）の輩、あへて追報（追善）の人無し、苦患幾多、もつとも傷嗟《しょうさ》（悲しみ歎く）に足る」とあり（『鎌倉遺文』二一七号）、その主たる対象は平家関係者であった。播磨国福井荘も大荘だが、備後国大田荘はそれを上回る。建久五年（一一九四）の文書によれば、仏聖灯油と供僧分などに宛てられるべき年貢は、一八三八石二斗とされた（『鎌倉遺文』七二九号）。

この種の試みとしては、すでに養和元年（一一八一）一〇月一四日、戦乱で亡くなった人びとを供養するため、宝篋印陀羅尼経を納めた八万四千基塔を供養せんとした例があげられる。その時点では、塔供養は、内乱の収束を模索していた平家棟梁の宗盛が持ち出した提案を、法皇が受け入れる形で行われた（第三章3節参照）（『玉葉』九月三〇日条）。宗盛の意図は、平家に敵対する勢力の亡魂を慰める試みにより、和平の意志を示し、その道を開くところにあったのだろう。

しかるに、命じたのは同じ後白河でも、平家滅亡後の意味はまったく逆転し、平家の亡魂を慰めるものに転換している。平家は逆心ゆえに滅亡したが、その亡魂が逆恨みを起こして怨霊化するのを防がねばならぬという心理は、平家を激しく憎み、平家追討に誰よりも熱心であった後白河には、かなり切迫したものがあった。後白河がこのような心境にいたった契機として重要なのは、内乱終息直後に起こった元暦二年七月九日の大地震である（髙橋昌、二〇一五a）。

さらに今回文治三年の後白河院宣には「保元以来戦場殞命の輩」の供養に続けて、「しかのみならず逆乱攻戦の時、緇素《しそ》（僧俗）貴賤の中、あるいは縁に触れて勝負《かちまけ》を思ひ、あるいは事に於いて善悪《よしあし》を定む。おのおの性罪《しょうざい》にあらざると雖も、またすでに同業たり。かくのごとき罪業、積りて山岳のごとし」とある。難解な文章であるが、「それればかりではなく、内乱中、世の中の人びとのなかには、一方では人の縁にひかれて勝ち敗けを判断し、一方では物事の道筋からして（争乱における）善し悪しを決める者がいた。これらはその行為自体が殺生のような罪悪というわけではないが、結果として悪業に同じで、そのような罪業は山のように積み上がっている」というような意味に解したい。

つまり、平家に加担したとされる人びとにも、人間関係のしがらみで参加した者、あるいは官軍というその時点での正義などを理由に与力した者がいるのを認め、かれらの罪業の救済をも意図していたことになるだろう。これは四年前の平家都落ちの時点とは違い、内乱が平家の壊滅という形で決着し、社会秩序の回復や、徳政の興行という点からすれば、首謀ならざる敗者に対しては、仁恕《じんじょ》と寛宥、ある種の救済を模索しなければならないという事情が介在している。「戦場殞命の輩」と併記された「同業」の人とは、そのような人びとをさしているのであろう。

そして、後白河はこれらたまたま平家に加担した人びとの罪過を赦し死者の冥福を祈る法要の執行は、「衆生済度の妙因」であるばかりではなく、「鎮護国家の巨益《こえき》」を得んがための行為であると説明した。かれの意図がどうであれ、日本中を敵味方に引き裂いた内乱の傷口の深さを物語るものである。

つぎに鑁阿そして後白河は、なぜ両界供養を根本大塔で行おうとしたのか。根本大塔は、いうまでもなく高野山の中心伽藍を構成する外形二層の巨大な塔で、金剛胎蔵両部不二《ふに》（現象的に対立する二つのことが根底的には一体であること）の塔とみなされるようになっていた。根本大塔は、永い歳月のなかで度々焼失・頽落の憂き目にあい、くり返し再建・修理が行われてゆく。近くは久安《きゅうあん》五年（一一四九）五月一二日に、雷が大塔に落ち炎上、隣接する金堂・灌頂院なども類焼する。その造営奉行に起用されたのが播磨守平忠盛で、実質は後継者の清盛の仕事だった。永きに亘る再建事業が完成したのは、保元元年（一一五六）夏で、四月二九日大塔落慶供養が行われた。

そして文覚に奪われた高雄曼荼羅の代役となったのが、清盛の血曼荼羅《ちまんだら》らしい。血曼荼羅は、清盛が奉行となり、久安六年（一一五〇）七月に完成した金堂に掛けるため、絵仏師に描かせたもので、胎蔵界の中台八葉院《ちゅうだいはちよういん》の朱色は、清盛自らの頭血を絵具に混ぜたという（『高野春秋編年輯録《こうやしゅんじゅうへんねんしゅうろく》』）。この伝えにより清盛の血曼荼羅と俗称されるようになった。

新たに使用される両界曼荼羅は、宗教的美術的価値からいっても、神護寺に取り返された高雄曼荼羅に代わり得る優品でなければならないが、血曼荼羅は、今日高野山に伝来する、もっとも由緒正しき両界曼荼羅で（濱田編、一九八〇）、それに十分な資格を備えている。なお、この曼荼羅の軸木内には頭髪の束が納入されており、それは再建奉行を引き受け、事業半ばで卒去した忠盛のものとみられ、清盛が父の供養のため納入した可能性を秘めている。

両部不二の塔である根本大塔は、両界供養の実施場所としては、必然の選択であろう。忠盛・清盛ゆかりの塔であるから、後白河の平家の怨霊鎮撫という目的にも適っている。根本大塔での鎮魂・供養の法会に要する経費の支弁元も、平家旧領であった備後国大田荘である。となれば、勤修時に掲げられる両界曼荼羅も、清盛によって制作されたという血曼荼羅、の推定は無理のないところだろう。

根本大塔の造立以外にも高野山と平家の関係は深い。近くは治承五年(一一八一)四月二五日、高野山のある高僧が平宗盛に宛てた申状《もうしじょう》には、高野山には治承三年七月に亡くなった重盛の遺骨が奉納され、これに対する日々の念仏読経に怠りがなかった、また治承五年閏二月に亡くなった清盛の五十箇日の作善《さぜん》も行われ、そのほか宗盛依頼による長日のお祈りは、二位殿時子の御前で仰せ下されたものだったと記されている(『平安遺文』三九八二号)。高野山と平家の関係を熟知していた後白河が、鑁阿の訴えに応じて、平家の亡魂に対する追善、および平家与党の罪業の懺悔《ざんげ》回向《えこう》を、高野山に命じたのは、自然のなりゆきだったのだろう(以上は髙橋昌、二〇一六c)。

後白河の保元以来の死者に対する鎮魂の思いはそれなりに真剣なもので、ほかに幾つか挙げることができる。一つは文治元年八月二三日、六条殿(後白河院の御所)の長講堂(持仏堂)において、五輪塔一万基を供養したことである。法皇は、前年の夏より上下諸人および諸国に課して、平家らを追討する間に発生した罪障を滅するため、八万四千基塔の勧進をすすめていた。この日、長講堂では、勧進に応じた人の名字を地輪の下に書き、長講堂の仏前、ならびに前庭に棚を立て、これらを安置している(『山槐記』)。

もう一つは、五畿七道の亡魂供養のための法会を多く催した。その一つの場で、後白河院の側近僧東大寺の弁暁《べんぎょう》が、次のように説法しており、前欠・長文につき大意のみを掲げておく(横内、二〇一七)。

六十余州皆悉く亡びて、だれもかれもみな半銭《はんせん》(わずかな金銭)もなお得難くなった。それで、家族を失った者や、乱逆合戦の庭に臨み弓箭剣戟に身を亡ぼした輩、さらには山野に交わった者、残された妻子らは、仏事を営むことができない。こうした魂が断罪され地獄に墜ちないよう、十善の我が后《きみ》(後白河院)が、かたじけなくも施主檀那として、百日間の経文転読《てんどく》を企て、五畿七道の亡魂を慰め、かれも恐ろしき合戦死亡の霊魂、これも逆徒怨念の霊魂を鎮めてくださる。そうであるから、戦場に身を亡ぼし、冥途《めいど》に悲しみをなさん輩は、たとえ官軍であれ賊徒であれ、罪ある者であれ罪なき者であれ、みな迷いの心を一刹那《せつな》の間に消滅させ、楽しみながら悟りを完全な悟りへと上昇させるのである。

(「弁暁草《べんぎょうそう》」三—13)

治承・寿永の内乱での死者の滅罪供養は、後白河院の残り七年間の余生の、大きな宿題となっていたのである。

## 6　内乱期死者の鎮魂Ⅱ

後白河も加わった内乱の死者の鎮魂に対し、頼朝はいかなる祭祀を行ったのであろうか。

勝長寿院《しょうちょうじゅいん》は、鎌倉の雪ノ下にあった寺院で、別称を大御堂《おおみどう》、南御堂《みなみみどう》という。鎌倉時代前期、鶴岡八幡宮、永福寺《ようふくじ》とともに鎌倉の三大寺社の一つに数えられた。頼朝は元暦元年(一一八四)一一月から同寺を造りはじめ、翌文治元年九月三日、義朝とその腹心鎌田正清《かまたまさきよ》の首をこの寺に埋葬した。これ以前、頼朝は後白河院に頼んで、平治の乱後獄門《ごくもん》に架けられた義朝と正清の頭蓋骨を探し出し、鎌倉に届けてもらっていた。埋葬にあたって、平治の乱に敗れ逃避行をともにした平賀義信、義朝の身代わりとなって討ち取られたかれの叔父義隆《よしたか》の子頼隆《よりたか》らのみが立ち会いを許された（『吾妻鏡』）。同年一〇月二四日、園城寺の公顕《こうけん》を導師に開堂供養が営まれる。公顕は頼朝と親交があり、後白河のお気に入りの高僧である。この寺では、翌文治二年七月一五日に頼朝の両親以下の尊霊得脱《そんりょうとくだつ》のため、文治四年の同日にも義朝追福《ついぶく》のため、万灯会《まんどうえ》を修している。万灯会は一万個の灯明を灯して懺悔や滅罪祈願を行うもの、七月一五日は祖霊を死後の苦悩世界より救済する盂蘭盆会《うらぼんえ》（お盆）の日である。

頼朝はさらに建久元年（一一九〇）七月一五日、政子をともなって勝長寿院に参堂し、万灯会を勤修した。「これ平氏滅亡の衆等の黄泉《よみ》を照らさんがため」であった（『吾妻鏡』）。源氏の菩提寺の性格が濃い勝長寿院を舞台に、わざわざ平家の人びとの亡魂を慰めるための仏事を催したのは、頼朝の特別の思いがあってのことであろう。平家滅亡して五年目、平治の乱に敗れ伊豆に流されてから三〇年になるという感慨が、なさしめたのかもしれない。

その前年文治五年には、奥州藤原氏が滅び、長い戦乱の時代は最終的に終わり、ようやく国内には平和が訪れていた。頼朝は奥州平泉の中尊寺大長寿院《だいちょうじゅいん》（二階大堂）を模して、鎌倉に永福寺（二階堂《にかいどう》）を建立する計画を立て、工事を進めた。義経・泰衡をはじめとする「数万の怨霊を宥《なだ》め」、「三有《さんう》（現世・来世・その中間の存在）の苦果を救はんがため」という（『吾妻鏡』一二月九日条）。こうして現存史料では、数は多いとはいえないが、頼朝も戦争の死者の冥福を祈った事例が確認できる。しかし、次の例はかなり政治色の濃いものである。

頼朝挙兵直後の石橋山合戦では、佐奈多義忠が頼朝から「今日の軍《いくさ》の一番（乗り）仕《つかまつ》れ」と命じられ、合戦に臨んで戦死した（延慶本巻五・十三）。頼朝は義忠追善のために鎌倉郊外の山内《やまのうち》に証菩提寺《しょうぼだいじ》を建立・

整備するなど、かれの戦死を顕彰しようとした。注目したいのが、頼朝が証菩提寺を建立した時期が、文治五年~建久年間であった点である。文治五年の奥州合戦から建久年間にいたる時期は、内乱の中で生まれた頼朝の軍事権力が再編され、鎌倉幕府の権力が確立する時期であった。

奥州合戦に際して、石橋山合戦時に頼朝の髻《もとどり》に結いこんであった正観音《しょうかんのん》(観世音菩薩)像が観音堂に安置され、戦勝祈願が行われたことや、同じ時期に石橋山合戦で戦死した義忠を顕彰する証菩提寺が建立されたことは、鎌倉幕府権力が確立するにあたり、石橋山合戦の記憶が呼び起こされ、頼朝挙兵の意義が改めて顕彰されねばならなかったことを示している(田辺、二〇〇九)。すべては石橋山から始まったことを、深く印象づけるとともに、義忠の死は御家人たちにいよいよ幕府のために身を挺するよう迫るための政治的な記憶としての意味を持たされていたのである。

御家人編成が完成に近づきつつあった建久八年(一一九七)、但馬国では有力御家人の安達親長《あだちちかなが》が勧進奉行として、五輪宝塔三〇〇基を造立する運動を進め、国衙に近い関東御祈禱所進美寺《しんめいじ》(現、兵庫県豊岡市日高町)で、一〇月四日開眼供養《かいげんくよう》を実施した(『鎌倉遺文』九三七号)。六三基は進美寺の住僧たちが寄進し、残る二三七基は国中の大名《だいみょう》(武士)等に勧進を求めたという。これは諸国をこぞって八万四千基塔を造立させる事業の一環で(『北条九代記』上)、この日「諸国叛亡《はんぼう》の輩、成仏得道」のため、全国一斉に供養を行ったのである(『鎌倉年代記裏書』)。

八万四千基塔造立の企てについては、すでに述べたように内乱中の前例があるが、今回の施主は関白近衛基通、実施を命じたのは頼朝であった。かれは諸国の守護に呼びかけて、八万四千基の五輪塔を造立させた。但馬国に割り当てられた分が三〇〇基、同国の惣追捕使(守護)が安達親長であった。但馬では一〇月四日の午《うま》の時、午前一一時から午後一時の間に実施されたが、これも全国同一時刻、おそらく正午を期し一斉に挙行されたものと思われる（大山、一九七九b）。

進美寺文書の中には、造立供養にあたって草され、供養会で読み上げられた親長の敬白文《けいびゃくぶん》が残されている。その文面には次の内容が盛りこまれている。

保元の乱以来源氏・平氏の乱が頻発し、王法・仏法ともに静かならずという事態が生まれた。原因は前太政大臣入道静海（清盛）が朝恩を誇ったことで、南都焼討や法皇幽閉など「ほしいままに王法を傾け」「しきりに仏法を滅ぼ」した。我が君の前右大将（頼朝）が「天に代はりて王敵《おうてき》を討ち、神に通じて逆臣を伏《したが》せた」ので、貴賤は大喜びしたが、その与党に「追罰を行ひ刑害を加へ」たので、「天亡の輩数千万」が生じた。但馬については

平家に駈られて北陸に趣（赴）く輩は、露命《ろめい》（はかない命）を篠原の草下に消し、逆臣に語はれて、南海に渡る族《やから》は、浮生《ふしょう》（浮世）を八島（屋島）の浪上に失ふ。かくの如きの類は、恨を生前の衢《ちまた》に遺し、悲しみを冥途《めいど》の旅に含むか

とある。同国は寿永二年（一一八三）まで平家の知行国だった関係上、北陸道の篠原で、四国の屋島で、平家と運命を共にした国内武士がとりわけ多かったのである。なお元暦二年二月、屋島の平家を攻めた時には、同じ進美寺で親長の前任惣追捕使であった横山（小野）時広《ときひろ》が奉行として、一万巻の観音経を転読し、敵の降伏を祈願したという。

敬白文はさらにいう。

すべからく勝利(すぐれた利益《りやく》)を怨親《おんしん》(敵味方)に混《ひた》き(入り交え)、抜済《ばっさい》(苦しみを取り去って難を救うこと)を平等に頒《わか》つべきなり、伝へ聞く、怨をもつて怨に報《むく》ゆれば、怨は世々断《やむ》こと無し、徳をもつて怨に報《むく》ゆれば、怨転じて親《いつく》しみとなる

この開眼供養には、新たに御家人に組織されたこの国の大名が列席した。かつて平家方に立ったかれらのうち、この度の戦争で肉親・従者・友人を亡くさなかった者はまれであったに違いない。鎮魂の歌は、亡魂の怨みを慰めるとともに、大名らの癒しえぬ心の傷を縫い合わせようとする。さらには敵味方を問わず幽魂《ゆうこん》を平等に愛憐する心の大切さを説き、それにより報復の連鎖を断ち切り、幕府に対する怨みを報恩の心へと向かわせようとする。このセレモニーと敬白文は、その最後の目的に人心を幕府権力に帰一させるべく準備されたのである。権力者の手になる葬儀は、昔も今も、かれのめざす現実政治の一環である。

しかし源頼朝にとって、名も無き農民兵士や一般の民衆の亡魂がまともに鎮魂の対象と意識された可能性はほとんどない。多くの兵士・農民は農山漁村の疲弊の中で、野辺の送りはもとより、簡単な追善の法要さえ受けることなく、空しく土に帰っただろう。

# 結び

文治元年（一一八五）八月二八日、大仏開眼供養《だいぶつかいげんくよう》が盛大に挙行される。後白河法皇自ら開眼会の導師になった。大仏は鋳造されても、鍍金はまだ仏面だけであったが（天平の開眼供養時と同じ）、院はその大仏面前に打渡された板上に、近臣の助けを借りながらよじ登り、天平の開眼時の筆を用いて、自ら開眼を行っている（続要録供養編本）。この入眼《じゅがん》は式次第では仏師が行う手はずになっていた（『玉葉』八月二九日条）。周囲は、七月九日の京都大地震の余震発生を心配して止めたが、法皇は開眼の時地震で階《きざはし》が壊れ、命を失ったとしても後悔しない、と言い切った（『山槐記』）。

その五日前、兼実は大仏の胎内に納めるため、弟慈円書写の清浄経（法華経）二部を東大寺に送っている。うち一部は「近年合戦の間死亡の輩、先帝を始め奉り大官十（人）に至る」人びとの出離《しゅつり》（煩悩を去って悟りの境地に入ること）のためであった。大仏を安徳天皇や平家の公卿ら戦没者を苦海《くかい》から救い出す仏と認識する思考が見えている（『玉葉』）。もっともかれは開眼供養の当日になっても、「半作の供養、中間の開眼」と批判し、実施に反対の意向を書きとめている（『玉葉』八月二八日条）。

しかし、前日から後白河法皇や八条院をはじめ「洛中の緇素《しそ》貴賤」がこぞって南都に下向した。当日集まった牛車や輿は数知れず、雑人も「恒砂《ごうしゃ》」（ガンジス川の砂、数の多いたとえ）のごとしであったという。

諸人は結縁《けちえん》を求め、感激のあまりにその場で剃髪する者、出家を願う者があとをたたなかった。

注目すべきは、開眼供養当日の様子を知らせる兼実宛源雅頼の手紙の一節である。そこには「善の綱（本尊開眼の時、結縁のため仏像の手などにかけ、参詣者に引かせる綱、五色の糸を用いるのが常）とて糸数丈候ひき、諸人念珠を結び付け、もしくは紳（花カ）髪等を懸け、雑人腰刀をもつて舞台上に投げ入れ、上人の弟子等出で来、これを取り集め候ひき」とあることである（『玉葉』八月三〇日条）。普通の民衆が自らの腰刀をどんどん法会の舞台上に投げ上げ、それを重源の弟子が取り集めたという。この行為はあらかじめ想定されていた儀式の一環ではなく、戦いを厭い平和を願う人びとの思いが噴出したものであった（久野、一九九九a・一九九九b・二〇一一）。

ついで大仏を納める大仏殿の再建に取りかかる。翌二年三月、周防国を東大寺造営費用負担国に宛て、重源に国務をみさせた。四月、重源は陳和卿・番匠《ばんしょう》・弟子らを率いて周防に下向し、杣山から良材を搬出せんとする。しかし、この国もご多分に漏れず「天下の騒動（内乱）以後、いよいよ作田畠《さくでんばく》荒廃し、土民無きが如し」（『鎌倉遺文』二〇九号）といわれる状態で、四月一〇日、重源が周防の杣に入った時の出来事として、「国中の飢人が雲集」した。「源平合戦の時、周防国、地を払ひて損亡す。故に夫は妻を売り、妻は子を売る。或は逃亡、或は死亡、数知れざるものなり、わづかに残る所の百姓、存するがごとし、亡きがごとし」という悲惨な状況にあったのである。慈悲心を発した重源は、船中の米をすべてかれらに施行した。このような施行は度々に及び、さらに農料・種子を配給し、人民の生活がなりたつように尽力したという（『東大寺造立供養記』）。材木伐採の中心になったのは得地杣《とくじのそま》（現、山口県山口市）であるが、この地には現在でも重源の活動を伝える史跡と文化財が数多く残されている（重源上人杣入り八〇〇年記念誌編集委員会編、一九八六)(図28)。

大仏殿は、重源が採用した南宋の建築技術(大仏様《だいぶつよう》または天竺様《てんじくよう》)で工事が進められ、建久元年(一一九〇)一〇月一九日、上棟式が行われた。棟上げ前には、大仏背後の築山の撤去も完了する。建久三年三月に東大寺の再建を主導した後白河法皇が亡くなると、かわって頼朝が東大寺復興に積極的に関与するようになった。頼朝は壇ノ浦戦目前の元暦二年(一一八五)三月に、重源に米一万石、砂金一〇〇〇両、上絹《じょうけん》一〇〇〇疋を奉加し再興を助成していたが(『吾妻鏡』三月七日条)、文治四年(一一八八)頃から再建事業に参加するようになった。だが、かれが加わることにより「勧進」の性格に変化が現れる。

図28　重源が周防得地保で切り出した材木を流した佐波川(2017年2月28日，筆者撮影)

文治四年三月一〇日、重源ははじめて頼朝に書状を寄せ、奉加を求めたが、それには「衆庶たとへ結縁の志無しと雖も、定めて御権威の重きに和順し奉らんか」と書かれていた(『吾妻鏡』)。頼朝の勧進に期待するのは、結縁の志のない衆庶をも奉加させる「御権威」としてであった。重源も事業の円滑な進展を求めるようになり、「勧進」は東大寺でも興福寺同様徴税化しつつあった。

頼朝は、諸像の造立、戒壇院の造営の費用を有力御家人に割り当てた。建久五年六月、その納入がたいそう遅れているのできびしく催促し、「公事《くじ》(賦課)」に従うようなつもりで、もし漫然と時を過ごし責任を果たさないようなら、辞退せよと命じている(『吾妻鏡』六月二八日条)。もし辞退を言い出せばただでは済まないのは、御家人たちが十分承知の上の威嚇で、本来自発的行為のはずの造像への協力が、まさに強制的な「公事」に転化していた。こうして東大寺造営の総指揮は頼朝に移ってゆく。結果から考えると、東大寺の再興は中世最大規模の文化事業であった。頼朝は、平家の手によって焼き払われた東大寺を再建し、鎮護国家の中心的寺院の造営の指揮をとる姿が、幕府の政治的・文化的な権威を高めることを、深く認識していたのである(上横手、一九九九)。

大仏開眼供養につぐ第二次の東大寺供養は、建久六年(一一九五)三月一二日に実施された。その供養の日の決定は、復興の進捗状況より頼朝の上洛を前提とし、その都合が優先された。頼朝は北条政子をともない、和田義盛・梶原景時ら数万の軍勢を率いて奈良に到着している(『吾妻鏡』三月一〇日条)。当日は、後鳥羽天皇・七条院殖子、関白九条兼実以下の公卿が列席し、頼朝は南大門西脇の岡の上に桟敷を構えて見物した(久野、一九九九b)。武士たちは回廊の外で、甲冑を連ねて警固し、「雑人を出入りせしめず」と、一般民衆の参加を許さなかった(続要録供養編末)。

文治元年の大仏開眼供養は後白河と重源の企画で行われ、群集の熱狂的な参集があり、今回も非常に多くの人が集った。しかしかれらは頼朝の軍隊によって完全に閉め出されたので、その日を避けて参詣した。閉め出しは当時政権を握っていた兼実が頼朝に命じたものだが(『玉葉』三月一〇日条)、儀式の厳粛さが、民衆の無作法と喧噪によって台無しになるのを嫌ったのであろう。兼実にとっては、民衆の東大寺大仏に寄せる切実な願望が、そのまま自然に発露されることは、許すべからざる放埒、無秩序だったのである(久野、一九九九b)。当日午後からは、あいにくの大雨であったが、警固の武士らは「われは雨にぬ(濡)るるとだに思はぬけしき(景色、そぶり)にて、ひしとして(すきまなく)居かた(固)ま」っていた(『愚管抄』巻六)。慈円は、しのつく雨にいささかも動ぜず、一団となって寺の内外、辻々の警固を続けるかれらの姿を、もののわかる人にとっては、まことに驚くべき光景だったと回想している。

供養の翌日頼朝は陳和卿に会おうとしたが、和卿は頼朝が「国敵《こくてき》対治の時、多く人命を断ち、罪業深重」であるが故に対面を拒み(『吾妻鏡』三月一三日条)、今回の供養会のやり方を快く思わなかったであろう重源も、同じ日逐電し高野山に籠もった(『吾妻鏡』五月二四・二九日条)。

大仏の巨大な両脇侍《きょうじ》や四天王像などの造像は、奈良仏師康慶《こうけい》を祖とする運慶《うんけい》・快慶《かいけい》ら慶派《けいは》によってなし遂げられた。また正治元年(一一九九)六月には、大仏様建築の南大門の上棟が行われ、仁王像《におうぞう》が短期間で制作された。仁王像の阿形《あぎょう》は、解体修理によって発見された金剛杵《こんごうしょ》の墨書銘《ぼくしょめい》から運慶と快慶の作、吽形《うんぎょう》は納入経《のうにゅうきょう》から定覚《じょうかく》と湛慶《たんけい》の作と理解されるようになったが、その作風から阿形は快慶作で、そのもとに定覚、吽形は運慶でそのもとに湛慶が制作に加わり、両像の統一は運慶が指揮したという根強い意見もある(鈴木喜、二〇一九)。

運慶は康慶の後継者で、その技量活躍は、同時代の仏師の中でも抜きん出ていた。仏像は彫刻の一種であるが、その姿形《すがたかたち》は仏教の経典や儀軌《ぎき》(図像にかんする規則)の定めによりいろいろな制約がある。仏師は、その制約のもとで注文主や僧侶の干渉を受けながら造像する。運慶が写実的・躍動的に加え感情・精神といった内面にも及ぶ仏像を制作し得たのは、牢固な伝統や煩瑣な故実に縛られた貴族社会内ではなく、武士をパトロンとし、そうした縛りがまだ未確立で、相対的に制約の少なかった関東の気質や文化状況がプラスに働いたからと考えられる。もちろん京都でも宮廷貴族関係の造像にあたった。

一方、快慶は慶派の傍系であるが、それにおさまらない面がある。その事蹟は寿永二年(一一八三)より嘉禎《かてい》二年(一二三六)頃にかけて知られている。南都復興事業では、重源や後白河の引き立てを受けて数々の造像を行った。安阿弥陀仏《あんあみだぶつ》を名乗るように重源の同行衆《どうぎょうしゅう》(心を同じくして仏道を修行する者)であるとともに、さまざまな高僧との交渉により造仏の機会を得ていた。重源没後は法然をはじめとする浄土宗の人びととの親交が深く、結縁合力《ごうりき》による造像が多く残るのも注目に値する。作風は端正で眉目秀麗な像容が多く、宋代美術から受容した金泥塗《きんでいぬり》や親しみやすさと格調の高さを兼ね備えた三尺の阿弥陀立像(安阿弥様《あんあみよう》)は、当代および後世の仏師たちに多大な影響を与えた(奈良国立博物館編、二〇一七)。

ともあれ東大寺の復興は、重源のたぐいまれな行動力と強力な指導あってこそ成し遂げられたものであった。建仁三年(一二〇三)一一月三〇日に三回目の東大寺供養会(いわゆる総供養)が行われ、後鳥羽上皇が御幸した。この頃重源は、一生をふり返って『南無阿弥陀仏作善集《なむあみだぶつさぜんしゅう》』を著し、東大寺再興への努力や、諸寺において造寺・造仏・修理・施入のあった堂宇《どうう》・仏像について列記している。建永元年(一二〇六)八八歳で没した。重源亡き後、再建のペースは落ち、東塔《とうとう》が再建されたのは嘉禄《かろく》三年(一二二七)頃、講堂の上棟式は嘉禎三年(一二三七)、三面僧房の完成は建長《けんちょう》元年(一二四九)までずれこんだ。重源の死により人びとの信仰と情熱の組織としての東大寺の再興事業は、事実上終わったのであり、治承・寿永の内乱の記憶もしだいに過去のものとなっていった。

以上、四〇〇字詰原稿用紙に換算して六〇〇枚以上を費やして、平安末の都鄙大乱について叙述してきた。最後にこの内乱を描いた『平家物語』について、二、三の点を補足して本書の結びとしたい。

『平家物語』については「平家一門の栄華とその没落・滅亡を描き、仏教の因果観・無常観を基調とし、調子のよい和《わ》漢混淆文《かんこんこうぶん》に対話を交えた散文体の一種の叙事詩」（『広辞苑』第七版）というのが、一般の理解であろう。ただし、「一種の叙事詩」という記述は不適当だと思う（髙橋昌、二〇一六e）。

「はじめに」でも述べたように『平家物語』は驚くほど多数の異本があり、しかもその内容は大きく異なっている。今日われわれが普通に親しむ『平家物語』は、語り本系諸本の一本である覚一本であるが、平家琵琶の名人である覚一の署名があり、奥書は応安四年（一三七一）の年紀を持つ。平家が壇ノ浦で壊滅してからおよそ二世紀近く時を経た成立である。一方、読み本系諸本の一本で、全『平家物語』諸本中、もっとも多く古態をとどめると考えられるようになった延慶本のうち（本全体が古態というわけではない）、応永書写本（大東急記念文庫蔵）は、応永二六年から二七年（一四一九―二〇）の書写で、延慶期に祖本を書写したものの再書写本である。延慶の書写本は延慶二年から三年（一三〇九―一〇）にかけて成立した。延慶書写本でも壇ノ浦から一〇〇年と四半世紀の時間が経っている。

それでは最初の形が成立したのは、いつだろうか。かつては承久の乱（一二二一）以前だという理解であったが、現在では延応《えんおう》二年（一二四〇）のものと判断される七月一一日付の「頼舜《らいしゅん》書状」（兵範記紙背文《しはいもん》書《じょ》、『鎌倉遺文』五五九五号）に「治承物語六巻〈平家と号す〉、この間、書写し候ふなり」とあり、また建長三年（一二五一）一月一三日付の「深賢《しんけん》書状」（『普賢延命抄《ふげんえんめいしょう》』裏文書《うらもんじょ》、『鎌倉遺文』七三六五号）に「平家物語、合はせて八帖〈本《もと》六帖、後に二帖〉、献借《けんしゃく》し候」とある記事から、成立は一二四〇年以前、多分一二三〇年代で、元来六巻であったと考えられるようになった。それから一〇〇年以上の時間をかけて、今日の多彩な諸本が群生し、内容の豊富化や文学的な洗練が進んでいったのである（大津ほか編、二〇一〇）。

その作者については、じつにさまざまな説が主張されてきたが、要するにはっきりしたことはわからない。ただその成立基盤については、本書第八章との関連で、中世の宗教芸文にかんする業績を残した筑土鈴寛《つくどれいかん》の主張が注目される。かれは『平家物語』研究に「鎮魂」概念(現代語ではなく古語としての鎮魂)を導入した。

筑土はいう。怨みを含んだ死霊が怨霊として恐れられた時代、慈円は保元の乱以降の戦死者が国家に禍《わざわい》をなすことを防ごうとして、死者を供養し鎮護国家を祈念するため、元久元年(一二〇四)一二月、京都の三条白河坊に大懺法院《だいせんぼういん》を建立した。大懺法院は、翌年に祇園東の吉水坊《よしみずぼう》に移されたが、ここには鎮魂のために顕密僧・修験者・説教師などとともに、声明《しょうみょう》・音曲に堪能な僧も集められていたという(『鎌倉遺文』一六五九号)。その慈円の傘下において、世の泰平を祈る怨霊回向(鎮魂)の物語として作られたのが『平家物語』だった。合戦譚《かっせんたん》も悪霊・邪霊の厭勝《えんしょう》(まじないをして、おさえしずめること)に最大の効果を発揮したと同時に、怨みを千載に残し、戦場の露と消えた死者の怨恨が、これにより回向されたとも説く(筑土、一九七六・一九七七)。この筑土説を基盤として、さまざまな説が生まれ、とくに一九七〇年代以降、活発に議論されてきた。『平家物語』や軍記物語を鎮魂の文学といったり、能を鎮魂の劇といったりする事例も、同時期に増加した。

吉田兼好《よしだけんこう》の『徒然草《つれづれぐさ》』に、「後鳥羽院の御時」に御前で失態を演じて遁世《とんぜ》したのを、「慈鎮《じちん》(慈円)和尚《わじょう》、一芸あるものをば下部《しもべ》までも召しおきて、不便《ふびん》にせさせ(かわいそうに思い)給ひければ、この信濃入道を扶持《ふち》し給ひけり、この行長入道、『平家物語』を作りて、生仏《しょうぶつ》といひける盲目に教へて語らせけり」(第二百二十六段)とあるのは有名だが、かつては「後鳥羽院の御時」を承久の乱以前と理解していたから、一二三〇年代成立の立場に立つようになった近年は、顧みられない資料になっていた。
しかし行長の遁世後の活動が後鳥羽院の治世以後だとしても、行文として十分解釈可能である。また『平家物語』の作者といわれる信濃前司行長が、慈円に扶持されていたことが記されている点は重要であろう。佐伯真一氏は、『平家物語』の成立を行長という個人の営為に求めることはできないが、慈円が鎮魂のため建立した大懺法院が、『平家物語』成立の重要な基盤であったことは間違いないであろう、としている（佐伯真、二〇一五・二〇一六）。

加えて、一二三〇年代に最初の形が成立した意味である。その前後の時期には壇ノ浦戦を経験した世代がまだ生存していた。その筆頭は、守貞《もりさだ》親王（高倉天皇第二皇子、母は七条院殖子。第四皇子で実弟が後鳥羽院）で、平家都落ちに同道し、七歳の時壇ノ浦を生き延びて平知盛の妻（治部卿局《じぶきょうのつぼね》）と一緒に都に生還した。かの女は、若い頃清盛妻時子に南御方《みなみのおんかた》として仕え、執権《しっけん》（庶務管掌の実務責任者）として奉仕、知盛に見初められて結婚。後日、七条院殖子に治部卿局の名で仕え、知盛夫婦は守貞親王を誕生時より養った。

壇ノ浦から帰京後の親王を養育したのは、治部卿局ともう一人の乳母である頼盛の娘（宰相局《さいしょうのつぼね》）である。治部卿局は、守貞を養子とした後白河院の姉上西門院に仕え、主命の伝達役たる宣旨《せんじ》（宮中上臈の女官の呼称）を務めた。そして頼盛の娘が夫持明院《じみょういん》（藤原）基家《もといえ》との間に生んだ陳子《ちんし》（北白河院）が、成長した守貞親王と結ばれ、茂仁《ゆたひと》を生んだ。

承久の乱の結果、幕府によって後鳥羽の王統が退けられ、一〇歳の茂仁が即位（後堀河《ごほりかわ》天皇）。仏道に入って行助入道親王《ぎょうじょにゅうどうしんのう》となっていた守貞親王は、当時院政が常態だったため、皇位に就いた過去がなかったにもかかわらず太上天皇《だいじょうてんのう》の尊号を奉られ、後高倉院《ごたかくらいん》として院政を開始した。すると治部卿局は、院の執権に任用され、候名《さぶらいな》（女房が宮仕えの間に用いる呼び名）を四条局《しじょうのつぼね》と改めたという（角田、一九七八）。

建久七年（一一九六）六月、平知盛とかの女の間に生まれた知忠《ともただ》が兵を集め、頼朝の義弟で京都守護となっていた一条（藤原）能保《よしやす》を襲わんとして、誅される事件が起こった（『明月記』六月二五日条）。『平家物語』では、治部卿局が、知忠の首実検に駆り出され、平家都落ちで幼時に生き別れたので、知忠とはっきりはわからないが、「故中納言の顔ざしの思出さるる」、亡き夫の面影が思い出されて涙する姿が描かれている（延慶本巻十二・卅一）。八〇歳まで生きたかの女の口からは、おりに触れ夫の内乱や壇ノ浦での活躍についての見聞や心に刻まれた印象が語られ、後世に伝えられたのではと推測されている（日下、二〇〇二）。覚一本は、知盛に平家一門が立派に滅びたほまれ高い武門であったと印象づける役割を割り振っているが、その素材の一部は治部卿局の回想にあったのかもしれない。

平維盛の妻は、平家滅亡後権中納言に昇進した吉田経房の後妻になった。かの女の異母妹成子《せいし》（藤原成親の娘、宣旨局）は北白河院陳子とともに幼帝（後堀河天皇）を支えて権勢を誇り、平家都落ちの時八歳であった維盛の娘を同居させていた。その娘は、経房の外孫（滋野井〈藤原〉実宣《さねのぶ》）と結婚した（日下、二〇〇一）。経房内孫の資経《すけつね》は、室町初期成立の『醍醐雑抄《だいござっしょう》』が『平家物語』の作者に擬す人物の一人である。

『平家物語』の形成にあたり中下級貴族が参画したことは疑いないが、知盛と治部卿局の間の娘中納言局も含め平家に縁があり同情的な人脈が、後堀河天皇とその子四条天皇（併せて在位一二二一―四二年）の宮廷に存在したことが、『平家物語』が生まれるにあたり、後押しする大きな政治的背景となった（日下、二〇〇一）。従二位時子を除き、壇ノ浦で生き残った平家の女人《にょにん》たちは、全員が都に帰って、政治史に大きな影響を及ぼしたからである。

# 主な参考文献・図版出典一覧

## 主な参考文献


会津坂下町教育委員会、二〇〇五年『会津坂下町文化財調査報告書　第58集　陣が峯城跡』
浅香年木、一九八一年a「近江・北陸道における「兵僧連合」の成立」同『治承・寿永の内乱論序説　北陸の古代と中世2』法政大学出版局
浅香年木、一九八一年b「義仲軍団と北陸道の「兵僧連合」」同『治承・寿永の内乱論序説』(前掲)
浅香年木、一九八一年c「義仲軍団崩壊後の北陸道」同『治承・寿永の内乱論序説』(前掲)
網野善彦、一九九二年『小浜市史　通史編上巻』第一章第六節
網野善彦、二〇〇九年a(初出一九九一年)「美濃国」『網野善彦著作集第四巻　荘園・公領の地域展開』岩波書店
網野善彦、二〇〇九年b(初出一九九一年)「尾張国」『網野善彦著作集第四巻　荘園・公領の地域展開』(前掲)
飯沼賢司、二〇〇五年『平成13年度〜平成16年度科学研究費補助金(基盤研究(C)(2))研究成果報告書　環境歴史学的視点に立つ中世荘園研究——大分県直入・大野郡域を中心に』
石井謙治、一九八三年『図説和船史話』至誠堂
石井　進、一九七四年『日本の歴史12　中世武士団』小学館
石井　進、二〇〇四年a(初出一九七〇年)「幕府と国衙の関係の歴史的展開」『石井進著作集第一巻　日本中世国家史の研究』岩波書店

石井　進、二〇〇四年ｂ（初出一九七七年）「平家没官領と鎌倉幕府」『石井進著作集第二巻　鎌倉幕府論』岩波書店
石井　進、二〇〇四年ｃ（初出一九七〇年）「院政時代」『石井進著作集第三巻　院政と平氏政権』岩波書店
石井　進、二〇〇五年ａ（初出一九六二年）「志太義広の蜂起は果して養和元年の事実か」『石井進著作集第五巻　鎌倉武士の実像』岩波書店
石井　進、二〇〇五年ｂ（初出一九八八年）「源平争乱期の八条院領――「八条院庁文書」を中心に」『石井進著作集第七巻　中世史料論の現在』岩波書店
石井　進、二〇〇五年ｃ（初出一九八八年）「源平争乱期の八条院周辺――「八条院庁文書」を手がかりに」『石井進著作集第七巻　中世史料論の現在』（前掲）
石母田正、一九五七年『平家物語』岩波新書
石母田正、一九八九年ａ（初出一九五〇年）「古代末期の政治過程および政治形態――古代世界没落の一考察」『石母田正著作集　第六巻　古代末期の政治過程および政治形態』岩波書店
石母田正、一九八九年ｂ（初出一九五六年）「鎌倉政権の成立過程について――東国における一一八〇―八三年の政治過程を中心として」『石母田正著作集　第九巻　中世国家成立史の研究』岩波書店
石母田正、一九八九年ｃ（初出一九五八年）「一谷合戦の史料について――『吾妻鏡』の本文批判の試みの一環として」『石母田正著作集第九巻　中世国家成立史の研究』（前掲）
石母田正、一九八九年ｄ（初出一九六〇年）「鎌倉幕府一国地頭職の成立――鎌倉幕府成立史の一節」『石母田正著作集第九巻　中世国家成立史の研究』（前掲）
一志茂樹、一九七四年「木曽義仲挙兵の基地としての東信地方――長瀬氏の存在にかえりみて」『千曲：郷土の研究』創刊号
猪熊兼繁、一九六一年「儒林拾要」『群書解題八』続群書類従完成会
井原今朝男、二〇〇二年「中世善光寺平の災害と開発――開発勢力としての伊勢平氏と越後平氏」『国立歴史民

俗博物館研究報告』九六号
岩田慎平、二〇一〇年「小鹿島橘氏の治承・寿永内乱——鎌倉幕府成立史に寄せて」『紫苑』八号
上島　享、二〇一〇年『日本中世社会の形成と王権』第二部第三章第一節、名古屋大学出版会
上横手雅敬、一九七〇年「寿永二年十月宣旨」同『日本中世政治史研究』塙書房
上横手雅敬、一九八一年「院政期の源氏」御家人制研究会編『御家人制の研究』吉川弘文館
榎原雅治、一九九九年「東大寺復興と政治的背景」『龍谷大学論集』四五三号
海老沼真治、二〇〇八年『中世の東海道をゆく——京から鎌倉へ、旅路の風景』中公新書
海老沼真治、二〇一五年「甲斐源氏の軍事行動と交通路」山梨県立博物館監修　西川広平編『甲斐源氏　武士団のネットワークと由緒』戎光祥出版株式会社
追塩千尋、一九八一年「中世日本における阿育王伝説の意義」『仏教史学研究』二四巻二号
大河直躬、一九七一年『ものと人間の文化史5　番匠』法政大学出版局
大津雄一・日下力・佐伯真一・櫻井陽子編、二〇一〇年『平家物語大事典』東京書籍
大山喬平、一九七〇年「平安末期の但馬国温泉荘」兵庫県史編集専門委員会編『兵庫県の歴史』四号
大山喬平、一九七五年a「文治国地頭の三つの権限について——鎌倉幕府守護制度の歴史的前提」『日本史研究』一五八号
大山喬平、一九七五年b「没官領・謀叛人所帯跡地頭の成立——国家恩賞授与権との関連をめぐって」『史林』五八巻六号
大山喬平、一九七六年a「文治国地頭の存在形態——梶原景時と土肥実平の事例分析」柴田實先生古稀記念会編『日本文化史論叢』
大山喬平、一九七六年b「文治国地頭制の停廃をめぐって——文治二年六月廿一日頼朝書状の検討」横田健一先生還暦記念会編『日本史論叢』
大山喬平、一九七八年『日本中世農村史の研究』岩波書店

大山喬平、一九七九年a「本領安堵地頭と修験の市庭」高瀬重雄博士古稀記念『日本海地域の歴史と文化』文献出版
大山喬平、一九七九年b「鎌倉幕府の西国御家人編成」『歴史公論』五巻三号
岡田清一、一九七四年「武蔵国留守所惣検校職に就いて――北条執権政治体制成立史の一齣」『学習院史学』一一号
岡山市教育委員会文化課、一九九七年『吉野口遺跡――岡山市立鯉山小学校給食棟建築事業に伴う発掘調査報告』第Ⅴ章Ⅴ・Ⅵ節、附章Ⅲ
角重　始、一九八五年「安芸国における荘園公領制の形成――在庁葉山城氏を中心として」『日本史研究』二七五号
金澤正大、一九七四年「治承寿永争乱に於ける信濃国武士団と源家棟梁――特に「横田河原合戦」を中心として」『政治経済史学』一〇〇号
金澤正大、一九八八・二〇〇三年「甲斐源氏棟梁一条忠頼鎌倉営中謀殺の史的意義――『吾妻鏡』元暦元年六月十六日条の検討(Ⅰ)(Ⅱ)」『政治経済史学』二七二・四四六号
上宇都ゆりほ、二〇一二年『源平の武将歌人』笠間書院
上川通夫、一九八七年「中世高野山と備後国大田荘」『立命館史学』八号
上川通夫、二〇〇九年「東アジア仏教世界と平家物語」川合康編『平家物語を読む』吉川弘文館
川合　康、一九九六年『源平合戦の虚像を剝ぐ――治承・寿永内乱史研究』講談社選書メチエ
川合　康、二〇〇四年a「序章」同『鎌倉幕府成立史の研究』校倉書房
川合　康、二〇〇四年b(初出一九九一年)「治承・寿永の「戦争」と鎌倉幕府」同『鎌倉幕府成立史の研究』(前掲)
川合　康、二〇〇四年c(初出一九八九年)「奥州合戦ノート――鎌倉幕府成立史上における頼義故実の意義」同『鎌倉幕府成立史の研究』(前掲)

川合　康、二〇〇四年d「治承・寿永の内乱と伊勢・伊賀平氏――平氏軍制の特徴と鎌倉幕府権力の形成」同『鎌倉幕府成立史の研究』（前掲）
川合　康、二〇〇九年『日本中世の歴史3　源平の内乱と公武権力』吉川弘文館
川合　康、二〇一五年「治承・寿永内乱期における和平の動向と『平家物語』」松尾葦江編『文化現象としての源平盛衰記』笠間書院
川合　康、二〇一九年（初出二〇〇七年）「生田の森・一の谷合戦と地域社会」同『院政期武士社会と鎌倉幕府』吉川弘文館
川端　新、二〇〇〇年『荘園制成立史の研究』思文閣出版
金　玄耿、二〇一九年「平安後期における武士の階層移動――越後城氏の事例を中心に」『日本史研究』六八二号
木村茂光、二〇一四年「金砂合戦と初期頼朝政権の政治史」『帝京史学』二九号
木村茂光、二〇一八年「頼朝政権と甲斐源氏」『武田氏研究』五八号
日下　力、一九九七年『平治物語の成立と展開』前篇第四章第一節の補説③、汲古書院
日下　力、二〇〇一年『平家物語の誕生』岩波書店
工藤敬一、一九九八年『新熊本市史　通史編2　中世』第一編第二章二、熊本市
黒田俊雄、一九八〇年『寺社勢力――もう一つの中世社会』岩波新書
河内祥輔、二〇〇七年「以仁王事件について」同『日本中世の朝廷・幕府体制』吉川弘文館
神戸新聞明石総局編集・発行、二〇〇〇年『明石を科学する』
小松茂美、一九八九年「右兵衛尉平朝臣重康はいた――「後白河院北面歴名」の出現」『水茎』六号
五味文彦、一九八三年「宣旨類」『日本歴史』四一七号
五味文彦、一九八四年（初出一九八三年）「東大寺浄土堂の背景」同『院政期社会の研究』山川出版社
五味文彦、一九八七年『平家物語、史と説話』平凡社選書

五味文彦、二〇〇〇年（初出一九八九年）「合戦記の方法」同『増補 吾妻鏡の方法――事実と神話にみる中世』吉川弘文館
五味文彦、二〇二〇年（初出一九七九年）「平氏軍制の諸段階」同『鎌倉時代論』吉川弘文館
米谷豊之祐、一九九三年（初出一九七六年）「後白河院北面下臈」同『院政期軍事・警察史拾遺』近代文藝社
近藤好和、二〇〇五年『源義経――後代の佳名を貽す者か』ミネルヴァ書房
佐伯真一、一九九六年a（初出一九八三年）「『平家物語』の『方丈記』依拠」同『平家物語遡源』若草書房
佐伯真一、一九九六年b（初出一九八八年）「『平家物語』と『予章記』」同『平家物語遡源』（前掲）
佐伯真一、二〇一五年「『平家物語』と鎮魂」日下力監修、鈴木彰・三澤裕子編『いくさと物語の中世』汲古書院
佐伯真一、二〇一六年「軍記物語と鎮魂」『仏教文学』四一号
佐伯真一、二〇二〇年「『平家物語』古態論と延慶本」松尾葦江編『無常の鐘声――平家物語』花鳥社
佐伯智広、二〇一五年（初出二〇〇四年）「二条親政の成立」同『中世前期の政治構造と王家』東京大学出版会
櫻井陽子、二〇一三年a（初出二〇〇一―〇三年）「『平家物語』本文考」第一部、汲古書院
櫻井陽子、二〇一三年b（初出二〇〇六―一二年）「『平家物語』本文考」第二部（前掲）
櫻井陽子、二〇一三年c（初出二〇〇四年）「頼朝の征夷大将軍任官をめぐって――『三槐荒涼抜書要』の翻刻と紹介」同『『平家物語』本文考』第六部（前掲）
佐々木紀一、二〇〇五年「宇佐八幡宮の劫掠と『平家物語』の緒方惟栄」『米沢史学』二一号
佐藤進一、一九四三年『鎌倉幕府訴訟制度の研究』畝傍書房
佐藤進一、一九七一年（初刊一九四八年）『増訂鎌倉幕府守護制度の研究――諸国守護沿革考証編』東京大学出版会
佐藤進一、一九九〇年a（初出一九四九年）「幕府論」同『日本中世史論集』岩波書店
佐藤進一、一九九〇年b（初出一九五九年）「寿永二年十月の宣旨について」同『日本中世史論集』（前掲）

佐藤進一、一九九七年(初刊一九七一年)『[新版]古文書学入門』法政大学出版局
佐藤進一、二〇二〇年(初刊一九八三年)『日本の中世国家』第二章、岩波文庫
志方正和、一九五九年「菊池氏の起源について」『熊本史学』一五・一六合併号
静岡県教育委員会、一九八〇年『静岡県歴史の道調査報告書――東海道(静岡県文化財調査報告書第二〇集)』
渋谷啓一、二〇〇九年「古・高松湾と瀬戸内世界」市村高男ほか編『中世讃岐と瀬戸内世界――港町の原像 上』岩田書院
島田泉山、一九三二年『徳島市郷土史論』泉山会出版部
首藤多喜馬、一九八七年(初出一九二〇年)「倶利伽羅戦史」『古代文化』三七巻四号
新城常三、一九九四年「序章　古代水運より中世水運へ――国船所考」同『中世水運史の研究』塙書房
杉橋隆夫、一九七一年「鎌倉初期の公武関係――建久年間を中心に」『史林』五四巻六号
杉橋隆夫、一九八八年「富士川合戦の前提――甲駿路「鉢田」合戦考」『立命館文学』五〇九号
鈴木嘉吉、二〇〇四年「鎌倉復興期の興福寺建築と新中金堂」奈良国立博物館編『図録　興福寺国宝展　鎌倉復興期のみほとけ』
鈴木喜博、二〇一九年『対比でみる日本の仏像』株式会社パイインターナショナル
須藤　聡、一九九四年「保元・平治期の政治動向」『西垣晴次先生退官記念　宗教史・地方史論纂』刀水書房
関　幸彦、一九八四年「「在国司職」の歴史的位置」同『国衙機構の研究――「在国司職」研究序説』吉川弘文館
曽我良成、二〇一七年『物語がつくった驕れる平家――貴族日記にみる平家の実像』臨川書店
平　雅行、一九九二年a(初出一九八四年)「中世仏教の成立と展開」同『日本中世の社会と仏教』塙書房
平　雅行、一九九二年b(初出一九八三年)「末法・末代観の歴史的意義」同『日本中世の社会と仏教』(前掲)
平　雅行、二〇二〇年「鎌倉時代の仏教革新について」『興風』三二号
多賀宗隼、一九七四年「解説」同『玉葉索引――藤原兼実の研究』吉川弘文館

髙橋一樹、二〇〇四年（初出二〇〇〇年）「王家領荘園の立荘」同『中世荘園制と鎌倉幕府』塙書房
髙橋一樹、二〇〇七年「総論　城氏の権力構造と越後・南奥羽」柳原敏昭・飯村均編『御館の時代　十二世紀の越後・会津・奥羽』高志書院
髙橋秀樹、二〇一三年『玉葉精読――元暦元年記』和泉書院
髙橋昌明、一九七九年「文治国地頭研究の現状にかんする覚え書――義江彰夫氏著『鎌倉幕府地頭職成立史の研究』の批判的検討を通して」『日本史研究』二〇八号
髙橋昌明、二〇〇七年『平清盛　福原の夢』講談社選書メチエ
髙橋昌明、二〇〇九年『平家の群像――物語から史実へ』岩波新書
髙橋昌明、二〇一一年a（初出一九七五年）「伊勢平氏の展開」同『〔増補改訂〕清盛以前――伊勢平氏の興隆』平凡社ライブラリー
髙橋昌明、二〇一一年b『〔増補改訂〕清盛以前――伊勢平氏の興隆』（前掲）
髙橋昌明、二〇一三年a（初出二〇〇六年）「福原遷都をめぐる政治――治承二年（一一七八）から同四年八月末まで」同『平家と六波羅幕府』東京大学出版会
髙橋昌明、二〇一三年b「六波羅幕府と福原」同『平家と六波羅幕府』（前掲）
髙橋昌明、二〇一三年c（初出一九九八年）「平家の館について――六波羅・西八条・九条の末」同『平家と六波羅幕府』（前掲）
髙橋昌明、二〇一三年d（初出二〇〇二年）「平家家人制と源平合戦」同『平家と六波羅幕府』（前掲）
髙橋昌明、二〇一三年e（初出二〇〇五年）「清盛家家政の一断面――備後国大田荘関係文書を手がかりとして」同『平家と六波羅幕府』（前掲）
髙橋昌明、二〇一三年f（初出二〇〇四年）「嘉応・安元の延暦寺強訴について――後白河院権力・平家および延暦寺大衆」同『平家と六波羅幕府』（前掲）
髙橋昌明、二〇一三年g「大輪田泊について」同『平家と六波羅幕府』（前掲）

髙橋昌明、二〇一三年h（初出二〇〇五年）「治承三年六月中旬の瀬戸内航海記録」同『平家と六波羅幕府』（前掲）
髙橋昌明、二〇一五年a（初出二〇〇五年）「日本史学者の見た元暦二年七月京都地震について」同『洛中洛外　京は〝花の都〟か』文理閣
髙橋昌明、二〇一五年b（初出二〇〇九年）「平家都落ちの諸相」同『洛中洛外　京は〝花の都〟か』（前掲）
髙橋昌明、二〇一六年a（初出一九九三・一九九四・二〇〇〇年）「利仁将軍とその「子孫」」同『東アジア武人政権の比較史的研究』校倉書房
髙橋昌明、二〇一六年b「戦国戦史と近代陸軍」同『東アジア武人政権の比較史的研究』（前掲）
髙橋昌明、二〇一六年c（初出二〇一三年）「高野山根本大塔領大田荘の始動と鑁阿の働き」同『東アジア武人政権の比較史的研究』（前掲）
髙橋昌明、二〇一六年d（初出二〇一四年）「西行と南部荘・蓮華乗院」同『東アジア武人政権の比較史的研究』（前掲）
髙橋昌明、二〇一六年e「石母田正の歴史叙述――岩波新書『平家物語』を中心に」『歴史評論』七九三号
髙橋昌明、二〇一八年『武士の日本史』岩波新書
髙橋昌明、二〇一九年「平家政権の日中間交渉の実態について」専修大学社会知性開発研究センター『古代東ユーラシア研究センター年報』五号
髙橋昌明、二〇二〇年（初出一九九四年）「鬼と天狗」同『定本　酒呑童子の誕生――もうひとつの日本文化』岩波現代文庫
高松百香、二〇一四年「八条院――〈鍾愛の女子〉の系譜」野口実編『治承～文治の内乱と鎌倉幕府の成立』清文堂
田中文英、一九九四年（初出一九八九年）「以仁王の乱」「治承・寿永の内乱――平氏政権と寺院勢力」同『平氏政権の研究』思文閣出版

田中　稔、一九九一年a（初出一九六三年）「鎌倉初期の政治過程」同『鎌倉幕府御家人制度の研究』吉川弘文館
田中　稔、一九九一年b（初出一九八三年）「鎌倉幕府創設期の地頭制度について――文治元年十一月「地頭勅許」以前を中心として」同『鎌倉幕府御家人制度の研究』（前掲）
田中　稔、一九九一年c（初出一九六七年）「讃岐国の地頭御家人について」同『鎌倉幕府御家人制度の研究』（前掲）
田辺　旬、二〇〇九年「鎌倉幕府の戦死者顕彰――佐奈田義忠顕彰の政治的意味」『歴史評論』七一四号
谷　昇、二〇一〇年（初出二〇〇八年）「後鳥羽天皇在位から院政期における神器政策と神器観」同『後鳥羽院政の展開と儀礼』思文閣出版
田村憲美、二〇二〇年「一〇～一二世紀の気候変動と中世荘園制の形成」伊藤啓介ほか編『気候変動から読みなおす日本史4　気候変動と中世社会』臨川書店
田村　裕、一九八六年「荘園と国衙領」『新潟県史　通史編1　原始・古代』新潟県
田村　裕、二〇〇四年「荘園と武士の世」『中条町史　通史編』中条町
重源上人杣入り八〇〇年記念誌編集委員会編、一九八六年『徳地の俊乗坊重源』徳地町
筑土鈴寛、一九七六年「平家物語についての覚書」『筑土鈴寛著作集第一巻　宗教文学・復古と叙事詩』せりか書房
筑土鈴寛、一九七七年「歴史と文学の救済」『筑土鈴寛著作集第二巻　慈圓　国家と歴史及文学』せりか書房
土田直鎮、一九九二年（初出一九七五年）「公卿補任を通じて見た諸国の格付け」同『奈良平安時代史研究』吉川弘文館
角田文衞、一九七八年『平家後抄――落日後の平家』朝日新聞社
帝室林野局（蘆田伊人）編、一九三七年『御料地史稿』
戸田芳実、一九九一年（初出一九七〇年）「国衙軍制の形成過程」同『初期中世社会史の研究』東京大学出版会
富澤清人、一九九六年（初出一九八二年）「中世検注の特質」同『中世荘園と検注』吉川弘文館

永井路子、一九七八年『相模のもののふたち――中世史を歩く』有隣新書
中村　文、二〇一六年「解説」頼政集輪読会『頼政集新注　下』青簡舎
長村祥知、二〇〇八年「法住寺合戦」鈴木彰ほか編『木曾義仲のすべて』新人物往来社
長村祥知、二〇一一年「木曾義仲の畿内近国支配と王朝権威」『古代文化』六三巻一号
長村祥知、二〇一二年「治承・寿永内乱期の在京武士」『立命館文学』六二四号
長村祥知、二〇一三年「木曾義仲の発給文書」『信濃』六五巻一二号
長村祥知、二〇一六年「源行家の上洛と「頼政入道党」」『古代文化』六八巻一号
奈良国立博物館編、二〇一七年『特別展　快慶　日本人を魅了した仏のかたち』
西口順子、二〇〇四年（初出一九九八年）「天皇の死と上皇の死――白河上皇を中心に」同『平安時代の寺院と民衆』法蔵館
野口華世、二〇〇〇年「安嘉門院と女院領荘園――平安末・鎌倉期の女院領の特質」『日本史研究』四五六号
野口華世、二〇〇六年「中世前期の王家と安楽寿院――「女院領」と女院の本質」『ヒストリア』一九八号
野口　実、一九八三年『鎌倉の豪族Ⅰ』かまくら春秋社
野口　実、一九九四年ａ（初出一九八五年）「十二世紀における東国留住貴族と在地勢力――「下総藤原氏」覚書」同『中世東国武士団の研究』高科書店
野口　実、一九九四年ｂ（初出一九八五年）「源頼朝の房総半島経略過程について」同『中世東国武士団の研究』（前掲）
野口　実、一九九四年ｃ（初出一九八五年）「平家打倒に起ちあがった上総広常」同『中世東国武士団の研究』（前掲）
野口　実、二〇一二年「平清盛と東国武士――富士・鹿島社参詣計画を中心に」『立命館文学』六二四号
野口　実、二〇一六年「源頼朝の挙兵と諸国の目代」『研究紀要（京都女子大学宗教・文化研究所）』二九号
野中寛文、二〇〇二年「阿波民部大夫成良――治承期」『古代文化』五四巻六号

野村貴郎、二〇〇二年『北神戸　歴史の道を歩く』神戸新聞総合出版センター
羽下徳彦、一九七五年「領主支配と法」『岩波講座日本歴史5　中世1』岩波書店
羽下徳彦、一九八〇年「以仁王〈令旨〉試考」豊田武先生古希記念会編『日本中世の政治と文化』吉川弘文館
橋本義彦、一九七六年（初出一九六九年）「乳父管見」同『平安貴族社会の研究』吉川弘文館
濱田隆編、一九八〇年『日本の美術一七三　曼荼羅』至文堂
早川庄八、一九九〇年『宣旨試論』岩波書店
久野修義、一九九九年a（初出一九九三年）「中世寺院と社会・国家」同『日本中世の寺院と社会』塙書房
久野修義、一九九九年b（初出一九九四年）「東大寺大仏の再建と公武権力」同『日本中世の寺院と社会』（前掲）
久野修義、二〇一一年『重源と栄西――優れた実践的社会事業家・宗教者』山川出版社
菱沼一憲、二〇〇五年a「源義経の挙兵と土佐房襲撃事件」『日本歴史』六八四号
菱沼一憲、二〇〇五年b『源義経の合戦と戦略――その伝説と実像』角川選書
菱沼一憲、二〇一一年a（初出二〇〇四年）「地域社会間抗争から政権争奪へ」同『中世地域社会と将軍権力』汲古書院
菱沼一憲、二〇一一年b（初出二〇〇三年）「公武権力の連携と地域」同『中世地域社会と将軍権力』（前掲）
平山　優、二〇〇五年「甲斐源氏の呼称をめぐる諸問題について」山梨郷土研究会・山梨県考古学協会・武田氏研究会・山梨県立博物館『第2回　合同シンポジウム　甲斐源氏とその時代　資料集』
福田栄次郎、一九七二年「石見国益田氏の研究――中世における領主制の展開とその特質」『歴史学研究』三九〇号
福田豊彦、二〇〇六年「伝説と歴史と文学のはざまで――富士川合戦の真相」森浩一ほか編『伝説に歴史を読む』大巧社
宝賀寿男、一九八六年「弓削・阿波忌部氏族」同『古代氏族系譜集成　中巻』古代氏族研究会
北條暁子、二〇一九年「後白河院の皇統意識――康和例を先例とした安徳誕生四日目の御幸」中村文編『歌人源

頼政とその周辺』青簡舎
星野　恒、一九〇九年（初出一八九八年）「頼朝挙兵考」同『史学叢説』第二集、冨山房など
保立道久、一九七八年「荘園制支配と都市・農村関係」『歴史学研究別冊特集　世界史認識における民族と国家——一九七八年度歴史学研究会大会報告』
保立道久、二〇〇四年『義経の登場——王権論の視座から』日本放送出版協会
堀池春峰、一九五九年「遠江国質侶荘と待賢門院御願円勝寺」『創立五十年記念　国史論集二』読史会
本郷恵子、一九九八年「中世文書の伝来と廃棄——紙背文書と案」『史学雑誌』一〇七編六号
前田泰次ほか七名、一九七二年「東大寺大仏の鋳造及び補修に関する技術的研究　その五　左手の現状調査報告及び平安末鎌倉期修理について」『東京芸術大学美術学部紀要』八号
牧　健二、一九三五年『日本封建制度成立史』弘文堂書房
松島周一、二〇〇三年a「富士川合戦と平家物語」『日本文化論叢』一一号
松島周一、二〇〇三年b「高倉院政と平時忠」『愛知教育大学研究報告』第五二輯（人文・社会科学編）
松本新八郎、一九四九年「玉葉にみる治承四年」『文学』一七巻一〇号
松本新八郎、一九五六年『中世社会の研究』東京大学出版会
丸山　仁、二〇〇六年a「院政期における御願寺造営事業」同『院政期の王家と御願寺——造営事業と社会変動』高志書院
丸山　仁、二〇〇六年b「院政期における御願寺と王家領荘園の形成」同『院政期の王家と御願寺』（前掲）
美川　圭、二〇一五年『後白河天皇——日本第一の大天狗』ミネルヴァ書房
三木紀人、一九七六年『新潮日本古典集成　方丈記　発心集』
峰岸純夫、一九七三年「東国武士の基盤——上野国新田荘」稲垣泰彦編『荘園の世界』東京大学出版会
峰岸純夫、二〇一〇年（初出一九八七年）「治承・寿永内乱期の東国における在庁官人の「介」」同『日本中世の社会構成・階級と身分』校倉書房

宮下玄覇、二〇一二年『信濃武士〜鎌倉幕府を創った人々』宮帯出版社
宮田敬三、一九九八年「元暦西海合戦試論――「範頼苦戦と義経出陣」論の再検討」『立命館文学』五五四号
宮田敬三、一九九九年「都落ち後の平氏と後白河院――西海合戦の政治史的意味」『年報中世史研究』二四号
宮田敬三、二〇一〇年「『覚禅鈔』「金剛夜叉法」と源平合戦」中野玄三ほか編『方法としての仏教文化史――ヒト・モノ・イメージの歴史学』勉誠出版
村石正行、二〇一〇年「治承・寿永の内乱における木曾義仲・信濃武士と地域間ネットワーク」『長野県立歴史館研究紀要』一六号
目崎徳衛、一九七四年「鎌倉幕府草創期の吏僚について」『三浦古文化』一五号
元木泰雄、一九九四年『武士の成立』吉川弘文館
元木泰雄、二〇〇四年『保元・平治の乱を読みなおす』日本放送出版協会
元木泰雄、二〇〇七年『源義経』吉川弘文館
安田次郎、二〇〇一年（初出一九八三年）「大和国の支配」同『中世の興福寺と大和』山川出版社
安良岡康作、一九八〇年『方丈記』講談社学術文庫
簗瀬一雄、一九七一年『方丈記全注釈』角川書店
山内　譲、一九八四年「源平の争乱と伊予の武士団」『愛媛県史　古代Ⅱ・中世』第二編第一章第一節
山下克明、一九九六年（初出一九八七年）「『養和二年記』について」同『平安時代の宗教文化と陰陽道』岩田書院
山下知之、一九九一年「阿波国における武士団の成立と展開――平安末期を中心に」『立命館文学』五二一号
山下宏明、一九九七年『いくさ物語の語りと批評』世界思想社
横内裕人、二〇〇八年（初出一九九七年）「密教修法からみた治承・寿永内乱と後白河院の王権」同『日本中世の仏教と東アジア』塙書房
横内裕人、二〇一七年「快慶を生んだ社会と宗教」奈良国立博物館編『特別展　快慶　日本人を魅了した仏のかた

ち』
吉本昌弘、一九八五年「播磨国明石駅家・摂津国須磨駅家間の古代駅路」『歴史地理学』一二八号
渡辺澄夫、一九六二年「公武権力と荘園制」『岩波講座日本歴史5　中世1』岩波書店
渡辺澄夫、一九九〇年『増補新訂版　源平の雄　緒方三郎惟栄』山口書店

## 図版出典一覧（記載のないものは、新たに作成した図、または著者撮影写真）

巻頭地図　『詳説日本史』二〇〇二年版、山川出版社、見返し頁を参考に作成
図3　野口実「豪族的武士団の成立」元木泰雄編『日本の時代史7　院政の展開と内乱』吉川弘文館、二〇〇二年、一〇六頁を一部改変
図4　福田豊彦「伝説と歴史と文学のはざまで——富士川合戦の真相」森浩一ほか編『伝説に歴史を読む』大巧社、二〇〇六年、一六一頁を一部改変
図5　『沼津市史　通史編　原始・古代・中世』第三編第一章第一節、沼津市、二〇〇五年、三四七頁
図7　京都アスニー展示、京都市歴史資料館蔵、（公財）京都市埋蔵文化財研究所図版提供
図8　冨島義幸『平等院鳳凰堂——現世と浄土のあいだ』吉川弘文館、二〇一〇年、二一頁
図10　宮下玄覇『信濃武士〜鎌倉幕府を創った人々』宮帯出版社、二〇一二年、五六頁を一部改変
図11　『中条町史　通史編』第二編第一章、中条町、二〇〇四年、一九〇頁図の部分を拡大し一部改変
図12　宮下玄覇『信濃武士〜鎌倉幕府を創った人々』（前掲）、七七頁を一部改変
図14　「東大寺」項挿図『国史大辞典10』吉川弘文館、一九八九年を一部改変
図15　「興福寺」項挿図『国史大辞典5』吉川弘文館、一九八五年を一部改変
図17　『新編 高崎市史　通史編2　中世』第一編Ⅰ、高崎市、二〇〇〇年、三四頁を一部改変

図18　高橋昌明『平家の群像――物語から史実へ』岩波新書、二〇〇九年、一三六頁
図19　山田邦和『京都都市史の研究』吉川弘文館、二〇〇九年、一〇二頁図をもとに一部を簡略化
図21　松本和彦「野原の景観と地域構造」市村高男ほか編『中世讃岐と瀬戸内世界――港町の原像　上』岩田書院、二〇〇九年、一三頁
図23　高橋昌明（前掲）、一六三頁を一部改変
図24　石井謙治『図説和船史話』至誠堂、一九八三年、三八頁
図26　高橋昌明『洛中洛外　京は〝花の都〟か』文理閣、二〇一五年、九七頁

# あとがき

NHKラジオに、通称「尋ね人の時間」という番組があった。日本だけで三一〇万人の命が喪われた昭和の大戦争が終わった翌年(一九四六年)に始まり、高度経済成長政策が日本社会を根底から変えはじめた一九六二年三月末まで継続した長寿番組である。

ある人は家族が戦死し、空襲で家財一切を失い、またある人は外地(「満州」・朝鮮・台湾・樺太)から着の身着のままで引揚げ、働き手を失った痛手や極端なインフレによる経済的な困窮など、戦後社会の名状し難い混乱の中で、生き別れたり連絡が途絶えたりした方の情報を求める手紙を、アナウンサーが淡々と読み上げ、消息を知る人や本人からの連絡を待つ内容だった。

インターネット上のウィキペディアによれば、具体的には「昭和〇〇年〇月に舞鶴港に入港した引揚船「雲仙丸」で「△△県の出身」とおっしゃり、お世話になった丸顔の〇〇さん」「旧満州国龍江省(現・黒龍江省)チチハル市の〇〇通りで鍛冶屋をされ、「△△おじさん」と呼ばれていた方。上の名前(あるいは、苗字)は判りません」「昭和二〇年春、〇〇部隊に所属の××さんの消息をご存じの方は、日本放送協会の「尋ね人」の係へご連絡下さい」といった調子だったようである。

筆者がこの放送番組を耳にしていたのは、小学校高学年か中学校一・二年の頃だったはずだから、一九五五年以後数年の間だろう。もちろん時々聞いている程度だったから、格別深い動機があったはずはない。ただ、戦争が終わってもう一〇年以上も経つのに、いまだに親しかった方の記憶を大切にしながら、再会したい、近況を知りたいと切望している人が随分たくさんいるんだなあ、と思ったことは、不思議と鮮明に覚えている。

筆者の二〇歳代は、まるまるヴェトナム戦争の時代である。二〇歳の二月(一九六五年)に米軍の北爆がはじまり、三〇歳の四月(一九七五年)にサイゴンが陥落した。人並みに文学部自治会の活動に参加するようになって、盛んな時は毎週のように京都の目抜き通りをデモ行進し、戦争反対の声を張り上げた。今にして思えば、従来型の学生運動には曲り角の兆しが現われていたのだが……

この戦争にも、個々の局面では正邪、善悪で一方的に裁断できない面があることは認めねばならない。しかし、大局的には「アメリカの侵略に対する抵抗戦争」(ホー・チ・ミンの遺書)と呼んでしかるべきものだったことは動かない。それにしても「正義」は恐ろしいほどの犠牲者をともなった。

正確さは保証の限りではないが、アメリカ統計機関の一九八七年末の資料が示す死者数では、ヴェトナム人民軍と解放民族戦線は合計約九二万四〇〇〇名、北の民間人約三万三〇〇〇名、南政府軍は約一八万五五〇〇名。南では約四一万五〇〇〇名の民間人の死者を出したとされている。米軍の死者五万七〇二名、同盟軍は六カ国合計五二九六名(三野正洋『わかりやすいベトナム戦争――超大国を揺るがせた15年戦争の全貌』光人社NF文庫、二〇〇八年)。米軍もPTSD(心的外傷後ストレス障害)による帰還後の自殺者も含めれば、決して少ない数ではないが、比較してアジア人の命の軽さには、言葉を失うものがある。枯葉剤大量散布の被害、その後遺症の非人道性を思えば、なおさらである。

人民軍兵士としてこの戦争に参加したバオ・ニンの小説『戦争の悲しみ』(井川一久訳、株式会社めるくまーる、一九九七年)は、相手側からは「悪魔的イデオロギー(共産主義)を注入された命知らずの戦争ロボット」とイメージされていても、アメリカ兵と同じように、恐怖と苦痛に苦しめられた北の若い兵士たちの人間性、ロスト・ジェネレーションを活写して、余すところがない。

「はじめに」で触れたように、「源平合戦」に興味を持ってから随分な歳月が流れたが、還暦・古希を経、さらに齢を重ねるにしたがって、この戦乱で亡くなり行方知れずになった人びとに対する、普通の庶民の肉親の情や悔恨の思いは、どう表現され語り継がれていったのだろう、などと考えるようになった。もちろん、歴史研究者のはしくれとして、史料の限界からそうしたことを明らかにするのは極めて困難だ、ということは百も承知のはずであったけれども……

しかし、そんな思いがいくらかでもにじみ出た内乱史を書きたい、政治史と合戦史の組み合わせだけに止まらない、内乱の実相に迫り読者の胸に響く仕事をしたいと思ったが、これはやはり身の程知らずで、壁は厚かった。それでもなんとか最後まで書き終えたことに、ひとまずホッとしている。

公的な仕事から退いているので時間はたっぷりあった。おまけに新型コロナウイルスの流行という思いもよらぬ体験で、在宅が日常化した。さいわい長らく研究を続けてきたので、自宅の書庫に集めた学術書・学術雑誌や史料集、いただいた御著書や論文の抜刷で、かなりな程度まで、家から一歩も出ずに仕事ができた。とはいえ個人の持ち物には限りがある。ものによってはウェブサイト上の公開で、必要な論文を入手することができた。しかし、新型コロナが猛威を振るう非常事態の中で、一時は大学図書館の利用ができない時期もあった。やむなく何人かの研究者の方々には、直接あなたの書かれた論文のコピーを送って欲しい、と厚顔にもお願いをし、いずれの場合も快く応じて下さった。有難い限りである。

本書執筆にあたっては、延慶本注釈の会編『延慶本平家物語全注釈』(全一二巻、汲古書院、二〇〇五―二〇一九年)と、大津雄一・日下力・佐伯真一・櫻井陽子編『平家物語大事典』(東京書籍、二〇一〇年)が大変参考になった。その学恩なくしては、本書はこのような水準で仕上がることはなかったであろう。記して感謝申し上げる。

さらに神戸大学を定年退職後、研究代表者として二つの科学研究費補助金(日本学術振興会)を受給できたことは、研究条件を整えるにあたり、とても助かった。二つとは、①研究課題名「治承・寿永内乱前後の荘園制の変貌にかんする研究」基盤研究(C)(一般)、課題番号21520671・研究期間二〇〇九～二〇一一年度、②「日本中世の内乱と飢饉・災害の関係の研究――治承・寿永の内乱について」基盤研究(C)(一般)、課題番号16K03012・研究期間二〇一六～二〇一九年度である。科学研究費補助金は、国民の税金が原資であるから、それを無駄遣いしないのは研究者の義務である。

本書もまた岩波書店の古川義子さんの理解と協力を得て、世に出る。優れた編集者との出逢いは著者冥利に尽きる。変わらぬ親身な激励、ありがとうございました。校正にあたっては制作委員森裕介さんの強力な助勢を得ることができた。多謝。

髙橋昌明

二〇二一年八月二五日

# 主要人名索引

（源頼朝と後白河天皇については，頻出のため割愛した）

## あ　行

## か　行

## さ　行

## た 行

## な　行

## は　行

## ま　行

## や　行



## ら　行



## わ　行

# 治承・寿永内乱年表

（　）内は正確な日付が不明なもの

**治承三年(1179)**

| | |
|---|---|
| 11月 | **14日** 平清盛、軍事クーデタを敢行／**20日** 後白河院政を停止 |

**治承四年(1180)**

| | |
|---|---|
| 2月 | **21日** 高倉天皇譲位、言仁親王践祚(安徳天皇) |
| 5月 | **15日** 以仁王の謀反発覚。園城寺に逃避／**26日** 平家、南都に向かう途中の以仁王・源頼政らを宇治で破る。以仁王敗死 |
| 6月 | **2日** 清盛の奏請により福原に遷都 |
| 8月 | **中旬** 熊野別当湛増、反平家で蜂起／**17日** 源頼朝、伊豆で挙兵／**23日** 頼朝、石橋山で敗れる／(**下旬**)「武田の党」、甲斐で挙兵／**29日** 頼朝、渡海して安房に着く |
| 9月 | 頼朝、上総で千葉氏・上総氏の合流を得、下総目代らを敗走させ、一気に大勢力に成長 |
| 10月 | 義仲、西上野に侵攻／(**20日**) 追討使平維盛、富士川で「武田の党」に惨敗／**27日** 頼朝、佐竹秀義追討のため常陸に進発 |
| 11月 | **26日** 天皇・上皇・法皇ら福原から還都 |
| 12月 | **1日** 平家、近江源氏の反乱勢力と戦闘を開始／**12日** 頼朝、鎌倉を本拠と定める／**28日** 平重衡が南都攻撃、東大寺・興福寺焼亡／**同月** 伊予国の在庁河野通清が、謀反を起こし、国衙の正税官物を抑留 |

**治承五年(1181)、7月14日養和と改元**

| | |
|---|---|
| 1月 | **14日** 高倉上皇没し、**17日** 後白河院政再開／**19日** 平宗盛を五畿内など9カ国の惣官に任命 |
| 2月 | 鎮西の謀反盛ん、大宰府焼き払われる／**29日** 緒方惟栄、豊後国守の目代を追い出す |
| 閏2月 | **4日** 清盛没／**15日** 平重衡、兵を率いて美濃に向かう |
| 3月 | **10日** 平重衡ら墨俣川で源行家らを破り、三河に進み矢作川を前に撤兵 |
| 4月 | **14日** 平宗盛に肥後菊池隆直追討の宣旨が下る |
| 6月 | **13・14日** 木曾義仲、横田河原の合戦で城氏を破る／**26日** 造東大寺司の人事が発令される |

6・7月頃　頼朝、法皇に密奏
8月　**3日** 平貞能、鎮西鎮圧のため京都を発つ／**同月** 重源、大仏修理のため勧進上人に起用／**同月** 伊予の河野通清、備後の西寂らによって追討される
9月　**6日** 斎藤実澄ら、越前で平通盛軍を破る
10月　**14日** 法皇、八万四千基塔を造進して内乱の死者を供養せんとす
この年4月頃から翌年にかけて、飢饉により京中に餓死者が溢れる

### 養和二年(1182)、5月27日寿永と改元

5月　菊池隆直、追討使平貞能に降る
9月　**15日** 北陸道の平家軍、京都に還る

### 寿永二年(1183)

2月　**23日** 小山朝政ら、志田義広・足利忠綱を下野野木宮で破る
3月　木曾義仲、頼朝と和睦
4月　**17日** 以降、平維盛ら、反乱勢力追討のため北陸道に向かう
5月　**11日** 木曾義仲、平維盛らを越中砺波山で破る／**18日** 陳和卿、東大寺大仏頭部の補修を終える
6月　**1日** 義仲、加賀篠原で平家軍を破る
7月　**25日** 平家一門、天皇を奉じて西海に向かう／**28日** 義仲・行家ら入京
8月　**6日** 平家関係者を除名・解官／**18日** 平家没官領500余カ所のうち、義仲に140余カ所、行家に90余カ所を与える／**20日** 尊成親王、剣・璽なしで践祚(後鳥羽天皇)
10月　**9日** 頼朝、本位に復する／**同月** 寿永二年十月宣旨が発せられる／**20日** 平家、九州より追いだされる／**同月** 平家、讃岐屋島に拠点を構え始める
閏10月　**1日** 平重衡ら、備中水島で義仲軍を破る
11月　**7日** 頼朝代官義経ら、近江に到着／**19日** 木曾義仲、法住寺殿を攻め後白河院の軍を破る／**21日** 義仲、摂政近衛基通・法皇近習を罷免／**29日頃** 平重衡ら、播磨室山で行家を破る

### 寿永三年(1184)、4月16日元暦と改元

1月　**20日** 源範頼・義経ら、勢多・宇治で義仲軍を破り入京。義仲粟津で戦死
2月　**7日** 範頼・義経・安田義定ら、生田森・一の谷の平家軍を破る
3月　**7日** 法皇、「平家没官領注文」を頼朝に与える
4月　**26日** 一条忠頼、鎌倉の営中で頼朝に謀殺される
5月　**1日** 頼朝、武田信義を圧伏するため、御家人多数を甲斐・信濃に派遣
7月　**7日** 伊賀で平田家継ら平家の郎等蜂起／**19日** 佐々木秀義、甲賀の大原荘で平家郎等らと戦い破る

9月　1日 範頼、平家追討のため京都を発し西国に向かう

**元暦二年(1185)、8月14日文治と改元**

1月　26日 範頼、臼杵惟高・緒方惟栄の船を得て、周防より豊後に渡る
2月　16日 義経、渡辺津より阿波に渡る／(20日) 義経、屋島の平家を破る
3月　24日 平家壇ノ浦で敗れ、安徳天皇没する
6月　9日 平宗盛・重衡を鎌倉から京都へ送還。途中で宗盛斬られ〈21日〉、重衡は南都に送られ斬られる〈23日〉／13日 頼朝、義経に与えた平家没官領24カ所を回収
7月　9日 京都大地震
8月　16日 頼朝の申請によって、義経の伊予守をはじめ源氏一門六人を国守に任じる／28日 東大寺大仏開眼供養、法皇臨幸
10月　17日 土佐房昌俊、義経を六条堀河に襲うが失敗／18日 頼朝追討宣旨が出る／29日 頼朝、義経らを討つため鎌倉を進発
11月　3日 義経・行家、兵集まらず京都を離れる／5日 大物浦から鎮西に向かおうとするが暴風で離散／24日 北条時政率いる軍勢、京都に着く／28日 時政、頼朝の奏請を院に伝える
12月　6日 国地頭の設置を認めさせる(文治勅許)

**文治二年(1186)**

3月　23日 周防国を東大寺造営料国に宛て、重源に国務をみさせる
6月　21日 西国37国の国地頭が停廃される

**文治五年(1189)**

閏4月　30日 藤原泰衡、平泉衣川館の義経を討つ
7月　19日 頼朝、泰衡追討のため鎌倉を出発
9月　3日 泰衡、逃亡途中郎従によって殺され、奥州藤原氏滅亡

**文治六年(1190)、4月11日建久と改元**

10月　19日 東大寺大仏殿上棟、法皇臨幸
11月　7日 頼朝入京／24日 頼朝、右近衛大将補任。10日後これを辞任

**建久三年(1192)**

3月　13日 後白河法皇没す
6月　幕府、美濃国で御家人に大番役を勤仕するか否かを迫り、御家人と非御家人の篩い分けをする
7月　12日 頼朝、征夷大将軍となる

高橋昌明
1945年，高知市に生まれる．1969年，同志社大学大学院文学研究科修士課程修了．滋賀大学教育学部教授，神戸大学大学院人文学研究科教授を経て，現在，神戸大学名誉教授(博士・文学，大阪大学，2002年)．専攻は日本中世史．
著書に『武士の成立　武士像の創出』(東京大学出版会)，『平清盛　福原の夢』(講談社選書メチエ)，『平家の群像　物語から史実へ』(岩波新書)，『[増補改訂]清盛以前——伊勢平氏の興隆』(平凡社ライブラリー)，『平家と六波羅幕府』(東京大学出版会)，『京都〈千年の都〉の歴史』(岩波新書)，『武士の日本史』(岩波新書)，『定本　酒呑童子の誕生——もうひとつの日本文化』(岩波現代文庫)ほか．

都鄙大乱——「源平合戦」の真実

2021年9月28日　第1刷発行

著　者　高橋昌明《たかはしまさあき》

発行者　坂本政謙

発行所　株式会社 岩波書店
〒101-8002 東京都千代田区一ツ橋 2-5-5
電話案内 03-5210-4000
https://www.iwanami.co.jp/

印刷・精興社　製本・牧製本


ISBN 978-4-00-061491-7　　Printed in Japan